AF525202

RAINER ZITELMANN

DIE 10 IRRTÜMER DER ANTI-KAPITALI$TEN

Zur Kritik der Kapitalismuskritik

FBV

Bibliografische Information der Deutschen Nationalbibliothek
Die Deutsche Nationalbibliothek verzeichnet diese Publikation in der Deutschen Nationalbibliografie. Detaillierte bibliografische Daten sind im Internet über https://dnb.de abrufbar.

Für Fragen und Anregungen
info@m-vg.de

Originalausgabe, 3. Auflage 2025

Türkenstraße 89
80799 München
Tel.: 089 651285-0

Redaktion: Ansgar Graw
Korrektorat: Anja Hilgarth
Satz: Carsten Klein, Torgau
Druck: GGP Media GmbH, Pößneck
Printed in Germany

ISBN Print 978-3-95972-546-0
ISBN E-Book (EPUB, Mobi) 978-3-98609-037-1

Weitere Informationen zum Verlag finden Sie unter

www.finanzbuchverlag.de

Beachten Sie auch unsere weiteren Verlage unter www.m-vg.de

Inhalt

Vorwort zur 3. Auflage 2025

Ich habe dieses Buch nicht geschrieben, um Antikapitalisten zu überzeugen. Ich weiß, dass nur sehr wenige Anhänger der antikapitalistischen Religion Bücher von Andersdenkenden lesen – es könnte sie ja in ihrem Glauben verunsichern. Ich habe das Buch geschrieben, um Menschen, die für die Marktwirtschaft sind, Fakten und Argumente an die Hand zu geben.

Inzwischen ist dieses Buch in 30 Sprachen erschienen. Nur im Herzland des Antikapitalismus, in Frankreich, gibt es bis heute keine Übersetzung. Und natürlich nicht in einem Land wie in China, wo zwar meine Bücher über Reichtum sehr erfolgreich sind, aber ein Buch wie dieses aus politischen Gründen nicht erscheinen darf.

Für die 1. Auflage, die 2022 erschien, hatte ich eine Umfrage in 14 Ländern in Auftrag gegeben. Den Fragebogen finden Sie auf Seite 399 bis 402 und mehr zur Methode der Umfrage im Kapitel 14 ab Seite 328. Inzwischen habe ich die Umfrage aber in 35 Ländern durchgeführt. Eine ausführliche Darstellung können Sie in der Fachzeitschrift *Economic Affairs* (Oktober 2023) finden – geben Sie bei Google einfach den Titel ein: »Attitudes towards capitalism in 34 countries on five continents«.

Einige wichtige Ergebnisse möchte ich nun in diesem Vorwort darstellen, als Ergänzung und Aktualisierung von Kapitel 14.

Wir hatten zuerst sechs Fragen gestellt, ohne das Wort »Kapitalismus« dabei zu verwenden, das für viele Menschen einen schlechten Klang hat. Doch auch wenn man das Wort nicht verwendet, stehen die Menschen in den meisten Ländern der Marktwirtschaft skeptisch gegenüber und fordern massive Interventionen des Staates.

Die meisten Anhänger der Marktwirtschaft gibt es in Polen. Das ist kein Wunder. Einst war Polen eines der ärmsten Länder Europas, aber durch die kapitalistischen Reformen ab 1990 hat sich der Lebensstandard erheblich erhöht und Polen war über Jahrzehnte eines der am stärksten wachsenden Länder. Ich empfehle Ihnen dazu mein Buch »Der Aufstieg des Drachen und des Weißen Adlers«, der von Vietnam und Polen handelt, oder meinen Film »Poland. From Socialism to Prosperity«, den Sie auf Youtube finden.

An zweiter Stelle folgen die USA und dann Tschechien, ebenfalls eine marktwirtschaftliche Erfolgsstory. Auch die Zustimmung zur Marktwirtschaft in Südkorea dürfte niemanden wundern, der das Land kennt: In den 60er-Jahren war es so arm wie heute die ärmsten afrikanischen Länder, aber heute ist es eines der wirtschaftlich erfolgreichsten Länder der Welt und der Lebensstandard stieg immens.

Gewundert hatten sich manche bei Veröffentlichung der Umfrage, dass es in Argentinien so viele Marktwirtschaft-Fans gibt – nur in fünf Ländern, wo wir die Befragung durchführten, war die Zustimmung größer, dagegen in 29 Ländern geringer. Manche Kritiker zweifelten an den Ergebnissen: »Argentinien ist doch ein peronistisches Land, das weiß doch jeder«, hieß es. Nun, unsere Ergebnisse zeigten einen Stimmungswandel in dem Land, der sich später dann tatsächlich in der Wahl des Anarchokapitalisten Javier Milei zum Präsidenten manifestierte.

Umgekehrt zeigte unsere Befragung, dass die Menschen im kapitalistischen Musterland Chile Marktwirtschaft und Kapitalismus skeptisch gegenüberstehen. Ein weiterer Irrtum? Nein, wenige Monate nach unserer Erhebung wählten die Chilenen einen Sozialisten als Präsident. Unsere Befragung ermöglicht es also manchmal, einen Blick in die Zukunft zu werfen. Das gilt auch für Länder wie die Schweiz, eines der kapitalistischsten Länder Welt, in dem sich aber auch zunehmend eine antikapitalistische Stimmung breit macht, wie unsere Befragung zeigte. Die Ergebnisse für alle Länder sehen Sie in der Grafik auf Seite 5.

Die zweite Grafik auf Seite 6 zeigt die Einstellung der Menschen zum Kapitalismus, wenn man alle 34 Fragen berücksichtigt, die wir gestellt haben. Die Grafik ähnelt der ersten, ist aber nicht identisch.

Nur in sechs Ländern überwiegt die Zustimmung zum Kapitalismus: Polen, USA, Südkorea, Japan, Nigeria und Tschechien. Darüber hinaus sehen wir auch in Vietnam und Argentinien starke Zustimmungswerte zum Kapitalismus. Dass in Nigeria die Menschen den Begriff »Kapitalismus« sehr positiv sehen, mag manche wundern. Aber die Nigerianer sind in einer Hinsicht klüger als wir Deutsche: Während viele Deutsche glauben, Kapitalismus führe zu Hunger und Armut, glaubt das in Nigeria kaum jemand, wie unsere Umfrage zeigte. Kapitalismus ist für viele Nigerianer ein Hoffnungswort – das Versprechen eines Lebens wie in Europa oder den USA.

Auch in Vietnam hat das Wort »Kapitalismus« einen sehr positiven Klang für viele Menschen. Zwar nennt sich das Land offiziell eine »sozialistische Marktwirtschaft«, doch tatsächlich hat die wirtschaftliche Freiheit in diesem Land seit Einleitung der sogenannten »Doi Moi«-Reformen Ende der 80er-Jahre riesige Fortschritte gemacht und Unternehmertum wird dort bewundert.

Ich war in den meisten Ländern, wo die Befragung durchgeführt wurde, und mehr über diese Länder und die Umfrageergebnisse erfahren Sie in meinem Buch »Weltreise eines Kapitalisten«, das 2024 erschienen ist.

Ein Ergebnis der Befragung war besonders interessant: Neben all den Fragen zum Kapitalismus stellten wir auch zwei Fragen, die als Indikator für die Unterstützung von Verschwörungstheorien dienen (siehe Seite 399, Frage 5 und 6). Das Ergebnis war eindeutig: In 34 von 35 Ländern (Albanien war die einzige Ausnahme) neigen Antikapitalisten stärker zum Verschwörungsdenken als Prokapitalisten. Tatsächlich ist Antikapitalismus eine besondere Form von Verschwörungsdenken: Reiche und Lobbyisten kontrollieren die Welt und sind Sündenböcke für alle negativen Entwicklungen, so der Glaube der Antikapitalisten.

Es ist nicht überraschend, dass der Antikapitalismus am stärksten unter denjenigen ausgeprägt ist, die sich links im politischen Spektrum befinden, und die stärksten Befürworter des Kapitalismus rechts der Mitte sich finden. Doch während in einigen Ländern die Formel lautet: »Je rechtsgerichteter, desto kapitalismusfreundlicher«, gibt es mehr Länder, in denen gemäßigte Rechte den Kapitalismus etwas mehr unterstützen als diejenigen, die sich am äußersten rechten Rand des politischen Spektrums befinden.

Unsere Befragung zeigte auch, welche Kritikpunkte am Kapitalismus am weitesten verbreitet sind. Und zwar, dass:

- der Kapitalismus von Reichen dominiert wird, die die politische Agenda bestimmen;
- der Kapitalismus zu wachsender Ungleichheit führt;
- der Kapitalismus Egoismus und Gier fördert und
- der Kapitalismus zu Monopolen führt.

Mit diesen Meinungen über den Kapitalismus setze ich mich in diesem Buch intensiv auseinander.

Meine Bitte: Helfen Sie mit, diese Fakten über den Kapitalismus weiter zu verbreiten. Schenken Sie dieses Buch Ihren Freunden und helfen Sie damit, die Wahrheit über ein großartiges Wirtschaftssystem zu verbreiten, durch das der Anteil der Menschen, die in extremer Armut leben, weltweit in 200 Jahren von 90 auf weniger als 9 Prozent sank.

Dr. Dr. Rainer Zitelmann, Dezember 2024

Einstellung zur wirtschaftlichen Freiheit in 35 Ländern

Durchschnitt der Aussagen zugunsten eines freiheitlichen Wirtschaftssystems geteilt durch den Durchschnitt der Aussagen zugunsten eines staatlich gesteuerten Wirtschaftssystems (ohne Verwendung des Begriffs »Kapitalismus«)

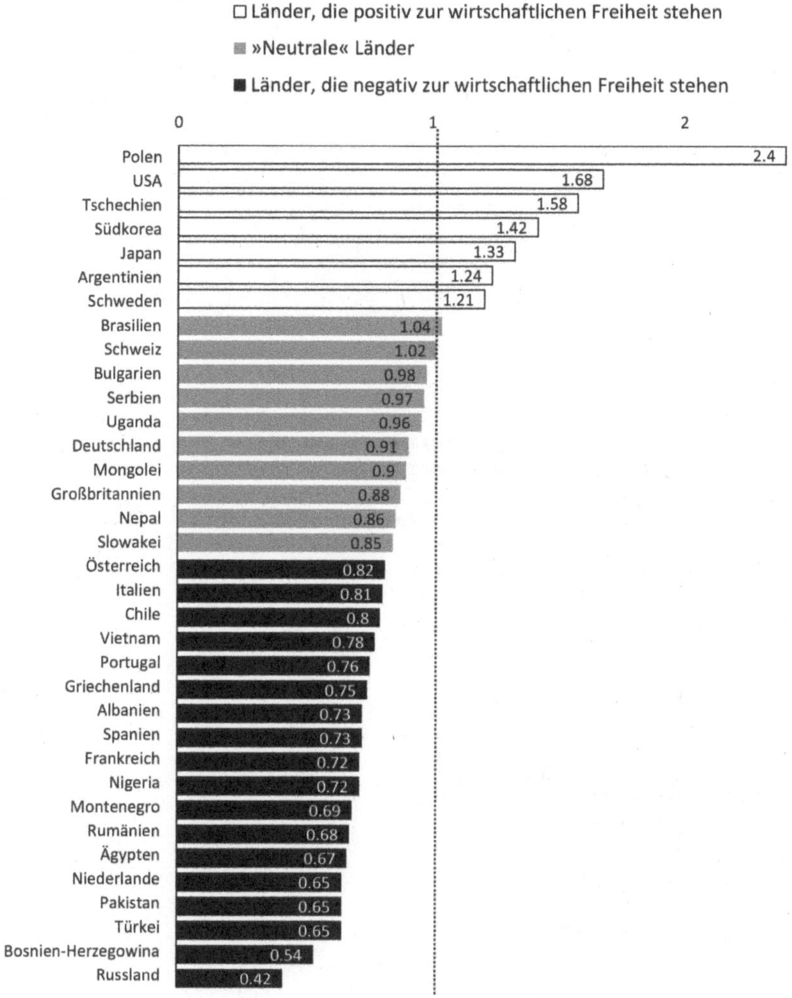

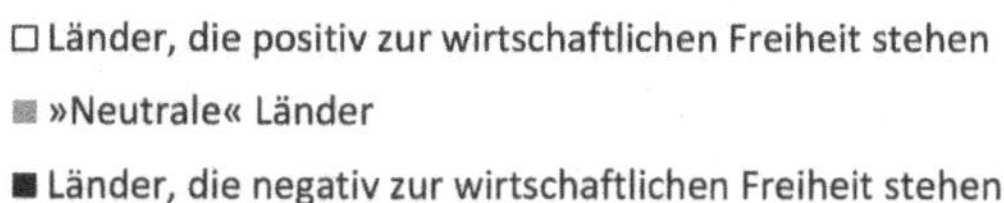

□ Länder, die positiv zur wirtschaftlichen Freiheit stehen
»Neutrale« Länder
■ Länder, die negativ zur wirtschaftlichen Freiheit stehen
0
1
2
Polen 2.4
USA 1.68
Tschechien 1.58
Südkorea 1.42
Japan 1.33
Argentinien 1.24
Schweden 1.21
Brasilien 1.04
Schweiz 1.02
Bulgarien 0.98
Serbien 0.97
Uganda 0.96
Deutschland 0.91
Mongolei 0.9
Großbritannien 0.88
Nepal 0.86
Slowakei 0.85
Österreich 0.82
Italien 0.81
Chile 0.8
Vietnam 0.78
Portugal 0.76
Griechenland 0.75
Albanien 0.73
Spanien 0.73
Frankreich 0.72
Nigeria 0.72
Montenegro 0.69
Rumänien 0.68
Ägypten 0.67
Niederlande 0.65
Pakistan 0.65
Türkei 0.65
Bosnien-Herzegowina 0.54
Russland 0.42

Lesehilfe: Je größer die Zahl ist, desto positiver die Einstellung zur Marktwirtschaft

Quellen: Allensbacher Archiv, IfD-Umfrage Nr. 12038, Ipsos MORI, Umfragen Nr. 20–091774–30, 21–087515–07, 22–014242–04–03, 22–087515–44 und 22–087220–42, Indochina Research, Sant Maral Foundation, FACTS Research & Analytics Pvt. Ltd. und Research World International Ltd.

Gesamtkoeffizient über die Einstellung zum Kapitalismus in 35 Ländern

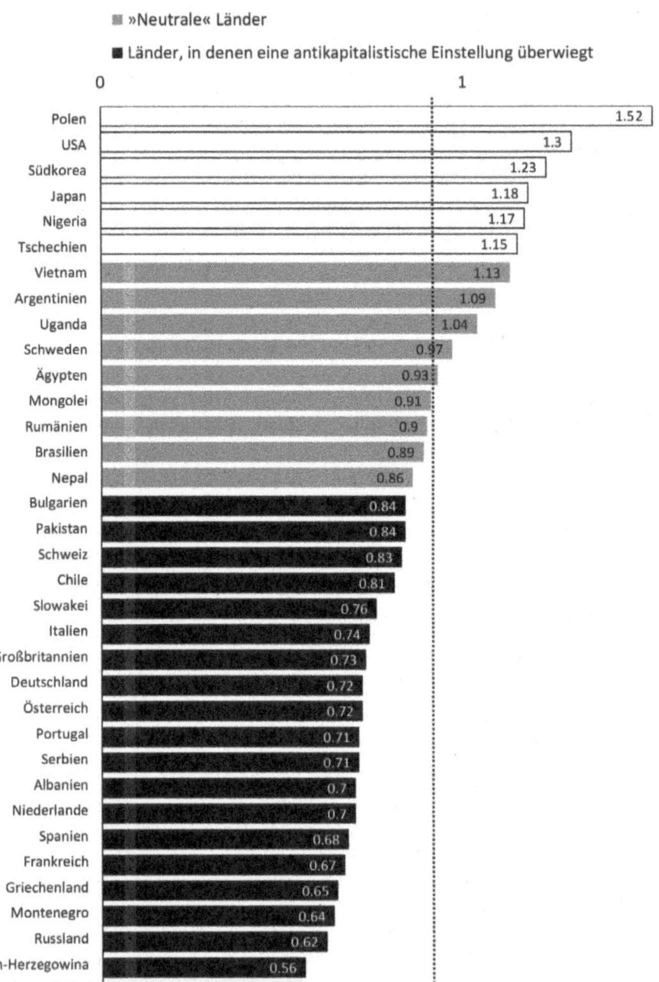

Lesehilfe: Je kleiner die Zahl, desto ausgeprägter die antikapitalistische Einstellung

Quellen: Allensbacher Archiv, IfD-Umfrage Nr. 12038, Ipsos MORI, Umfragen Nr. 20–091774–30, 21–087515–07, 22–014242–04–03, 22–087515–44 und 22–087220–42, Indochina Research, Sant Maral Foundation, FACTS Research & Analytics Pvt. Ltd. und Research World International Ltd.

Vorwort

Kapitalismus wird heute mit allen schlimmen Dingen auf der Welt in Verbindung gebracht. Der Begriff ist zum Synonym für das Böse schlechthin geworden. Und zwar nicht nur in der politischen Religion des Antikapitalismus, sondern auch im Bewusstsein vieler Menschen. Der Kapitalismus hat nicht viele Freunde auf der Welt – und dies, obwohl er so erfolgreich war wie kein anderes Wirtschaftssystem der Menschheitsgeschichte.

Der Trick der Antikapitalisten: Sie vergleichen das reale System, in dem wir leben, mit dem Ideal einer perfekten Welt, die sie sich ausgedacht haben, die es jedoch nirgendwo gibt oder gab. Sie setzen zudem darauf, dass die Menschen wenig über Geschichte wissen und darüber, in welch ärmlichen und menschenunwürdigen Verhältnissen unsere Vorfahren lebten, bevor der Kapitalismus entstand. Und sie setzen darauf, dass die meisten Zeitgenossen in der Schulzeit fast nichts über die menschenunwürdigen Verhältnisse im Sozialismus erfahren haben.

Schließlich zeichnen sie die Zukunft in den schwärzesten Farben, wobei sie alle negativen Entwicklungen nicht etwa dem möglichen Staatsversagen, sondern immer nur einem angeblichen Marktversagen zuschreiben. Wenn man darauf hinweist, dass alle antikapitalistischen Systementwürfe ausnahmslos gescheitert sind, dann lassen die Antikapitalisten das nicht gelten: Das sei ja gar kein »wahrer« Sozialismus gewesen! Und sie insinuieren damit selbstgewiss, sie hätten nun nach über 100 Jahren das richtige Rezept gefunden, wie es das nächste Mal funktionieren kann.

Das Wirtschaftssystem des Kapitalismus beruht auf Privateigentum und Wettbewerb – die Unternehmen entscheiden, was und wie viel produziert wird. Bei dieser Entscheidung helfen ihnen die Preise, die sich am Markt bilden. Die zentrale Rolle im Kapitalismus spielen die Unternehmer, die neue Produkte entwickeln und neue Marktchancen entdecken, sowie die Konsumenten, die mit ihren individuellen Käufen letztlich über Erfolg oder Misserfolg des Unternehmers entscheiden.[1] Kapitalismus ist Unternehmerwirtschaft – eigentlich wäre dies sogar das treffendere Wort.

Im Sozialismus dagegen dominiert das Staatseigentum und es gibt weder einen wirklichen Wettbewerb noch wirkliche Preise. Vor allem gibt es im Sozialismus kein Unternehmertum. Welche Produkte in welcher Menge produziert werden, entscheiden zentrale staatliche Planbehörden und nicht private Unternehmer.

Freilich, in dieser reinen Form existiert keines dieser Systeme irgendwo auf der Welt. Alle Systeme sind tatsächlich Mischsysteme. In sozialistischen Systemen gab und gibt es begrenztes Privateigentum und Reste von Marktwirtschaft (andernfalls wären sie viel früher zusammengebrochen). Und in kapitalistischen Ländern gibt es heute eine Menge sozialistischer und planwirtschaftlicher Bestandteile (die das Funktionieren der Marktwirtschaft oft behindern und ihre Ergebnisse entsprechend verzerren).

In meinem Buch »Kapitalismus ist nicht das Problem, sondern die Lösung« habe ich eine »Theorie« entwickelt, die ich heute die »Reagenzglas-Theorie« nenne – obwohl es eigentlich keine Theorie ist, sondern eher ein Bild, mit dem man historische Entwicklungen besser verstehen kann: Stellen Sie sich ein Reagenzglas vor, in dem sich die Elemente Staat und Markt, Sozialismus und Kapitalismus befinden. Und dann geben Sie in dieses Reagenzglas mehr Markt ein, so wie es die Chinesen seit den 1980er-Jahren getan haben: Das Ergebnis ist eine Abnahme der Armut und eine Zunahme des Wohlstandes. Oder Sie geben in das Reagenzglas mehr Staat ein, so wie es die Sozialisten in Venezuela seit 1999 getan haben. Das Ergebnis ist mehr Armut und weniger Wohlstand.

Überall auf der Welt herrscht dieser Kampf der Gegensätze: Markt versus Staat, Kapitalismus versus Sozialismus. Es handelt sich hier um einen dialektischen Widerspruch, und die Entwicklung eines

Landes – ob nun in Richtung mehr Wohlstand oder weniger Wohlstand – hängt davon ab, wie sich das Kräfteverhältnis zwischen Markt und Staat entwickelt. Während in den 1980er- und 1990er-Jahren in vielen Ländern eine Stärkung der Marktkräfte zu beobachten war (Deng Xiaoping in China, Margaret Thatcher und Ronald Reagan in Großbritannien und den USA, Reformen in Schweden und Anfang der 2000er-Jahre in Deutschland), können wir heute in vielen Ländern beobachten, wie die andere Seite – der Staat – in diesem Kampf der Gegensätze zunehmend an Stärke gewonnen hat. Auf der Ebene der Ideen heißt dies: Antikapitalismus ist wieder verstärkt in Mode und prägt das Denken vieler Journalisten und Politiker.

In den Diskussionen, die ich in vielen Ländern zu diesem Thema geführt habe, wurden mir oft Fragen gestellt, die in dem Buch »Kapitalismus ist nicht das Problem, sondern die Lösung« nicht beantwortet worden waren, so etwa: Wie steht es mit der Umweltzerstörung? Oder: Gehen nicht menschliche Werte im Kapitalismus verloren, wird nicht am Ende alles dem Profitdenken geopfert? Und wie verhalten sich Demokratie und Kapitalismus? Zeigt nicht das Beispiel der USA, dass nicht die Mehrheit der Wähler, sondern das große Geld die Politik bestimmt? Und was ist mit der Schere zwischen Arm und Reich, die, wie man in Medien lesen kann, ständig weiter auseinandergeht? Und was sagen Sie zu den großen Monopolen wie Google oder Facebook, die immer mächtiger werden? Schließlich: Ist nicht der Kapitalismus für die Kriege auf dieser Welt verantwortlich und hat er nicht schlimme Diktaturen – wie etwa die Hitler-Diktatur – hervorgebracht? Die Menschen, die am Kapitalismus zweifeln oder verzweifeln, fragen schließlich: Sollte man nicht Alternativen zum Kapitalismus ausprobieren? Diesen Fragen widme ich mich in diesem Buch.

Ich argumentiere in den folgenden Kapiteln nicht theoretisch. Gegner des Kapitalismus lieben es, über Theorien zu diskutieren, weil bei solchen Diskussionen nicht so einfach zu entscheiden ist, wer recht und wer unrecht hat, und weil sie Freude daran haben, sich in die Höhen der Abstraktion aufzuschwingen. Theorien bzw. ökonomische

Modelle sind für die meisten Menschen jedoch zu abstrakt und schwer verständlich. Das ist der erste Nachteil. Der zweite Nachteil, der noch schwerer wiegt: Manche Theorien sind verführerisch, weil sie mit dem übereinstimmen, was wir zu wissen glauben, mit unseren Vorurteilen über die Welt. Wenn sie in sich stimmig sind, eingängig formuliert und gut präsentiert werden und vor allem dem entsprechen, was wir sowieso zu wissen glauben, üben sie eine große Anziehungskraft aus. Ich finde es wichtiger, sich zunächst einmal darüber zu vergewissern, ob die Fakten, auf denen eine Theorie basiert, wirklich zutreffend sind. Und das ist der wunde Punkt bei den Theorien der Antikapitalisten: Sie stimmen einfach nicht mit den historischen Fakten überein, sondern nur mit unseren Vorurteilen über die Welt.

Auch manche Anhänger des Kapitalismus diskutieren gerne über ökonomische Modelle. Ich habe nichts dagegen, und solche Modelle haben ihre Berechtigung. Ich finde es jedoch zielführender, statt über Modelle über historische Fakten zu diskutieren und dann zu entscheiden, wer recht hat.

In diesem Buch gehe ich wie folgt vor: Im Teil A widme ich mich detailliert den immer wieder gegen den Kapitalismus vorgetragenen Argumenten. Im mittleren Teil B befasse ich mich mit der Frage nach Alternativen zum Kapitalismus. Dabei begründe ich, warum ich nicht viel davon halte, mich mit irgendwelchen Ideen auseinanderzusetzen, die es nur auf dem Papier gibt. Auf dem Papier sieht Sozialismus immer gut aus – außer, wenn es ein Geschichtsbuch ist.

Im dritten Teil des Buches (C) geht es darum, wie die Menschen den Kapitalismus sehen. Vielleicht haben Sie die Bücher von Steven Pinker, »Aufklärung jetzt!«, oder von Hans Rosling, »Factfulness«, gelesen. Mich haben diese Bücher fasziniert: Sie zeigen, wie sehr sich die meisten Menschen irren, wenn sie glauben, früher sei alles besser gewesen und die ganze Welt werde immer schlechter. Der Widerspruch zwischen den in Umfragen ermittelten Daten darüber, wie die meisten Menschen die Welt sehen, und den Fakten, wie die Welt wirklich aussieht, ist frappierend. Das gilt auch für das Thema Kapitalismus, bei dem die historischen und ökonomischen Fakten einerseits und die Meinungen der Menschen andererseits stark auseinanderfallen. In einem großen internationalen Projekt habe ich Menschen in 14 Ländern dazu befragen lassen, was sie über den Kapitalismus denken.

Dieses Buch dient nicht in erster Linie der Auseinandersetzung mit anderen Wissenschaftlern, sondern es geht mir vor allem um die Kritik an populären Meinungen über den Kapitalismus. Gleichwohl setze ich mich in manchen Kapiteln mit den Argumenten einiger prominenter antikapitalistischer Intellektueller – wie etwa Thomas Piketty, Naomi Klein und Noam Chomsky – oder mit Büchern und Argumenten von kapitalismuskritischen Wissenschaftlern auseinander. Ich tue das vor allem dann, wenn ich glaube, dass deren Thesen inzwischen in breiteren Bevölkerungsschichten Akzeptanz gefunden haben. Dabei haben natürlich die meisten Menschen, die antikapitalistische Meinungen teilen, weder Marx noch einen der modernen Kapitalismuskritiker gelesen. Aber viele ihrer Thesen haben – vermittelt durch Medien, Universitäten und Schulen – Eingang in das allgemeine Bewusstsein gefunden und gelten sogar teilweise als gesicherte Erkenntnisse, obwohl sie zahlreiche Irrtümer enthalten.

Sie werden zudem sehen, dass manche Thesen, die scheinbar ganz neu und aktuell daherkommen (z. B. die Kritik am Konsum), tatsächlich sehr viel älter sind: Die Begründungen der Konsumkritik wechselten – mal war es die Zerstörung der Kultur, dann die angebliche »Entfremdung«, heute ist es der Klimawandel –, doch die Zielrichtung blieb stets gleich, der Kapitalismus. Die ständig wechselnden Begründungen der gleichen Thesen legen den Verdacht nahe, dass die Begründungen nicht so wichtig sind wie das eigentliche Ziel. Manche Antikapitalisten, so etwa Naomi Klein, geben sogar offen zu, dass sie sich für Themen wie den Klimawandel erst in dem Augenblick interessierten, als sie entdeckten, dass dieses Thema eine neue, wirksame Waffe im Kampf gegen den schon vorher verhassten Kapitalismus sei.

Kritiker werden mir »Einseitigkeit« vorwerfen. Das liegt einerseits daran, dass viele Fakten und Argumente in diesem Buch im Widerspruch zu allem stehen, was die meisten Menschen glauben und was in vielen Medien vermittelt wird (zum »andererseits« komme ich gleich). Daher werden Sie oft überrascht sein. Voraussetzung für die Lektüre des Buches ist eine gewisse Offenheit für Fakten, die Ihren bisherigen Meinungen möglicherweise widersprechen. Bei unserer Umfrage in Deutschland bekam von 18 Aussagen zum Kapitalismus keine so *wenig* Zustimmung (15 Prozent) wie die, dass der Kapitalismus in vielen Ländern die Lage der einfachen Leute verbessert hat. Dreimal so viele Befragte (45 Prozent) sind sicher, der Kapitalismus sei für Hunger und Armut auf der Welt verantwortlich. Die Zahlen, die ich im ersten Kapitel präsentiere, belegen eindeutig, dass die 15 Prozent recht und die 45 Prozent unrecht haben.

Bei Themen wie Hunger oder Armut ist jedoch eine auf Fakten basierte Diskussion sehr schwierig. Je stärker ein Thema emotional besetzt ist, umso weniger sind Menschen überhaupt bereit, Fakten zur Kenntnis zu nehmen, die ihren eigenen Meinungen widersprechen. Wissenschaftler haben das in Experimenten und Untersuchungen herausgefunden.

In zahlreichen repräsentativen Erhebungen, die Wissenschaftler in den vergangenen Jahrzehnten immer wieder in ähnlicher Weise durchführten, wurde den Befragten ein Blatt mit einem Bild und einer Sprechblase vorgelegt und folgende Frage gestellt: »Ich möchte Ihnen jetzt einen Vorfall erzählen, der sich neulich bei einer Podiumsdiskussion über [dann folgten unterschiedliche Themen wie Gentechnik, Klimawandel, Kernenergie, Luftverschmutzung usw., die emotional polarisieren] ereignet hat. Experten sprachen über die Risiken und den Stand der Forschung. Plötzlich springt ein Zuhörer auf und ruft etwas in den Saal: Wenn Sie das mal bitte lesen.« Auf dem Blatt war ein Sprecher mit einer Sprechblase abgebildet, in der stand: »Was interessieren mich Zahlen und Statistiken in diesem Zusammenhang? Wie kann man überhaupt so kalt über ein Thema reden, bei dem es um das Überleben von Mensch und Natur geht?« Die Frage darunter lautete: »Würden Sie sagen, der hat recht oder nicht recht?« Diese Frage wurde über 27 Jahre in 15 repräsentativen Befragungen zu unterschiedlichen Themen, über die in der Öffentlichkeit kontrovers und emotionalisiert diskutiert wird, gestellt. Stets gab die Mehrheit dem Zwischenrufer recht, der sich nicht für Fakten interessierte. Im Durchschnitt sagten 54,8 Prozent, der faktenresistente Zwischenrufer habe recht, nur 23,4 Prozent sahen dies anders.[2]

Hier bin ich beim »andererseits«: Ich versuche in diesem Buch nicht, künstlich eine »mittlere« Position einzunehmen oder den irrigen Meinungen vieler Menschen entgegenzukommen, wenn die Fakten eindeutig sind. Abgesehen davon: Angesichts von Hunderten Büchern, die den Kapitalismus anklagen, wäre es kein Fehler, wenn ein Buch den Kapitalismus verteidigt. In jedem Gerichtsverfahren wird dem Angeklagten ein Verteidiger zugestanden. Der Richter – und der sind in diesem Fall Sie, lieber Leser – kann sich ein Urteil bilden, wenn alle Fakten auf dem Tisch liegen, auch jene, die für den Kapitalismus sprechen. Ein Verfahren, in dem es keinen Verteidiger gibt und Ankläger und Richter unter einer Decke stecken, nennt man Schauprozess. Die Auseinandersetzung mit dem Kapitalismus erinnert häufiger an einen Schauprozess als an ein faires Verfahren.

Sehr beeindruckt hat mich die klare und in einfachen Worten gehaltene Verteidigung der Marktwirtschaft von meinem Freund Professor Weiying Zhang, einem renommierten Ökonom der Peking-Universität. Ich habe seinen Beitrag auf den Seiten 375–398 angefügt. Lesern, die sich bislang noch nicht intensiv mit dem Thema »Kapitalismus« befasst haben, empfehle ich, dieses Kapitel vielleicht nicht am Ende, sondern am Anfang – also gleich nach diesem Vorwort – zu lesen.

Abschließend möchte ich den Wissenschaftlern und Freunden danken, die mir mit Zuspruch oder kritischen Hinweisen zu diesem Buch geholfen haben. Manche haben einzelne Kapitel gelesen, andere das ganze Manuskript. Mein Dank gebührt Prof. Jörg Baberowski, Dr. Daniel Bultmann, Prof. Jürgen W. Falter, Prof. Thomas Hecken, Dr. Christian Hiller von Gaertringen, Dr. Helmut Knepel, Prof. Eckhard Jesse, Prof. Hans Mathias Kepplinger, Prof. Wolfgang König, Dr. Gerd Kommer, Prof. Stefan Kooths, Prof. Wolfgang Michalka, Reinhard

Mohr, Dr. Kristian Niemietz, Prof. Werner Plumpe, Prof. Martin Rhonheimer, Prof. Walter Scheidel, Prof. Hermann Simon, Prof. Frank Trentmann, Prof. Bernd-Jürgen Wendt, Prof. Erich Weede.

Mein besonderer Dank gilt Dr. Thomas Petersen vom Allensbach-Institut, der das Projekt über viele Monate mit großem Engagement begleitet, und meinem Freund Ansgar Graw, der das Buch wieder mit hoher Kompetenz lektoriert hat.

TEIL A:

Die 10 Irrtümer der Antikapitalisten

1. »Kapitalismus ist verantwortlich für Hunger und Armut«

Der Kapitalismus wird oft für Hunger und Armut in der Welt verantwortlich gemacht. Was glauben Sie? Ist die Armut in den vergangenen Jahrzehnten eher gesunken, eher gestiegen oder eher gleichgeblieben?

2016 wurden 26.000 Menschen in 24 Ländern nach ihrer Einschätzung der Entwicklung absoluter Armut über die letzten 20 Jahre befragt. Nur 13 Prozent der Befragten gaben an, die Armutsquote sei gesunken. 70 Prozent glaubten hingegen, die Armutsquote habe zugenommen. Besonders stark fiel die Fehlwahrnehmung in Industrieländern aus. In Deutschland etwa gaben nur 8 Prozent an, dass der Anteil absolut Armer an der Weltbevölkerung gesunken sei. Eine 2017 durch Ipsos MORI durchgeführte Studie kam zu ähnlichen Ergebnissen. Demnach waren in Deutschland lediglich 11 Prozent der Befragten überzeugt, die absolute Armut habe weltweit abgenommen, während in China 49 Prozent eine Abnahme sahen.[3] Die absolute Armutsgrenze ist eine Armutsgrenze, die einen gleichen Warenbedarf von Menschen weltweit zugrunde legt. Wer diesen Warenkorb nicht erwerben kann, gilt als »absolut« gesehen arm.[4]

Bevor der Kapitalismus entstand, lebten die meisten Menschen auf der Welt in extremer Armut – 1820 betrug die Quote noch 90 Prozent. Heute ist sie unter 10 Prozent gesunken. Das Bemerkenswerte: In den letzten Jahrzehnten, seit dem Ende der sozialistischen Planwirtschaft in China und anderen Ländern, hat sich der Rückgang der Armut so stark beschleunigt wie in keiner Phase der Menschheitsgeschichte zuvor. 1981 lag die Quote noch bei 42,7 Prozent, im Jahr 2000 war sie bereits auf 27,8 Prozent gesunken und 2021 lag sie unter 10 Prozent.[5]

Diese Haupttendenz, die über Jahrzehnte anhält, ist entscheidend. Zwar ist die Armut – entgegen den ursprünglichen Erwartungen der Weltbank, die diese Daten erhebt – zuletzt wieder gestiegen. Aber das hat vor allem mit der Covid-Pandemie zu tun, die in Ländern mit ohnehin großer Armut zu einer erneuten Verschlechterung der Situation geführt hat.[6]

Hat man die längere Tendenz im Blick, dann sind auch andere Entwicklungen erfreulich. Die Kinderarbeit nahm in den letzten Jahrzehnten deutlich ab. Im Jahr 2000 arbeiteten weltweit 246 Millionen Kinder, 20 Jahre später, im Jahr 2020, waren es nur noch 160 Millionen.[7] Und dies, obwohl die Weltbevölkerung im gleichen Zeitraum von 6,1 auf 7,8 Milliarden Menschen zunahm.

Um das Thema Armut zu verstehen, müssen wir einen Blick in die Geschichte werfen. Viele Menschen glauben, der Kapitalismus habe zu Hunger und Armut in der Welt geführt. Sie stellen sich die vorkapitalistische Zeit völlig unrealistisch vor. Johan Norberg, der Verfasser des Buches »Fortschritt«, war in seiner Jugend selbst ein Antikapitalist. Er räumt jedoch ein, er habe nie darüber nachgedacht, wie die Leute wohl vor der industriellen Revolution gelebt hätten. »Ich stellte mir diese Epoche der Menschheit im Grunde genommen vor wie einen Ausflug aufs Land.«[8] Sahra Wagenknecht schreibt in ihrem Buch »Die Selbstgerechten«, vor dem Kapitalismus hätten die Menschen zwar in »sicherlich entbehrungsreichen« Verhältnissen gelebt, aber sie verklärt diese als das »viel ruhigere, naturverbundene, in verlässliche Gemeinschaften integrierte Leben«, das im Vergleich zum Kapitalismus »geradezu eine Idylle« gewesen sei.[9]

In seinem berühmten Werk über die Lage der arbeitenden Klasse in England, in dem Friedrich Engels in drastischer Weise die Arbeitsbedingungen im Frühkapitalismus anprangerte, vermittelte er ebenfalls ein idyllisches Bild der Lage der Heimarbeiter, bevor die Maschinenarbeit und der Kapitalismus kamen und dieses schöne Leben zerstörten: »Auf diese Weise vegetierten die Arbeiter in einer ganz behaglichen Existenz und führten ein rechtschaffenes und ruhiges Leben in aller Gottseligkeit und Ehrbarkeit, ihre materielle

Stellung war bei weitem besser als die ihrer Nachfolger; sie brauchten sich nicht zu überarbeiten, sie machten nicht mehr, als sie Lust hatten, und verdienten doch, was sie brauchten, sie hatten Muße für gesunde Arbeit in ihrem Garten oder Felde, eine Arbeit, die ihnen selbst schon Erholung war, und konnten außerdem noch an den Erholungen und Spielen ihrer Nachbarn teilnehmen; und alle diese Spiele, Kegel, Ballspiel usw., trugen zur Erhaltung der Gesundheit und zur Kräftigung ihres Körpers bei. Sie waren meist starke, wohlgebaute Leute, in deren Körperbildung wenig oder gar kein Unterschied von ihren bäurischen Nachbarn zu entdecken war. Ihre Kinder wuchsen in der freien Landluft auf, und wenn sie ihren Eltern bei der Arbeit helfen konnten, so kam dies doch nur dann und wann vor, und von einer acht- oder zwölfstündigen täglichen Arbeitszeit war keine Rede.«[10]

Engels fährt fort: »Sie waren ›respektable‹ Leute und gute Familienväter, lebten moralisch, weil sie keine Veranlassung hatten, unmoralisch zu sein, da keine Schenken und liederlichen Häuser in ihrer Nähe waren, und weil der Wirt, bei dem sie dann und wann ihren Durst löschten, auch ein respektabler Mann und meist ein großer Pächter war, der auf gutes Bier, gute Ordnung und frühen Feierabend hielt. Sie hatten ihre Kinder den Tag über im Hause bei sich und erzogen sie in Gehorsam und der Gottesfurcht.« Die jungen Leute, so Engels, »wuchsen in idyllischer Einfalt und Vertraulichkeit mit ihren Gespielen heran, bis sie heirateten«. Negatives klingt nur an, wenn er fortfährt: »Dafür aber waren sie auch geistig tot, lebten nur für ihre kleinlichen Privatinteressen, für ihren Webstuhl und ihr Gärtchen und wussten nichts von der gewaltigen Bewegung, die draußen durch die Menschheit ging. Sie fühlten sich behaglich in ihrem stillen Pflanzenleben und wären ohne die industrielle Revolution nie herausgetreten aus dieser allerdings sehr romantisch-gemütlichen, aber doch eines Menschen unwürdigen Existenz.«[11]

Das Bild vieler Menschen über das Leben in vorkapitalistischen Verhältnissen ist durch diese und ähnliche romantisierenden Darstellungen bis zur Unkenntlichkeit verklärt. Schauen wir zurück in die vorkapitalistische Zeit, also in die Zeit vor 1820.

Die Armut entstand keineswegs durch den Kapitalismus, sondern sie war längst da und bestimmte das Leben der Menschen seit Jahrtausenden. Armut hat keine Ursachen – Wohlstand hat Ursachen. Fernand Braudel, der berühmte französische Historiker, hat ein Standardwerk über die Sozialgeschichte des 15. bis 18. Jahrhunderts verfasst. Er schreibt dort, selbst im relativ gut situierten Europa seien ständig Teuerungen und Hungersnöte aufgetreten. Die Getreideerträge waren so dürftig, dass zwei schlechte Ernten nacheinander bereits eine Katastrophe bedeuteten.[12] In Frankreich, das noch am besten abschneidet, gab es im 17. Jahrhundert 11 und im 18. Jahrhundert 16 Hungersnöte – und diese Zahl sei wahrscheinlich noch viel zu niedrig gegriffen. Sämtliche Länder Europas befanden sich in der gleichen Lage. In Deutschland, wo Stadt und Land hartnäckig vom Hunger heimgesucht wurden, folgte eine Hungersnot auf die nächste.

Viele Menschen glauben, erst die Industrialisierung und die Verstädterung hätten zu Hunger und Armut geführt. Doch Braudel schreibt, das flache Land habe bisweilen sogar noch mehr gelitten. »Da der von Kaufleuten, Städten und Grundherren abhängige Bauer kaum über Reserven verfügt, bleibt ihm in Notzeiten keine andere Wahl, als in die drangvolle Enge der Stadt zu ziehen, um auf der Straße zu betteln ... Die Städte mussten sich gegen diese regelmäßigen Invasionen, bei denen nicht nur die Bedürftigen des Umlandes, sondern regelrechte Armenheere oft von weit her herbeiströmten, schon bald zur Wehr setzen.«[13]

Wäre die Situation in den Städten generell schlimmer gewesen als auf dem Land, dann wären nicht Millionen Menschen in die Städte geströmt. Der Wirtschaftshistoriker Werner Plumpe schreibt: »Die neuen Gewerbe und Industrien schufen kein Proletariat; sie waren vielmehr möglich, weil es eine breite, meist ländliche Unterbeschäftigung gab ... Die Industrie half vielmehr einer großen Zahl von Menschen, der strukturellen Unterbeschäftigung und Armut zu entkommen und als Industriearbeiterschaft zu überleben ... Der Kapitalismus, wenn man so will, traf auf eine arme Bevölkerung, die im Wortsinne nichts zu verlieren hatte, aber viel gewinnen konnte.«[14]

Freilich traf dies nur für Menschen zu, die in den Städten auch Arbeit fanden und in der Lage waren zu arbeiten. Für die anderen war das Schicksal grausam. In Paris wurden Kranke und Invalide in die Spitäler gesteckt und die Arbeitsfähigen, zu zweien aneinandergekettet, mit der schweren und ekelerregenden, endlosen Säuberung der Stadtgräben beschäftigt.[15]

Hunger war eines der größten Probleme in vielen Ländern. In Finnland kam es 1696/97 zu einer großen Hungersnot – laut Schätzungen starb dabei ein Viertel bis ein Drittel der Bevölkerung. Doch auch in Westeuropa lebten die Menschen oft in menschenunwürdigen Bedingungen. 1662 berichteten die burgundischen Abgeordneten dem König, dass »die Hungersnot in diesem Jahr mehr als zehntausend Familien Eurer Provinz dahingerafft und ein Drittel der Bewohner selbst guter Städte gezwungen hat, Gras zu essen«, und ein Chronist fügt hinzu: »Einige dort verzehrten Menschenfleisch.«[16]

Die Volksnahrung bestand aus Brei, Suppe oder Brot aus minderen Mehlen, das nur in ein- bis zweimonatigem Abstand gebacken wurde und fast immer schimmelig und so hart war, dass es mancherorts mit der Axt zerteilt werden musste.[17] Die meisten Menschen, auch in den Städten, mussten mit 2.000 Kalorien am Tag zurechtkommen, wobei der Anteil der Kohlenhydrate weit über 60 Prozent der Gesamtkalorienmenge ausmachte.[18] Oft war Essen gleichbedeutend mit dem lebenslangen Verzehr von Brot und nochmals Brot oder von Mus und Brei.[19] Besonders hoch lag der Brotkonsum bei der Landbevölkerung und den untersten Schichten der Arbeiterschaft. Nach Angaben von Le Grand d'Aussy nahm ein Handlanger oder Bauer 1782 in Frankreich täglich zwei bis drei Pfund Brot zu sich, »wer aber anderes zu speisen hat, verzehrt nicht diese Menge«.[20]

Die Menschen damals waren mager und kleinwüchsig – die gesamte Geschichte hindurch hat sich der menschliche Körper an unzureichende Kalorienzufuhr angepasst. »Die kleinwüchsigen Arbeiter des 18. Jahrhunderts«, so schreibt Angus Deaton in seinem Buch »Der große Aufbruch«, »waren faktisch in einer Ernährungsfalle gefangen. Sie konnten nicht viel verdienen, weil sie körperlich so schwach waren, und sie konnten nicht genug essen, weil sie ohne Arbeit nicht das Geld hatten, um sich mit Lebensmitteln zu versorgen.«[21] Manche Menschen schwärmen von den harmonischen vorkapitalistischen Zuständen, als alles so schön »entschleunigt« war, aber diese Langsamkeit war meist ein Ergebnis physischer Schwäche infolge von dauerhafter Mangelernährung.[22] Man schätzt, dass vor 200 Jahren ungefähr 20 Prozent der Einwohner von England und Frankreich gar nicht arbeitsfähig waren. »Sie hatten höchstens genug Kraft, um jeden Tag ein paar Stunden langsam zu gehen, wodurch sie Zeit ihres Lebens zum Betteln verurteilt waren.«[23]

1754 berichtete ein Autor: »Die Bauern Frankreichs, weit entfernt von Wohlstand, besitzen nicht einmal das Lebensnotwendige; dieser Menschenschlag siecht mangels Erholung von seiner Schwerarbeit schon vor dem 40. Lebensjahr dahin ... Schon das Äußere der französischen Bauern kündet von körperlichem Verfall.«[24] Ähnlich war es in anderen europäischen Ländern. Braudel konstatiert: »Diese Gesamtsituation mit ihrem ungefähren Gleichstand von Sterbefällen und Geburten, der auffallend hohen Kindersterblichkeit, den Hungersnöten, der chronischen Unterernährung und den schweren Epidemien ist für die frühere Lebensordnung kennzeichnend.« In manchen Jahrzehnten starben sogar mehr Menschen als Säuglinge geboren wurden.[25] Der »Besitz« der Menschen beschränkte sich auf einige wenige Dinge, so wie man sie auf zeitgenössischen Bildern sieht: ein paar Hocker, eine Bank und als Tisch ein Fass.[26]

Und die Menschen starben so, wie sie lebten. In einem Bericht aus Paris heißt es, die Toten wurden in Sackleinen eingenäht und in Clamart, vor den Toren der Hauptstadt, in ein Massengrab geworfen, das man mit ungelöschtem Kalk bestreute. »Ein zerlumpter Priester, ein Glöckchen, ein Kreuz«, so wird der Leichenzug der Armen beschrieben. Ihm gingen unbeschreibliche Zustände im Spital voraus: Für 5.000 bis 6.000 Kranke standen nur 1.200 Betten zur Verfügung, und so legte »man den Neuankömmling zwischen einen Sterbenden und eine Leiche«.[27]

Ich habe das so ausführlich beschrieben, um zu zeigen, was konkret damit gemeint ist, wenn es heißt, dass damals 90 Prozent der Weltbevölkerung in extremer Armut lebten. Denn in anderen Erdteilen war es noch viel schlimmer als in Westeuropa. Der britische Ökonom Angus Maddison hat sich auf die Berechnung von historischen Wirtschaftsdaten spezialisiert. In komplizierten Verfahren hat er das Bruttosozialprodukt pro Kopf der Bevölkerung geschätzt. Im Jahre 1820 betrug dieses in Westeuropa, von dem bisher die Rede war, 1.202 Internationale Dollar (eine Maßeinheit, die auf dem Jahr 1990 beruht). Ähnlich hoch war es in anderen westlichen Ländern, also Nordamerika, Australien und Neuseeland. Im Rest der Welt betrug das Bruttosozialprodukt pro Kopf jedoch zum gleichen Zeitpunkt nur 580 Internationale Dollar, also etwa die Hälfte.[28]

Was der Kapitalismus bewirkt hat, sieht man im längeren historischen Vergleich. Im Jahr 1 unserer Zeitrechnung betrug das Bruttosozialprodukt pro Einwohner in Westeuropa 576 Internationale Dollar, im globalen Durchschnitt waren es 467. Das heißt: In Europa hatte es sich in der vorkapitalistischen Zeit, vom Jahr 1 bis zum Jahr 1820, gerade mal verdoppelt. Und in der kurzen Zeit von 1820 bis 2003 stieg es dann in Westeuropa von 1.202 auf 19.912 Internationale Dollar und in den anderen kapitalistischen Ländern des Westens sogar auf 23.710 Internationale Dollar.[29]

In Asien hingegen stieg das Bruttosozialprodukt pro Einwohner in den 153 Jahren von 1820 bis 1973 lediglich von 581 auf 1.718 Dollar. Und dann, in nur 30 Jahren, stieg es von 1.718 auf 4.434 Internationale Dollar im Jahr 2003.[30]

Was war geschehen? Die Entwicklung in Asien ist vor allem darauf zurückzuführen, dass nach dem Tode Mao Zedongs im Jahr 1976 Stück für Stück der Kapitalismus in China eingeführt wurde. Da die Reduktion der weltweiten Armut vor allem ein Ergebnis dieser Entwicklung in China ist, soll sie hier etwas ausführlicher dargestellt werden.

Noch im Jahr 1981 betrug die Zahl der Chinesen, die in extremer Armut lebten, 88 Prozent der Bevölkerung, heute sind es weniger als ein Prozent. Niemals in der Weltgeschichte stiegen in so kurzer Zeit so viele Hunderte Millionen Menschen aus bitterer Armut in die Mittelschicht auf. Daher können wir viel daraus lernen, wie Armut überwunden wird – nicht in der Theorie, sondern in der geschichtlichen Wirklichkeit.

Ein Rückblick: Ende der 1950er-Jahre starben 45 Millionen Chinesen als Folge des von Mao initiierten sogenannten »Großen Sprungs nach vorne«. Es ist erschütternd, dass die meisten Menschen, die in der Schule viel über die wirklichen oder vermeintlichen Probleme des Kapitalismus lernen, niemals von diesem größten sozialistischen Experiment der Geschichte gehört haben.

Ich habe darüber ausführlicher in meinem Buch »Kapitalismus ist nicht das Problem, sondern die Lösung« geschrieben und dort den chinesischen Journalisten Yang Jisheng mit diesem Bericht zitiert: »Der Hunger war gegen Ende schrecklicher als der Tod selbst. Die Maiskolben waren gefressen, das wilde Gemüse war gefressen, die Baumrinde war gefressen, Vogelmist, Mäuse und Ratten, Baumwolle, alles hatte man sich in den Bauch gestopft. Wo man Guanyin-Erde, eine Art fetten Lehm, fand, schob man sich bereits beim Graben dicke Klumpen in den Mund.«[31] Es kam immer wieder zu Kannibalismus. Zuerst wurden die Kadaver toter Tiere gegessen, doch später begannen die Dorfbewohner in ihrer Verzweiflung, Tote auszugraben, zu kochen und zu essen. Menschenfleisch wurde sogar, wie anderes Fleisch, auf dem Schwarzmarkt gehandelt.[32] Eine nach Maos Tod entstandene (und prompt verbotene) Studie über den Bezirk Fengyang in der Provinz Anhui verzeichnete allein für den Frühling 1960 63 Fälle von Kannibalismus, darunter ein Ehepaar, das seinen achtjährigen Sohn erwürgte und aufaß.[33]

Die Lebenserwartung hatte 1958, vor Maos »Großem Sprung nach vorne«, bei fast 50 Jahren gelegen, 1960 war sie auf unter 30 (!) Jahre gefallen. Fünf Jahre später, nachdem der Hunger und das Morden aufgehört hatten, stieg sie auf fast 55 Jahre. Fast ein Drittel der Chinesen, die während dieser dunklen Phase des größten sozialistischen Experimentes der Menschheitsgeschichte geboren wurden, hat dessen Ende nicht erlebt.[34]

Nach dem menschlichen und ökonomischen Desaster der Mao-Ära erkundeten die Chinesen in anderen Ländern, wie es dort aussah und was sie von ihnen lernen könnten. 1978 begann eine rege

Reisetätigkeit führender chinesischer Politiker und Wirtschaftler. Sie unternahmen 20 Reisen in mehr als 50 Länder, um herauszufinden, was sie wirtschaftlich von ihnen lernen könnten. Den Politikern und Wirtschaftsleuten, die sahen, wie es beispielsweise den Arbeitern in Japan ging, fiel es wie Schuppen von den Augen und sie merkten, dass sie jahrelang von der kommunistischen Propaganda belogen worden waren, als diese die Errungenschaften des Sozialismus in China mit dem Elend in den kapitalistischen Ländern verglich. In Wahrheit verhielt es sich genau umgekehrt, wie jeder Teilnehmer dieser Reisen sehen konnte. »Je mehr wir von der Außenwelt sehen, desto klarer wird uns, wie rückständig wir sind«, wiederholte Deng Xiaoping, der die kapitalistischen Reformen einleitete, immer wieder.[35]

Doch es wäre falsch zu glauben, man sei nun über Nacht zum Kapitalismus »bekehrt« gewesen und habe sofort begonnen, in China die Planwirtschaft abzuschaffen und die Marktwirtschaft einzuführen. Man begann langsam, tastend, und gab den Staatsbetrieben nur schrittweise mehr Eigenständigkeit. Der Übergang von der sozialistischen Staatswirtschaft zur Marktwirtschaft vollzog sich nicht schlagartig, sondern in einem über Jahre und Jahrzehnte andauernden Prozess, der noch lange nicht abgeschlossen ist. Und mindestens ebenso wichtig wie die Initiativen von oben, also von der Partei, waren Bewegungen von unten, so etwa von den Bauern.

Nach den Erfahrungen mit dem »Großen Sprung nach vorn« gingen die Bauern in immer mehr Dörfern dazu über, auf eigene Initiative den Privatbesitz an Ackerland wieder einzuführen, obwohl dies offiziell verboten war. Aber es zeigte sich rasch, dass die Erträge der privaten Landwirtschaft sehr viel höher waren, und so ließen die Parteifunktionäre die Menschen gewähren. Zunächst wurde in besonders armen »Bettler-Dörfern« experimentiert – nach dem Motto: Wenn es hier schiefgeht, ist das nicht so schlimm, denn vom Boden kann man nicht fallen. In einem dieser kleinen Dörfer erlaubte die Parteiführung den Bauern, die besonders ertragsarmen Felder privatwirtschaftlich zu bestellen. Kaum hatte man dies gestattet, fiel der Ertrag dreimal so hoch aus wie bei den kollektiv bewirtschafteten Böden.

Schon lange bevor das offizielle Verbot von privater Landwirtschaft 1982 aufgehoben wurde, gab es überall in China spontane Initiativen von Bauern, die das private Eigentum entgegen dem sozialistischen Glaubensbekenntnis wieder einführten. Das Ergebnis war sehr positiv: Die Menschen mussten nicht mehr hungern, die landwirtschaftliche Produktion stieg rapide an.

Aber nicht nur auf dem Land kam es zu Veränderungen. Jenseits der großen staatlichen Unternehmen gab es zahlreiche kommunale Unternehmen, die zwar formal den Städten und Gemeinden gehörten, aber zunehmend wie private Unternehmen gemanagt wurden. Diese Unternehmen erwiesen sich oft den schwerfälligen Staatsunternehmen als überlegen, weil sie nicht den engen Vorgaben einer Planwirtschaft unterlagen. In den 1980er-Jahren etablierten sich zunehmend de facto privatwirtschaftlich geführte Unternehmen. Das sozialistische System, laut dem es ausschließlich Staatseigentum geben dürfe, von einer staatlichen Planbehörde geleitet, wurde von unten mehr und mehr ausgehöhlt.

Von großer Bedeutung war die Schaffung sogenannter Sonderwirtschaftszonen. Das waren Gebiete, in denen das sozialistische Wirtschaftssystem außer Kraft gesetzt war und in denen mit kapitalistischen Wirtschaftsformen experimentiert werden durfte. Die erste Sonderwirtschaftszone war Shenzhen, die nahe dem damals politisch und wirtschaftlich eigenständigen kapitalistischen Hongkong lag. Shenzhen war das Gebiet, von dem Chinesen illegal in die britische Kronkolonie emigrierten. So wie vor dem Mauerbau immer mehr Menschen aus Ost- nach Westdeutschland flohen, so versuchten auch immer mehr Menschen aus dem sozialistischen China über das damals kleine Fischerstädtchen Shenzhen in das kapitalistische Hongkong zu fliehen.

Deng Xiaoping war so klug zu erkennen, dass sich die Flucht nicht allein mit der Armee und schärferen Grenzkontrollen verhindern ließ, sondern dass man die Fluchtursachen analysieren und beseitigen müsse. Die Parteiführung der Provinz Guangdong, zu der Shenzhen gehört, stellte eine Untersuchung über die illegale Emigration an. Sie musste lernen, dass sich die Geflohenen auf der anderen Seite des Shenzhen-Flusses auf dem Territorium von Hongkong ansiedelten, ein eigenes Dorf gründeten und dort 100-mal mehr verdienten als die Menschen auf der sozialistischen Seite des Flusses.

Deng argumentierte, China müsse dafür sorgen, dass der Lebensstandard auf der chinesischen Seite steige, dann hätten die Menschen keinen Grund mehr zu fliehen. Shenzhen, das damals weniger als 30.000 Einwohner zählte, wurde zum ersten kapitalistischen Experimentierfeld in China. Die Parteifunktionäre, die in Hongkong und Singapur gesehen hatten, dass der Kapitalismus sehr viel besser funktioniert als der Sozialismus, gestatteten ein marktwirtschaftliches Experiment in dieser Sonderwirtschaftszone.

Das ehemalige Fischerstädtchen, aus dem die Menschen einst unter Lebensgefahr flohen, ist heute neben Hongkong und Macau die Stadt mit dem höchsten Pro-Kopf-Einkommen in China. Fast 12 Millionen Menschen leben dort, tragende Säulen der lokalen Wirtschaft sind die Elektronik- und die Telekommunikationsindustrie. Das Modell der Sonderwirtschaftszonen wurde rasch auf andere Regionen übertragen. Für ausländische Investoren waren diese Sonderwirtschaftszonen sehr attraktiv. Sie profitierten von niedrigen Steuersätzen, einer geringen Bodenpacht und zurückhaltenden bürokratischen Verwaltungsauflagen. Hier herrschte eine freiere Marktwirtschaft, als wir sie heute in vielen europäischen Ländern kennen.

Ich besuchte diese Region ein erstes Mal im August 2018 und ein zweites Mal im Dezember 2019. Bei meiner zweiten Reise dorthin sprach ich mit Vertretern eines privaten Thinktanks. Der Leiter ist Professor und gehört weder der Kommunistischen Partei noch einer anderen der acht »Parteien« in China an. »Vielleicht werden wir die letzten Verteidiger des Kapitalismus sein«, meinte er. Dass in Europa und den USA sozialistische Ideen eine Renaissance erfahren, ist für ihn unverständlich: »Hier in China glaubt kaum noch einer an die Ideen von Karl Marx.«

Ein entscheidender Schritt war, dass der 14. Parteitag der Kommunistischen Partei Chinas im Oktober 1992 erstmals offiziell die Marktwirtschaft als Ziel der Reformen verkündete. Das wäre einige Jahre davor noch völlig undenkbar gewesen. Die Reformen gewannen immer mehr an Dynamik. Zwar wurde die Planwirtschaft nicht abgeschafft, aber der Anteil der Preise für Rohstoffe, Transportdienstleistungen und Kapitalgüter, die staatlich festgelegt waren, sank drastisch.

Zudem begann eine Reform der Staatsbetriebe. Privatpersonen und ausländische Investoren durften von nun an in den Kreis der Gesellschafter aufgenommen werden. Der Prozess der Privatisierung gewann bald an Fahrt, manche Unternehmen wurden an die Börse gebracht. Es kam zu zahlreichen spontanen bzw. von den lokalen Regierungen initiierten Privatisierungen. Viele staatliche Betriebe waren unter Wettbewerbsbedingungen nicht überlebensfähig.

Die Entwicklung Chinas zeigt, dass steigendes Wirtschaftswachstum – auch bei gleichzeitig steigender Ungleichheit – den meisten Menschen zugutekommt. Heute gibt es so viele Milliardäre in China wie in keinem anderen Land der Welt, auch nicht in den USA. Das zeigt, wie unsinnig das »Nullsummendenken« der Antikapitalisten ist, die glauben, Reiche seien nur reich, weil sie den Armen etwas weggenommen hätten. Nein, Hunderten Millionen Menschen in China geht es heute sehr viel besser, und zwar nicht, *obwohl* es so viele Millionäre und Milliardäre gibt, sondern gerade *weil* Deng zu Beginn der Reformen die Parole ausgegeben hatte: »Lasst einige erst reich werden.«

Deng hatte recht, dass der wirtschaftlichen Entwicklung die Hauptpriorität eingeräumt werden müsse, was sich an folgenden Tatsachen zeigt: Untersucht man, in welchen Provinzen die Armut in China in den vergangenen Jahrzehnten am stärksten zurückgegangen ist, dann sind es jene mit dem höchsten Wirtschaftswachstum. Weiying Zhang, der sicherlich der klügste Analytiker der chinesischen Wirtschaft ist und persönlich einiges zu ihrer Entwicklung beigetragen hat, wendet sich gegen die Vorstellung, dass Chinas außergewöhnlicher Erfolg ein Ergebnis der großen Rolle des Staates sei. Diese Fehldeutung ist im Westen verbreitet, aber es gibt sie auch zunehmend in

China, wo manche Politiker und Wissenschaftler der Meinung sind, die Erklärung für den Erfolg des Landes liege in einem besonderen chinesischen Modell. »Die Verfechter der Theorie des ›China model‹ liegen falsch, denn sie verwechseln ›trotz‹ mit ›wegen‹. China ist nicht wegen, sondern trotz der unbegrenzten Staatsmacht und des großen ineffizienten staatlichen Sektors schnell gewachsen.«[36] Tatsächlich seien »marketization« und »privatization« die treibenden Kräfte für Chinas enormes Wirtschaftswachstum. Zhang hat die Daten unterschiedlicher Regionen in China analysiert. Er kam zu dem Resultat: »Je mehr marktorientierte Reformen eine Provinz durchgeführt hatte, desto höher war das von ihr erzielte Wirtschaftswachstum. Und wer bei den Marktreformen hinterherhinkte, der hinkte auch beim Wirtschaftswachstum hinterher.«[37] Die Gebiete, in denen am konsequentesten marktwirtschaftliche Reformen durchgeführt wurden, also Guangdong, Zhejiang, Fujian und Jiangsu, waren zugleich jene, die wirtschaftlich am stärksten gewachsen seien.

Dabei, und dies ist eine sehr wichtige Einsicht, gilt: »Das beste Maß für Reformfortschritte sind die Veränderungen der marktwirtschaftlichen Durchdringung in den betreffenden Zeiträumen und nicht so sehr die absoluten Werte, die innerhalb eines bestimmten Jahres erzielt wurden.«[38] Die Wachstumsrate ist dort am größten, wo private Unternehmen die entscheidende Rolle spielen. Die Daten belegen: »Die Provinzen, deren Wirtschaft stärker ›privatisiert‹ ist, werden wahrscheinlich schneller wachsen. Treiber des hohen Wachstums sind die nicht-staatlichen Sektoren, nicht aber der staatliche Sektor.«[39] Der Reformprozess in China verlief in den vergangenen Jahrzehnten niemals gleichmäßig, niemals nur in eine Richtung. Es gab Phasen, in denen die Marktkräfte schnell stärker wurden, aber es gab auch Phasen, in denen sich die Rolle des Staates wieder verstärkte. Auch wenn über längere Sicht die Haupttendenz »state out and private in« (guo tui min jin) war, so gab es stets auch Perioden und Regionen, in denen eine rückläufige Entwicklung stattfand, also »state in and private out« (guo jin min tui). Zhang untersuchte die unterschiedlichen Wachstumsraten in den »state out and private in«-Regionen sowie in den »state in and private out«-Regionen. Auch hier ist das Ergebnis eindeutig: Die Wirtschaftsleistung wuchs deutlich stärker in den »state out and private in«-Regionen. Das belegt, »dass Chinas schnelles Wachstum der letzten vier Jahrzehnte durch die Kräfte des Marktes und der nicht-staatlichen Sektoren angekurbelt wurde, und nicht durch die Macht der Regierung und des staatlichen Sektors, wie es die Theoretiker des ›China Models‹ behaupten«.[40] Entscheidend für die weitere Entwicklung der chinesischen Wirtschaft ist der Grad der Innovation. Analysiert man die Forschungs- und Entwicklungsintensität in der Industrie, die pro Kopf erteilten Patente und den prozentualen Anteil des Neuproduktumsatzes am Gesamtumsatz der Industrie, dann wird deutlich, dass all diese Kennzahlen für Innovation statistisch eindeutig positiv mit dem Grad der *marketization* korreliert sind.[41]

Ich habe Weiying Zhang in Beijing getroffen. In unserem Gespräch unterstrich er, dass er das Missverständnis über die Gründe für Chinas Wachstum für eine große Gefahr hält. Das gilt nicht nur für China, sondern auch für den Westen. Wenn man im Westen der Fehldeutung aufsitzt, die Basis des chinesischen Erfolges sei ein besonderer »dritter Weg« zwischen Kapitalismus und Sozialismus oder ein »Staatskapitalismus«, dann werde das auch im Westen zu völlig falschen Schlussfolgerungen führen. In seinem 2020 erschienenen Buch »Ideas for China's Future« gebraucht Zhang ein drastisches Bild: »Stellen Sie sich vor, Sie sehen einen Menschen, dem ein Arm fehlt und der sehr schnell läuft. Wenn Sie zu dem Schluss kommen, dass seine Geschwindigkeit vom Fehlen eines Arms herrührt, dann werden Sie natürlich andere dazu aufrufen, einen Arm abzusägen. Das wäre eine Katastrophe … Ökonomen dürfen nicht ›trotz‹ mit ›wegen‹ verwechseln.«[42] Die Vertreter einer starken Rolle des Staates in Europa und den USA wollen uns einreden, Chinas ökonomischer Erfolg bestätige, wie entscheidend ein starker Staat für das Wirtschaftswachstum sei. Die Analysen von Weiying Zhang belegen das genaue Gegenteil.

In vielerlei Hinsicht ist der chinesische Weg nicht so außergewöhnlich, betont der Ökonom: »Tatsächlich ist Chinas ökonomische Entwicklung grundsätzlich identisch mit der in einigen westlichen Ländern, so wie in Großbritannien während der industriellen Revolution, in den Vereinigten Staaten im späten 19. und frühen 20. Jahrhundert und in einigen asiatischen Ländern wie Japan und Südkorea nach dem Zweiten Weltkrieg. Sobald Marktmechanismen eingeführt und die richtigen Anreize gesetzt sind, damit Menschen nach Reichtum streben, folgt das Wunder des Wachstums früher oder später.«[43]

In der Tat kann man viele Parallelen zur Entwicklung des Frühkapitalismus in Europa und den USA sehen. »Frühkapitalismus« gilt bei Antikapitalisten als ein Schreckenswort, doch tatsächlich war es eine Zeit, in der sich die Lebensbedingungen der Arbeiterschaft dramatisch verbesserten. Der amerikanische Ökonom Thomas J. DiLorenzo verdeutlicht dies an folgenden Zahlen für die USA: »Zwischen 1820 bis 1860 stiegen die Löhne mit einer jährlichen Rate von etwa 1,6 Prozent. Gleichzeitig erhöhte sich die Kaufkraft eines durchschnittlichen Arbeiterlohnes zwischen 60 und 90 Prozent, abhängig von der Landesregion. Zwischen 1860 und 1890, in der Zeit, die von Wirtschaftswissenschaftlern als die ›zweite industrielle Revolution‹ bezeichnet wird, stiegen die Reallöhne (d.h. die inflationsbereinigten Löhne) in Amerika um 50 Prozent. Gleichzeitig verkürzte sich die durchschnittliche Arbeitswoche, was bedeutet, dass die Reallöhne des durchschnittlichen Amerikaners in dieser Zeit wahrscheinlich eher um 60 Prozent gestiegen sind.«[44] Im nächsten Kapitel werde ich zeigen, dass Ähnliches auch für den Frühkapitalismus in England gilt, der häufig als besonders schlimmes Beispiel für menschenunwürdige und erniedrigende Zustände angeführt wird.

Der Kapitalismus hat mehr zur Überwindung von Hunger und Armut beigetragen als jedes andere System in der Weltgeschichte. Die größten von Menschen gemachten Hungerkatastrophen ereigneten sich in den vergangenen 100 Jahren im Sozialismus. Bei der Hungersnot, die in Russland nach der bolschewistischen Revolution in den Jahren 1921/22 stattfand, starben nach offiziellen Angaben der »Großen Sowjet Enzyklopädie« von 1927 5 Millionen Menschen. Die höchsten

Schätzungen gehen sogar von 10 bis 14 Millionen Hungertoten aus. Nur ein Jahrzehnt später löste Josef Stalin durch die sozialistische Kollektivierung der Landwirtschaft und die »Liquidierung der Kulaken« (mehr dazu in Kapitel 11) die nächste große Hungersnot aus, der 6 bis 8 Millionen Menschen zum Opfer fielen. Besonders hart traf es Kasachstan, wo 1,5 Millionen Menschen starben – ein Drittel der Bevölkerung.[45]

»Beim Begriff ›Hungersnöte‹«, schreibt der Sinologe Felix Wemheuer in seinem Buch »Der große Hunger«, »denken die meisten als Erstes an Afrika. Im 20. Jahrhundert starben jedoch 80 Prozent aller Opfer von Hungersnöten in China und der Sowjetunion.«[46] Gemeint sind damit nicht die Millionen Opfer von täglicher Unterernährung und mangelnder Gesundheitsvorsorge, sondern Hungersnot wird definiert als Ereignis, wenn sich die Sterblichkeitsraten gegenüber dem in dem jeweiligen Land »normalen« Maß sprunghaft erhöhen.[47] Eine andere Zahl: Das Ende des Kommunismus in China und der Sowjetunion war ein Faktor, der maßgeblich dazu beitrug, dass der Hunger von 1990 bis 2017 um 42 Prozent zurückging.[48]

Es ist typisch für die Fehlwahrnehmung, dass die Menschen bei »Hunger und Armut« eher an den Kapitalismus denken als an den Sozialismus, der für die größten Hungersnöte im 20. Jahrhundert verantwortlich war.

In Nordkorea, einem der wenigen verbliebenen sozialistischen Länder, starben noch in den Jahren 1994 bis 1998 mehrere Hunderttausend Menschen bei Hungersnöten. Jang Jing-sung, ein Angehöriger der nordkoreanischen Elite, beschreibt, was er dort in den späten 90er-Jahren erlebte, ehe er in den Westen floh. Die Verhungernden wurden in Parks geschickt, um dort zu betteln, ehe sie starben. Es gab eine eigene »Leicheneinheit«, deren Mitglieder mit Stöcken Körper anstießen, um zu sehen, ob sie bereits tot waren. Er sah, wie sie die Leichen auf Rikschas legten; die nackten Füße, die nur aus Haut und Knochen bestanden, ragten in alle Richtungen. Eine Frau, deren Mann bereits verhungert war, bot auf einem Marktplatz ihre Tochter für 100 Won (keine 10 Cent) zum Verkauf an.[49]

Zurück zu den Zahlen: Der »Index of Economic Freedom«, den die Heritage Foundation erstellt, zeigt, dass die am meisten kapitalistischen Länder im Durchschnitt ein Bruttosozialprodukt pro Kopf von 71.576 Dollar haben. Bei den überwiegend freien Ländern sind es noch 47.706 Dollar. Am anderen Ende rangieren die überwiegend unfreien und die gänzlich unfreien Länder, wo das Bruttosozialprodukt pro Kopf nur 6.834 oder 7.163 Dollar beträgt.[50]

Der Global Multidimensional Poverty Index der Vereinten Nationen[51] misst verschiedene Formen der Armut (Gesundheit, Lebensstandard, Bildung) in 80 Entwicklungsländern. Vergleicht man diesen Index mit dem Index der wirtschaftlichen Freiheit, dann sieht man, dass 35,3 Prozent der Menschen in wirtschaftlich unfreien Entwicklungsländern in »multidimensional poverty« leben, aber nur 7,9 Prozent der Menschen in überwiegend wirtschaftlich freien Entwicklungsländern.[52] Der Glaube, man müsste das Geld nur von den reichen in die armen Länder »umverteilen«, ist naiv. Die Wirtschaft ist eben kein Nullsummenspiel, in dem man einem Individuum, einer Bevölkerungsgruppe oder einem Land lediglich etwas wegnehmen muss, um die Gesamtheit reicher zu machen. Was wirklich gegen Armut hilft, dies hat die Entwicklung in Westeuropa seit 1820 sowie die Entwicklung in asiatischen Ländern wie China, Südkorea oder Vietnam in den vergangenen 40 Jahren gezeigt, ist mehr wirtschaftliche Freiheit.

Zahlreiche Studien belegen und viele Ökonomen betonen, dass Entwicklungshilfe den Ländern Afrikas mehr geschadet als genutzt hat.[53] Ich habe darüber ausführlich im 2. Kapitel meines Buches »Kapitalismus ist nicht das Problem, sondern die Lösung« geschrieben. Zwischen 1970 und 1998, der Zeit der höchsten Entwicklungshilfeleistungen an Afrika, stieg die Armut auf dem Kontinent von 11 auf 66 Prozent.[54] Ausländische Hilfszahlungen finanzierten großzügig korrupte Regierungen, die sich in keiner Weise dem Wohl ihrer Bevölkerung verantwortlich fühlten. Die ausländischen Zahlungen führten auch dazu, dass diese Machthaber nicht von der Zustimmung ihrer Bevölkerung abhingen. So konnten sie ungeniert Rechtsstaatlichkeit blockieren, die Schaffung transparenter politischer und zivilgesellschaftlicher Institutionen und den Schutz bürgerlicher Grundrechte verhindern. Dadurch waren sie zugleich dafür verantwortlich, dass weder einheimische noch ausländische Investoren in diesen armen Ländern aktiv werden wollten. So hat die westliche Entwicklungshilfe dazu beigetragen, viele afrikanische Länder in ihrer Entwicklung weit zurückzuwerfen.

Ein funktionierender Kapitalismus konnte sich dort nicht entwickeln, denn ein Umfeld hochgradiger Korruption und Unsicherheit schreckte Investoren ab.[55] Das führte zur Stagnation und würgte letztlich das Wachstum ab. Die korrupten Staatsangestellten entschieden nicht im Interesse des Allgemeinwohls, sondern nach Maßgabe möglicher Selbstbereicherung. Große Summen an Hilfsgeldern und eine Kultur der Abhängigkeit von Entwicklungshilfe ermutigten afrikanische Regierungen zudem, unproduktive öffentliche Sektoren weiter aufzublähen – was auch nur eine Art ist, Günstlinge zu belohnen.[56]

Natürlich sollten Reiche den Armen in unmittelbarer Not helfen: beispielsweise bei Naturkatastrophen oder bei Pandemien. Hier sollte es selbstverständlich sein, dass ein Land einem anderen hilft, beispielsweise mit Hilfslieferungen, Medikamenten usw. Gleiches gilt für Menschen, die innerhalb eines wohlhabenden Landes unverschuldet in Armut geraten sind, z. B. durch Krankheit oder andere Schicksalsschläge. Hier sollte großzügige Hilfe selbstverständlich sein, von Privatpersonen oder auch vom Staat. Aber solche Hilfe hilft eben nicht gegen strukturell bedingte Armut.

In Europa oder den USA dominieren naive Vorstellungen vom Kampf gegen Armut, Hunger, Kinderarbeit und andere Probleme. Manche fühlen sich gut, wenn sie keine Produkte kaufen, bei deren Herstellung Kinderarbeit eine Rolle spielte. Aber nicht selten verschlimmern Erfolge sogenannter »Aktivisten« die Situation der Menschen in armen Ländern sogar. Johan Norberg berichtet von folgendem Beispiel: 1992 stellte sich heraus, dass die amerikanische Kaufhauskette Wal-Mart in Kinderarbeit hergestellte Kleidungsstücke gekauft hatte.

Der US-Kongress drohte, Importe aus Ländern mit Kinderarbeit zu verbieten. Daraufhin wurden sofort Tausende von Kindern in Bangladesh aus der Textilindustrie entlassen. Als internationale Organisationen anschließend nachforschten, was aus diesen Kindern geworden war, zeigte sich, dass viele von ihnen Beschäftigungen nachgingen, die gefährlicher und schlechter bezahlt waren als die vorigen und einige in der Prostitution gelandet waren. Ein ähnlicher Boykott gegen die Teppichindustrie in Nepal endete laut UNICEF damit, dass über 5.000 Mädchen zur Prostitution gezwungen wurden.[57]

Im Sommer 2014 sorgte ein neues Gesetz zur Kinderarbeit in Bolivien für weltweite Schlagzeilen und Diskussionen. Das Gesetz erlaubt in Ausnahmefällen schon Zehnjährigen zu arbeiten – und wurde unter anderem von arbeitenden Kindern selbst gefordert. Ein Skandal? Die UNICEF sagte dazu: »Grundsätzlich müssen wir feststellen, dass Kinderarbeit in vielen Ländern mit geringem und mittlerem Einkommen eine Realität ist. In Bolivien hatten viele Mädchen und Jungen gesagt, dass sie ihren Arbeitslohn zum Überleben brauchen. Befürworter des Gesetzes sind der Meinung, dass die Kinder sonst illegal arbeiten und dann viel mehr in Gefahr sind, ausgebeutet zu werden. Kritiker befürchten hingegen, dass der Kinderschutz durch das Gesetz aufgeweicht wird.«[58]

Die Sachlage ist also nicht so eindeutig, wie sie auf den ersten Blick erscheint. Wie bereits erwähnt, ist die Kinderarbeit weltweit massiv zurückgegangen, aber nicht vor allem als Folge von Verboten oder von Boykottaktionen, sondern deshalb, weil sich die Lebenssituation der Menschen in vielen (ehemaligen) Entwicklungsländern entscheidend verbessert hat. Die Eltern, die zuvor wirtschaftlich darauf angewiesen waren, dass ihre Kinder mitarbeiteten, verdienten jetzt besser und konnten ihren Kindern eine Ausbildung finanzieren. Nicht weniger, sondern mehr Kapitalismus hat im Kampf gegen die Kinderarbeit geholfen.

Aber wie verhält es sich mit den Armen in den entwickelten, reichen Ländern? Hier muss man zunächst zwischen der sogenannten relativen und der absoluten Armut unterscheiden. Wenn von Armut in Ländern wie Deutschland oder Schweden gesprochen wird, dann ist meist von »relativer Armut« die Rede. Wir kommen darauf im nächsten Kapitel zurück. Gemeint sind damit Menschen, die z. B. weniger als 60 Prozent des Medianeinkommens haben. Diese Armut kann niemals beseitigt werden, denn unabhängig vom Anstieg des Medianeinkommens wird es immer Menschen geben, die nur 60 Prozent oder weniger davon haben. Das ergibt sich zwangsläufig aus der statistischen Konstruktion des Medianeinkommens, das eben kein Durchschnittseinkommen ist, sondern jenes, das die Bevölkerung exakt teilt in eine Hälfte, die ein höheres Einkommen erzielt, und die andere Hälfte mit geringerem Verdienst.

Antikapitalisten argumentieren stets so, als seien alle (relativ) Armen, die in einem reichen Land leben, ohne eigenes Zutun arm geworden. Sie empören sich geradezu, wenn jemand darauf hinweist, dass es in Ländern wie Deutschland, Großbritannien, Schweden oder den USA auch Arme gibt, die selbst schuld an ihrer Situation sind oder zumindest eine Mitschuld daran tragen. Tatsächlich lässt sich jedoch nicht bestreiten, dass es neben Menschen, die unverschuldet in Not geraten sind, auch Fälle gibt, in denen Menschen lieber Leistungen des Wohlfahrtsstaates in Anspruch nehmen als selbst zu arbeiten. In gewisser Hinsicht kann man diese Menschen sogar verstehen: Wenn wegen hohen Steuern und Sozialabgaben vom Brutto zu wenig übrigbleibt und andererseits, etwa in Deutschland, vergleichsweise großzügig Leistungen des Wohlfahrtsstaates gewährt werden, dann wird es immer Menschen geben, die lieber diese Leistungen beziehen und vielleicht nebenher schwarzarbeiten, weil sie dann mit viel weniger Arbeitseinsatz am Schluss genauso viel oder sogar mehr haben als jemand, der 40 Stunden arbeitet. Man sollte nicht in erster Linie diese Menschen verurteilen, sondern ein System, das ein solches Verhalten als ökonomisch rational erscheinen lässt.

Antikapitalisten sehen alle Armen als Opfer – als Opfer des Kapitalismus, Opfer sozialer Ungerechtigkeit usw. Aber ist den Menschen damit geholfen, wenn man sie als Opfer sieht? Ist es wirklich menschlich, den Armen zu sagen: »Du bist ein Opfer des Kapitalismus, lass dir nicht einreden, du könntest an deinem Los in diesem System etwas ändern, denn deine Situation wird sich erst dann ändern, wenn der Kapitalismus beseitigt ist«? Solche Botschaften sind erstens falsch und zweitens entmutigen sie Menschen.

Liberale ermutigen die Menschen, ihr Schicksal in die eigene Hand zu nehmen und sich nicht darauf zu verlassen, dass irgendwann andere für sie etwas tun werden oder die Gesellschaft sich ändert. Zumal sie wissen, dass das, was die Antikapitalisten versprechen, nämlich eine Linderung von Armut und Not durch die Abschaffung des Kapitalismus, noch niemals in der Geschichte eingetreten ist, sondern stets das Gegenteil: Die Armut wurde größer, wo der Kapitalismus abgeschafft wurde – wie wir in Kapitel 11 sehen werden.

2. »Kapitalismus führt zu steigender Ungleichheit«

»Die Armen werden immer ärmer und die Reichen immer reicher« – dass zumindest der erste Teil dieses häufig wiederholten Spruches nicht stimmt, haben wir im letzten Kapitel gesehen. Oft werden die Milliardenvermögen der Superreichen dem gegenübergestellt, was die Masse der Bevölkerung hat. Die Vermögen der Superreichen sind in der Tat schwindelerregend hoch, aber der allergrößte Teil davon ist in produktivem Firmenvermögen gebunden. Manche Menschen stellen es sich so vor, dass ein Jeff Bezos 100 oder 200 Milliarden US-Dollar auf dem Konto liegen hat. Doch tatsächlich hat er den allergrößten Teil des Vermögens – wohl über 95 Prozent – in Aktien seiner Firma Amazon gebunden, die weltweit rund 1,3 Millionen Mitarbeiter beschäftigt. Dadurch kommt die gigantische Summe zustande.

Doch fragen wir zunächst grundsätzlicher: Wie verhält es sich mit dem Thema »Ungleichheit«? Stimmt es, dass im Kapitalismus die Schere zwischen Arm und Reich immer weiter auseinandergeht? Bevor wir diese Frage beantworten, lohnt es sich vor allem zu fragen: Ist Gleichheit überhaupt erstrebenswert? Und was ist mit Gleichheit gemeint? Und warum stören sich viele Menschen eher an der Ungleichheit in der Welt als an der Armut?

Verfasser früher utopischer Romane waren geradezu besessen von der Idee der Gleichheit. In fast allen utopischen Entwürfen ist das Privateigentum an Produktionsmitteln (und manchmal sogar jedes Privateigentum) abgeschafft und jede Differenzierung zwischen Arm und Reich aufgehoben. Schon in dem 1517 erschienenen Roman »Utopia« des Engländers Thomas Morus, der den Namen dieses Genres begründete, heißt es: »Deshalb bin ich fest davon überzeugt, dass der Besitz nur dann auf gleichmäßige und gerechte Weise verteilt oder die Geschicke der Menschen nur dann glücklich gestaltet werden können, wenn das Privateigentum aufgehoben worden ist; solange es besteht, wird immer auf dem weitaus größten und weitaus besten Teile der Menschheit die drückende und unvermeidliche Bürde der Armut und des Kummers lasten.«[59]

In dem 1643 erschienenen Roman des italienischen Philosophen Tommaso Campanella über den »Sonnenstaat« trugen fast alle Männer und Frauen dieselbe Kleidung. Und für die Christianopolitaner in dem utopischen Entwurf des deutschen Theologen und Schriftstellers Johann Valentin Andreae sind lediglich zwei Arten von Kleidung vorgesehen. »Alle sind nach einem Muster entworfen, unterscheiden sich aber nach Geschlecht und Alter des Trägers. Das Material ist Leinen und Wolle und wird je nach heißer und kalter Jahreszeit gewechselt. Die Farben sind bei allen weiß oder aschgrau, und niemand hat üppig Geschneidertes.« Selbst die Wohngebäude sehen in vielen utopischen Romanen einheitlich aus.[60]

Kaum jemand, der »soziale Ungerechtigkeit« beklagt, würde heute einer so radikalen Gleichmacherei das Wort reden. Fast jedermann akzeptiert, dass es Unterschiede im Einkommen geben solle, aber, so fügen viele hinzu: Diese Unterschiede sollten nicht »zu groß« sein. Was jedoch ist zu groß und was ist in Ordnung? Viele Kritiker sozialer Ungleichheit verweisen darauf, die Unterschiede seien in den vergangenen Jahrzehnten größer geworden – so verdiene heute beispielsweise ein Manager im Verhältnis zu seinen Angestellten viel mehr als früher. War »früher« also das richtige Maß? Wohl kaum, denn viele der Leute, die heute eine zu große Ungleichheit beklagen, haben das zu den früheren Zeiten, auf die sie jetzt gerne verweisen, auch schon getan. Die guten alten Zeiten sind nur heute gut, früher waren sie aus Sicht der Kritiker genauso »ungerecht«.

Sowohl in philosophischen »Gerechtigkeitstheorien« als auch im Alltagsverständnis vieler Menschen soll die Belohnung, die jemand für seine Arbeit bekommt, im Verhältnis zu seinem Arbeitsaufwand stehen. »Ist dieses Verhältnis ungleich, das heißt, erhält eine andere

Person mit einem geringeren Aufwand einen höheren Ertrag, so stellt sich das Gefühl von Ungerechtigkeit ein.«[61] Umfragen haben immer wieder gezeigt, dass zwischen 88 und 95 Prozent der Bevölkerung in westeuropäischen Ländern der Auffassung sind, Leistung sollte einen großen Einfluss auf die Festsetzung des Einkommens haben.[62] Aber aus der Forschung wissen wir, dass vor allem Angehörige unterer sozialer Schichten unter »Leistung« meist die »disziplinierte Erledigung einer bestimmten Menge von Aufgaben innerhalb einer vorgegeben Zeitspanne« verstehen und kaum in der Lage sind, hiervon zu abstrahieren.[63]

Unter »Leistung« verstehen die meisten Menschen sowohl den Zeitaufwand als auch die Intensität der Anstrengung oder der Bemühung einer Person. Ich nenne dies »Angestelltendenken«, denn es entspricht der Lebenserfahrung eines Angestellten oder Arbeiters, dass sein Lohn bzw. Gehalt proportional zur eigenen Anstrengung ist: Wer länger oder mehr oder härter arbeitet, verdient auch in der Regel mehr. Dies sehen die meisten Menschen als gerecht an.

Was sie nicht verstehen: Dieser Zusammenhang gilt – wenn überhaupt – nur für Arbeiter und Angestellte oder Beschäftigte in Landwirtschaft und Fischerei, aber er gilt gewiss nicht für Unternehmer. Beim Unternehmer zählen vor allem die gute Geschäftsidee, seine Kreativität, seine Innovationen.[64] Der österreichische Ökonom Joseph Schumpeter schrieb, der Unternehmergewinn sei die Prämie, »*die sich in der kapitalistischen Wirtschaft an die erfolgreiche Durchsetzung neuer Produktionsmethoden oder neuer kommerzieller Kombinationen* knüpft. Die Durchsetzung von Neuem in der Volkswirtschaft ist die wahre Unternehmerfunktion, *das*, was die Unternehmertätigkeit eigentlich ausmacht und vom bloßen Verwalten und laufender Routinearbeit unterscheidet.«[65]

Wenn Sie sich die Liste der reichsten Menschen der Welt anschauen, dann sind diese meistens deshalb reich geworden, weil sie eine besondere unternehmerische Idee hatten und ein Produkt an den Markt brachten, das von vielen Konsumenten als nützlich anerkannt wurde. Das ist das kapitalistische Prinzip, das jedoch viele Menschen nicht verstehen. Nicht der Arbeitsaufwand, sondern der für die Gesellschaft geleistete Nutzen ist entscheidend. Dieser Nutzen hat sehr wenig und oft genug gar nichts zu tun damit, wie viel Zeit und »Schweiß« ein Unternehmer in seine Geschäftsidee investierte.

Ein anderes Missverständnis in diesem Zusammenhang besteht darin, den Wert solcher Geschäftsideen im Nachhinein, vielleicht nach einem Jahr oder nach 50 Jahren, als gering zu verhöhnen, weil die meisten Innovationen, wenn nur genügend Zeit verstrichen ist, in der Rückschau banal erscheinen und durch bessere, neuere Innovationen obsolet gemacht wurden. Wer unternehmerische Kreativität so missversteht, hat nicht begriffen, dass es bei Geschäftsideen selten auf deren technische Genialität ankommt, sondern darauf, derjenige zu sein, der so früh wie möglich mit einer Idee am Markt präsent ist, die für die Menschen wirklich relevant ist.

Die Oetker-Gruppe beschäftigt heute über 30.000 Mitarbeiter und macht Milliardenumsätze. Gegründet wurde sie schon im Jahr 1891. Zehn Jahre später meldete August Oetker ein Patent für ein Backpulver an, das ihn zu einem der reichsten Deutschen machen sollte. Später zitierte Oetker immer wieder den Satz: »Meist genügt eine gute Idee, und der Mann ist gemacht.«[66] Diese »gute Idee« muss nicht einmal heißen, dass der Unternehmer auch der tatsächliche Erfinder ist. Oetker hat das Backpulver nicht erfunden, aber er hatte als Erster geniale Ideen, wie die Erfindung verbessert und vor allem zu einem Produkt gemacht werden könnte, das die Bedürfnisse von Millionen Menschen befriedigt.

Brian Acton und Jan Koum haben WhatsApp erfunden und 2014 für 19 Milliarden US-Dollar an Facebook verkauft. Heute nutzen 2 Milliarden Menschen auf der Welt WhatsApp und können damit nicht nur Nachrichten und Dateien versenden, sondern kostenlos telefonieren. Die beiden WhatsApp-Erfinder haben heute zusammen ein Vermögen von 13 Milliarden US-Dollar. Reich geworden sind sie durch eine Idee. Ist die Ungleichheit dadurch gestiegen, dass es jetzt zwei weitere Multimilliardäre gibt? Sicherlich. Hat es aber irgendwem geschadet, außer vielleicht Anbietern von teuren Telefontarifen?

Ideen und ihr Zeitpunkt sind entscheidend, wobei es nicht einmal darauf ankommt, dass der Unternehmer selbst die Idee entwickelt hat. Viele erfolgreiche Geschäftsleute, ob nun Ray Kroc von McDonald's, Sam Walton von Wal-Mart, Steve Jobs von Apple oder Bill Gates von Microsoft, haben die entscheidenden Ideen nicht selbst entwickelt, sondern von anderen übernommen. Umgekehrt: Viele Erfinder, ob nun von Coca-Cola oder von dem später MS-DOS genannten Betriebssystem, sind nicht reich damit geworden. Reich geworden sind diejenigen, die geniale Ideen hatten, wie man aus solchen Erfindungen zu einem ganz bestimmten Zeitpunkt neue Produkte machen könnte, die die Bedürfnisse vieler Menschen befriedigen. Es liegt auf der Hand, dass die Frage, wie lange diese Unternehmer arbeiten oder wie sehr sie sich anstrengen, keine Bedeutung hat oder haben kann. Viele Menschen strengen sich ebenso sehr – oder vielleicht noch mehr – an und arbeiten genauso lang oder länger, werden aber nicht reich.

Und wie ist es mit angestellten Top-Managern von großen Unternehmen? Deren hohe Gehälter sind bei Kapitalismuskritikern besonders stark in der Kritik, oft sogar noch mehr als das (meist viel größere) Einkommen von Unternehmern. Das liegt vor allem daran, dass Managergehälter oftmals veröffentlicht werden. Jeder kann nachlesen, wie viel der Top-Manager eines börsennotierten Unternehmens verdient, während das bei Unternehmern in der Regel nicht so ist. Zudem stehen Manager bei vielen Menschen (auch bei solchen, die dem Kapitalismus wohlwollend gegenüberstehen) niedriger im Ansehen als Unternehmer.

Managergehälter sind oft deshalb so hoch, weil sie sich im Spiel von Angebot und Nachfrage auf einem sehr engen Markt bilden – vergleichbar dem Markt für Spitzensportler, auf dem sogar oft noch höhere Summen gezahlt werden. Dennoch ergab eine Befragung, die ich in 11 Ländern durchführen ließ, dass Top-Managern die hohen Gehälter von den meisten Menschen nicht gegönnt werden. Ich wollte wissen, warum viele Menschen so empfinden.

In Deutschland sagten 63 Prozent, sie fänden es unangemessen, wenn Manager 100-mal so viel wie ein Angestellter (oder vielleicht noch mehr) verdienen, denn schließlich arbeiteten sie nicht so viel mehr und so viel härter als ihre Angestellten. Dieses Argument fand in der Befragung mehr Unterstützung als jede andere Begründung, warum Manager nicht so viel verdienen sollten. Darin spiegelt sich das oben erwähnte Arbeitnehmerdenken wider, wonach sich das Gehalt vor allem daran bemessen sollte, wie lang und wie hart jemand arbeitet.[67] In 6 untersuchten europäischen Ländern und den USA überwog die Zustimmung zu der Aussage, in der implizit die Annahme steckt, Fleiß solle die Höhe der Vergütung maßgeblich bestimmen.

Arbeitnehmer projizieren damit ihre eigenen Leistungs- und Vergütungsmaßstäbe auf Spitzenmanager und glauben, es müsse eine enge Beziehung zwischen »harter Arbeit« bzw. der Zahl der Arbeitsstunden einerseits sowie der Vergütung andererseits bestehen, die sie dann bei Managern als nicht gegeben ansehen. Das ist vermutlich der Hauptgrund, warum sie Managergehälter als überhöht empfinden, denn in der Tat wird man keinen Manager finden, der 100-mal so lange oder so hart arbeitet wie ein durchschnittlicher Angestellter. Kaum auf Verständnis stößt dagegen die Tatsache, dass Managergehälter durch Angebot und Nachfrage auf dem Markt für Spitzenkräfte bestimmt werden. Lediglich jeder Fünfte in der deutschen Befragung meinte, Unternehmen könnten nur dann die besten Manager bekommen, wenn sie sehr hohe Gehälter (in der Umfrage wurden beispielhaft Gehälter genannt, die 100-mal über dem eines normalen Angestellten liegen) zahlen, weil diese Manager sonst bei anderen Unternehmen anheuerten, die mehr bezahlen, oder sich selbstständig machten.[68] In den meisten anderen Ländern verhielt es sich ähnlich: Die meisten Menschen (insbesondere, aber nicht nur, aus den unteren Einkommensgruppen) haben offenbar implizite Gehaltsvorstellungen, wonach das Gehalt sozusagen eine Schweißprämie und eine Abgeltung für die Menge der Arbeitszeit ist.

Wer hohe Managergehälter verteidigt, macht sich unbeliebt. Sogar manche Verteidiger des Kapitalismus kritisieren diese Gehälter, weil Manager nicht in gleichem Maße für die Risiken haften wie Unternehmer. Was dabei übersehen wird: Manager verdienen dafür auch weit weniger als Unternehmer. Als Besitzer einer kleinen Firma in

Deutschland habe ich so viel verdient wie ein Vorstand von großen Konzernen.

Ein anderes Argument, das man oft hört: Manager bekommen hohe Abfindungen, auch wenn sie versagt haben. Die Höhe der Abfindung wird jedoch ausgehandelt, *bevor* ein Manager anfängt für eine Firma zu arbeiten. Sie ist Bestandteil des Gehaltspaketes. Natürlich kann sich später herausstellen, dass dieses Paket zu großzügig war, weil der Manager nicht die erhofften Leistungen erbracht hat. Ebenso gut kann das Gehaltspaket zu niedrig sein, wenn der Manager eine bessere Leistung bringt – nur, dass darüber garantiert nie in den Medien berichtet wird. Es ist wie bei einem Spitzensportler, bei dem sich herausstellen kann, dass die gezahlte Ablösesumme zu hoch war, weil er die erhofften Leistungen nicht erbringt. Um es zu wiederholen: Zum Zeitpunkt, zu dem ein Top-Manager oder ein Spitzensportler engagiert wird, hat der Arbeitgeber keine Gewissheit darüber, was seine neue Spitzenkraft in der Zukunft leisten wird, sondern es ist eine Erwartung auf Basis der in der Vergangenheit erbrachten Leistungen. Diese Erwartung kann richtig, jedoch auch falsch sein.

Vergleicht man die Leistung, die ein Top-Manager für ein Unternehmen erbringt, also den Mehrwert für das Unternehmen, dann sind Manager im Durchschnitt nicht über-, sondern unterbezahlt, und dies ist ein Ergebnis der Unsicherheit. Man sieht das an Untersuchungen darüber, was mit dem Wert einer Firma geschieht, wenn ein erfolgreicher CEO überraschend stirbt oder erkrankt: Der Wert der Firma fällt.[69] Untersuchungen belegen, so der amerikanische Ökonom Tyler Cowen: »CEOs erhalten nur etwa 68 bis 73 Prozent des Wertes, den sie für ihre Unternehmen schaffen. Zum Vergleich: Eine neuere Schätzung geht davon aus, dass Arbeitnehmer generell im Durchschnitt nicht mehr als 85 Prozent des Grenzprodukts ihrer Arbeit erhalten ... Mit anderen Worten: Arbeitnehmer scheinen tatsächlich etwas weniger unterbezahlt zu sein als Firmenchefs, zumindest wenn man beide in Prozentzahlen misst.«[70]

Das Unverständnis für diese Zusammenhänge ist also eine Basis für den Unmut über »soziale Ungleichheit« oder »soziale Ungerechtigkeit«. Übrigens werden beide Begriffe von vielen Menschen synonym gebraucht, wohinter sich die wenig überzeugende Vorstellung verbirgt, nur Gleichheit könne gerecht sein.

Schon der Begriff der »Verteilung des gesellschaftlichen Reichtums« ist irreführend. Es gibt keinen Reichtum, der durch die Gesellschaft produziert wird, sondern der Reichtum in einer Gesellschaft ist die Summe dessen, was einzelne Individuen produzieren und austauschen. Der amerikanische Ökonom Thomas Sowell schreibt:

»Gäbe es wirklich eine bereits vorhandene Gesamtmenge an Einkommen oder Vermögen, das *irgendwie* produziert wird – sozusagen Manna vom Himmel –, dann würde sich natürlich die moralische Frage stellen, wie groß der Anteil ist, den jedes Mitglied der Gesellschaft davon erhalten sollte. Aber Reichtum wird produziert. Er ist nicht einfach nur *irgendwie* da.«[71]

Wenn Robinson Crusoe und Freitag auf einer Insel leben und Robinson erntet sieben Kürbisse und Freitag drei, dann ist es unsinnig zu sagen, Robinson habe 70 Prozent des Reichtums der Insel abbekommen oder genommen. »Wenn wir uns vor Augen halten, dass Reichtum etwas ist, das von jemandem produziert wird, dann besteht kein Grund zu der Annahme, dass wirtschaftliche Gleichheit ein Ideal ist und wirtschaftliche Ungleichheit einer besonderen Rechtfertigung bedürfte«, schreiben Don Watkins und Yaron Brook in ihrem Buch »Equal is Unfair«.[72]

Schon Marx kritisierte übrigens andere Sozialisten, die sich für eine »gerechte Verteilung« einsetzten. Es sei »überhaupt fehlerhaft, von der sog. *Verteilung* Wesens zu machen und den Hauptakzent auf sie zu legen«.[73] Die Verteilung in einer Gesellschaft, die auf Privateigentum beruhe, sei unter dieser Voraussetzung »die einzige ›gerechte‹ Verteilung auf Grundlage der heutigen Produktionsweise«[74], so Marx. »Sind die Elemente der Produktion derart verteilt, so ergibt sich von selbst die heutige Verteilung der Konsumtionsmittel.« Die Vulgärsozialisten betrachteten dagegen die Distribution als von der Produktionsweise unabhängig und stellten den Sozialismus so dar, als ob es hauptsächlich um die Distribution gehe.[75]

Abgesehen von dieser Fragestellung wird von Gleichheitsanhängern meist wie selbstverständlich vorausgesetzt, mehr Gleichheit mache die Menschen glücklicher. Aber ist das auch so? Die amerikanischen Soziologen Jonathan Kelley und Mariah D.R. Evans vom International Survey Center Reno, Nevada, sind dieser Frage in einer groß angelegten Untersuchung nachgegangen. Die Datenbasis war ungewöhnlich umfangreich und enthielt 169 repräsentative Stichproben aus 68 Nationen, in denen 211.578 Menschen befragt wurden.

Dabei wurde einerseits auf etablierte Fragestellungen der sogenannten Glücksforschung zurückgegriffen. Die Menschen wurden u. a. gefragt: »Wie zufrieden sind Sie heute alles in allem mit Ihrem Leben?« Die Befragten konnten auf einer Skala von 1 (unzufrieden) bis 10 (zufrieden) antworten. Zudem wurde gefragt: »Alles in allem, würden Sie sagen, Sie sind: sehr glücklich, ziemlich glücklich, nicht sehr glücklich, überhaupt nicht glücklich?«[76]

Die Ergebnisse dieser Befragungen wurden in Beziehung gesetzt zum Grad der Einkommensungleichheit in den Ländern. Diese Ungleichheit wird mit dem sogenannten Gini-Index gemessen. Der Gini-Index, entwickelt vom italienischen Statistiker Corrado Gini, misst, welche Einkommensanteile die verschiedenen Gruppen der Bevölkerung erhalten und wie gleichmäßig diese in der Gesellschaft verteilt sind. Bei einer gleichmäßigen Verteilung liegt er bei null, und bei eins, wenn eine Person das gesamte Einkommen erhält und damit die größtmögliche Ungleichverteilung vorliegt.

Die Studie von Kelley und Evans war methodisch sehr anspruchsvoll, denn die Wissenschaftler hielten alle anderen Faktoren in ihren mathematischen Berechnungen konstant, die sonst Einfluss auf das Glücksempfinden haben (Alter, Familienstand, Bildung, Einkommen, Geschlecht, BIP pro Kopf in dem betreffenden Land usw.). »Wir vergleichen zum Beispiel eine Person, die in Israel lebt, mit einer Person, die das gleiche Einkommen hat, aber in Finnland lebt. Dabei haben die beiden Länder zwar das gleiche Pro-Kopf-BIP, weisen aber große Unterschiede in Bezug auf Ungleichheit auf (0,36 gegenüber 0,26).«[77] Zudem unterschieden die Forscher auch zwischen entwickelten

Industrieländern (vor allem in Europa und den USA) einerseits und Entwicklungsländern (vor allem in Afrika und Asien) andererseits. Nicht berücksichtigt bzw. in einer separaten Untersuchung analysiert wurden lediglich ehemals kommunistische Länder, da hier andere Zusammenhänge gelten.

Das Ergebnis war eindeutig: Der Zusammenhang war nicht etwa so, wie Antikapitalisten glauben, dass mehr Ungleichheit gleichbedeutend ist mit weniger Glück, sondern umgekehrt: Mehr Ungleichheit bedeutet, dass die Menschen glücklicher sind: »Fasst man die Befragten aus Entwicklungsländern und aus fortgeschrittenen Ländern ohne Beachtung der großen Unterschiede zwischen ihnen zusammen, so wird im Großen und Ganzen mehr Ungleichheit mit *größerem* Wohlbefinden assoziiert.«[78]

Doch auf den zweiten Blick zeigten sich deutliche Unterschiede: In Entwicklungsländern gab es einen statistisch eindeutigen Zusammenhang von Glück und Ungleichheit – mehr Ungleichheit bedeutete größeres Glück. Die Wissenschaftler erklären das mit dem Hoffnungsfaktor: Menschen in sich entwickelnden Ländern sehen Ungleichheit oft als Ansporn, ihre eigene Situation zu verbessern, z. B. durch bessere Bildung. Einigen Gruppen der Gesellschaft gelingt es, auf diesem Weg sozial aufzusteigen und mehr zu verdienen, und dies wiederum spornt andere Menschen an.

In entwickelten Ländern galt dieser Zusammenhang dagegen nicht. Hier führte mehr Ungleichheit aber auch nicht zu geringerem Glück. Die Frage, ob ein Land mehr oder weniger gleich ist, hat hier keine Auswirkungen auf das Glück. So gibt es kaum Unterschiede in dem Glücksempfinden zwischen Menschen in Schweden und den Niederlanden einerseits und Singapur oder Taiwan andererseits, obwohl die Gleichheit in Schweden und den Niederlanden (gemessen im Gini-Index) viel größer ist als in Taiwan und Singapur.[79]

Zugegeben, es ist generell schwierig, Glück oder Zufriedenheit verlässlich zu messen und die zahlenmäßigen Ergebnisse zwischen einzelnen Menschen, Ländern oder Kulturen zu vergleichen. Aber umgekehrt ist die selbstverständliche Annahme, dass mehr Gleichheit zu mehr Glück führt, eines der vielen Vorurteile der Antikapitalisten, das durch nichts belegt ist. Woran liegt es, dass das Thema Ungleichheit mit so vielen Emotionen verbunden ist?

Kritiker der Gleichheitsadvokaten nennen oft Neid als eine Ursache, was Gleichheitsanhänger jedoch empört zurückweisen. Neid ist die am meisten geleugnete, verdrängte und maskierte Emotion. Würde Neid als solcher erkennbar oder vom Neider sogar offen als Motiv kommuniziert, dann würde der Neider seine Intentionen damit automatisch disqualifizieren. Der amerikanische Anthropologe George M. Foster fragt, warum Menschen Gefühle der Schuld, der Scham, des Stolzes, der Gier und des Zorns ohne Beeinträchtigung der Selbstachtung anerkennen könnten, nicht jedoch Gefühle des Neids. Seine Erklärung lautet: Wer vor sich selbst und anderen zugebe, dass er neidisch ist, der gibt zu, dass er sich einem anderen unterlegen fühlt bzw. Minderwertigkeitsgefühle hat. Deshalb sei es so schwierig, Neidgefühle zuzugeben bzw. bei sich selbst zu akzeptieren. »Indem man seine Neidgefühle eingesteht, räumt man seine eigene Unterlegenheit *gegenüber einem anderen ein*; man misst sich an einem anderen und sieht sich als mangelhaft. Nach meiner Ansicht ist dieses mit dem Neid einhergehende Eingeständnis der Unterlegenheit für uns noch schwerer zu akzeptieren als das Eingeständnis des Neids an sich.«[80]

Foster zitiert den amerikanischen Psychologen Harry Stack Sullivan mit einer Überlegung, die für die Erforschung der Quellen des Neides auf Reiche bedeutsam ist. Neid beginne mit dem Eingeständnis, dass der andere etwas hat, das man selbst gerne hätte. Dies führe automatisch zu der Frage, warum man selbst es nicht geschafft hat und warum es dem anderen gelungen ist, das Ziel zu erreichen. Dies ist ein zentraler Gedanke für das Verständnis der Tatsache, dass Neidgefühle so stark geleugnet werden und die meisten Menschen nicht zugeben wollen, dass sie neidisch sind: »Neid ist nicht angenehm, weil jede Formulierung des Gefühls, jeder implizite Prozess, der damit verbunden ist, notwendigerweise mit dem Punkt beginnt, dass man irgendetwas Materielles begehrt, das unglücklicherweise jemand anderes hat. Das führt automatisch zu der Frage: Warum hast du es nicht? Und das reicht mitunter aus, um Unsicherheit auszulösen, weil offenbar der andere Kerl im Gegensatz zu dir in der Lage ist, sich diese materiellen Dinge zu verschaffen, die ihm Sicherheit geben, während du dich nur noch unterlegener fühlst.«[81]

Kritiker der sozialen Ungleichheit bestreiten naturgemäß vehement, dass Neid ihr Motiv ist oder überhaupt irgendeine Rolle spielt. Der Philosoph Christian Neuhäuser schreibt in seinem Buch »Reichtum als moralisches Problem«: »Ich denke, dass viele Phänomene, die wie Neid erscheinen mögen, tatsächlich als verletzte Gerechtigkeitsgefühle verstanden werden können.«[82] Dabei ist Neuhäuser selbst ein sehr gutes Beispiel dafür, dass das, was er mit »Gerechtigkeitsgefühlen« bezeichnet, Neidgefühle sind: Neuhäuser geht es ausdrücklich nicht in erster Linie um das Schicksal der Armen und sein erstes Anliegen ist es gerade nicht, deren Situation zu verbessern, sondern den Reichen ihren Reichtum abzunehmen.

So wendet er sich *gegen* eine Einstellung, die nur darauf schaut, »in welcher Gesellschaft die ärmsten Menschen am meisten Güter haben«, und *kritisiert* ausdrücklich die Meinung, eine Gesellschaft, in der die ärmsten Menschen vielleicht 15.000 Euro im Jahr haben, aber alle anderen Menschen Millionäre sind, sei besser als eine Gesellschaft, in der die ärmsten Menschen nur 12.000 Euro haben, aber alle anderen nur etwas mehr besitzen.[83] Eine Gesellschaft, in der die Ärmsten weniger haben, aber der Abstand zu den Reichen nicht so groß ist, ist ihm also lieber als eine Gesellschaft, in der es den Ärmsten besser geht, sie also weniger arm sind, aber die Schere zwischen Arm und Reich weiter auseinandergeht!

Denkt man das zu Ende, müsste jemand wie Neuhäuser wieder das China zu Maos Zeiten zurückwünschen, als Millionen Menschen hungerten und in bitterer Armut lebten. Denn damals war die Ungleichheit in China geringer als heute, wo es Millionäre und Milliardäre gibt – aber zugleich Hunderte Millionen von der Armut in die Mittelschicht aufgestiegen sind. Der Gini-Index, mit dem die Ungleichheit der Einkommen gemessen wird, lag bei Maos Tod im Jahr 1976 bei 0,31 – ein

Traumwert aus Sicht aller Gleichheitsanhänger. In den chinesischen Städten lag er sogar bei 0,16 (auf dem flachen Land dafür höher). Mit der Einführung des Privateigentums und der Marktwirtschaft stieg der Gini-Koeffizient der Markteinkommen in China in den folgenden 20 Jahren um mehr als das Doppelte von 0,23 auf 0,51.[84]

Neuhäuser meint, ein Grund, Reichtum zu verbieten, liege bereits dann vor, wenn ein Teil der Gesellschaft reicher werde, der andere Teil jedoch in deutlich geringerem Ausmaß, denn dadurch steige die »relative Armut«[85]. Man könne das Problem der relativen Armut auch dadurch lösen, dass man nicht die Situation der Armen verbessert, sondern nur den Reichen etwas von ihrem Reichtum nimmt. Ein solches »Leveling-Down« könnte aus seiner Sicht sehr positive Effekte haben.[86] Auch ohne die Armut der Armen zu lindern, sei bereits viel gewonnen, wenn man den Reichen etwas abnehme. Es helfe tatsächlich auf »substantielle Weise, wenn die reichen Menschen weniger reich sind. Denn dann steigt die Möglichkeit von armen Menschen, als gleichrangige Gesellschaftsmitglieder auftreten und sich selbst als solche ansehen zu können.«[87] Es sei eben ganz falsch, wenn jemand behaupte, »dass es keinen positiven und nur einen negativen Unterschied macht, wenn die Reichen weniger reich wären. Es macht für die Würde der Armen durchaus einen positiven Unterschied.«[88]

Neuhäuser gibt ganz offen zu, dass er den Fokus nicht primär darauf legt, wie den Armen geholfen werden kann, sondern wie man den aus seiner Sicht moralisch bedenklichen Reichtum abschafft. Auch wenn Neuhäuser natürlich ungern als Neider bezeichnet werden will, so entspricht seine Ansicht doch gerade der klassischen Definition von Neid: Es geht dem Neider nicht vor allem darum, seine eigene Situation bzw. die der Schlechtergestellten zu verbessern, sondern die Situation der Beneideten (in diesem Fall: der Reichen) zu verschlechtern.

Ich bin umgekehrt der Meinung, dass ein Mehr an sozialer Ungleichheit überhaupt nicht kritikwürdig ist, wenn dies damit einhergeht, dass Armut reduziert wird. Der Wirtschaftsnobelpreisträger Angus Deaton argumentiert sogar, dass Fortschritt immer mit Ungleichheit einhergehe. Die Früchte des Fortschritts seien in der Geschichte nur selten gleich verteilt gewesen.[89] So sei zwischen 1550 und 1750 die Lebenserwartung der englischen Herzöge und ihrer Familien vergleichbar gewesen mit derjenigen der allgemeinen Bevölkerung, möglicherweise sogar etwas niedriger.[90] Nach 1750 nahm die Lebenserwartung der Aristokratie gegenüber derjenigen der allgemeinen Bevölkerung stark zu, sodass sich eine Kluft auftat, die 1850 fast 20 Jahre betrug. Mit dem Einsetzen der industriellen Revolution im 18. Jahrhundert und dem allmählichen Beginn einer Gesellschaftsordnung, die man heute Kapitalismus oder Marktwirtschaft nennt, stieg die Lebenserwartung auch für die Gesamtbevölkerung von 40 Jahren im Jahr 1850 auf 45 Jahre im Jahr 1900 auf fast 70 Jahre im Jahr 1950.[91] »Eine bessere Welt erzeugt notwendigerweise Unterschiede, und der Ausbruch aus frühzeitigem Tod hat Ungleichheit zur Folge«, so Deaton.[92]

Es gibt viele frühere Schilderungen der elenden Lage des mit der Industrialisierung entstehenden Industrieproletariats, von denen wir heute wissen, dass sie falsch waren. Berühmtheit erlangte etwa das bereits erwähnte Werk von Friedrich Engels, »Die Lage der arbeitenden Klasse in England«, in dem er mitfühlend die Lage der Arbeiterschaft darstellte. Während er, wie wir im vorangegangenen Kapitel gesehen haben, die Lebensbedingungen der Heimarbeiter vor Beginn der industriellen Revolution verklärte, entwarf er ein Bild der Lebensumstände der damaligen Arbeiterschaft, das weder auf soziologischer Feldforschung noch auf statistischer Analyse beruhte und eher polemischer als wissenschaftlicher Natur war. Heute wissen wir aus genauen empirischen Analysen, dass sich die Lage der Arbeiterschaft in England in den Jahren 1781 bis 1851 sogar erheblich verbesserte. Die Wirtschaftshistoriker Peter H. Lindert und Jeffrey G. Williamson haben in einer 1983 veröffentlichten Analyse berechnet, dass die Zuwächse im Lebensstandard für »Blue-Collar-Arbeiter« in diesen Jahren 86 Prozent betrugen. Zugleich zeige sich jedoch, so die Forscher, in diesem Zeitraum eine steigende soziale Ungleichheit.[93] Das heißt: Schon für diesen Zeitraum des Frühkapitalismus in England kann man nachweisen, dass steigender Lebensstandard für einfache Menschen und steigende Ungleichheit Hand in Hand gingen.

Es geht also immer wieder darum, welchen Aspekt man für wichtiger hält: Ist es die zurückgehende Armut und der steigende Lebensstandard für die Mehrheit der Menschen in einer Gesellschaft oder ist es die steigende Ungleichheit?

Die Hoffnung mancher, mit steigender Gleichheit sinke die Unzufriedenheit über »soziale Ungerechtigkeit«, ist aus meiner Sicht nicht gut begründet. Beispielsweise hat die Gleichheit zwischen den Geschlechtern in den meisten westlichen Ländern in den vergangenen Jahrzehnten genauso stark zugenommen, wie die Unzufriedenheit über verbliebene Ungleichheiten gestiegen ist. Und in Deutschland wird heute eine Billion Euro für Sozialausgaben ausgegeben. Deren Anteil am deutschen Bruttoinlandsprodukt stieg von 18,3 Prozent (1960) auf 24,1 Prozent (1990) bis auf heute mehr als 30 Prozent.[94] Und dennoch werden die Klagen von deutschen Medien und Politikern über die empörende soziale Ungerechtigkeit immer schriller.

Wie stark das Thema der Ungleichheit und der »Schere zwischen Arm und Reich« die Medien – und nicht nur sie – bewegt, zeigte der überragende Erfolg des 2013 erschienenen Buches des französischen Ökonomen Thomas Piketty »Das Kapital im 21. Jahrhundert«. Das Buch erhielt eine ungewöhnliche Medienresonanz und wurde weltweit ein Bestseller. Piketty kritisiert, dass heute – so meint er jedenfalls – »Verteilungsfragen« nicht mehr im Mittelpunkt der Ökonomie und der Sozialwissenschaften stünden. Es sei »höchste Zeit, die Frage der Ungleichheit wieder in den Fokus der Wirtschaftsanalyse zu rücken« und »die Verteilungsfrage wieder in den Mittelpunkt der Analyse zu rücken«.[95] Die Datenbasis seines Buches und gravierende methodische Fehler seiner Vorgehensweise wurden inzwischen ausführlich kritisiert[96], sodass er zentrale Thesen zurücknehmen musste.[97]

Beispielsweise behauptete Piketty, eine magische Formel gefunden zu haben, wonach das Kapital der Reichen schneller wachse als die Wirtschaft, wodurch sich die Ungleichheit zwingend erhöhe. Offenbar ist er den übertriebenen Angaben mancher Manager von Hedge-Fonds und Private-Equity-Fonds über die Performance ihrer Anlagevehikel aufgesessen. Und vor allem ignoriert er völlig, dass die heute Reichen ganz andere Personen sind als jene, die es vor 10, 20 oder 30 Jahren waren – wir werden weiter unten sehen, dass die Verwechslung von statistischen Kategorien und konkreten Personen ein Fehler ist, der immer wieder in der Debatte über Ungleichheit gemacht wird. Man muss nur die Listen der reichsten Menschen der Welt heute und vor 20 Jahren vergleichen, um festzustellen, dass es eben nicht die gleichen Superreichen sind, die damals superreich waren und heute immer reicher geworden sind.

Die meisten Superreichen sind, anders als Piketty offenbar glaubt, keine »Rentiers«, deren Reichtum sich durch geniale Geldanlagen sagenhaft und »passiv« vermehrt, sondern Selfmade-Unternehmer, deren Reichtum überwiegend aus dem Unternehmen besteht, das sie selbst (mit)aufgebaut haben. Und dies gilt heute sogar noch mehr als früher, wie eine Analyse von »Forbes« belegt: Im Jahr 1984 war weniger als die Hälfte der Menschen auf der Liste der 400 reichsten Amerikaner self-made. Im Jahr 2020 waren es 69,5 Prozent. Grundlage dieser Analyse ist eine Scoring-Bewertung, bei der jeder Reiche auf der »Forbes« 400-Liste in einer Skala von 1 bis 10 eingeordnet wird. 1 bedeutet, dass die Person alles geerbt hat und nichts tut, um das Vermögen zu vermehren. 10 bedeutet, dass jemand aus sehr einfachen Verhältnissen kommt und gegen große Widerstände aus eigener Kraft seinen Reichtum aufgebaut hat. Personen mit einem Scoring zwischen 6 und 10 werden als Self-made-Reiche bewertet.[98]

Laut den Schätzungen des Wealth X-Reports aus dem Jahr 2019 sind auf der Liste der 2.604 Milliardäre auf der Welt 56 Prozent self-made, 31 Prozent teilweise self-made, und nur 13 Prozent sind reine Erben. Bei den UHNWIs (Ultra High Net Worth Individuals, Personen mit einem Nettovermögen von mindestens 30 Millionen Dollar) ist der Self-made-Anteil mit 68 Prozent sogar noch höher. 24 Prozent der UHNWIs sind teilweise self-made und nur 8 Prozent reine Erben.[99]

Die Bedeutung von Erbschaften wird überschätzt, denn den meisten Erben gelingt es nicht, das Vermögen zu erhalten oder gar zu steigern. Insofern ist nicht nur – wie im letzten Kapitel gezeigt – der Teilsatz »Die Armen werden immer ärmer« falsch, sondern auch die pauschale Aussage, dass »die Reichen immer reicher« werden. Für die Erben jedenfalls trifft dies meistens nicht zu. 1901 veröffentlichte Thomas Mann seinen großen Roman »Buddenbrooks« mit dem Untertitel »Verfall einer Familie«. Er erzählt darin vom sukzessiven – sich über mehrere Generationen erstreckenden – Untergang der reichen Kaufmannsfamilie Buddenbrook. So wie in seinem Roman ist es auch häufig im wirklichen Leben, wie die Wissenschaftler Robert Arnott, William Bernstein und Lillian Wu in ihrer Analyse »The Myth of Dynastic Wealth: The Rich Get Poorer« nachgewiesen haben. Sie fragen: »Wo sind heute die superreichen Nachkommen vergangener Unternehmerdynastien – die Astors, Vanderbilts, Carnegies, Rockefellers, Mellons und Gettys? ... Die Begründer von großen Reichtümern sind Genies, die es nur einmal in einer Million gibt ... Im Gegensatz dazu weisen die Nachkommen der Superreichen nur selten das gleiche Eins-in-einer-Million-Genie auf ... In der Regel stellen wir fest, dass die Nachkommen ihren geerbten Reichtum – im Verhältnis zum Wachstum des Pro-Kopf-BIP – alle 20 Jahre oder weniger halbieren ... Heute sind die riesigen Vermögen des 19. Jahrhunderts weitgehend aufgezehrt. Und fast alle Vermögen, die erst vor einem halben Jahrhundert erzeugt wurden, sind ebenfalls verschwunden.«[100]

Zurück zu Pikettys Argumentation: Er behauptet nicht, dass Kapitalismus *grundsätzlich,* also immer, zu steigender Ungleichheit führe. Im Gegenteil: Im überwiegenden Teil des 20. Jahrhunderts sei es laut Piketty andersherum gelaufen – die soziale Ungleichheit sei gesunken. Erst in den Jahren 1990 bis 2010 sei die Ungleichheit gestiegen, wobei er einräumt, es sei »nicht ausgemacht, dass die Vermögensungleichheiten insgesamt auf globaler Ebene wirklich zunehmen«[101].

Die These von der steigenden Ungleichheit stimmt zunächst einmal im Weltmaßstab nicht – und ist nicht die Welt eine wichtigere geographische Analyseebene als ein einzelnes Land? Weltweit ist die Ungleichheit auch in diesen Jahren nicht gestiegen, sondern deutlich gefallen, wie der kanadisch-amerikanische Forscher Steven

Pinker belegt.[102] Die Jahre, die aus Pikettys Sicht besonders schlimm sind, waren für Hunderte Millionen Menschen auf der Welt gerade die besten. Der französische Ökonom Jean-Philippe Delsol weist in seiner Kritik an Piketty darauf hin, dass genau in den 20 Jahren, für die Piketty eine zunehmende Ungleichheit konstatiert (1990–2010), 700 Millionen Menschen der extremen Armut entkommen sind.[103]

Doch Piketty und anderen Kritikern der Ungleichheit ist das Schicksal von Hunderten Millionen Menschen in sich entwickelnden Ländern offenbar nicht besonders wichtig. Ihre Kritik bezieht sich vorwiegend oder ausschließlich auf die Entwicklung der Ungleichheit in entwickelten kapitalistischen Ländern wie den USA.

Wie oben bereits angedeutet, haben andere Wissenschaftler die Zahlen Pikettys zur Entwicklung der Ungleichheit in den USA geprüft und sie vielfach als falsch oder ungenau identifiziert. Laut den Daten von Piketty und den Ökonomen Emmanuel Saez und Gabriel Zucman, die sie in der World Inequality Database darstellen, hat sich der Anteil des reichsten 1 Prozents der Amerikaner am US-Einkommen in den Jahren 1960 bis 2015 von 10 Prozent auf 15,6 Prozent erhöht. Die amerikanischen Ökonomen Gerald Auten und David Splinter haben gezeigt, dass diese Daten nach oben verzerrt sind und tatsächlich der Anteil des reichsten 1 Prozents am US-Einkommen zwischen 1960 und 2015 nur von 7,9 auf 8,5 Prozent gestiegen ist. Das Gleiche gilt für den Anteil des reichsten 1 Prozents am US-Vermögen, der laut Piketty und Kollegen zwischen 1980 und 2014 von 22,5 Prozent auf 38,6 Prozent gestiegen sei. Laut den Berechnungen von Matthew Smith, Owen Zidar und Eric Zwick stieg er in diesem Zeitraum tatsächlich jedoch nur von 21,2 auf 28,7 Prozent.[104]

Dabei wurde noch nicht einmal berücksichtigt, dass bei den Angaben zum Vermögen der Barwert von Ansprüchen an die staatliche Rentenversicherung und Sozialhilfesysteme außen vorgelassen werden, was den Vergleich zu Ungunsten der ärmeren Bevölkerungsschichten verzerrt.[105] Bei den Berechnungen der Vermögenswerte muss man zudem bedenken, dass diese vor allem davon abhängen, wie stark die Hauspreise im Verhältnis zu den Aktienkursen gestiegen sind. In Zeiten, in denen die Aktienkurse viel schneller wachsen als die Hauspreise (der Dow Jones stieg von 8.772 Punkten Anfang 2009 auf 36.338 Ende 2021), profitieren Vermögende stärker, weil bei ihnen der Aktienanteil höher ist als bei weniger Vermögenden.

Der Ökonom Thomas Sowell zeigt, dass viele Statistiken über die steigende Ungleichheit schon deshalb irreführend sind, weil nicht zwischen statistischen Kategorien und tatsächlichen Menschen unterschieden wird.[106] Wenn beispielsweise gesagt wird, das Einkommen oder das Vermögen des obersten einen Prozentes oder auch der 100 reichsten Personen eines Landes habe im vergangenen Jahrzehnt um soundso viel Prozent zugelegt, dann ist damit eine statistische Kategorie gemeint, aber nicht das Einkommen oder Vermögen konkreter Personen. Denn das oberste eine Prozent bestand vor 10 Jahren zu einem (oft sehr erheblichen) Teil aus ganz anderen Personen als heute. Das Gleiche trifft zu, wenn z. B. von den unteren 10 Prozent gesprochen wird, die soundso viel Prozent verloren hätten. Damit ist wiederum eine statistische Kategorie gemeint, nicht konkrete Personen. Von denen, die vor 10 Jahren zu den unteren 10 Prozent gehörten, sind inzwischen viele aufgestiegen – sie gehören nicht mehr zu den unteren 10 Prozent, weil sie z. B. älter geworden sind und mehr verdienen, Vermögen gebildet haben oder weil sie einen anderen Job haben. »... die Verwirrung besteht darin, was im Laufe der Zeit mit statistischen Kategorien und was mit Menschen aus Fleisch und Blut geschieht, wenn sie von einer statistischen Kategorie in eine andere wechseln.«[107] Hier muss man also von methodisch schwachen Studien sprechen, weil ihnen das dynamische Element fehlt: die Wanderungsbewegung zwischen Einkommens- oder Vermögenskohorten im Zeitablauf, auch soziale Mobilität genannt (darauf komme ich weiter unten noch zu sprechen). Es ist sowohl ökonomisch als auch ethisch-moralisch ein großer Unterschied, ob die unteren 10 Prozent der Bevölkerung im Sinne der Einkommensverteilung im Land X im Jahrzehnt 1 auch noch im Jahrzehnt 2 die gleichen Personen sind, oder ob dieses untere Dezentil im Jahrzehnt 2 sich nun aus ganz anderen Menschen zusammensetzt.

Das Problem ist, dass viele Menschen, die starke Meinungen über Ungleichheit haben, zugleich nur über ein schwaches oder gar kein Wissen über Statistik verfügen. Das führt immer wieder zu grob falschen Zahlen. Damien Knight und Harry McCreddie haben in dem 2019 erschienenen Beitrag »Understanding the ›Facts‹ About Top Pay« gezeigt, dass zahlreiche in den Medien veröffentlichte Statistiken über die Entwicklung von Managergehältern oder über die Entwicklung des Verhältnisses zwischen Managergehältern und denen von normalen Angestellten grob fehlerhaft sind, weil diejenigen, die diese Berechnungen anstellen, oft nicht einmal über grundlegendes mathematisches und statistisches Wissen verfügen. Häufig werden beispielsweise Durchschnittswerte und Medianwerte durcheinandergeworfen, oder es wird nicht zwischen zugesagten (awarded, granted) und tatsächlich erzielten (realised) Gehältern unterschieden usw. Die Autoren zeigen für Großbritannien, wie auf diese Weise rasch aus einem tatsächlichen Anstieg von Managergehältern in einem bestimmten Zeitraum von 6 Prozent in den Medien ein Anstieg von 23 Prozent wird oder aus einem Anstieg von 2 Prozent einer von 49 Prozent.[108]

Ihre Folgerung: »Unserer Ansicht nach haben fehlerhafte Forschung und Analyse dem sozialen Zusammenhalt mehr geschadet, als es die Unternehmen selbst getan haben, indem sie ihren Top-Managern hohe Gehälter gezahlt haben.«[109] Der Anteil der Vergütungen von Top-Managern in den Unternehmen des britischen FTSE-100 als Prozentsatz des Absolute-Shareholder-Return habe im unteren Quartil 2002–2010 nur 0,19 Prozent betragen, im Median 0,40 Prozent und im oberen Quartil 0,67 Prozent.[110]

Die Zahlen über die Steigerung der Ungleichheit in den USA und anderen Ländern sind also oftmals übertrieben, aber das ändert nichts daran, dass der Befund über die gestiegene Ungleichheit in vielen Ländern zutrifft. Der Historiker Walter Scheidel zeigt, dass ab 1973 in Großbritannien, ab 1976 in den USA und dann auch in zahlreichen anderen Ländern die Ungleichheit zugenommen hat. In einer Stichprobe von 26 Ländern stiegen die Einkommensanteile der obersten Gruppen zwischen 1980 und 2010 um die Hälfte, während sich die

Ungleichheit der Markteinkommen um 6,5 Gini-Punkte erhöhte, teilweise wurde dies jedoch durch Umverteilung ausgeglichen.[111] In 11 von 21 Ländern, für die Scheidel die Daten zu den Einkommensanteilen der obersten Gruppen analysierte, stieg der Anteil des 1 Prozents zwischen 1980 und 2010 um 50 bis 100 Prozent.[112]

Manche Erklärungen für diese Entwicklung sind banaler, als man sie erwarten würde. Scheidel zeigt beispielsweise, dass die »assortative Partnerwahl« (also die wachsende wirtschaftliche Ähnlichkeit von Ehepartnern) die Unterschiede zwischen den Haushalten vergrößert und in den USA für 25 bis 30 Prozent der gesamten Zunahme der Einkommensgleichheit zwischen 1967 und 2005 verantwortlich gemacht wird.[113]

Der deutsch-britische Ökonom Kristian Niemietz nennt als einen »Haupttreiber der gewachsenen Ungleichheit« den technologischen Fortschritt: In hochtechnologisierten Volkswirtschaften bzw. Wirtschaftsbranchen sei die Lohnspreizung größer als in weniger technologielastigen Volkswirtschaften bzw. Branchen. »Eine denkbare, aber vermutlich nicht sehr populäre Möglichkeit, der Lohnspreizung entgegenzuwirken, bestünde demnach im Errichten von zusätzlichen Hürden gegen technologischen Fortschritt.«[114]

Andere Ursachen für die Vermögensungleichheit findet man dort, wo kaum jemand sie vermuten würde, nämlich beim Ausbau des Wohlfahrtsstaates. Chris Edwards und Ryan Bourne vom amerikanischen Cato Institute zeigen, dass zunehmende soziale Absicherung dazu führt, dass Menschen weniger sparen, also weniger Vermögen für das Alter bilden. Und zwar aus zwei Gründen: Einerseits bleibt ihnen durch Steuern und Abgaben weniger übrig, womit Vermögensbildung schwieriger wird, andererseits aber verlassen sich die Menschen mit dem Ausbau des Wohlfahrtstaates zunehmend darauf, dass der Staat bei Notlagen und im Alter für sie aufkommen wird. Geringere Anreize zum Sparen, verbunden mit weniger finanziellen Möglichkeiten zum Sparen, führen also dazu, dass Vermögensbildung bei Geringverdienern behindert wird, was wiederum zur Steigerung der Vermögensungleichheit beiträgt.[115]

Ein weiterer Grund für steigende Ungleichheit in entwickelten Ländern ist die Globalisierung. Einerseits ergeben sich durch Globalisierung und Digitalisierung Aufstiegschancen für gut qualifizierte Menschen, andererseits bekommen aber Arbeiter, die einfache Arbeiten ausführen, Konkurrenz von Robotern oder von Arbeitern in China und anderen sich entwickelnden Ländern.

Oft werden diese Menschen »Globalisierungsverlierer« genannt, und was die Einkommensentwicklung anlangt, stimmt das auch. Pinker weist jedoch darauf hin, dass die Sache ganz anders aussieht, wenn man Armut nicht über den Verdienst der Menschen definiert, sondern über ihren Konsum. Bei dieser Betrachtungsweise sei die Armutsrate in den USA seit 1960 um 90 Prozent zurückgegangen, von 30 Prozent der Bevölkerung auf nur noch 3 Prozent. »Die Globalisierung mag Gewinner und Verlierer produzieren, was Einkommen betrifft, aber im Hinblick auf Konsum macht sie fast jeden zum Gewinner.«[116]

Man sieht das daran, wie viele Stunden ein Amerikaner arbeiten musste, um sich bestimmte Produkte kaufen zu können: 1973 arbeitete er mehr als 100 Stunden, um sich einen Farbfernseher anschaffen zu können, 30 Jahre später waren es nur 21 Stunden. 1973 arbeitete er 72 Stunden für eine Waschmaschine, drei Jahrzehnte später waren es 23 Stunden. Don Watkins und Yaron Brook listen 11 Haushaltsgeräte auf, für die ein Amerikaner 1973 insgesamt 575 Stunden arbeiten musste – 2013 waren es nur noch 170 Stunden.[117] Dabei ist nicht einmal berücksichtigt, dass sich die Qualität der Produkte in diesem Zeitraum erheblich verbessert hat: Ein Farbfernseher im Jahre 1973 war von drastisch schlechterer Qualität als im Jahr 2013 und eine Waschmaschine verbrauchte früher sehr viel mehr Strom als heute.

Gerade Menschen mit geringeren Einkommen profitieren als Konsumenten überproportional von Liberalisierung und Wettbewerb. So wurden in Europa die Flug- und die Telekommunikationsindustrie dereguliert und privatisiert. Das führte zu mehr Wettbewerb und dazu, dass Telefonieren und Fliegen auch für Menschen mit kleinem Geldbeutel viel billiger wurde. Als ich jung war, waren Flugreisen so teuer, dass viele Menschen sich allenfalls eine Urlaubsreise in einem Mehrjahreszeitraum leisten konnten. Ich selbst bin das erste Mal mit 30 Jahren geflogen, weil eine staatliche Institution mir die Flugkosten zu einem wissenschaftlichen Vortrag in die USA bezahlt hatte. Und bei jedem Ferngespräch (das also nicht innerhalb der eigenen Stadt geführt wurde) musste man sich kurzfassen, da es sonst zu teuer wurde. Heute können Menschen zum Teil für weniger als 100 Euro in andere Länder fliegen und das Telefonieren kostet nur noch einen kleinen Bruchteil dessen, was es früher gekostet hatte – und zwar dank mehr Kapitalismus in diesen Bereichen.

Globalisierungskritiker bestätigen im Übrigen diese Entwicklung – versehen sie erstaunlicherweise jedoch mit einem negativen Vorzeichen. Ein Beispiel ist der Konsumforscher Carl Tillessen, der für Deutschland folgende Zahlen nennt: Anfang der 1970er-Jahre war Kleidung noch so teuer, dass man 10 Prozent seines verfügbaren Einkommens aufwenden musste, um sich einigermaßen vernünftig einzukleiden.[118] Doch dank der Verlagerung der Produktion in Billiglohnländer könnten wir uns heute von weniger als 5 Prozent unseres verfügbaren Einkommens, also mit weniger als der Hälfte des Aufwands, die fünffache Menge Kleidung leisten.[119] Ich lese die Zahlen so: Was den Konsum angeht, so sind wir fast alle Globalisierungsgewinner, denn heute bekommen wir für unser Geld viel mehr als früher. Tillessen, der den heutigen Konsum kritisch sieht (siehe dazu Kapitel 8), liest die Zahlen ganz anders. Für ihn sind sie ein Beleg für eine negative Entwicklung, nämlich dafür, dass wir immer mehr Dinge kaufen, die wir eigentlich nicht brauchen – und zwar angeblich nur deshalb, weil ein Teil der Menschheit in Sklaverei gehalten werde, die Reichen immer reicher und die Armen immer ärmer würden[120] und für die Menschen in den ärmeren Ländern durch die Globalisierung ein »düsteres Zeitalter angebrochen« sei.[121]

Man sieht, dass Kapitalismuskritiker sogar materiell eindeutig vorteilhafte Entwicklungen, wie etwa die Tatsache, dass die meisten Menschen auf der Welt Globalisierungsgewinner sind, wenn man das Konsumniveau als Maßstab nimmt, negativ bewerten.

Woran liegt die Unzufriedenheit vieler Menschen? Immer wieder hört man, dass die soziale Mobilität nicht mehr richtig funktioniere, also das Aufstiegsversprechen, wonach es die Kinder einmal besser haben können als man selbst. Ungleichheit und soziale Mobilität sind jedoch zwei verschiedene Fragen. Steigende Ungleichheit kann durchaus mit steigender sozialer Mobilität verbunden sein. In Deutschland hat sich die Meinung verfestigt, dass der soziale Aufstieg früher funktionierte, heute jedoch nicht mehr. Die Zahlen widersprechen dieser These. Im 6. Armuts- und Reichtumsbericht der Bundesregierung (2021) heißt es: »Im Hinblick auf den beruflichen Status steigen weiter mehr Menschen im Vergleich zu ihrem Vater auf, Abstieg oder auch der Verbleib gleichauf mit der Stellung des Vaters sind jeweils seltener.«[122]

Gleichwohl soll die Situation nicht beschönigt werden. Man muss das Argument ernst nehmen, denn wenn die Menschen den Eindruck haben, dass sich Mühe und eigene Anstrengung nicht mehr lohnen und der Weg zum sozialen Aufstieg ihnen oder ihren Kindern versperrt sei, dann führt das zu Unzufriedenheit. Und in der Tat: Die Aufstiegschancen könnten besser sein und die Wahrnehmung, dass es hiermit im Argen liege, ist eine Quelle für berechtigte Kritik vieler Menschen in westlichen Ländern. Wenn heute sozialer Aufstieg in Ländern wie den USA nicht mehr so einfach ist, liegt das jedoch nicht am Kapitalismus, sondern am Staat.

Der erste Grund: Das Bildungssystem in vielen westlichen Ländern ist schlecht. Unter den Top Ten bei den PISA-Studien finden wir asiatische Länder wie China, Singapur, Taiwan und Südkorea, aber Länder wie Deutschland und die USA kommen dort gar nicht mehr vor.[123] Das Staatsversagen bei der Bildung ist jedoch nicht das einzige Hindernis für den Aufstieg. So wichtig die Bildung ist, so ist sie doch nur *ein* möglicher Weg dafür, sozial aufzusteigen und mehr zu verdienen. Ein anderer Weg sind Selbstständigkeit und Unternehmertum. Aber auch hier sieht es schlecht aus für Länder wie Deutschland und die USA, wo eine ausufernde Staatsbürokratie und Steuern Existenzgründern im Wege stehen. Es ist absurd, wenn in dem Ranking, in welchen Ländern man am einfachsten eine Firma gründen kann, die USA erst auf Platz 15 und Deutschland auf Platz 17 kommen. Die ersten 6 Plätze in diesem Ranking belegen asiatische Länder.[124]

Der Wohlfahrtsstaat in den westlichen Ländern nimmt den Menschen die Eigenverantwortung ab. Sahen sich früher Amerikaner als Meister des eigenen Schicksals, so entwickelten in den letzten Jahrzehnten viele – wie auch in Europa – eine Anspruchshaltung gegenüber dem Staat, den man jetzt als zuständig dafür betrachtet, dass es einem gut geht. Das lähmt Eigeninitiative. Und politisch führt es zur Stärkung von Kräften, die den Menschen sagen, die Schuld an ihrer Situation hätten andere Länder – wie etwa China. Der angelsächsische Ausdruck hierfür ist Victimization. Für die USA beklagte der Journalist Charles Sykes diese Entwicklung schon vor rund 30 Jahren.

Der Staat ist in vielen Ländern dort viel zu stark, wo er schwach sein sollte – also im Bereich der Wirtschaft. Und der Staat ist dort sehr schwach, wo er stark sein sollte. In der Bildung könnten sich viele Länder ein Beispiel an Südkorea nehmen, wo nicht nur die staatlichen Ausgaben für die Bildung sehr hoch sind, sondern die Menschen auch privat ganz erhebliche Summen in die Bildung investieren. Wenn Antikapitalisten den Kapitalismus anstelle des Staates dafür verantwortlich machen, dass das Aufstiegsversprechen oft nicht mehr so funktioniert, wie es funktionieren sollte, dann erinnert das an den Dieb, der ruft: »Haltet den Dieb!«

In der Diskussion über Ungleichheit wird zu selten danach gefragt, was der Preis für die Beseitigung bzw. Reduzierung von Ungleichheit ist. Walter Scheidel hat dazu 2017 eine beeindruckende historische Analyse vorgelegt: »Nach dem Krieg sind alle gleich. Eine Geschichte der Ungleichheit«. Seine Analyse kommt zu dem Ergebnis: »Soweit wir wissen, wurde in Gesellschaften, die von großen gewaltsamen Erschütterungen und deren Auswirkungen verschont wurden, nie eine wesentliche Verringerung der Ungleichheit beobachtet.«[125]

Die Gleichheit in Gesellschaften sei stets nur als Ergebnis von Katastrophen gestiegen, und zwar vor allem von:

- Krieg
- Revolution
- Staatsversagen und Systemkollaps
- Seuchen.

Der größte Gleichmacher im 20. Jahrhundert waren nicht etwa soziale Reformen, sondern die Katastrophen der beiden Weltkriege und der kommunistischen Revolutionen, wie Scheidel zeigt. In Kapitel 9 werde ich zeigen, wie die beiden Weltkriege die Ungleichheit reduziert haben, in Kapitel 11 werden wir sehen, wie die kommunistischen Revolutionen – etwa in Russland, China und Kambodscha – zur Verringerung der Ungleichheit führten.

Der Preis der Verringerung der Ungleichheit waren meist Katastrophen, deren Opfer nicht nur die Reichen waren, sondern Abermillionen Menschen, die mit dem Verlust ihres Lebens, ihrer Freiheit, ihres Einkommens oder ihres Vermögens bezahlen mussten. Weder gewaltlose Landreformen noch Wirtschaftskrisen oder die Demokratisierung hatten in der Geschichte eine so große egalisierende Wirkung gehabt wie diese gewaltsamen Umbrüche. »Wenn es unser Ziel ist, Einkommen und Vermögen gleichmäßiger zu verteilen«, so Scheidel, »können wir nicht einfach die Augen davor verschließen, welche traumatischen Ereignisse in der Vergangenheit erforderlich waren, um dieses Ziel zu erreichen. Wir müssen uns fragen, ob es der Menschheit im Lauf der Geschichte jemals gelungen ist, große Ungleichheit ohne beträchtliche Gewalt zu verringern.«[126] Scheidel verneint diese Frage. Das mag für viele Anhänger egalitärer Vorstellungen ein deprimierender Befund sein.

Wenn wir jedoch die Perspektive verschieben und nicht fragen: »Wie wird die Ungleichheit verringert?«, sondern »Wie wird Armut verringert?« – die Fragestellung des vorangegangenen Kapitels –, dann können wir eine optimistische Antwort geben: Nicht gewaltsame Ausbrüche, wie jene, die zur Verringerung von Ungleichheit führten, sondern sehr friedliche Mechanismen, nämlich Innovationen und Wachstum, die durch die Kräfte des Kapitalismus bewirkt wurden, haben zur Verringerung der Armut geführt. Oder, um es anders auszudrücken: Die größten Gleichmacher in der Geschichte waren gewaltsame Ereignisse wie Kriege, Revolutionen, Staatszusammenbrüche und Pandemien, aber der größte Armutsverminderer in der Geschichte waren friedliche Prozesse.

3. »Kapitalismus ist schuld an Umweltzerstörung und Klimawandel«

Als ich 20 Jahre alt und überzeugter Marxist war, schrieb ich in einem Aufsatz zum Thema »Zur Argumentationsstrategie linker Umweltpolitik«: »Aufgabe linker Umweltpolitik darf es also nicht sein, systemimmanent gegen die Zerstörung der Umwelt zu kämpfen, denn – wie gezeigt – widersprechen sich Kapitalismus und Umweltschutz grundsätzlich. Es ist daher nicht die Aufgabe, irgendwelche Illusionen über die Möglichkeit des Umweltschutzes im Kapitalismus zu bestärken, sondern diese systematisch zu zerstören und aufzuzeigen, dass Umweltschutz erst in einem anderen ökonomischen System möglich ist, in welchem die Produktionsmittel vergesellschaftet sind und die Produktion am Gebrauchswert, an der Befriedigung natürlicher Bedürfnisse, orientiert ist.«[127]

Ähnliche Argumentationen sind heute, fast ein halbes Jahrhundert später, populär. Naomi Klein, die populäre Kritikerin des Kapitalismus und der Globalisierung, gibt zu, dass sie zunächst kein besonderes Interesse am Thema Klimawandel hatte. 2014 schrieb sie dann ein dickes Buch mit 700 Seiten zum Thema »Die Entscheidung. Kapitalismus vs. Klima«. Wie kam es zu diesem Wandel ihres Interesses? Kleins Hauptthema war bis dahin der Kampf gegen die Globalisierung. Sie sagt ganz offen: »... ich begann erst dann, mich stärker für dieses Thema [Fakten zur Erderwärmung] zu engagieren, als ich erkannte, dass sie ein Katalysator für Formen sozialer und wirtschaftlicher Gerechtigkeit sein könnten, von denen ich ohnehin überzeugt war.«[128] Ihre Hoffnung war eine »neue Klimabewegung, die den Kampf gegen den sogenannten Freihandel aufnimmt«[129]. Effiziente Lösungen, wie etwa die klimafreundliche Kernenergie, lehnt sie strikt ab, da sie gar nicht an Lösungen im Rahmen des Kapitalismus interessiert ist.

Sie schreibt selbst, sie habe erkannt, dass das Thema Klimawandel eine Chance sei, dass »wir die Krise kollektiv dazu nutzen können, den Sprung in eine bessere Welt zu wagen«[130] und »der Klimawandel auf vielerlei Arten ein Katalysator für positiven Wandel werden könnte – indem er den progressiven Kräften das beste Argument überhaupt dafür liefert ... unsere Demokratie dem zerstörerischen Einfluss der Konzerne zu entreißen, gefährliche neue Freihandelsabkommen zu blockieren ... Grenzen für Einwanderer zu öffnen.«[131] Die Klimakrise könne »die Grundlage für eine mächtige Massenbewegung bilden«.[132] Ziel der Bewegung solle es sein,

- »das Gemeingut [gemeint: Staatseigentum] massiv auszuweiten«[133]
- »eine sorgfältig geplante Wirtschaft« einzuführen[134]
- »unsere Wirtschaft mehr oder weniger von Grund auf zu ändern«[135]
- »neue Steuern, neue öffentliche Beschäftigungsprogramme«[136]
- »Rückabwicklung von Privatisierungen«[137]
- »Auslöschung der reichsten und mächtigsten Industrie, die es jemals auf der Welt gegeben hat: der Öl- und Gasindustrie«[138]
- staatliche Vorgaben dazu, »wie oft wir fahren, wie oft wir fliegen, ob unsere Lebensmittel eingeflogen werden, ob die Sachen, die wir kaufen, auf Haltbarkeit angelegt sind ... wie groß unsere Wohnung ist«.[139]
- »die Zusammensetzung des Bruttoinlandsprodukts (BIP) von Grund auf neu ordnen«[140]
- »Privatinvestitionen in die Produktion überflüssiger Güter müssen sinken«[141]
- »erhöhte Regierungsausgaben«[142]
- »wachsende Umverteilung«[143]

Zustimmend zitiert sie einen Vorschlag, wonach die wohlhabendsten 20 Prozent der Bevölkerung die größten Opfer bringen müssten, um damit mehr gesellschaftliche Gleichheit herzustellen.[144] Ihre These ist: »Unser Wirtschaftssystem und unser Planetensystem befinden sich miteinander im Krieg«[145] und daher sei »ein revolutionärer Wandel des Wirtschaftssystems nötig«.[146]

Diese Zitate, die sich durch viele weitere ergänzen lassen, zeigen: Antikapitalisten wie Klein geht es nur vordergründig um Umwelt und Klimawandel. Ihr eigentliches Ziel ist die Beseitigung des Kapitalismus und die Errichtung einer staatlichen Planwirtschaft. Daher lehnt sie alle wirksamen Mittel für Umweltschutz und gegen Klimawandel, die mit dem herrschenden Kapitalismus vereinbar wären, konsequent ab.

Wie steht es aber nun wirklich um den Zusammenhang von Kapitalismus, Umweltschutz und Klimawandel? Vergleicht man das Ranking der Länder mit den höchsten Umweltstandards mit dem Kapitalismus-Index, zeigt sich ein anderer Zusammenhang als der von Klein behauptete.

Seit mehr als 20 Jahren veröffentlicht die Yale-Universität den »Environmental Performance Index«, der zeigt, wie gut die Länder im Umweltschutz sind. Insgesamt werden 32 Indikatoren in 11 Kategorien erfasst:[147]

- Qualität der Luft
- Hygiene und Trinkwasser
- Schwermetalle
- Abfallmanagement
- Biodiversität und Habitat
- Ökosystemdienstleistung
- Fischerei
- Klimawandel
- Schadstoffemissionen
- Wasserreserven
- Landwirtschaft

Laut diesen Analysen sind Dänemark, Luxemburg, die Schweiz, Großbritannien und Frankreich die Länder mit den besten Umweltbedingungen. Es folgen Österreich, Finnland, Schweden, Norwegen und Deutschland. In dem Bericht heißt es: »Eine der durchgängigen Lehren des EPI ist, dass Nachhaltigkeit ausreichenden wirtschaftlichen Wohlstand erfordert, um öffentliche Gesundheit und Umweltinfrastruktur zu finanzieren.« Die Forscher zeigen, dass es eine klare Korrelation zwischen dem Bruttosozialprodukt und dem Stand des Umweltschutzes in einem Land gibt.[148]

Interessant ist es, den Umwelt-Index mit dem Index der wirtschaftlichen Freiheit zu vergleichen. Dieser »Index of Economic Freedom«, den die Heritage Foundation seit 1995 ermittelt, misst die wirtschaftliche Freiheit in allen Ländern der Welt. In dem jüngsten Bericht (2021) wurden 178 Länder analysiert. Der Soziologe Erich Weede hat diesen Index treffend als »Kapitalismusskala« bezeichnet.[149] Der Grad der wirtschaftlichen Freiheit wird in dem Index anhand von 12 Kriterien gemessen, die alle gleich gewichtet sind:

1. Eigentumsrechte
2. Gerichtliche Wirksamkeit
3. Staatliche Integrität
4. Steuerbelastung
5. Staatsausgaben
6. Finanzpolitische Gesundheit
7. Unternehmerische Freiheit
8. Freiheit des Arbeitsmarktes
9. Währungsfreiheit
10. Handelsfreiheit
11. Investitionsfreiheit
12. Finanzielle Freiheit

Die zehn wirtschaftlich freiesten Länder waren 2021:

1. Singapur
2. Neuseeland
3. Australien
4. Schweiz
5. Irland
6. Taiwan
7. Großbritannien
8. Estland
9. Kanada
10. Dänemark

Die wirtschaftlich unfreiesten Länder waren Nordkorea, Venezuela, Kuba, der Sudan und Simbabwe. Alle Länder unterteilen sich in die 5 Kategorien »free«, »mostly free«, »moderatly free«, »mostly unfree« and »repressed«. Die Experten der Heritage Foundation haben die beiden Indizes – den Umwelt-Index EPI und den Index der wirtschaftlichen Freiheit – für das Jahr 2020 verglichen. Das Ergebnis: Die wirtschaftlich freiesten Länder hatten die höchste Punktzahl im Umwelt-Index der Yale-Universität, nämlich durchschnittlich 76,1. Die Länder, die »mostly free« sind, hatten durchschnittlich 70,2 Punkte. Und dann gibt es einen großen Sprung zu den Ländern, die nur »moderatly free« sind und die für ihre Umwelt deutlich schlechter (59,6 Punkte) geratet wurden. Die Länder, die »mostly unfree« bzw. »repressed« waren, hatten die mit Abstand schlechteste Umweltbilanz (46,7 bzw. 50,3 Punkte im EPI).[150]

Um den Zusammenhang zwischen ökonomischer Freiheit und Umweltschutz zu untersuchen, können der Index of Economic Freedom und die Daten des Environmental Performance Index miteinander verglichen werden. Um die dynamischen Entwicklungen im Index of Economic Freedom stabiler zu machen, wurde der Durchschnitt der berechneten Werte der letzten 15 Jahre von 2006 bis 2020 genommen. So werden Einmaleffekte, wie sie sich zum Beispiel durch kurzfristig orientierte politische Maßnahmen ergeben können, geglättet. Für den Environmental Performance Index wurden die Werte aus dem Jahr 2020 verwendet. In den Daten lässt sich eine klar positive Korrelation erkennen (der Korrelationskoeffizient beträgt 0,67). Die Regressionsanalyse ergibt zudem, dass jeder Anstieg im Index der wirtschaftlichen Freiheit um einen Punkt mit einem Anstieg im Environmental Performance Index um 1,06 Punkte einhergeht.

Der Ökonom Daniel Fernández Méndez setzte sich mit dem möglichen Gegenargument auseinander, dass die Länder mit größerer wirtschaftlicher Freiheit »ihre umweltverschmutzenden Industrien in die wirtschaftlich weniger freie Dritte Welt ›exportieren‹, während sie die sauberen Industrien im eigenen Lande behalten«.[151] Dem ist jedoch nicht so. Wenn man die Investitionen von Ländern mit einem hohen Umweltstandard analysiert, dann zeigt sich, dass nur 0,1 Prozent der Auslandsinvestments von Ländern mit hohen Umweltstandards in solche Länder erfolgten, die einen niedrigen Umweltstandard haben. Die Folgerungen aus diesen Berechnungen sind eindeutig: »Anhand der analysierten Daten können wir sehen, dass der Kapitalismus gut für die Umwelt ist. Je größer die wirtschaftliche Freiheit, desto besser die Umweltqualitätsindizes. Die ›saubereren‹ Länder exportieren ihre Umweltverschmutzung nicht durch die Verlagerung von Unternehmen.«[152]

Die Forscher der Yale-University fanden heraus, dass nicht nur zwischen dem Index der Heritage Foundation und dem EPI eine Korrelation besteht, sondern auch zwischen dem »Ease of Doing Business« Index und dem EPI. Dieser Index erscheint jährlich neu im Rahmen des »Doing Business Report« der Weltbank. Der Index ist der weltweit bekannteste und umfangreichste Gradmesser von Geschäftsfreundlichkeit und Unternehmensregulierung. Laut den Forschern der Yale-University, die diesen Index als Maßstab für »Economic Liberalism« (also als Indikator dafür, wie kapitalistisch eine Volkswirtschaft ist) bezeichnen, korreliert der Index mit dem EPI mit 0,72. Der Zusammenhang ist damit deutlich ausgeprägter als z. B. zur »politischen Stabilität und Abwesenheit von Gewalt«, wo die Korrelation nur 0,52 beträgt.[153]

In der Fachzeitschrift »Sustainability« veröffentlichten Wissenschaftler 2016 eine Untersuchung, in der unter anderem die Beziehung zwischen dem von der International Chamber of Commerce (ICC) erstellten »Open Market Index« (OMI) und dem EPI untersucht wurde. Der OMI misst die Offenheit eines Landes für freien Handel und ist damit ein wichtiger Indikator für die wirtschaftliche Freiheit. Die Wissenschaftler stellten eine große Schnittmenge zwischen dem OMI-Index und dem EPI fest: Von den 27 Ländern, die bei dem OMI am besten abschnitten, finden sich 19 Länder zugleich in den Top 27 des Umweltindex EPI. Die Untersuchung erstreckte sich auf insgesamt 75 Länder, darunter sämtliche G20- und EU-Staaten. Diese Länder vereinen zusammen mehr als 90 Prozent des internationalen Handels und der Investitionen. Das Ergebnis: »Es gibt offensichtlich einen starken Zusammenhang zwischen dem OMI und den EPI-Werten. Das stützt unsere Hypothese, dass Länder mit einer offenen Wirtschaft bei der Umweltleistung besser abschneiden. Insgesamt zeigen unsere Ergebnisse, dass der Grad der Offenheit einer Wirtschaft mit dem Umweltschutz eines Landes verbunden ist.«[154] Die amerikanischen Ökonomen Werner Antweiler, Brian R. Copeland und M. Scott Taylor untersuchten in einer Studie (»Is Free Trade Good for the Environment?«) mit sehr aufwendigen mathematischen Berechnungen den Zusammenhang von Freihandel – einem wesentlichen Merkmal des Kapitalismus – und Umweltverschmutzung. Das Ergebnis überraschte die Forscher selbst: »Unsere Schätzungen der Skalen- und Technikelastizitäten deuten darauf hin, dass die Verschmutzungskonzentration um etwa 1 Prozent sinkt, wenn die Öffnung für internationale Märkte sowohl die Produktion als auch das Einkommen um 1 Prozent erhöht. Führt man diese Berechnung mit unseren früheren Erkenntnissen über Kompositionseffekte zusammen, kommt man zu einer ziemlich überraschenden Schlussfolgerung: Freierer Handel ist gut für die Umwelt.«[155]

Natürlich kann man argumentieren, dass der Kapitalismus zu höherem Wirtschaftswachstum führt und Wirtschaftswachstum wiederum zu einem Anstieg des Ressourcenverbrauchs. Nach dieser Logik wären die ineffizientesten Systeme für die Umwelt am besten, da diese zu einem geringen Wachstum führen. Die oben genannten Analysen zeigen jedoch, »dass in einer frühen Phase des Wirtschaftswachstums eines Landes ein hohes Maß an Umweltverschmutzung zu beobachten ist, während nach einem kritischen Punkt des Wirtschaftswachstums ein allmählicher Rückgang der Umweltverschmutzung zu verzeichnen ist«.[156] Gegen das vereinfachte Argument, mehr Wirtschaftswachstum führe automatisch zu mehr Umweltverschmutzung, sprechen zudem zwei Argumente:

1. In nicht-kapitalistischen Ländern war die Zerstörung der Umwelt ein noch weitaus gravierenderes Problem als in kapitalistischen Ländern.
2. Der Zusammenhang zwischen Wirtschaftswachstum und steigendem Ressourcenverbrauch löst sich im Zeitalter der Dematerialisierung immer mehr auf.

Zunächst zum ersten Punkt. Nirgendwo gab es eine so schlimme Umweltzerstörung wie in den ehemaligen sozialistischen Staaten. Ist das ein relevantes Argument? Ja, denn wenn es so wäre, dass eine auf Privateigentum, Wettbewerb und freier Preisbildung basierende Wirtschaftsordnung ursächlich sei für die Umweltverschmutzung, dann müsste diese ja in Ländern, die nicht diese Merkmale aufweisen, zumindest deutlich geringer sein, was jedoch nicht der Fall ist. Zudem: Wie wir gesehen haben, wollen antikapitalistische Klimaaktivisten wie Naomi Klein eine Wirtschaftsordnung, in der der Staat eine ungleich größere Macht hat als im Kapitalismus. Ihr Rezept gegen Klimawandel und Umweltverschmutzung heißt: Mehr staatliche Planung. In den Staaten, in denen der Staat eine so große Macht über die Wirtschaft hatte, war die Umweltzerstörung jedoch nicht geringer, sondern ganz im Gegenteil, sie war in allen diesen Staaten wesentlich größer. Natürlich kann man sich irgendwelche idealen Systeme ausdenken, in denen der Staat der Wirtschaft befiehlt und alle Probleme von Umweltverschmutzung und Klimawandel gelöst sind. Sie wissen aber bereits, dass ich es ablehne, mich mit Gedankenkonstrukten und Utopien zu befassen, weil ich glaube, es ist lehrreicher, sich mit der Geschichte zu befassen und aus ihr zu lernen. Deshalb zeige ich im Folgenden ausführlich, dass in nicht-kapitalistischen Staaten bzw. staatlichen Planwirtschaften das Umweltproblem nicht nur nicht gelöst wurde, sondern sehr viel schlimmer war als in kapitalistischen Ländern.

1990 zog Zhores A. Medvedev Bilanz für die Sowjetunion: »Die Sowjetunion hat durch radioaktive Verseuchung mehr Weide- und Ackerland verloren, als die Schweiz insgesamt an Anbaufläche besitzt. Durch Staudämme wurde mehr Land überflutet als die Gesamtfläche der Niederlande. Zwischen 1960 und 1989 ging durch Versalzung, Veränderungen des Grundwasserspiegels und Staub- und Salzstürme mehr Land verloren, als die gesamte Anbaufläche Irlands und Belgiens zusammen beträgt. Bei akuter Nahrungsmittelknappheit ist die gesamte Anbaufläche seit 1975 um eine Million Hektar pro Jahr zurückgegangen. Die Sowjetunion verliert ihre Wälder im gleichen Maße, wie in Brasilien der Regenwald verschwindet. In Usbekistan und Moldawien hat die chemische Vergiftung mit Pestiziden die Raten geistiger Retardierung so stark erhöht, dass die Lehrpläne der Sekundarschulen und Universitäten geändert und vereinfacht werden mussten.«[157] 1992 konstatierten die amerikanischen Sowjetunion-Experten Murray Feshbach und Alfred Friendly Jr. in dem Buch »Ecocide in the USSR«, dass »keine andere industrielle Zivilisation ihr Land, ihre Luft und ihre Menschen so systematisch und so lange vergiftet hat«.[158]

Ein bekanntes Beispiel für den katastrophalen Stand des Umweltschutzes ist die Nuklearkatastrophe von Tschernobyl, die sich am 26. April 1986 im Reaktor-Block 4 des W.I. Lenin Atomkraftwerkes ereignete. Den eigentlichen Namen, den dieses Kernkraftwerk stolz trug (Чернобыльская АЭС им. В. И. Ленина (*Tschernobylskaja AES im. W. I. Lenina*), nämlich den Namen des kommunistischen Säulenheiligen und Staatsgründers Lenin, kennen die meisten Menschen nicht, denn nach dem Unfall stand das havarierte Kraftwerk für die angeblich generelle Gefährlichkeit der Kernenergie statt für die Umweltgefahren im Sozialismus.

Der britische Autor Adam Higginbotham hat in seinem mehr als 600 Seiten umfassenden Werk gezeigt, dass diese größte Atomkatastrophe aller Zeiten ein direktes Ergebnis des sowjetischen Wirtschaftssystems war. Schon beim Bau des Kernkraftwerkes wurden die durch das System der sozialistischen Planwirtschaft bedingten Mängel deutlich. »Maßgebliche mechanische Teile und Baumaterialien tauchten oft zu spät oder überhaupt nicht auf, und was ankam, war oft fehlerhaft. Stahl und Zirkonium – wesentlich für die kilometerlangen Rohrleitungen und vielen Hundert Brennelemente, die im Herzen des riesigen Reaktors verlegt werden sollten – waren Mangelware; Rohrleitungen und Stahlbeton, für den nuklearen Gebrauch bestimmt, erwiesen sich oft als dermaßen schäbig verarbeitet, dass man sie wegwerfen musste.«[159]

Das Dach der Turbinenhalle des Kraftwerkes wurde mit leicht entzündlichem Bitumen gedeckt, obwohl dies der Vorschrift widersprach. Grund: Das schwerer entflammbare Material, das eigentlich verwendet werden sollte, war in der sowjetischen Planwirtschaft nicht verfügbar.[160] Der Beton war fehlerhaft und die Bauarbeiter hatten keine Elektrofahrzeuge. Ein Team von KGB-Agenten meldete eine anhaltende Serie von Baufehlern.[161] Als der Block 4 des Kraftwerkes kurz vor der Fertigstellung stand, blieb ein zeitaufwändiger Sicherheitstest mit den Turbinen aus, damit die von den Planungsbehörden gesetzte Frist zur Fertigstellung (31.12.1983) eingehalten werden konnte. [162]

Untersuchungen in der Sowjetunion nach dem Unfall bestätigten, dass der Reaktortyp RBMK nicht den Sicherheitsstandards entsprach und außerhalb der UdSSR schon vor dem Unfall keine Betriebsgenehmigung erhalten hätte.[163] »Der Unfall war unausweichlich ... Wäre er nicht hier und jetzt passiert, dann eben anderswo«, räumte der Vorsitzende des Ministerrats der UdSSR, Nikolai Ryschkow, in einer internen Besprechung ein.[164]

Die Behörden der Sowjetunion versuchten zunächst, das Ausmaß des Unfalls zu vertuschen, so wie sie eine lange Kette vorangegangener Unfälle in Kernkraftwerken verheimlicht hatten. Obwohl die Sowjetunion als eines der 12 Gründungsmitglieder der Internationalen Atomenergie-Organisation seit 1957 verpflichtet war, jeden Atomunfall zu melden, wurde kein einziger der vielen gefährlichen Unfälle, die sich in den folgenden Jahrzehnten in sowjetischen Kernkraftwerken ereigneten, der IAEO übermittelt. »Fast 30 Jahre lang ließ man sowohl die Bevölkerung der Sowjetunion als auch die Weltöffentlichkeit in dem Glauben, die UdSSR betreibe die sichersten Atommeiler der ganzen Welt.«[165] Dagegen wurde der im Vergleich harmlose Unfall im amerikanischen Kernkraftwerk Three Mile Island bei Harrisburg am 28. März 1979 von der sowjetischen Propaganda ausgeschlachtet und als Beispiel dafür gewertet, wie unsicher Kernkraftwerke im Kapitalismus seien.[166] Viele Medien in Westeuropa übernahmen diese Verzerrung der Fakten unkritisch.

Nach dem Unfall im W.I. Lenin Atomkraftwerk von Tschernobyl hielten die Kommunisten an der Strategie der Vertuschung fest: Angeblich war ausschließlich menschliches Versagen für die Katastrophe verantwortlich. In einem großen Schauprozess wurden einige Mitarbeiter des Kraftwerkes verurteilt. Waleri Legassow, der stellvertretende Direktor des sowjetischen Instituts für Atomenergie, kam schließlich zu der Einsicht, es sei das »grundlegende Scheitern des sowjetischen Gesellschaftsexperimentes – und nicht bloß die Fahrlässigkeit einer Handvoll Operatoren –, das die Schuld an der Katastrophe« trage.[167] In einem Interview mit der Literaturzeitschrift »Nowy Mir« warnte er, dass sich die Katastrophe in jeder der RMBK-Atomkraftanlagen der UdSSR jederzeit wiederholen könne.[168]

Der von Krankheit und Verzweiflung über das Geschehene gezeichnete Legassow, der sich so intensiv wie wohl niemand anders mit dem Unfallhergang und den Ursachen beschäftigt hatte, sprach eine Botschaft auf Band, die nach seinem Tod in der »Prawda« veröffentlicht wurde – das war damals möglich, weil es in die Hochphase der Anfang 1986 von Michail Gorbatschow eingeleiteten Perestroika fiel. In dem Vermächtnis von Legassow vom September 1988 hieß es: »Nachdem ich das Atomkraftwerk Tschernobyl besucht hatte, kam ich zu dem Schluss, dass der Unfall der unausweichliche Schlussakt des in Jahrzehnten entwickelten sowjetischen Wirtschaftssystems war. Dies zu sagen, ist meine Pflicht.«[169]

Die Ursachen dieses Reaktorunglücks waren so tiefgreifend in der Struktur des planwirtschaftlichen Wirtschaftssystems begründet, dass das intensive Bemühen sowjetischer Politiker und Wissenschaftler, nach der Katastrophe etwas zu ändern, erfolglos blieb. In einem internen Bericht an das Zentralkomitee der KPdSU, der ein Jahr nach der Katastrophe erstellt wurde, heißt es, dass es in den 12 Monaten danach zu 320 Störfällen in sowjetischen Kernkraftwerken gekommen war, von denen 160 zur Notabschaltung des Reaktors führten.[170] Auch sie wurden wie die zahlreichen Unfälle davor verschwiegen. In der DDR titelte das Zentralorgan der kommunistischen Jugendorganisation FDJ, »Junge Welt«, am 2. Mai 1986: »Westliche Panikmache soll von Friedensinitiativen ablenken«.[171]

Nicht nur die Umweltbilanz der Sowjetunion war katastrophal, sondern auch die des zweiten großen sozialistischen Landes, der Volksrepublik China. In Steven Pinkers Werk »Aufklärung jetzt« findet sich eine Grafik[172], die zeigt, wie sich die Kohlenstoffintensität, also der CO_2-Ausstoß pro Dollar BIP, von 1820 bis 2014 entwickelt hat. Als in Ländern wie den Vereinigten Staaten und Großbritannien die Industrialisierung einsetzte, wurde pro Dollar BIP mehr CO_2 ausgestoßen. Doch bereits seit den 1950er-Jahren, so ist deutlich zu sehen, ist der Ausstoß gesunken.

Aber dann sieht man auf dieser Grafik einen extremen Ausreißer Ende der 1950er-Jahre. In China stieg die Kurve so dramatisch an wie in keinem anderen Land und zu keiner anderen Zeit seit 1820. Grund war das größte sozialistische Experiment in der Menschheitsgeschichte, Maos sogenannter »Großer Sprung nach vorne«. Durch dieses Experiment wurde nicht nur die größte Hungerkatastrophe der Geschichte ausgelöst, bei der 45 Millionen Menschen starben,[173] sondern auch in ökologischer Hinsicht war es eine Katastrophe. Nach außen verkündete Maos Propaganda ständig neue Rekordzahlen auf allen Gebieten, die den Fortschritt und die Überlegenheit des Sozialismus beweisen sollten. Insbesondere an den Zahlen der Stahlproduktion sollte der Fortschritt des Sozialismus gemessen werden. Mao war geradezu besessen von Stahl und hatte die Daten zur Stahlproduktion aller wichtigen Länder im Kopf. 1957 lag Chinas Stahlproduktion bei 5,35 Millionen Tonnen, im Januar 1958 wurde das Ziel von 6,2 Millionen Tonnen ausgegeben und im September wurde es auf 12 Millionen verdoppelt.[174] Diese gigantischen Ziele sollten vor allem mit kleinen Hochöfen erreicht werden, die in den Hinterhöfen der Volkskommunen von den Dorfbewohnern betrieben wurden. Viele dieser Öfen funktionierten nicht richtig, und es kam minderwertiges Material heraus. Überall türmten sich von ländlichen Kommunen erzeugte Eisenbarren, die so klein und spröde waren, dass sie für moderne Walzwerke unbrauchbar waren.[175] Ende Dezember 1958 musste Mao selbst in einem Gespräch mit einem Spitzenfunktionär einräumen, dass 40 Prozent des Stahles unbrauchbar waren. Der brauchbare Stahl war von herkömmlichen Stahlwerken produziert worden, die wertlosen 40 Prozent stammten aus den Kleinöfen.[176] Zugleich stiegen wegen der Hinterhoföfen die Emissionen massiv an und die Wirtschaftsleistung ging zurück, was den Ausreißer in Pinkers Grafik über die Kohlenstoffintensität erklärt.

Nicht das »ungehemmte Profitstreben« von Kapitalisten, sondern Planwirtschaft und Sozialismus haben zu den größten Umweltzerstörungen geführt – nicht nur in der Sowjetunion und China, sondern in allen sozialistischen Ländern.

Erst mit Verzögerung folgte China den westlichen Staaten auf dem Weg der Reduzierung der Kohlenstoffintensität, und ebenso übrigens Indien. China hatte seinen Höchststand Ende der 1970er- und Indien Mitte der 1990er-Jahre. Zu diesem Zeitpunkt bewegte sich der zuvor staatsdirigistisch geführte Subkontinent in Richtung Marktwirtschaft. Ergebnis: Seit einem halben Jahrhundert nimmt die Kohlenstoffintensität weltweit immer mehr ab.[177]

Nach dem Zusammenbruch des Sozialismus wurde Bilanz gezogen. Die sozialistischen Länder rühmten sich ihrer Vorreiterrolle beim Umweltschutz. Die DDR schrieb im Jahr 1968 den Umweltschutz als Staatsziel in die Verfassung und gründete bereits 1972 – 15 Jahre vor der Bundesrepublik – ein eigenes Umweltministerium.[178] Auch beim Umweltschutz, so wurde immer wieder behauptet, zeige sich die Überlegenheit des Sozialismus gegenüber dem Kapitalismus. Doch wie sah es in der Realität aus?

In dem Bericht der Bundesstiftung zur Aufarbeitung der DDR-Vergangenheit hieß es 1990: »Die ökologischen Probleme ... sind verheerend. Auch für die Bevölkerung der DDR sind die Umweltbelastungen fast überall wahrnehmbar. Besonders gravierend ist die Luftverschmutzung durch Schwefeldioxid und Kohlendioxid, die durch die Verbrennung von Braunkohle entsteht. Die Braunkohle ist der größte Energieträger in der DDR, doch die Kraftwerke sind veraltet; es fehlt an Entschwefelungsanlagen. Die Belastung ist so stark, dass viele Menschen in den betroffenen Regionen, z. B. rund um die Industriezentren Leipzig, Halle, Karl-Marx-Stadt und Dresden, überdurchschnittlich oft an Atemwegserkrankungen und Ekzemen leiden. Der ›Industrienebel‹ sorgt regelmäßig für Smog-Alarm in Städten und Dörfern und hinterlässt Staubschichten auf Autos, Fensterbänken und zum Trocknen im Freien aufgehängter Wäsche. Auch die Gewässer sind hochgradig belastet. Die chemische Industrie leitet ihre Abwässer ungeklärt und schadstoffbelastet in die Flüsse und Seen ein. Der in der DDR häufig kolportierte Witz ›In der DDR ist alles grau, außer den Flüssen‹ spiegelt dies wider. Der ›Silbersee‹ bei Bitterfeld/Wolfen gilt als Synonym für eine besonders drastische Gewässerverschmutzung. Das ehemalige Tagebauloch diente der Filmfabrik Wolfen als Abwassergrube, in das Schlämme und Abfälle eingebracht werden. Die schwermetallverseuchte Schlammschicht beträgt 1990 an einigen Stellen bis zu 12 Meter. Zur Verschmutzung der Gewässer tragen aber nicht nur Industrieabwässer, sondern auch die großzügig eingesetzten Düngemittel aus der landwirtschaftlichen Produktion bei. Insgesamt waren viele Flüsse und Seen in der DDR 1990 ökologisch zerstört.«[179]

Die Schadstoffbelastung der Böden, so der Bericht, war in vielen Gegenden der ehemaligen DDR festzustellen und wurde durch die intensive Landwirtschaft bzw. Massentierhaltung ebenso erzeugt wie durch die unsachgemäße Ablagerung giftiger Industrie- und Siedlungsabfälle auf »wilden« Mülldeponien.[180]

Die Bergleute, die in Wismut unter gesundheitsgefährdenden Bedingungen Uran abbauten, bekamen zum Ausgleich bis zu 7 Liter

Schnaps im Monat.[181] Das Wort »Uran« durfte nicht ausgesprochen werden und selbst in den Broschüren der Wismut-Berufswerbung wurde es streng gemieden. Auch in den privaten Gesprächen unter den Beschäftigten und Anwohnern des größten Uranbergbauunternehmens Europas war von Uran nie die Rede.[182] Durch diese Verschweigetaktik sollten Ängste in der Öffentlichkeit vor den gefährlichen Wirkungen des chemischen Elements verhindert werden.

Daten zur Umwelt waren in der DDR spätestens seit einem Ministerbeschluss vom 19. März 1974 »Geheime Verschlusssache«. Günther Mittag, Sekretär des Zentralkomitees der SED für Wirtschaft, behielt sich die Entscheidung über die Verteilung vor. Nach 1982 durften nur noch er selbst, der Staatsratsvorsitzende Willi Stoph und Stasi-Chef Erich Mielke den jährlichen Umweltbericht erhalten.[183] Die volle Wahrheit über den katastrophalen Zustand der Umwelt in der DDR erfuhren die meisten Bürger erst nach der Wiedervereinigung.

Hier einige Fakten zum Vergleich:

- Klimagefährdung: Der Historiker Hubertus Knabe, Experte für DDR-Geschichte, konstatiert: »Einer der größten Klimakiller der Welt war nämlich ein Land, das den Kapitalismus abgeschafft hatte – die DDR.«[184] Im Jahr 1989 wurde für jede Einheit BIP in der DDR mehr als dreimal so viel CO_2 emittiert wie in der Bundesrepublik.[185]
- Luftverschmutzung, Schwefeldioxid: Im Jahr 1988 stieß die DDR 10-mal so viel Schwefeldioxid pro Quadratkilometer aus wie die Bundesrepublik (48,1 Tonnen/qkm gegen 4,6 Tonnen/qkm).[186]
- Luftverschmutzung, Schwebstaub: Pro Quadratkilometer lag die durchschnittliche Belastung mit 20,3 Tonnen/qkm in der DDR bei mehr als dem Zehnfachen des Wertes in der Bundesrepublik (1,8 Tonnen/qkm).[187]
- Kohleöfen: In privaten Haushalten wurden 1989 in der DDR fast zwei Drittel der Wohnungen mit festen Brennstoffen wie Braunkohlebriketts beheizt.[188]

- Verschmutzung der Flüsse: Fast die Hälfte aller größeren Flüsse in der DDR war 1989 biologisch tot. 70 Prozent durften nicht mehr für die Trinkwassergewinnung genutzt werden.[189]
- Knapp die Hälfte der DDR-Bewohner erhielt beim Aufdrehen des Wasserhahns zeitweise oder ständig kein sauberes Trinkwasser. Verantwortlich dafür war der hohe Eintrag von Stickstoff, Phosphor, Schwermetallen und anderen Schadstoffen in die Gewässer.[190]

Knabe konstatiert: »Wie viele Klimaaktivisten heute vertrat die DDR-Führung die Auffassung, dass nur die Abschaffung des Kapitalismus die Umweltprobleme lösen könne. Verantwortlich für den rücksichtslosen Umgang mit der Natur sei die Profitgier der Konzerne, an deren Stelle gesamtgesellschaftliche Vernunft und Planung treten müsse. Dies sei nur im Sozialismus möglich.«[191]

Viele Menschen werden zugeben, dass der Sozialismus für die Umwelt noch schlechter ist als der Kapitalismus, aber sie haben berechtigte Zweifel: Führt nicht generell das Wirtschaftswachstum zu ökologischen Problemen? Vor allem ein Argument scheint einzuleuchten: Die Rohstoffressourcen der Erde sind endlich, also kann es kein unendliches Wachstum geben. Die Folgerung lautet dann: Irgendwie muss das Wachstum begrenzt werden. Was ist an diesem Argument dran?

Die Warnungen vor den Grenzen des Wachstums sind nicht neu, es gibt sie seit Jahrhunderten. Hier nur einige Beispiele aus den letzten 80 Jahren: Im Jahr 1939 erklärte das US-Innenministerium, dass die amerikanischen Ölvorräte nur noch 13 Jahre reichten. Im Jahr 1949 verkündete der US-Innenminister, das Ende der Ölvorräte sei nunmehr in Sicht. Nachdem das U.S. Geological Survey nichts aus früheren falschen Behauptungen gelernt hatte, sagte es 1974, dass die USA nur noch über einen 10-jährigen Vorrat an Erdgas verfügten.

Der Wissenschaftler Harrison Brown veröffentlichte 1970 in der Zeitschrift »Scientific American« eine Grafik, in der er schätzte, dass der Menschheit kurz nach dem Jahr 2000 das Kupfer ausginge. Die Vorräte an Blei, Zink, Zinn, Gold und Silber sollten noch vor 1990 versiegen.[192] Ebenfalls 1970 sagte der Ökologe Kenneth Watt voraus, dass der Welt das Öl ausgehe: »Du fährst zur Tankstelle und sagst: Volltanken, Kumpel. Und er sagt: Tut mir leid, nichts mehr da.«[193]

Große Beachtung fand die im gleichen Jahr unter dem Titel »Grenzen des Wachstums« veröffentlichte Studie des »Club of Rome«. Bis heute sind von diesem Buch mehr als 30 Millionen Exemplare in 30 Sprachen verkauft worden. Das Buch mahnte zur Umkehr und hatte eine klare Botschaft: Die Rohstoffressourcen seien schon bald verbraucht, besonders Öl. In 20 Jahren werde der letzte Tropfen Öl gewonnen sein, prophezeiten die Wissenschaftler 1970. Nicht nur beim Erdöl, bei fast allen relevanten Rohstoffen prognostizierte der Bericht des »Club of Rome« den Zeitpunkt ihrer Erschöpfung völlig falsch. Erdgas, Kupfer, Blei, Aluminium, Wolfram: Nichts davon würde man – weiteres Wirtschaftswachstum vorausgesetzt – nach den damaligen Vorhersagen heute noch in der Erde finden. Alles aufgebraucht, teilweise seit Jahrzehnten. Die Silberminen sollten seit 1985 erschöpft sein. Tatsächlich schätzte die United States Geological Survey (USGS) im Januar 2020 die Silberreserven weltweit auf 560.000 Tonnen.

Bevor man mit dem Kopf schüttelt über all die falschen Vorhersagen, muss man einräumen, dass vom Beginn der Industrialisierung bis etwa in die 1970er-Jahre tatsächlich ein enger Zusammenhang von Wirtschaftswachstum einerseits und Energie- und Rohstoffverbrauch andererseits bestand.[194]

Doch anhand zahlreicher Datenreihen belegt der amerikanische Wissenschaftler Andrew McAfee in seinem 2020 erschienenen Buch »Mehr aus weniger«, dass sich das Wachstum der Wirtschaft vom Rohstoffverbrauch entkoppelt hat. Daten für die USA zeigen, dass von 72 Rohstoffen nur 6 ihr Verbrauchsmaximum noch nicht erreicht haben. Obwohl die amerikanische Wirtschaft in den vergangenen Jahren stark gewachsen ist, ist der Verbrauch an vielen Rohstoffen rückläufig.[195]

Schon 2015 hatte der amerikanische Umweltwissenschaftler Jesse H. Ausubel in seinem Aufsatz »The Return of Nature: How Technology Liberates the Environment« gezeigt, dass die US-Amerikaner pro

Kopf immer weniger Rohstoffe konsumieren. Der Gesamtverbrauch an Stahl, Kupfer, Dünger, Holz und Papier, der früher parallel mit dem Wirtschaftswachstum gestiegen war, hatte irgendwann ein Maximum erreicht und war seitdem rückläufig.

Der Grund dafür sind die Gesetze des vielgescholtenen Kapitalismus: Firmen suchen ständig nach neuen Möglichkeiten, effizienter zu produzieren, d.h. mit weniger Rohstoffen auszukommen. Sie tun das natürlich nicht primär, um die Umwelt zu schonen, sondern um Kosten zu sparen.

Hinzu kommt: Innovationen haben einen Trend befördert, den wir Miniaturisierung oder Dematerialisierung nennen. Ein Beispiel ist das Smartphone. Halten Sie sich vor Augen, wie viele Geräte in Ihrem Smartphone enthalten sind und wie viele Rohstoffe diese früher verbraucht haben:

- Taschenrechner
- Telefon
- Videokamera
- Wecker
- Diktiergerät
- Navigationssystem
- Fotoapparat
- iTunes-Player (statt früherem CD-Player)
- Kompass
- Anrufbeantworter
- Scanner
- Maßband/Zollstock
- Radio
- Taschenlampe
- Kalender
- Enzyklopädie
- Duden
- Wörterbücher für Übersetzungen in jede Sprache
- Adressbuch

Viele Menschen haben heute kein Fax mehr und benutzen keine Straßenkarte aus Papier, weil alles in ihrem Smartphone enthalten ist. Manche verzichten sogar auf ihre Armbanduhr. Früher brauchten Sie für das Telefon, für Ihr Audio-Kassettengerät, für ein Diktiergerät und für eine Videokamera vier Mikrofone, heute benötigt Ihr Smartphone ein einziges Mikrofon für all diese Funktionen.

Früher war ich stolz auf meine große Schallplattensammlung, die mehrere Regale umfasste. Später kaufte ich CDs, die alle in ein einziges Regal passten – und schon wesentlich weniger Rohstoffe verbrauchten. Heute lacht meine Freundin, weil ich mir immer noch CDs kaufe – sie hat nur noch MP3-Dateien, die keinen Platz mehr in der Wohnung brauchen. Ich gebe zu, ich bin etwas altmodisch und besitze mehrere Tausend Bücher. Der Platz dafür reicht nicht aus, sodass die meisten in einem Selfstorage-Raum untergebracht sind. Mein Vater, obwohl schon 92 Jahre alt, ist moderner als ich und liest viele Bücher als E-Book auf seinem Kindle.

Dies sind nur einige von vielen Beispielen für den Trend zur Dematerialisierung.[196] Die Wirklichkeit ist also komplexer, als es auf den ersten Blick erscheinen mag, wenn gesagt wird: »Unser Planet hat nur begrenzte Ressourcen, also können wir auch nicht unbegrenzt wachsen.«

Heißt all dies, dass es keiner staatlichen Vorgaben zum Schutz der Umwelt bedürfe? Natürlich nicht. Auch überzeugte Anhänger des Kapitalismus wie etwa die beiden Nobelpreisträger für Wirtschaftswissenschaften Friedrich August von Hayek und Milton Friedman haben immer erklärt, dass der Staat Spielregeln – rechtliche Rahmenbedingungen – für die Wirtschaft schaffen sollte. Hayek betonte, marktwirtschaftliches Denken sei nicht mit einer »Laissez-faire«-Politik zu verwechseln.[197]

Und es waren in der Geschichte gerade die flammendsten Vertreter des Kapitalismus, die eines der großen Umweltprobleme gelöst haben, nämlich das Ozonloch. Hier die Geschichte: Mitte der 1970er-Jahre warnten die US-Wissenschaftler Mario Molina und Sherwood Rowland davor, dass langlebige Chemikalien wie Fluor-Chlor-Kohlenwasserstoffe die schützende Ozonschicht der Erde zerstören könnten. Die Folge der Zerstörung der Ozonschicht: eine rasante Zunahme von Hautkrebserkrankungen und klimatischen Veränderungen. FCKW wurde damals u. a. als Kühlmittel für Kühlschränke oder als Treibstoff für Deo- und Haarsprays verwendet.

Mitte der 1980er-Jahre entdeckte die amerikanische Forscherin Susan Solomon, dass FCKW für ein Loch in der Ozonschicht über der Antarktis verantwortlich ist. Der damalige US-Präsident Ronald Reagan (ein Bewunderer von Milton Friedman) und die britische Premierministerin Margaret Thatcher (eine Anhängerin von Friedrich August von Hayek) ergriffen daraufhin die Initiative und riefen die Weltgemeinschaft zusammen. Am 16. September 1987 einigten sich mehr als 30 Staaten darauf, die FCKW-Produktion einzustellen. Das sogenannte »Montreal-Protokoll« ist bis heute ein herausragendes Beispiel für den globalen Umweltschutz und hat dazu beigetragen, dass das Ozonloch sich seitdem langsam wieder schließt und deutlich kleiner geworden ist. »Vielleicht das bisher erfolgreichste einzelne internationale Abkommen«, nannte Ex-UNO-Generalsekretär Kofi Annan das Protokoll später. Reagan und Thatcher, die beiden Erzkapitalisten, haben damit mehr zum Umweltschutz beigetragen als Greenpeace und all die anderen linken »Umweltaktivisten«.

Staatliche Regeln sind also nicht per se schlecht, doch oft führen staatliche Regeln zum Umweltschutz nicht zu dem gut gemeinten Ziel, sondern zum genauen Gegenteil. Ein Beispiel dafür ist die deutsche Umwelt- und Energiepolitik. Zwischen 1957 und 2004 wurden in Deutschland etwa 110 kerntechnische Anlagen in Betrieb genommen. Im Mittelpunkt der Umweltbewegung in Deutschland stand in den 70er- und 80er-Jahren die Forderung nach einem Ausstieg aus der Kernenergie. Kein Thema war den Umweltaktivisten so wichtig wie die Stilllegung aller Kernkraftwerke.

Nachdem 1998 in Deutschland eine Koalition aus Sozialdemokraten und Grünen an die Regierung kam, wurde das Ende der Kernenergie erstmals im Jahr 2000 in einem Vertrag der Bundesrepublik mit den verschiedenen Betreibergesellschaften der Kernkraftwerke geregelt. 2002 wurde das deutsche Atomgesetz auf Grundlage dieses Vertrags novelliert. Nachdem zwischenzeitlich (2010) dann doch noch einmal eine Laufzeitverlängerung beschlossen worden war, wurde diese nach der Naturkatastrophe von Fukushima im Jahr 2011 revidiert. Im Jahr 2022 soll das letzte deutsche Kernkraftwerk vom Netz gehen.

Der Unfall von Fukushima im Jahr 2011 war der Grund, warum in einer blitzartigen Aktion die Bundesregierung unter Angela Merkel beschloss, die deutschen Kernkraftwerke viel früher als geplant abzuschalten. Aber eigentlich war es nicht der Unfall an sich (der nicht einmal in Japan zu einer solchen Entscheidung führte), sondern die Tatsache, dass etwa zwei Wochen nach dem Unfall vom 11. März 2011, nämlich am 27. März, Landtagswahlen in Baden-Württemberg stattfanden. Merkel wollte in der damals aufgeheizten Atmosphäre den Grünen ein zentrales Wahlkampfthema wegnehmen. Doch nicht einmal das funktionierte. Denn die Grünen erzielten ein Rekordergebnis und stellten nach dieser Wahl erstmals in einem deutschen Bundesland den Ministerpräsidenten.

Ein Hauptgrund, warum Deutschland trotz aller Bemühungen im Kampf gegen den Klimawandel nicht besser dasteht, ist dieser Entschluss zum Atomausstieg. Er führte dazu, dass das Land bei den CO_2-Emissionen schlechter ist, als es möglich wäre. Frankreich beispielsweise ist ansonsten im Umweltschutz sicher nicht besser als Deutschland, aber während Deutschland sukzessive die Kernkraftwerke abgeschaltet hat, ist der Anteil in Frankreich mit 71 Prozent (2020) so hoch wie in keinem anderen Land. Deutschland liegt im allgemeinen EPI-Umwelt-Index 2020 auf Platz 10, Frankreich jedoch auf Platz 5. Und dies liegt vor allem an der Kernenergie, denn im EPI-Klimaschutz-Index 2020 liegt Deutschland sogar nur auf Platz 14, aber Frankreich auf Platz 4.

Vorsichtig-diplomatisch formulieren die Yale-Forscher in ihrem EPI-Bericht 2020, »einige Analysten« verträten die Meinung, dass der deutsche Atomausstieg dem Fortschritt des Landes beim Klimaschutz schaden könnte. Weniger diplomatisch, aber zutreffender, formulierte es 2019 das »Wall Street Journal«, das Deutschland bescheinigte, die dümmste Energiepolitik der Welt zu betreiben.[198]

Zur Rechtfertigung dieser Politik wird mit den Gefahren der Nutzung der Kernenergie argumentiert. Doch dabei werden die Risiken maßlos übertrieben. Ein Vergleich der Todesfälle pro erzeugter Energieeinheit TWh zeigt, dass durch Kernenergie 0,07 Menschen umgekommen sind, durch Öl 18,4 und durch Kohle 24,6.[199] Sogar Wasserkraft ist deutlich gefährlicher als Nuklearenergie. Und der »Killerfaktor« ist selbst bei Windkraft, Photovoltaik und erneuerbaren Brennstoffen höher als bei der Kernenergie, wie Untersuchungen zeigen.[200]

Bill Gates plädiert in seinem Buch zum Klimawandel vehement für Kernenergie und betont, eine »Zukunft, in der wir unsere Stromversorgung zu tragbaren Kosten CO_2-frei machen könnten« sei, ohne mehr Atomkraft einzusetzen, »schwer vorstellbar«. Denn: »Sie ist die einzige CO_2-freie Energiequelle, die zuverlässig und rund um die Uhr elektrischen Strom liefern kann, zu jeder Jahreszeit und fast überall auf der Welt, und die nachgewiesenermaßen im großen Maßstab funktioniert.«[201]

Immer wieder wird von Kernenergie-Gegnern direkt oder durch diffuse Formulierungen der Eindruck erweckt, bei dem Reaktor-Unfall in Fukushima im Jahr 2011 seien 20.000 Menschen gestorben. Die Zahl 20.000 stimmt ungefähr, aber diese Menschen starben als Folge des Tsunamis bzw. des Erdbebens, keineswegs aber durch Radioaktivität.[202]

Darüber, dass es heute eine moderne Generation von Kernkraftwerken gibt, die sicherer sind als die Kernkraftwerke alten Typs, wird in der Öffentlichkeit kaum gesprochen – die meisten Menschen wissen dies nicht einmal. Zudem werden die Probleme bei der Endlagerung radioaktiver Abfälle maßlos übertrieben,[203] und es wird verschwiegen, dass es neue Reaktorgenerationen gibt, bei denen sich dieses Problem kaum mehr stellt.[204]

Der Klimaforscher Kerry Emanuel am Massachusetts Institute of Technology (MIT) in Cambridge hat es auf den Punkt gebracht: »Man kann nicht beides haben. Wenn man sagt, dass dies [der Klimawandel] apokalyptisch ist oder ein untragbares Risiko darstellt, und sich dann umdreht und eine der offensichtlichsten Möglichkeiten ausschließt, um es zu vermeiden [Kernenergie], ist man nicht nur inkonsequent, sondern auch heuchlerisch.«[205] Auch in den USA wurden lange Zeit keine neuen Kernkraftwerke gebaut – aber dies lag nicht am Kapitalismus, sondern im Gegenteil: Die antikapitalistische Bewegung um den Anwalt Ralph Nader führte eine massive Kampagne, die gezielt Ängste von Menschen schürte und auch in den USA dazu führte, dass dort der Bau neuer Kraftwerke weitgehend eingestellt wurde.[206] Inzwischen hat sich die Diskussion in manchen Ländern (allerdings nicht in Deutschland) versachlicht, sodass mittlerweile sogar viele Umweltaktivisten den Bau von Kernkraftwerken befürworten. In Kalifornien arbeiten derzeit gut 50 Start-ups an der Entwicklung neuer Nukleartechnologien. Experten sprechen schon vom »Nuclear Valley«, das auf das »Silicon Valley« folgen werde.[207] Bill Gates hat 2008 die Firma Terra Power gegründet – wenn sie erfolgreich ist, könnten Reaktoren mit Atommüll aus anderen nuklearen Anlagen betrieben werden.[208]

Das Beispiel der Kernenergie zeigt, dass staatliche Eingriffe in die Wirtschaft, auch wenn der Umweltschutz als Motiv vorgegeben wird, oftmals nicht von rationalen Erwägungen im Hinblick auf die Umwelt getragen sind, sondern von Populismus und Ideologie. Die Kernenergie ist nicht das einzige Beispiel. »Spiegel«-Redakteur Alexander Neubacher führt in seinem Buch »Ökofimmel« Dutzende Beispiele dafür an, wie staatliche Regulierung im Bereich des Umweltschutzes das Gegenteil dessen erreicht, was beabsichtigt ist. Im »Deutschen Ärzteblatt« konnte man nachlesen, dass die hermetische Abdichtung des Wohnbereichs durch Wärmedämmung zu einer deutlichen Zunahme des Befalls von Wohnungen mit Schimmelpilz geführt hat. Asthma, Lungenentzündungen und andere gefährliche Krankheiten können die Folge sein. In einigen US-Bundesstaaten wurde es wegen dieser gesundheitlichen Risiken bereits verboten, sein Haus mit Dämmplatten zu bekleben – in Deutschland wird es vorgeschrieben.[209] Das spricht nicht gegen staatliche Vorschriften für Umweltschutz, aber ich habe gezeigt, dass wirtschaftliche Freiheit insgesamt viel besser dazu dient, unsere Umwelt zu schützen, als staatlicher Dirigismus.

Für viele sogenannte Klimaaktivisten ist das Thema nur ein Vorwand für ihren Kampf gegen den Kapitalismus. Manche plädieren für sehr radikale Lösungen, die faktisch zu einer Öko-Diktatur führen würden. Ihr Argument: Wenn es ums Überleben der Menschheit geht, dürfe es keine Denkverbote geben, dann müsse man auch radikalste Lösungen durchdenken und dürfe keine Rücksicht mehr auf Werte wie Freiheit und Demokratie nehmen. Auf den ersten Blick leuchtet die Argumentation vielen Menschen ein: Wenn es ums Überleben geht, dürfe man nicht zimperlich sein. Nur: Wie ich oben gezeigt habe, haben Planwirtschaften immer versagt, gerade auch in der Umweltfrage.

Ich bin generell ein Skeptiker, was Utopien und radikale Lösungen anlangt, aber wenn man schon bereit ist, sich einen Augenblick bei einem solchen Thema auf radikale Gedankenexperimente einzulassen, dann könnte man eher darüber nachdenken, wie radikale Anhänger des Kapitalismus argumentieren. Zu ihnen gehört der Ökonom Thorsten Polleit, der in seinem Buch »Der Antikapitalist« so argumentiert: Die Umweltzerstörung komme daher, dass der Staat knappe Ressourcen übernutzt, verschwendet und veruntreut. »Er hat kein Interesse und keine Anreize, sich für die effiziente Bewirtschaftung knapper Ressourcen einzusetzen; zudem fehlt ihm auch meist das notwendige Wissen (Kompetenz).«[210] Dies habe sich in den sozialistischen Planwirtschaften gezeigt, doch auch in der westlichen Welt haben die Staaten viele Naturressourcen – Land, Parkanlagen, Straßen, Gewässer und Lufträume – nationalisiert. Indem die Staaten die Gesetzgebung und Rechtsprechung monopolisierten, so Polleit, haben sie die Umweltprobleme erst heraufbeschworen: »Beispielsweise indem sie Unternehmen und Konsumenten erlauben, kostenfrei Schadstoffe auf Straßen und in Flüsse, Meere und in die Luft gelangen zu lassen. Häufig wird diese Praxis mit dem ›Gemeinwohl‹ begründet, durch die die Rechte der Schädiger über die Rechte der Geschädigten (Grundstückseigentümer) gestellt werden. Beispielsweise müssen Eigentümer von Grundstücken, die nahe bei einem Flughafen gelegen sind, steigenden Fluglärm erdulden, ohne dass sie dafür vom Flughafenbetreiber entschädigt werden.«[211]

Polleit schlägt eine radikal-kapitalistische Lösung vor. Angesichts der schlechten Bilanz, die der Staat als Eigentümer und Verwalter von Naturressourcen vorgelegt habe, und den positiven Folgen, die der freie Markt im Umgang mit knappen Mitteln in Aussicht stelle, dränge sich die Frage auf: »Warum nicht alles privatisieren? Warum nicht alles Eigentum, das sich in den Händen des Staates befindet, in Privateigentum überführen?«[212] Im reinen Kapitalismus, wie er Polleit als Utopie vorschwebt, befindet sich alles im Privatbesitz, also Land, Straßen, Flüsse und Meere. Sein Argument: Beispielsweise würden die Eigentümer der Wasserläufe und Meeresparzellen peinlich darauf achten, dass ihre Ressourcen nicht von anderen geschädigt werden. Schließlich haben die Ressourcen einen Marktwert – man kann sie etwa als Trinkwasser oder als Erholungs- und Sportmöglichkeit vermarkten. Polleits Konzept: Diejenigen, die das (Ressourcen-)Eigentum anderer schädigen, werden von den Eigentümern verfolgt und zur Rechenschaft gezogen. Ähnliche Überlegungen skizziert er auch für Probleme wie Luftverschmutzung und Lärmbelästigung.[213]

Wie ich bereits erwähnt habe, bin ich prinzipiell skeptisch, was Utopien anlangt. Dennoch wäre diese Utopie erfolgversprechender zur Lösung der Umweltprobleme als die von den Etatisten propagierten Ideen, die auf eine Öko-Planwirtschaft hinauslaufen, von der man mit hundertprozentiger Sicherheit sagen kann, dass sie die Umweltprobleme verschärfen wird, statt sie zu lösen. Vielleicht kann man ja einige Gedankenansätze von kapitalistischen Denkern wie Polleit einbeziehen, wenn es darum geht, marktwirtschaftliche Lösungen für die brennenden Umweltprobleme zu finden.

4. »Kapitalismus führt zu immer neuen Wirtschaftskrisen«

Seit es Antikapitalisten gibt, warten sie auf die große Krise, die den endgültigen Zusammenbruch des Kapitalismus bewirken werde. Karl Marx glaubte, verschiedene ökonomische Gesetze entdeckt zu haben, die notwendigerweise zum Untergang des Kapitalismus führen würden, so etwa den »tendenziellen Fall der Profitrate« oder die Verelendung des Proletariats. In seinem Hauptwerk »Das Kapital« formulierte Marx dies so: »Mit der beständig abnehmenden Zahl der Kapitalmagnaten, welche alle Vorteile dieses Umwandlungsprozesses usurpieren und monopolisieren, wächst die Masse des Elends, des Drucks, der Knechtschaft, der Entartung, der Ausbeutung, aber auch die Empörung der stets anschwellenden und durch den Mechanismus des kapitalistischen Produktionsprozesses selbst geschulten, vereinten und organisierten Arbeiterklasse. Das Kapitalmonopol wird zur Fessel der Produktionsweise, die mit und unter ihm aufgeblüht ist. Die Zentralisation der Produktionsmittel und die Vergesellschaftung der Arbeit erreichen einen Punkt, wo sie unverträglich werden mit ihrer kapitalistischen Hülle. Sie wird gesprengt. Die Stunde des kapitalistischen Privateigentums schlägt ... Aber die kapitalistische Produktion erzeugt mit der Notwendigkeit eines Naturprozesses ihre eigene Negation.«[214]

Marx bezeichnete das von ihm formulierte Gesetz des tendenziellen Falls der Profitrate »in jeder Beziehung [als] das wichtigste Gesetz der modernen politischen Ökonomie und das wesentlichste, um die schwierigsten Verhältnisse zu verstehen. Es ist vom historischen Standpunkt aus das wichtigste Gesetz.«[215] Diese Sätze schrieb er in seinen »Grundrissen der Kritik der Politischen Ökonomie« und fügte stolz hinzu: »Es ist ein Gesetz, das trotz seiner Einfachheit bisher nie begriffen und noch weniger bewusst ausgesprochen wurde.«[216] Aus diesem Gesetz wiederum folge, so erklärt Marx auf der nächsten Seite, der unvermeidliche Zusammenbruch des Kapitalismus »in schneidenden Widersprüchen, Krisen, Krämpfen«.[217] Der Ökonom Roman Rosdolsky, der die unter Marxisten hoch anerkannte »Entstehungsgeschichte des ›Kapital‹« schrieb, bezeichnete dies als Marx' »Zusammenbruchs-Prognose«.[218]

Die Prognose formulierte Marx bereits in der Mitte des 19. Jahrhunderts. Aber der von ihm und anderen immer wieder prophezeite Zusammenbruch durch die große letzte Krise blieb bis heute aus. Auch seine anderen Vorhersagen, wie etwa die erwähnte vom »tendenziellen Fall der Profitrate« als Vorbote des Zusammenbruchs oder der zunehmenden Verelendung der Arbeiter, erwiesen sich als falsch – was Marxisten jedoch bis heute nicht daran hindert, seine Theorie, aus der diese Vorhersagen zwingend folgten, für richtig zu halten.

Die Krisen, die es gab, waren für Antikapitalisten stets vor allem ein Zeichen der Hoffnung – dass der Kapitalismus nun endlich in sich zusammenbrechen werde. Diese Hoffnung wurde immer wieder enttäuscht. Manchmal erinnern Antikapitalisten an eine Weltuntergangssekte, die unverdrossen ständig neue Daten für den Weltuntergang verkündet, nachdem das zuletzt gesetzte Datum abgelaufen ist.

In der Finanzkrise 2008 – wir werden auf diese noch zu sprechen kommen – sahen die Antikapitalisten das lang ersehnte Ende des Kapitalismus kommen. Als es auch dieses Mal nicht eintrat, schöpften sie erneut Hoffnung in der Corona-Krise 2020. Schon zu Beginn der Corona-Krise formulierten linke Intellektuelle vielfach ihre sehnsuchtsvolle Erwartung, dass die Corona-Krise das erfüllen möge, was sie bereits von der Finanzkrise 2008 erhofft hatten, nämlich eine fundamentale Neuordnung der Gesellschaft und Überwindung des Kapitalismus.[219] William Davies, ein britischer Soziologe, schrieb in der linken Tageszeitung »Guardian« unter der Überschrift: »Die letzte globale Krise hat die Welt nicht verändert. Aber diese könnte es«: »Schon jetzt kann man einige Unterschiede zwischen der Krise 2020 mit ihren Folgen und der der 1970er-Jahre ausmachen. Zum einen liegt ihre Ursache außerhalb der Wirtschaft, auch wenn sie sich über die Wege des globalen Kapitalismus – Geschäftsreisen, Tourismus, Handel – ausgebreitet hat. Das Ausmaß der Verwüstung, die sie hinter sich herzieht, ist auf sehr grundlegende Merkmale des globalen Kapitalismus zurückzuführen, die kaum ein Wirtschaftswissenschaftler in Frage stellt: ein hohes Maß an internationaler Vernetzung und die Abhängigkeit der meisten Menschen vom Arbeitsmarkt. Dies sind keine Merkmale eines bestimmten wirtschaftspolitischen Paradigmas, so wie etwa feste Wechselkurse und Tarifverhandlungen für den Keynesianismus grundlegend waren. Es sind Merkmale des Kapitalismus per se ... Es wird Jahre oder Jahrzehnte dauern, ehe die Bedeutung von 2020 vollständig erfasst ist. Aber wir können sicher sein, dass 2020 als eine echte globale Krise auch einen globalen Wendepunkt darstellt. In der unmittelbaren Zukunft wird es viel emotionale, körperliche und finanzielle Pein geben. Aber eine Krise dieses Ausmaßes lässt sich erst dann wirklich auflösen, wenn viele der Grundlagen unseres sozialen und wirtschaftlichen Lebens neu gestaltet worden sind.«[220] Bei der Corona-Krise im wirtschaftlichen Sinne ist eigentlich vollkommen offensichtlich, dass sie Ergebnis eines exogenen Schocks war, der nichts mit der Struktur der kapitalistischen Wirtschaftsform zu tun hatte. Buchstäblich seit der Steinzeit kämpft die Menschheit mit schwersten und schweren Epidemien – und obwohl die Globalisierung in der Tat für eine schnelle(re) Ausbreitung der Corona-Pandemie sorgte, war es letztlich der Kapitalismus, der dazu führte, dass schon bald nach Beginn der Krise die Gegenmittel bereitstanden, um sie zu bewältigen – von Schutzmasken und Corona-Tests bis zu Impfstoffen, die von den verhassten kapitalistischen Pharmakonzernen entwickelt wurden.

Der österreichische Ökonom Joseph Schumpeter widmete in seinem 1912 erschienenen Werk »Theorie der wirtschaftlichen Entwicklung« ein Kapitel dem Thema »Das Wesen der Wirtschaftskrisen«. Unter dem Begriff der »Krise«, so Schumpeter, würden ganz verschiedene Erscheinungen zusammengefasst, die nicht mehr »miteinander gemein haben als ... dass sie alle Ereignisse sind, die der bisherigen wirtschaftlichen Entwicklung Halt gebieten«.[221] Er wandte sich gegen die »populäre und wissenschaftliche Überzeugung ..., dass man bei Krisen immer eine und dieselbe Erscheinung vor sich habe«.[222] Schumpeter unterschied zwei Gruppen von Krisen, nämlich »solche, deren Ursachen außerhalb der Sphäre des Wirtschaftens liegen, und in solche, deren Ursachen in dieser Sphäre selbst entstehen«.[223] Für letztere gelte, dass sie »Wendepunkte der wirtschaftlichen Entwicklung« seien.[224] Die durch die Corona-Pandemie ausgelöste Krise hätte der Ökonom zu jenen Erscheinungen gezählt, deren Ursachen »außerhalb der Sphäre des Realwirtschaftlichen liegen«.[225]

Der Kapitalismus unterscheide sich von vorangegangenen, »stationären« Produktionsformen, so schreibt Schumpeter in seinem 1942 erschienenen Werk »Kapitalismus, Sozialismus und Demokratie«, durch seine Dynamik: »Der Kapitalismus ist also von Natur aus eine Form oder Methode der ökonomischen Veränderung und ist nicht nur nie stationär, sondern kann es auch nicht sein.«[226] Berühmt geworden ist seine Formulierung, dass der Kapitalismus »unaufhörlich die Wirtschaftsstruktur *von innen heraus* revolutioniert, unaufhörlich die alte Struktur zerstört und unaufhörlich eine neue schafft. Dieser Prozess der ›schöpferischen Zerstörung‹ ist das für den Kapitalismus wesentliche Faktum.«[227] Den Ökonomen warf er vor, nur das Problem zu betrachten, wie der Kapitalismus mit bestehenden Strukturen umgeht, »während das relevante Problem darin besteht, wie er sie schafft und zerstört«.[228]

Krisen sind in dieser Hinsicht etwas Positives – wie ein reinigendes Gewitter. In der Krise gehen Unternehmen unter, die nicht gut wirtschaften, und andere, innovative Unternehmen, die bessere Produkte, bessere Produktionsabläufe, bessere Vertriebsstrukturen und niedrigere Kosten haben, treten an deren Stelle.

Schumpeter betonte, während in der Boomphase auch viele unfähige Unternehmer zeitweilig Profit erwirtschaften könnten und Irrtümer und Fehlverhalten verbreitet seien, gehöre es zur Funktionalität der Krise, »dass alles, was aus dem einen oder anderen Grund ungesund ist, dann zutage tritt, wenn die Preise einbrechen und die Kreditvergabe als Reaktion auf die gesunkene Nachfrage nach Krediten nicht mehr ausgeweitet wird«.[229] Der Soziologe und Ökonom Werner Sombart formulierte das 1927 in seinem Werk »Der moderne Kapitalismus« so: Fast noch wichtiger für die Entwicklung der kapitalistischen Wirtschaft seien die Niedergangszeiten. Es finde eine »Musterung unter den Unternehmern und den Unternehmungen« statt – die schwächlichen Unternehmen verschwänden, die kräftigen überlebten.[230] »Also: Segen über Segen, der für den Kapitalismus aus dem Dasein und Ablauf der Expansionskonjunktur fließt.«[231]

Zu der Frage, wie Wirtschaftskrisen im Kapitalismus entstehen, gibt es inzwischen ungefähr so viele Theorien wie Theoretiker – und es ist hier nicht der Raum, diese Theorien darzustellen. Grundsätzlich möchte ich jedoch zwei Arten von Krisen unterscheiden: Krisen, die Ausdruck normaler konjunktureller Zyklen sind, und solche, die auf strukturellen Schwächen – besonders im Verhältnis zwischen Staat und Wirtschaft – beruhen.

Das größte Problem sind heute Krisen, die zu der zweiten Kategorie gehören.

Prinzipiell marktwirtschaftlich verfasste Gesellschaften neigen dazu, im Laufe der Zeit den Markt einzuschnüren und die Staatstätigkeit auszudehnen. Ein Grund – neben dem Wirken von Interessengruppen und der Hoffnung von Politikern, durch soziale Versprechungen Stimmen zu maximieren –, sind die unvermeidlichen konjunkturellen Wellen und Krisen des Kapitalismus, auf die Regierungen oft mit Konjunkturprogrammen, neuen Regulierungen und insgesamt einer Ausweitung der Staatstätigkeit reagieren.

Krisen gehören zu einer Wirtschaft wie körperliche Schwächephasen und Krankheiten zu Lebewesen – Menschen, Tieren und Pflanzen. Bei den meisten Krankheiten, die Menschen im Laufe des Lebens durchmachen, sorgen Abwehrsystem und Selbstheilungskräfte dafür, dass sie wieder gesund werden. Auch wenn wir nichts gegen eine Erkältung unternehmen, außer sie in Ruhe auszukurieren, werden wir gesund. Kapitalistische Krisen führen mittel- und langfristig zu einer

Stärkung der Wirtschaft, weil unproduktive Unternehmen vom Markt verschwinden. Sie haben eine positive, reinigende Funktion, auch wenn die unmittelbaren Wirkungen für die betroffenen Unternehmen und Arbeitnehmer unerfreulich sind.

Aber so wie viele Menschen einen Arzt als unfähig ansehen würden, der sie ohne Rezept nach Hause schickt und ihnen lediglich empfiehlt, sich ins Bett zu legen und die Erkältung auszukurieren, so würden die Bürger eines Staates an der Kompetenz eines Politikers zweifeln, der ihnen sagt: »Warten wir es ab, bis die Krise vorbei ist, auf lange Sicht wird das Ergebnis ein gutes sein, auch wenn während der Krise einige große Unternehmen bankrottgehen.« Die Opposition würde einen solchen Politiker als herzlos oder unfähig denunzieren und die meisten Menschen würden dies wohl genauso sehen.

Die Analogie geht weiter: Manche Menschen sehen den Arzt, der ihnen bei einer Erkältung Antibiotika verschreibt, bei erhöhter Temperatur fiebersenkende Medikamente, bei Husten solche, die den Hustenreiz unterdrücken, als guten Arzt an, weil er ihnen ja hilft. Ihnen ist nicht bewusst, dass die kurzfristige »Hilfe« mitunter erkauft wird durch unerwünschte Nebenwirkungen, ein Verzögern des Heilungsprozesses oder gar durch ernstere längerfristige Probleme. Fieber und Husten sind natürliche Reaktionen des Körpers, um Infektionen zu bekämpfen. Es gibt zwar Situationen, in denen es angezeigt ist, mit Medikamenten etwas dagegen zu tun, aber oft ist es besser, nichts zu unternehmen. Denn wer diese Reaktionen unterdrückt, damit er sich besser fühlt, zögert den Selbstheilungsprozess hinaus. Wer bei jeder Kleinigkeit Antibiotika nimmt, statt sich auf die Selbstheilungskräfte seines Körpers zu verlassen, der riskiert nicht nur eine Reihe unerwünschter Nebenwirkungen, sondern auch die Entwicklung von Resistenzen.

Die meisten Menschen haben den Glauben verinnerlicht, aktives Handeln sei in Politik und Wirtschaft fast immer besser als passives »Nichtstun«. Dass bewusstes Nichtstun oft besser ist als aktionistisches Dagegenhalten, verstehen viele Patienten nicht. Und ebenso wenig Verständnis haben die meisten Bürger dafür, dass bei normalen konjunkturellen Krisen das Abwarten und Vertrauen auf Selbstheilungskräfte oft das Beste wäre, besser jedenfalls als Konjunkturprogramme, staatliche Interventionen und Gelddruckerei, die kurzfristig vielleicht helfen mögen, aber erstens unerwünschte Nebenwirkungen haben, zweitens die wirtschaftliche Gesundung unnötig lange herauszögern und drittens langfristig das Wirtschaftswachstum schwächen.

Schumpeter vertrat die Meinung, jede künstliche Stimulierung der Wirtschaft zur Abmilderung der Krise, auch wenn sie mit den besten moralischen Intentionen erfolge, würde die Dinge nur schlimmer machen, da sie in das Werk der Depressionen, Fehlanpassungen zu korrigieren, eingreifen und damit neue Fehlentwicklungen hervorrufen würden. Schumpeter betonte, »dass eine Erholung nur dann solide ist, wenn sie von selbst kommt«.[232] Der US-Ökonom Thomas J. DiLorenzo vergleicht den Umgang der amerikanischen Regierung unter Präsident Martin Van Buren mit der Depression des Jahres 1837 mit dem Umgang von Präsident Franklin D. Roosevelt mit der »Great Depression« von 1929. Van Buren verfolgte eine dezidierte Laissez-faire-Politik und widerstand allen Vorschlägen, durch staatlichen Aktionismus und Interventionismus einzugreifen, was dazu führte, dass die Krise sehr rasch endete.[233] Genau entgegengesetzt verhielt sich Franklin D. Roosevelt mit seinem »Great New Deal«, der auf extreme staatliche Eingriffe setzte und eine antikapitalistische, interventionistische Politik verfolgte. Entgegen der von Antikapitalisten verbreiteten Legende, der Great New Deal habe die Krise beendet, führte diese Politik im Gegenteil dazu, die Krise zu verlängern. Die Arbeitslosigkeit, die 1929 nur 3,2 Prozent betragen hatte, lag 1940 bei 14,6 Prozent. Die durchschnittliche Arbeitslosenquote in den Jahren 1933 bis 1940 betrug sogar 17,7 Prozent.[234] Das Bruttonationalprodukt pro Kopf in den USA hatte 1929 bei 857 Dollar gelegen und lag auch 11 Jahre später, 1940, kaum darüber, bei 916 Dollar. Die privaten Konsumausgaben, die 1929 noch 78,9 Milliarden Dollar betragen hatten, lagen 1940 mit 71,9 Milliarden Dollar unter diesem Wert.[235]

Ein trauriges Beispiel für schädliche staatliche Eingriffe aus Furcht, die Krise auszuhalten, lieferte Japan, als dort 1990 die Aktien- und

Immobilienblase platzte. Statt auf die Selbstheilungskräfte des Marktes zu vertrauen und marktwirtschaftliche Reformen anzustoßen, versuchten die Japaner die durch diese Krise entstehenden »Schmerzen« zu lindern, indem sie die Staatsschulden immer weiter erhöhten. Sie betrugen 2020 unglaubliche 266 Prozent des Bruttoinlandsproduktes, was sogar noch mehr ist als in Griechenland (ca. 200 Prozent), Italien (155 Prozent) und den USA (131 Prozent). Bezeichnenderweise wuchsen die Sozialausgaben in Japan von 1980 bis 2003 mit 4,37 Prozent Jahr für Jahr schneller als in allen vergleichbaren Ländern (USA 2,84 Prozent, Deutschland 1,94 Prozent).[236]

Während es bei konjunkturellen Einbrüchen oder beim Platzen von Spekulationsblasen also oft besser wäre, wenn die Politiker nichts täten, ist das bei ernsten Krisen, die tief liegende, strukturelle Ursachen haben, das falsche Rezept. Bei solchen Strukturkrisen muss die Politik in der Tat handeln, so wie man bei ernsten Krankheiten und schweren Unfallverletzungen nicht passiv abwarten kann, von selbst wieder gesund zu werden. In meinem Buch »Kapitalismus ist nicht das Problem, sondern die Lösung« habe ich gezeigt, wie Margaret Thatcher und Ronald Reagan ihre Länder in den 1980er-Jahren aus tiefen Krisen führten. Sie taten dies nicht, indem sie auf Sozialprogramme und Abgabenerhöhungen setzten, sondern indem sie den Marktkräften durch Privatisierung, Steuersenkung und Deregulierung mehr Raum verschafften.

Im kleineren Maß fanden solche Reformen in den 1990er-Jahren in Schweden statt, wo die Übertreibungen in der Besteuerung und Regulierung zurückgenommen wurden. Damit kam Schweden wieder auf den Wachstumspfad. Ähnliches gilt für viele andere Länder, in denen kapitalistische Reformen zu mehr Wachstum und Wohlstand führten. Auch in Deutschland trugen die marktwirtschaftlichen Reformen, die Gerhard Schröder Anfang des Jahrtausends initiiert hat, zur Erholung der Wirtschaft und zum Abbau der Arbeitslosigkeit bei.

Kapitalistische Reformen finden leider viel zu selten statt. Wahlen lassen sich leichter mit sozialen Versprechungen und der Propagierung neuer Umverteilungsprogramme gewinnen als mit der Ankündigung marktwirtschaftlicher Reformen, die oft auch mit Einschnitten bei den Sozialausgaben verbunden sind.

Aus Sicht der meisten Politiker gibt es keine Grenze für den Ausbau des Wohlfahrtsstaates, denn jedes einmal erreichte Niveau wird schon bald als unzureichend empfunden. Politiker entdecken stets neue »Ungerechtigkeiten« (= Ungleichheiten), die durch Umverteilung oder höhere Schuldenaufnahme korrigiert werden müssten. Das Kalkül ist, dass die Begünstigten bei den nächsten Wahlen jenen Politikern ihre Stimme geben werden, die sich für sie eingesetzt haben. Dabei ist der Nutzen für die Begünstigten mehr als fraglich.

Selbst Krisen, die ganz offenkundig nichts mit dem Kapitalismus zu tun haben, werden diesem Wirtschaftssystem angelastet. Dies trifft nicht nur für die Corona-Krise zu, sondern auch für die Finanzkrise 2008, die mit der Pleite von Lehman Brothers einen Höhepunkt erreichte. In meinem Buch »Kapitalismus ist nicht das Problem, sondern die Lösung« habe ich diesem Thema ein ganzes Kapitel gewidmet – hier nur kurz einige Kernthesen daraus.

Die amerikanische Zentralbank Fed hatte nach dem Platzen der Internet-Aktienblase im Jahr 2000 die Zinsen radikal gesenkt, was zu einer neuen Blase führte, diesmal im Immobiliensektor. Diese Blase entwickelte sich nicht überall in den USA, sondern vor allem in jenen Staaten, die das Angebot an Immobilien durch starke staatliche Regulierungen im Baurecht beschränkten. Einige vorausschauende Ökonomen warnten Jahre vor dem Ausbruch der amerikanischen Hauspreiskrise und wiesen auf den Zusammenhang zwischen niedrigen Zinsen und steigenden Immobilienwerten hin. Der kanadische Ökonom William R. White, ein Anhänger der sogenannten »Österreichischen Schule«, die sehr marktwirtschaftlich orientiert ist, mahnte im August 2003, dass »die ungewöhnlich lebhaften Hauspreise im gegenwärtigen Abschwung mit der sehr lockeren Geldpolitik der Zentralbanken im Zusammenhang stehen dürften. Das hat eine zunehmende Verstärkung der Verschuldung der privaten Haushalte in zahlreichen Ländern begünstigt, womit das Risiko steigt, dass deren Budgets überdehnt werden, insbesondere wenn die Hauspreise nachgeben sollten.«[237]

Bezeichnend ist, wie ein führender amerikanischer Ökonom, der aktiven Markteingriffen wohlwollender als White gegenübersteht, die Sache beurteilte. Was White befürchtete, empfahl der Nobelpreisträger Paul Krugman der Zentralbank im Jahr 2002 sogar als geeignete Strategie: »Um die Rezession zu bekämpfen, braucht die Zentralbank mehr als ein kurzes Auflodern. Rasch steigende Ausgaben der privaten Haushalte sind nötig, um die wegsterbenden Unternehmensinvestitionen zu kompensieren. Und um das zu erreichen, muss Alan Greenspan, wie Paul McCulley von Pimco es ausgedrückt hat, eine Hauspreisblase verursachen, um die Nasdaq-Blase zu ersetzen.«[238]

Eine Ursache für die Immobilienpreisblase war, dass Banken zunehmend Darlehen an Hauskäufer vergaben, denen man eigentlich keinen Kredit hätte geben dürfen, weil von vornherein offenkundig war, dass diese Kreditnehmer ihre Darlehen nicht zurückzahlen konnten. Das war politisch so gewollt, von Präsident Bill Clinton gewünscht, durch den Gesetzgeber erzwungen und durch die halbstaatlichen Banken Freddie Mac und Fannie Mae abgesichert. Banken liefen Gefahr, wegen Diskriminierung verklagt zu werden, wenn sie nicht bestimmte politisch festgelegte Quoten von Darlehen an Minderheiten nachweisen konnten.

Der ehemalige Chef der US-Zentralbank Fed, Alan Greenspan, gab in seinen Memoiren zu, ihm sei bewusst gewesen, dass dies die Risiken an den Finanzmärkten erhöhte. »Ich glaube aber damals wie heute, dass die Vorzüge eines breiteren Wohneigentums das Risiko wert waren.«[239] Nicht »entfesselte Märkte«, sondern sozialpolitisch motivierte staatliche Vorgaben und die Niedrigzinspolitik der Zentralbank waren die Ursache der Fehlentwicklungen.

Die Darlehen bonitätsschwacher Kreditnehmer in den USA wurden in Bündeln (»Verbriefungen«) an Investoren veräußert, darunter deutsche Landesbanken im Staatsbesitz (Amerikaner sprachen von »stupid German money«). In dem Augenblick, in dem die Immobilienblase platzte und die Preise fielen, verloren diese Produkte enorm an Wert, da viele Hausbesitzer ihre Darlehen nicht mehr bedienen konnten und die Kredite uneinbringlich wurden. Dies brachte Banken, Versicherungen und Fonds in ernste Schwierigkeiten und führte zu einer Kettenreaktion, die einen ersten Höhepunkt mit dem Zusammenbruch der Bank Lehman Brothers im September 2008 erreicht hatte.

Eine besondere Rolle spielten dabei die schon erwähnten Unternehmen Fannie Mae und Freddi Mac. Fannie Mae wurde 1938 als Staatsbank gegründet und 1968 formal privatisiert. Bei der »Privatisierung« wurde das ursprünglich aus einer Verballhornung des Kürzels FNMA (Federal National Mortgage Association) entstandene Fannie Mae als Name für den Außenauftritt übernommen. Durch regulatorische Privilegien und steuerliche Vorteile war das Unternehmen auch nach der formalen Privatisierung staatsnah. Das Schwesterunternehmen Freddie Mac kauft Hypothekenkredite von Banken, bündelt sie und bringt sie als Anleihen (mortgage-backed securities) auf den Kapitalmarkt.

Die beiden Unternehmen hatten eine extrem hohe und preisgünstige Refinanzierungskreditlinie beim amerikanischen Finanzministerium. Ihre Refinanzierungsanleihen galten als »government securities«, die ähnlich niedrig verzinst waren wie Staatsanleihen, da sie vom Staat verbürgt wurden. Diese Staatsbürgschaft wurde 2008/2009 von den beiden Quasi-Staatsbanken in Anspruch genommen.

Fannie Mae und Freddi Mac – die größten Hypothekenbanken der Welt –, die 2008 faktisch pleite waren und daher formell verstaatlicht wurden, garantierten für einen Großteil der amerikanischen Hypothekendarlehen. Ohne sie wäre die rasante Verbreitung von »Subprime«-Darlehen – also von riskanten Hypotheken an einkommensschwache Hauskäufer – niemals möglich gewesen. Sie hatten eine enge Beziehung mit dem für sein Subprime-Engagement berüchtigten Finanzdienstleister Countryside, der in der Spitze 60.000 Mitarbeiter und 90 Niederlassungen hatte und der größte Verkäufer von Darlehen an Fannie Mae war. In der Immobilienbranche scherzte man damals, Countryside sei eine Tochtergesellschaft von Fannie Mae.[240]

Die beiden Quasi-Staatsbanken spielten eine wichtige Rolle bei der Umsetzung der Vorgaben zur politisch korrekten Kreditvergabe. Schon im September 1999 berichtete die »New York Times«, dass Fannie Mae die Anforderungen an die Kredite, die sie kaufte, lockerte. Das würde es ihr ermöglichen, »Hypothekendarlehen auf Personen auszuweiten, deren Bonität normalerweise nicht gut genug ist, um sie für ein konventionelles Darlehen zu qualifizieren«. Fannie Mae stehe »unter zunehmendem Druck der Clinton-Administration, Hypothekendarlehen auf Personen mit geringem und mittlerem Einkommen auszuweiten«. Eines der damit verbundenen Ziele sei es, »die Zahl der Hauseigentümer von Minderheiten und Niedrigverdienern zu erhöhen, die tendenziell schlechtere Bonitäten hatten als nicht-hispanische Weiße«. Schon damals verwies die »New York Times« auf erhebliche Risiken, die damit verbunden sein würden, insbesondere in wirtschaftlich schwierigeren Zeiten.[241]

Das Department of Housing and Urban Development (HUD), also das amerikanische Bau- und Stadtentwicklungsministerium, verlangte 1996, dass 12 Prozent aller Darlehen von Fannie und Freddie besonders niedrigverzinsliche Darlehen sein sollten, die an sehr einkommensschwache Immobilienkäufer vergeben werden sollten. Dieser Prozentsatz wurde im Jahr 2000 auf 20 Prozent angehoben und im Jahr 2005 auf 22 Prozent. 2008 hätte er bei 28 Prozent liegen sollen. Die beiden staatsnahen Unternehmen setzten diese Vorgaben um. Fannie Mae hatte im Jahr 2000 Subprime-Darlehen im Volumen von 1,2 Milliarden Dollar gekauft, 2001 waren es schon 9,2 Milliarden Dollar und 2002 15 Milliarden. 2004 hatten Fannie Mae und Freddie Mac zusammen bereits 175 Milliarden Dollar für Subprime-Darlehen ausgegeben.[242] Noch im Jahr 2008 verteidigte der bekannte linke Ökonom Paul Krugman die beiden Unternehmen gegen Kritiker und betonte, sie hätten nie ein Subprime-Darlehen vergeben.[243] Die Vergabe von Hypothekendarlehen war jedoch ohnehin gar nicht die Aufgabe der beiden staatsnahen Banken. Aber ohne ihr Wirken wäre es niemals zur Immobilienkrise gekommen, denn sie waren die mit Abstand größten und leichtsinnigsten Käufer von Subprime-Darlehen. Mehr als 40 Prozent der Hypothekendarlehen, die die beiden Unternehmen in den Jahren 2005 bis 2007 kauften, waren Subprime-Darlehen oder sogenannte »Alt-A«-Darlehen, was meist nur ein schöneres Wort für diese Art von hochriskanten Kreditvergaben war.[244]

In dem Moment, als die Immobilienpreise fielen, erwiesen sich all die statistischen Berechnungen, die Basis für die Verbriefungen und für die Ratings waren, als Makulatur. Der Case-Shiller Home Price-Index für 20 Regionen der USA ging vom Juli 2006 bis zum Februar 2012 um 35 Prozent zurück. In Tampa (Florida) fielen in diesem Zeitraum die Hauspreise um 48 Prozent, in Detroit um 49 Prozent, in Miami um 51 Prozent und in San Francisco um 46 Prozent. Berücksichtigt man die Inflation, dann waren die Einbrüche sogar noch drastischer.

Viele Hauskäufer, die auf dem Höhepunkt der Hauspreisblase Eigentum erworben hatten, verloren ihr Heim und ihr gesamtes in die Immobilie investiertes Eigenkapital. Denn die Schulden überstiegen oft den Wert der Immobilie, und wer kein Eigenkapital nachschießen konnte, musste zusehen, wie die Bank sein Haus zwangsversteigern ließ.

Diese Fehlentwicklung war der Auslöser der weltweiten Finanzkrise. Die in Bündel zusammengepackten Immobilienkredite, die Ratingagenturen mit guten Noten bewertet hatten, verloren massiv an Wert, da die Hauspreise sanken und viele Kreditnehmer ihre Darlehen nicht mehr bedienen konnten. Dies brachte Banken, Versicherungen und Fonds in ernste Schwierigkeiten und führte zu einer Kettenreaktion, die einen ersten Höhepunkt mit dem Zusammenbruch der Bank Lehman Brothers im September 2008 hatte.

Antikapitalisten behaupten, die Finanzkrise sei ein Ergebnis von zu starker Deregulierung gewesen. Sie stellen die Finanzwirtschaft so dar, als ob es dort »freie Marktwirtschaft« gegeben hätte und kaum Regulierung. Yaron Brook und Don Watkins zählen indes 8 verschiedene Regulierungsbehörden auf:

- US Securities and Exchange Commission (SEC)
- Financial Industry Regulatory Authority (FINRA)
- Commodity Futures Trading Commission (CFTC)
- Federal Reserve (Fed)
- Federal Deposit Insurance Corporation (FDIC)

- Office of the Comptroller of the Currency (OCC)
- National Credit Union Administration (NCUA)
- Office of Thrift Supervision (OTS).

Brook und Watkins: »Wenn Sie eine Reise durch die Hölle machen wollen, dann nehmen Sie sich etwas Zeit, um das Dickicht der von den Behörden erlassenen Vorschriften zu durchforsten. Wenn dies ein freier Markt ist, können wir uns nicht vorstellen, wie ein regulierter Markt aussehen würde.«[245] Sie führen in ihrem Buch eine Tabelle mit 28 verschiedenen Maßnahmen zur Regulierung oder Deregulierung der Finanzindustrie in den Jahren 1980 bis 2009 auf, also in jenen Jahren, in denen angeblich eine hemmungslose Deregulierung der amerikanischen Finanzindustrie stattgefunden haben sollte: Von den 28 Maßnahmen waren gerade einmal fünf solche der Deregulierung, die anderen 23 bedeuteten zusätzliche Regulierungen.[246]

Tatsächlich konnte von einem Laissez-faire-Kapitalismus im Finanzwesen nicht die Rede sein. Unmittelbar vor der Finanzkrise arbeiteten allein in Washington bereits 12.190 Personen an der Beaufsichtigung und Regulierung der Finanzmärkte, fünfmal so viele wie im Jahr 1960. Die Ausgaben der USA für Bundesbehörden, die mit der Regulierung des Finanzmarktes beauftragt waren, stiegen seit den 80er-Jahren, als angeblich die »Laissez-faire«-Phase begann, von 725 Millionen auf inflationsbereinigt 2,3 Milliarden Dollar jährlich.[247]

Selbst die britischen Ökonomen Paul Collier und John Kay, die die irrige These vertreten, in den vergangenen Jahrzehnten sei ein »Marktfundamentalismus« in westlichen Gesellschaften das vorherrschende Wirtschaftsmodell gewesen,[248] müssen zugeben: »Diejenigen, die die Deregulierung für die Finanzkrise verantwortlich machen, übersehen, dass die Finanzmärkte heute – und auch schon 2008 – sehr viel engmaschiger reguliert sind beziehungsweise waren als je zuvor: Der Staat griff immer stärker in die Märkte ein, aber mit abnehmendem Erfolg.«[249]

Nirgendwo herrscht weniger Marktwirtschaft als in der Finanzwelt, kein Bereich ist so stark reguliert und staatlich beaufsichtigt, vielleicht mit Ausnahme des Gesundheitswesens. Dass genau diese beiden Bereiche der Wirtschaft, die am striktesten staatlich reguliert sind, die instabilsten sind, sollte Kapitalismuskritikern zu denken geben. Natürlich sind in diesen Bereichen Regulierungen erforderlich. Aber das Motto »mehr Regulierung hilft mehr« ist falsch. Im Gegenteil. Der amerikanische Ökonom Richard Bookstaber kommt in einer Analyse zu dem Ergebnis, dass durch zunehmende Regulierung die Probleme im Finanzwesen verschärft wurden: »Bemühungen, die auf zusätzliche Sicherheitsmerkmale, Regulierungen und Vorsichtsmaßnahmen gerichtet sind, erhöhen nur die Komplexität des Systems und steigern die Unfallhäufigkeit.«[250] Allzu oft bewirken Regulierungen genau das Gegenteil des Intendierten, was generell ein häufig übersehenes Problem bei staatlichen Eingriffen ist. Darum sollten wir die Möglichkeiten regulatorischer Eingriffe nicht über- und das Problem unerwünschter Nebenwirkungen nicht unterschätzen.

In meinem Kapitalismus-Buch schrieb ich: »Da die Diagnose über die Ursachen der Finanzkrise falsch war, ist auch die Therapie falsch. Eine durch zu niedrige Zinsen, Markteingriffe und exzessive Schuldenmacherei verursachte Finanzkrise soll wiederum durch niedrige Zinsen, noch stärkere Markteingriffe und noch extremere Schuldenmacherei bekämpft werden. Kurzfristig wirken diese Maßnahmen, aber die Märkte werden immer abhängiger von niedrigen Zinsen. Die Probleme werden nicht gelöst, sondern nur verdrängt und in die Zukunft geschoben.«[251]

Das größte Problem heute sind nicht die Krisen des Kapitalismus, sondern die Art, wie der Staat und die Zentralbanken damit umgehen. »Die jeweilige Krise, Rezession oder Depression«, so schreibt der Volkswirt und libertäre Denker Roland Baader, »wird nur verlängert und verschlimmert, wenn die planwirtschaftlich agierende Notenbank sie mit denselben Mitteln bekämpfen will, mit denen sie das Desaster herbeigeführt hat, nämlich mit noch niedrigeren Zinsen und einem noch größeren Angebot von Geld und Kredit. Damit wird die Korrektur von Disproportionen in der Produktionsstruktur verhindert und werden weitere, noch größere Ungleichgewichte hinzugefügt.«[252]

Manche Krisen lösen Politik und Zentralbanken durch ihr Eingreifen überhaupt erst aus, andere Krisen verschlimmern sie durch ihr Handeln. Letztlich ist es ein Problem des Wohlfahrtsstaates, der seinen Bürgern die Botschaft vermittelt, sie gegen alle Risiken abzusichern. In dem Moment, in dem der Staat verkündet, dass er für das Wohlergehen seiner Bürger in jeder Hinsicht – auch in wirtschaftlicher Hinsicht – verantwortlich ist, steht er unter dem Zwang, in jeder Krise so zu agieren, dass möglichst alle Symptome unterdrückt werden. Kurzfristige Scheinlösungen sind aus Sicht von Politikern, die wiedergewählt werden wollen, rational, verschlimmern aber in der Regel langfristig die Probleme. Dieses Spiel wird nicht endlos funktionieren. Aber wenn es nicht mehr funktioniert, kann man sicher sein, dass die Politik und große Teile der Medien die Verantwortung dafür beim Kapitalismus und bei den als Sündenböcken stets beliebten Gruppen, also »Reichen«, »gierigen Bankern« oder »gierigen Managern« suchen werden. Eine durch Eingriffe des Staates und der Zentralbanken hervorgerufene Krise wird somit für die Öffentlichkeit in eine Krise des Kapitalismus umgedeutet.

Insgesamt kann man feststellen: Ja, Krisen in Gestalt von vorübergehend negativen Wirtschaftswachstumsraten – einhergehend mit einer zeitweiligen Erhöhung der Arbeitslosigkeit – gehören zum Kapitalismus. Diese Krisen können von rein markwirtschaftlichen Faktoren ausgelöst werden oder von exogenen Schocks wie beispielsweise Naturkatastrophen, Epidemien, Kriegen oder anderen politischen Eingriffen,[253] die wenig oder nichts mit der Marktwirtschaft zu tun haben.

Die allermeisten Krisen sind der nach einigen Monaten, vielleicht auch erst nach einem Jahr abklingende negative Teil normaler Konjunkturwellen, sprich zyklischer Verstärkungen und Abschwächungen des trendmäßigen Wirtschaftswachstums. Die tatsächlich in den letzten rund 120 Jahren aufgetretenen Krisen wurden in vielen Fällen durch populistischen Interventionismus von Politikern ausgelöst oder zumindest erheblich verschlimmert und verlängert.

5. »Kapitalismus ist undemokratisch – die Reichen bestimmen die Politik«

»Die wahren Herrscher der Welt«, schreibt der Schweizer Soziologe und Kapitalismuskritiker Jean Ziegler in seinem Buch »Was ist so schlimm am Kapitalismus« (2018), seien die Superreichen: »die winzig kleine Gruppe von Männern und Frauen unterschiedlicher Nationalität, Religion, Herkunft, aber alle einander ähnlich in ihrer Energie, ihrer Gier, in der Verachtung für die Schwachen, der Gleichgültigkeit gegenüber dem Gemeinwohl, der Blindheit für die Geschicke des Planeten und das Schicksal der Menschen, die auf ihm leben«.[254] Sie sind die »kalten Monster«[255], diese »Oligarchen des globalisierten Finanzkapitals«, das heute »die eigentliche Weltregierung ist«.[256] Aber nur ganz wenige erkennen dies, weil »eine Handvoll Milliardäre den größten Teil der Medien kontrolliert ... Sie sorgen dafür, dass keine allzu schockierenden Informationen über die Opfer der kannibalischen Weltordnung das kollektive Bewusstsein erreichen«.[257]

Jeden Tag lesen wir in den Medien von mächtigen Lobbygruppen, die die Politik beeinflussen oder sogar die Gesetze schreiben. In Hollywood-Filmen geht es nicht selten um den Kampf zwischen den Guten, die finstere Verschwörungen mächtiger Konzerne aufdecken – und auf der anderen Seite stehen die Politiker, die als Marionetten der Kapitalisten dargestellt werden. Bei amerikanischen Wahlkämpfen wissen wir, dass niemand Präsident werden kann, dem es nicht gelingt, Hunderte Millionen Dollar Spenden zu mobilisieren – von der Wall Street, von mächtigen Pharma- und Rüstungsunternehmen, von der Waffenlobby, von sehr großen Gewerkschaften und anderen Interessengruppen. Aus Sicht rechter Verschwörungstheoretiker wird die Politik von (politisch links denkenden) Milliardären wie George

Soros gelenkt und aus Sicht linker Verschwörungstheoretiker von Milliardären wie den libertären Koch-Brüdern. Und auch die Medien gehören Milliardären – Beispiel Washington Post, die 2013 einer der reichsten Männer der Welt gekauft hat, Amazon-Gründer Jeff Bezos. Angesichts dieser erdrückenden Beweislast kann es scheinbar keine Zweifel mehr geben: Geld regiert die Welt.

Und nicht nur das: Kritiker der »sozialen Ungleichheit« behaupten, all dies werde immer schlimmer, und mit der steigenden Ungleichheit steige der Einfluss der Reichen auf die Politik. Der Ökonom Paul Krugman schrieb schon vor zehn Jahren in der »New York Times«, wir lebten in einer »Gesellschaft, in der sich das Kapital zunehmend in der Hand weniger Menschen konzentriert und in der diese Konzentration von Einkommen und Vermögen auch droht, uns zu einer Demokratie nur noch dem Namen nach zu machen«.[258] Und sein Kollege Joseph Stiglitz, Träger des Nobelpreises für Wirtschaft, erklärte in seiner 2015 erschienenen Aufsatzsammlung »The Great Divide« (deutsch: »Reich und Arm«), dass die Politik »in zunehmendem Maße die Interessen des 1 Prozent repräsentiert«.[259] Noam Chomsky, der vielleicht populärste Kapitalismuskritiker in den USA, warnt, die »wirkliche Macht« konzentriere sich »in einem Bruchteil von einem Prozent der Bevölkerung«: »Sie bekommen einfach, was sie wollen, sie bestimmen im Grunde, was läuft.«[260]

Ich möchte dieser herrschenden Wahrnehmung drei Thesen entgegensetzen und an einigen Beispielen veranschaulichen:

1. Reiche haben politischen Einfluss, aber sie sind lange nicht so mächtig, wie es uns Medien, Hollywood-Filme und manche Wissenschaftler mit antikapitalistischer Voreingenommenheit einreden wollen.
2. Dass auch Reiche, z. B. durch Lobbyarbeit, Einfluss auf die Politik haben, ist in einer pluralistischen Demokratie nicht nur legitim, sondern wichtig. Und nicht selten nutzen Gesetze, die im Interesse der Reichen sind, auch den sozial Schwachen (z. B. Steuersenkungen und Deregulierung).

3. Wer der Meinung ist, dass reiche Lobbyisten mit ihren Sonderinteressen die Politik zu stark beeinflussen, der muss für weniger und nicht für mehr Staat eintreten, also für mehr Kapitalismus. Denn Einflussmöglichkeiten von Lobbyisten sind umso größer, je mehr sich der Staat (durch Subventionen und Überregulierung) in die Wirtschaft einmischt.

Wären die Reichen so allmächtig und würden sie immer mächtiger, dann müssten sie sehr zufrieden mit der Entwicklung der Politik sein. In Deutschland zumindest ist das jedoch keineswegs der Fall (auf die USA werde ich später eingehen). Für eine wissenschaftliche Untersuchung wurden 2013/2014 insgesamt 160 ausführliche Interviews (60–90 Minuten) mit Top-Vertretern der deutschen Wirtschaft geführt.[261] Die Forscher stellten eine ausgesprochen negative Haltung der Wirtschaftselite gegenüber der Politik fest: »Der Tenor ist pessimistisch. Heute sei man [Deutschland] noch gut aufgestellt – nicht zuletzt dank der Unternehmen als Motor der Gesellschaft –, aber man drohe diesen Status durch hinausgezögerte oder falsche Entscheidungen zu verspielen, wenn man nicht bald gegenlenkt ... Verlogenheit, Inkompetenz, Egoismus – dergleichen Vorwürfe und Abfälligkeiten gegenüber dem politischen Spitzenpersonal lassen sich aus den Reihen von Deutschlands Wirtschaftselite vielfach vernehmen.«[262] Ein Teil der Unternehmer und Manager sehe gar »im politischen Personal eine Ansammlung von Schwätzern, Ahnungslosen und Egoisten, die das Land ruinieren«.[263] Die – eher linken – Wissenschaftler waren über diese Einstellungen so erschrocken, dass sie meinten, Teile der Wirtschaftselite bedürften einer »gründlichen politischen Bildungsarbeit«.[264]

Anfang April 2021 gab einer der prominentesten Top-Manager Deutschlands ein Interview, das viel Aufsehen erregter. Wolfgang Reitzle, Chairman von Linde, einem der wertvollsten deutschen Unternehmen, erklärte: »Nach fast 16 Jahren Merkel ist Deutschland in vielen Bereichen ein Sanierungsfall: Bürokratie im Faxzeitalter stecken geblieben, Digitalisierungsrückstand, kein schnelles Internet, massive

Mängel in der Infrastruktur und marode Schulen sind nur einige Beispiele für Defizite, die für ein führendes Industrieland beschämend sind.«[265]

Damit sprach er Themen an, die für die Wirtschaft, aber auch für die breite Gesellschaft wichtig sind, jedoch von der Politik vernachlässigt werden. In allen westlichen Ländern sind in den letzten Jahrzehnten die Ausgaben für Sozialpolitik massiv erhöht worden, während viel zu wenig für Infrastruktur und Bildung ausgegeben wurde. Würde »das Großkapital« die Prioritäten in der Politik bestimmen, dann sähe die Politik mit Sicherheit ganz anders aus. Der Verdruss in der Wirtschaftselite über die Politik und die Politiker ist allzu verständlich.

Ich konnte 15 Jahre lang einen Blick hinter die Kulissen werfen, weil ich Inhaber der führenden PR-Beratungsfirma für die deutsche Immobilienbranche war. Zu unseren Kunden gehörten die beiden führenden Verbände (»Lobbyisten«) der deutschen Immobilienwirtschaft, der Immobilienverband Deutschland (den ich 14 Jahre lang beraten habe) und der Zentrale Immobilienausschuss (den ich 8 Jahre lang beraten habe). In diesen 15 Jahren hatte ich nie auch nur ansatzweise den Eindruck, dass mächtige Unternehmen die Politik bestimmten.

Ganz im Gegenteil. Die Unternehmen und Verbände befanden sich in einem ständigen Abwehrkampf gegen die Politik, die ihnen das Leben immer schwerer machte. Die Arbeit der Lobbyisten bestand nicht darin, die Vorstellungen und Ideen der Wirtschaft durchzusetzen, sondern den Großteil ihrer Aktivitäten machte der Versuch aus, das Allerschlimmste zu verhindern. In dem Bereich, in dem ich unmittelbaren Einblick in die Politik hatte, war der Einfluss der Verbände nicht zu groß, sondern ganz im Gegenteil zu gering: Leider drangen sie meistens mit ihren guten Vorschlägen nicht durch. So wurden immer wieder Vorschläge zur Entbürokratisierung des Baurechts gemacht, aber das Gegenteil ist geschehen – inzwischen gibt es im deutschen Baurecht 25.000 (!) verschiedene Vorschriften.

Natürlich präsentierten die Verbände stolz jeden ihrer kleinen Erfolge. Hier war eine eigenartige Interessenkongruenz festzustellen:

Kritiker des Kapitalismus sind bestrebt, wirtschaftliche Lobbygruppen als möglichst mächtig erscheinen zu lassen, und die Lobbygruppen haben selbst ein Interesse daran, mächtiger als tatsächlich zu wirken. Schließlich stehen sie unter dem Erwartungsdruck ihrer Mitglieder, die allzu oft verzweifelt darüber sind, dass ihre Interessenvertreter nicht mehr erreichen können und die oft nicht verstehen, wie Politiker entscheiden.

Doch wie groß ist die Macht der Lobbyisten wirklich? Ich möchte das am Beispiel der Immobilienbranche konkret beschreiben, bevor ich auf die Frage zu sprechen komme, inwiefern dies zu verallgemeinern ist und auch für andere Länder gilt.

Nach der Wiedervereinigung Deutschlands waren die Wohnungen in Ostdeutschland und Berlin in einem katastrophalen Zustand. 1989, als die DDR am Ende war, wurden 65 Prozent aller Wohnungen – die 3,2 Millionen Nachkriegsbauten eingerechnet – noch mit Kohleöfen beheizt. 24 Prozent hatten keine eigene Toilette und 18 Prozent kein Bad. Die Ausstattung mit Fahrstühlen, Balkonen und modernen Küchen war noch geringer. 40 Prozent der Mehrfamilienhäuser galten als schwer geschädigt, 11 Prozent sogar als gänzlich unbewohnbar.[266] Der Staat war nicht in der Lage, diesen Zustand aus eigenen Mitteln zu beheben, also beschloss der Gesetzgeber kräftige Steuervorteile für Investoren, um die maroden Wohnungen auf dem Gebiet der ehemaligen DDR zu sanieren und neue zu bauen. Insgesamt wurden 80 Milliarden Euro auf diese Weise mobilisiert.

Doch kaum hatten die Besserverdiener und Reichen das getan, was sie tun sollten, nämlich in die Sanierung heruntergewirtschafteter Hinterlassenschaften der DDR zu investieren, wurden sie dafür von der Politik beschimpft als »Abschreibungskünstler«, die »Steuerschlupflöcher« schamlos ausnutzten. Es blieb nicht bei Beschimpfungen, sondern der Gesetzgeber beschloss ein Steuergesetz (§ 2 Abs. 3 EStG), das die Nutzung der steuerlichen Verluste massiv beschränkte, was die ursprüngliche Kalkulation vieler Investoren zunichte machte. Die Investoren fühlten sich getäuscht und von der Politik betrogen. Zudem war der Steuerparagraf so kompliziert formuliert, dass nicht einmal

Steuerberater ihn verstanden und er später vom Bundesverfassungsgericht für verfassungswidrig erklärt wurde.

In den folgenden Jahren folgte eine Zumutung auf die andere. 2011 erließ das Europäische Parlament die AIFM-Richtlinie (Alternative Investment Fund Manager Directive). Sie sollte Verwalter alternativer Investmentfonds regulieren. Obwohl sie – als Reaktion auf die Finanzkrise – ursprünglich für ganz andere Tatbestände entwickelt worden war, wurde ihre Geltung auf Immobilienfonds ausgedehnt. Die Verordnung führte dazu, dass in Deutschland die Branche der geschlossenen Fonds, die fast 13 Milliarden Euro Eigenkapital im Jahr bei privaten Anlegern eingesammelt hatte, fast zusammenbrach und die meisten Marktteilnehmer ihr Geschäft einstellen mussten. Das war nicht weiter tragisch, denn hier tummelten sich viele schwarze Schafe – aber ein Beweis für die große Macht der Immobilien- und Fondslobby war auch die AIFM-Richtlinie ganz bestimmt nicht.

Ab 2015 gerieten Wohnungsvermieter zunehmend von der Politik unter Druck. Der Mieterbund hatte eine sogenannte Mietpreisbremse gefordert, die linken Parteien hatten sich diese Forderung zu eigen gemacht und schließlich wurde sie auch von der CDU/CSU unterstützt. Die Immobilienbranche protestierte heftig, aber vergeblich. Wieder einmal hatten sich die Lobbyverbände der Mieter durchgesetzt – die vermeintlich Schwachen und nicht die vermeintlich mächtigen Kapitalisten der Immobilienbranche. Kein Wunder: Die Politiker überlegen vor allem, wie sie Wählerstimmen bekommen können – und da schauen sie eher auf die Mieter als auf die Vermieter. Daher setzen Interessenvertreter des Mieterbundes immer wieder ihre Ideen durch.

Immerhin hatten die Immobilienverbände gegen den Widerstand linker Parteien einige wichtige Ausnahmen erreicht – so etwa, dass die Mietpreisbremse bei Modernisierung oder Neubau nicht gilt. Und das nützte nicht nur Immobilienbesitzern, sondern ebenso den Mietern, weil sonst sehr viel weniger neue Wohnungen gebaut worden wären. Den vermeintlichen Antagonismus, den Antikapitalisten immer wieder konstruieren, zwischen Besitzenden und Besitzlosen (oder, wie in diesem Beispiel, zwischen Vermietern und Mietern), gibt es vielfach nicht oder nicht in der Schärfe, wie es behauptet wird.

Das Gesetz zur Mietpreisbremse wurde ursprünglich für 5 Jahre beschlossen, aber ich hatte schon damals vorhergesagt, dass es nach 5 Jahren verlängert und verschärft wird. Und so ist es auch gekommen. Die Immobilienlobby konnte weder die Verlängerung noch die Verschärfung verhindern. Verhindern konnte sie auch nicht, dass die Grunderwerbsteuer, die man beim Kauf einer Wohnung zahlen muss, ständig erhöht wurde. Als ich 1996 meine erste Immobilie kaufte, betrug sie 2 Prozent, heute liegt sie in vielen Bundesländern bei 6,5 Prozent.

Verhindern konnte die Immobilienlobby auch nicht, dass unter der Parole des Klimaschutzes ständig neue Gesetze und Verordnungen (Energieeinsparverordnung) beschlossen wurden, die das Bauen verteuerten. Obwohl die Verbände zahlreiche Vorschläge machten, wie das Bauen schneller, einfacher und unbürokratischer werden könnte, ignorierte die Politik die meisten dieser Vorschläge. Ergebnis: Teilweise vergeht mehr als ein Jahrzehnt für die Aufstellung eines sogenannten Bebauungsplanes.

Ein besonderes Ärgernis für Wohnungseigentümer ist der sogenannte »Milieuschutz« (§ 172 Baugesetzbuch). Auch hier genügte der Einfluss der angeblich so starken Immobilienlobby nicht, diese Regelung abzuschaffen. Die Ergebnisse sind so absurd, dass sogar der eher linke »Spiegel« über die haarsträubenden Auswirkungen berichtete:[267] Einem Immobilieneigentümer wurde verboten, Balkone an ein Mehrfamilienhaus anzubauen. »Mit den geplanten 6,5 Quadratmetern werde der Wohnwert unangemessen erhöht, mehr als vier Quadratmeter seien nicht erlaubt«, so lautete die Begründung. Als »zu luxuriös« verboten die Beamten auf Basis des Gesetzes z. B. den Einbau einer Gästetoilette, die Vermietung der Wohnung als Ferienapartment, einen zweiten Balkon, ein Doppelwaschbecken oder eine Einbauküche.[268] Und nicht nur die ganze deutsche Hauptstadt ist mit solchen »Milieuschutzgebieten« durchzogen, sondern auch zahlreiche andere Großstädte wie Frankfurt, München oder Hamburg.

Man mag einwenden, meine Erfahrungen seien nicht zu verallgemeinern – andere Branchen seien wohl viel einflussreicher und in anderen Ländern sei der Einfluss der Reichen auf die Politik viel größer. Doch für viele andere Branchen sieht es in Deutschland nicht besser aus. Die vermeintlich mächtigste Lobby in Deutschland ist die Automobillobby. Doch ihre Lobbyarbeit konnte nicht die ständig verschärften Grenzwerte für ihre Dieselfahrzeuge verhindern – Grenzwerte, von denen die Autohersteller wussten, dass sie kaum einzuhalten sind. Stattdessen betrogen Firmen wie VW bekanntlich die Kunden, bis der Skandal aufflog. Inzwischen bestimmen in Deutschland nicht mehr die Autokonzerne oder die Kunden, was produziert wird, sondern die wesentlichen Vorgaben kommen aus Brüssel – sie nennen sich »Flottenziele«. Im Ergebnis wird durch diese Maßnahmen »die individuelle Mobilität und das modernste Benzin- und Dieselfahrzeug bewusst exorbitant verzerrt und verteuert«.[269]

Die deutsche Energiewirtschaft wurde in der Regierungszeit von Angela Merkel faktisch in eine Planwirtschaft umgewandelt. Zuerst wurde beschlossen, die Kernkraftwerke abzustellen, später wurde verfügt, die Kohlekraftwerke abzuschalten. Die Kraftwerkbetreiber klagten gegen die Maßnahmen, und allein für den Beschluss zum Kohleausstieg musste der Staat 4 Milliarden Euro Entschädigung zahlen.[270]

Aber nicht alle Lobbyisten sind ohne Einfluss. In Deutschland sind besonders Öko-Lobbyisten längst sehr mächtig. Beispielhaft berichtete die »Welt« über ein 2021 beschlossenes »Brennstoffemissionsgesetz«, das zwar vorab allen bekannten Umweltverbänden wie WWF, Robin Wood, Klima Allianz, Bund für Naturschutz, Deutsche Umwelthilfe usw. zugeleitet wurde, nicht jedoch vielen der von dem Gesetz unmittelbar betroffenen Wirtschaftsverbände mit Zehntausenden Beschäftigten. »Viele dieser Nichtregierungsorganisationen (NGO) im Energie- und Klimabereich inszenieren sich bis heute weiter als kleine Bürgerinitiativen, die gegen eine übermächtige Industrie kämpfen. Tatsächlich aber haben viele Umweltverbände in entscheidenden Fragen längst größeren Einfluss als die oft beschworene ›Wirtschaftslobby‹. Die NGO-Vertreter arbeiten eng mit der Bundesregierung zusammen, bei Auslandsreisen begleiten sie auf Steuerzahlerkosten Umweltpolitiker, NGOs erhalten hohe Millionensummen aus Bundes- und EU-Haushalten, und sie schreiben an Gesetzesvorlagen mit«, heißt es in diesem Artikel der »Welt«.[271]

Lobbyismus ist per se nichts Schlechtes. Es gehört zu einer pluralistischen Gesellschaft, dass verschiedene Interessengruppen – Unternehmen, Gewerkschaften, Umweltorganisationen usw. – ihre Interessen und Gesichtspunkte einbringen. Und dass auch Reiche die Politik mit beeinflussen, ist nicht in jedem Fall kritikwürdig, auch wenn dies allgemein so gesehen wird. Früher gab es in Preußen und anderen Staaten ein Dreiklassenwahlrecht, bei dem die Stimmen von Bürgern, die mehr Steuern zahlen, stärker gewichtet wurden als von denen, die wenig oder keine Steuern zahlen. Diese Zeiten sind lange vorbei. Aber dass die Reichen – meistens Unternehmer –, die eine Minderheit in der Gesellschaft sind, versuchen, ihre Interessen zur Geltung zu bringen, ist so legitim wie bei anderen Gruppen auch. Demokratie bedeutet eben entgegen einem verbreiteten Missverständnis nicht die uneingeschränkte Herrschaft der Mehrheit über die Minderheit, auch nicht über die Reichen. Dies wäre eine »Diktatur des Proletariats«, wie Marx und Lenin sie propagierten, aber keine pluralistische Demokratie.

Wer den Einfluss der Reichen begrenzen will, sollte vor allem die Macht des Staates und der Politik beschränken, denn nur in dem Maße, wie der Staat über die Verteilung wirtschaftlicher Ressourcen entscheidet, steigt die Wahrscheinlichkeit, dass Reiche versuchen, Einfluss zu gewinnen oder sogar Politiker zu bestechen.

Die USA gelten gemeinhin als das Land, in dem die Reichen die Politik besonders stark bestimmen. Seit Jahren ist der vermeintlich ständig steigende Einfluss der Reichen auf die amerikanische Politik ein Hauptthema von Kapitalismuskritikern wie den beiden Politikern Bernie Sanders, einem formal parteiunabhängigen Senator, oder Alexandria Ocasio-Cortez vom linken Flügel der Demokraten.

Doch wenn Geld allein politische Macht kaufen würde, dann wäre 2016 nicht Donald Trump Kandidat für die US-Präsidentschaft geworden, sondern vielleicht Jeb Bush, der sehr viel mehr Spendengelder mobilisieren konnte. Selbst Benjamin I. Page und Martin Gilens – die beiden Politikwissenschaftler sind in den USA die prominentesten Vertreter der These, dass die Politik von Reichen bestimmt werde – räumen ein: »Die meisten Großspender – und die meisten republikanischen Think-Tanks und Amtsinhaber – haben andere Kandidaten unterstützt.«[272] Und: »Trumps Positionen standen in direktem Widerspruch zu den Ansichten wohlhabender Spender und wohlhabender Amerikaner im Allgemeinen.«[273]

Bestimmten die Reichen die Politik, dann hätte Trump die Wahl 2017 nicht gewonnen, sondern die demokratische Kandidatin Hillary Clinton. Page und Gilens konzedieren: »Manchmal verliert der besser finanzierte Kandidat, so wie Hillary Clinton.«[274] Clinton und ihre Verbündeten, darunter ihre gemeinsamen Ausschüsse mit der Demokratischen Partei und die sie unterstützenden sogenannten Super-PACs, haben nach Angaben der Federal Election Commission im gesamten Wahlzyklus über 1,2 Milliarden US-Dollar eingesammelt. Trump und seine Verbündeten brachten es auf 600 Millionen US-Dollar.

»Übrigens«, so Chris Edwards und Ryan Bourne, »hatte bis September 2016 kein einziger CEO der Fortune 100 für Trumps Wahlkampf gespendet. Sein Sieg ist nicht auf den Einfluss der Reichen zurückzuführen, sondern eher auf den Widerstand der Bevölkerungsbasis gegen die wohlhabenden Eliten an den Küsten.«[275]

Wenn Geld allein politische Macht kaufen könnte, dann wäre Joe Biden heute nicht Präsident, sondern vielleicht der schwerreiche Unternehmer Michael Bloomberg, der zum Zeitpunkt seiner Bewerbung für die Kandidatur der Demokraten laut »Forbes« mit 61,9 Milliarden US-Dollar der achtreichste Mann der Welt war. Wohl niemals zuvor in der Geschichte hat ein Kandidat so viel Geld in so kurzer Zeit aus eigener Tasche für einen Wahlkampf ausgegeben, nämlich innerhalb von gut drei Monaten rund eine Milliarde Dollar. Das ging aus einem Bericht der Wahlkommission (FEC) zur Finanzierung der Kampagne hervor.[276] Bloomberg hatte seinen Wahlkampf selbst finanziert und keine Spenden angenommen.

Bloomberg ist bei Weitem nicht der einzige Kandidat, dessen Vermögen ihm nicht geholfen hat, seine politischen Ambitionen zu verwirklichen. Der Republikaner Steve Forbes gab 69,2 Millionen Dollar für seine Bewerbungen um die Nominierungen 1996 und 2000 aus, gewann jedoch nur eine Handvoll Delegierte. Im Jahr 2020 setzte der Milliardär und Hedgefonds-Manager Tom Steyer 200 Millionen US-Dollar seines eigenen Vermögens ein und endete ohne einen einzigen Delegierten.[277] Bei den GOP-Vorwahlen 2008 gab der wohlhabende Mitt Romney mehr als doppelt so viel aus wie John McCain – viel von seinem eigenen Geld –, aber er schied schon im Februar aus dem Rennen aus und McCain wurde republikanischer Kandidat.[278] Die Koch-Brüder wurden von Kapitalismus-Kritikern stets als die gefährlichsten Prokapitalisten dargestellt, aber wie schwer es ist, Geld in Politik umzumünzen, musste David Koch schon 1980 erfahren, als er massiv die Libertäre Partei unterstützte und für sie als Kandidat um das Amt des Vizepräsidenten ins Rennen ging: Er erzielte gerade einmal ein Prozent der Stimmen.[279]

Es gab in der Geschichte der amerikanischen Wahlkämpfe immer wieder sowohl Beispiele, wo demokratische Kandidaten vor allem von großen Spendern unterstützt wurden, als auch solche, wo sie sich – wie im Fall von Bernie Sanders – eher auf kleinere Spender stützten. Bei den Vorwahlen von 2016 kamen 60 Prozent der Spenden für den linken Kandidaten Sanders von Personen, die weniger als 200 Dollar spendeten.[280]

Das Gleiche gilt für die Republikaner, wo es Kandidaten wie Barry Goldwater oder Patrick Buchanan gab, die viele kleine Spender mobilisierten, und solche wie Jeb Bush, die vor allem von Großspendern unterstützt wurden.[281]

Bradley A. Smith, der ehemalige Vorsitzende der Federal Election Commission, folgerte 2016 in einem Beitrag für die »New York Times« unter der Überschrift »The Power of Political Money is Overrated«: »Auch wenn Geld wichtig ist, um die Öffentlichkeit zu informieren und allen Ansichten Gehör zu verschaffen, so beweist diese Wahl einmal mehr, dass Geld die Wähler nicht dazu bewegen kann, die ihnen vorgetragenen Botschaften auch zu mögen. Jeb Bush ist nicht der einzige üppig mit Geld ausgestattete Kandidat, der aus dem Rennen ausscheidet ... Das Übel des ›Geldes in der Politik‹ wird maßlos überschätzt.«[282] Der amerikanische Politikwissenschaftler Larry M. Bartels kritisiert in seinem Buch »Unequal Democracy« die Ungleichheit in den USA und den Einfluss der Wohlhabenden. Er untersuchte »die geschätzte Wirkung ungleicher Wahlkampfausgaben« bei 16 US-Präsidentschaftswahlen in den Jahren 1952 bis 2012. Zwar kam er zu dem Ergebnis, dass »republikanische Kandidaten in 13 dieser Wahlen mehr Geld als ihre demokratischen Gegner ausgegeben hatten«. Aber nur bei zwei Wahlen, nämlich bei der Wahl von Richard Nixon 1968 und der von George W. Bush 2000, »haben republikanische Kandidaten knappe Wahlen gewonnen, die sie sehr wahrscheinlich verloren hätten, wären sie nicht in der Lage gewesen, mehr Geld auszugeben als ihre demokratischen Gegner«.[283] Da bei der Wahl 2016 die demokratische Kandidatin Hillary Clinton – wie gezeigt – wesentlich mehr Spenden mobilisieren konnte als Donald Trump, bleibt als Ergebnis, dass gerade einmal bei zwei von 17 Wahlen in einem Zeitraum von 64 Jahren die höheren Spenden möglicherweise den Ausschlag für den Sieg gaben.

Gleichwohl: Die These »Geld regiert die Welt« bleibt populär, besonders in den USA. Eine der am häufigsten zitierten wissenschaftlichen Studien, die die Macht des Geldes in den USA belegen soll, ist der 2013 erschienene Aufsatz »Democracy and the Policy Preferences of Wealthy Americans« von Benjamin I. Page, Larry M. Bartels und Jason Seawright.[284] Dass der Aufsatz immer wieder als Beleg dafür zitiert wird, wie sehr die Reichen die Politik bestimmen, verwundert. Denn mit nur 83 Befragten war die Basis für eine quantitative Untersuchung sehr gering. Zudem kamen alle Befragten aus der Chicago metropolitan area. Und so richtig reich waren viele der Befragten auch nicht, denn von den 83 hatten nur 36 ein Vermögen von mehr als 10 Millionen US-Dollar, im Median waren es nur 7,5 Millionen US-Dollar.[285]

Die Befragung wurde 2011 durchgeführt. So ist es interessant, zehn Jahre später zu fragen, ob denn die Wünsche bzw. Forderungen der Reichen an die Politik in Erfüllung gegangen sind. Die Forscher wollten, wie bereits der Titel der Studie zeigt, vor allem wissen, was die »Policy Preferences of Wealthy Americans« sind. Von 11 Punkten, die von den befragten Reichen genannt wurden, erhielt das Thema »Haushaltsdefizite« die meisten Nennungen. Aus Sicht von 87 Prozent der Reichen war dies also das größte Problem, das die amerikanische Politik angehen sollte. An letzter Stelle, mit nur 16 Prozent, wurde der Klimawandel genannt. »... der gegenwärtige Schwerpunkt in Washington auf dem Abbau des staatlichen Haushaltsdefizits zielt auf das Problem ab, das zwar von wohlhabenden Amerikanern – nicht jedoch von der amerikanischen Bevölkerung insgesamt – als das größte gesehen wird«, so fassten die Autoren das Ergebnis ihrer Studie zusammen.[286]

Zehn Jahre später: Die Staatsverschuldung, deren Reduzierung laut der Befragung das oberste Ziel der Reichen in Amerika war, ist von 15,6 Billionen auf 28,4 Billionen Dollar gestiegen, hat sich also fast verdoppelt. Zum Zeitpunkt der Befragung lag sie noch knapp unter 100 Prozent des amerikanischen BIP, heute liegt sie bei mehr als 133 Prozent. Wenn es der größte Wunsch der Reichen war, die Staatsverschuldung deutlich zu senken, so wurde dieser weder von Barack Obama noch von Donald Trump erfüllt – und von Joe Biden erst recht nicht.

Dafür steht bei Joe Biden genau jenes Anliegen ganz oben auf der Agenda, das bei der Befragung vor 10 Jahren von den reichen Amerikanern am seltensten genannt wurde, nämlich der Kampf gegen den Klimawandel und der »Green New Deal« (für den eine erhebliche Ausweitung der Staatsverschuldung in Kauf genommen wird).

Haben die Reichen also keinen Einfluss auf die Politik? Doch, sie haben ihn, aber weniger bei den großen Themen, über die die kontroversen Debatten in der Öffentlichkeit geführt werden und die die Richtung der Politik bestimmen. Die Verfasser der oben zitierten Studie erklärten: »Ein wichtiges Ergebnis ist, dass bei Kontakten, die kodiert werden konnten, knapp die Hälfte (44 Prozent) eine Fokussierung auf relativ eng begrenzte wirtschaftliche Eigeninteressen einräumte.« Den

Reichen ging es also nicht um die großen Themen, sondern um ihre ummittelbaren wirtschaftlichen Interessen – die Autoren nannten zum Beispiel »den Versuch, das Finanzministerium zu bewegen, bei seiner Zusage bezüglich der Ausweitung des TARP-Fonds eine bestimmte Bank in Chicago einzuschließen«, »eine bessere Einsicht in die neuen Vorschriften des Dodd-Frank Act und dessen Folgen für mein Geschäft [Bank-/Finanzwesen] zu erhalten«, »Fish and Wildlife ... Genehmigungen für Bauland« oder »Suche nach behördlichen Genehmigungen« für ihre Klienten.[287]

Der amerikanische Politik-Analyst John York, der 2017 einen Aufsatz zu der Frage »Does Rising Income Inequality Threaten Democracy?« geschrieben hat, kam zu dem Ergebnis, dass die Aktivitäten von Lobbyisten sich eher auf die Durchsetzung von solchen Partikularinteressen beziehen als auf die großen Linien der Politik. Und dies ließe sich, so sein Argument, am besten dadurch verhindern, dass man den Einfluss des Staates auf die Wirtschaft beschränke: »Eine Beschränkung des Staatsapparats hätte auch den Vorteil, dass weniger Geld in die Politik fließen würde ... Die Abschaffung von Regulierungen, die den freien Markt verzerren und das Spiel für diejenigen manipulieren, die politische Beziehungen haben, die Abschaffung von verschwenderischen Regierungsverträgen und von Schmiergeldern für Kumpane sowie das Anprangern von Politikern, die sich an diesen Praktiken beteiligen – das alles würde den Geldfluss nach Washington an der Quelle stilllegen.«[288]

York nennt mehrere Beispiele dafür, wie Unternehmen, die bewusst auf größere Spenden und Lobbyarbeit verzichteten, dadurch politische Nachteile erlitten und letztlich von der Politik gezwungen wurden, ihre Haltung zu ändern. Solche Praktiken könnten am ehesten dadurch verhindert werden, dass die Macht des Staates begrenzt werde. »Hielte man die Bundesregierung innerhalb ihrer verfassungsmäßigen Grenzen, würde der Insiderstatus in Washington nicht annähernd so viel zählen wie jetzt.« Der Autor sah 2017 indes keinerlei Anzeichen in der amerikanischen Politik dafür, dass der Einfluss der Reichen zugenommen habe:

»Es gibt keinen Nachweis dafür, dass der Einfluss der Wohlhabenden auf wichtige politische Entscheidungen mit der wachsenden Einkommensungleichheit zugenommen hat. Anders als man nach der Lektüre der Studien über Ungleichheit und Demokratie erwarten würde, sind die Ausgaben für Wohlfahrtsprogramme zugunsten der Armen in den vergangenen Jahrzehnten drastisch gestiegen und die Steuerbelastung der Vermögenden hat sich erhöht.«[289] In den USA, die stets als besonders krasses Beispiel für starke und zunehmende Ungleichheit ins Feld geführt werden, stieg der Anteil der Sozialausgaben am GDP von 1980 bis 2018 von 9,6 auf 14,3 Prozent, was einem Anstieg um 50 Prozent entspricht.[290]

Martin Gilens vertritt in seinem Buch »Affluence and Influence« (2012) die These, dass wohlhabendere Wähler die Politik in den USA stärker beeinflussten als Wähler aus unteren Einkommensgruppen. Er hat 1.923 Fragen aus Meinungsumfragen in den USA untersucht, die zwischen 1981 bis 2002 durchgeführt wurden. Ergänzt wurde dies durch Datensätze aus den Jahren 1964 bis 1968 und 2005/2006.[291] Seine Methode: Er analysierte die politischen Ansichten der unteren, der mittleren und der oberen Einkommensgruppen und verglich dann deren Antworten bei Meinungsumfragen mit der Politik der Regierung in den auf die Wahlen folgenden Jahren. Er kritisiert eine »representational inequality« (»Repräsentationsungleichheit«), die sich darin zeige, dass die Meinungen der unteren und z.T. auch der mittleren Einkommensgruppen weniger Chancen auf Umsetzung durch die Regierung hätten als die der oberen Einkommensgruppen. Bemerkenswert ist jedoch, dass dies zwar für religiöse Themen, für die Außenpolitik und für die Wirtschaftspolitik gilt, aber gerade nicht für »Social Welfare«, wie Gilens einräumt: »Der Bereich der Sozialleistungen ist der einzige untersuchte politische Bereich, in dem die Divergenz der Präferenzen zwischen den Einkommensgruppen nicht zu einem wesentlichen Rückgang der Aufgeschlossenheit gegenüber den Präferenzen der sozial schwächeren Amerikaner führt.« Das liege daran, »dass Arme und Amerikaner mit mittlerem Einkommen mächtige Verbündete haben, die ihre Präferenzen in diesen Fragen in der Regel teilen«, beispielsweise der Verband American Association of Retired Persons (AARP), eine der mächtigsten Lobbyvereinigungen der USA.[292]

In der Wirtschaftspolitik dagegen ließe sich nachweisen, dass die Meinungen unterer Einkommensgruppen weniger Chancen auf Verwirklichung der Politik hätten. Wie müsste eine Politik nach Meinung von Gilens aussehen, um in dieser Hinsicht zu einer »größeren Repräsentationsgleichheit im wirtschaftlichen Bereich« zu führen? Gilens meint, die Politik müsse, um diese Diskrepanz zu beseitigen, »zu einem höheren Mindestlohn, einer großzügigeren Arbeitslosenunterstützung, einer strengeren Unternehmensregulierung ... und allgemein einem progressiveren Steuersystem führen«.[293]

Ob höhere Mindestlöhne, höhere Steuern für Reiche und mehr Regulierung wirklich im Interesse der Arbeiterschaft liegen, kann jedoch bezweifelt werden. Die beiden amerikanischen Präsidenten, die in den vergangenen Jahrzehnten am meisten dafür gescholten wurden, einseitig die Interessen der Reichen zu vertreten und zu viel Deregulierung betrieben zu haben, waren Ronald Reagan und Donald Trump. Beide haben in der Tat erhebliche Steuersenkungen für Reiche durchgesetzt und in einigen Bereichen auch dereguliert, aber dies hat Geringverdienern mehr geholfen als viele sozialpolitische Maßnahmen.

Der amerikanische Traum funktionierte gerade für die ärmsten Amerikaner in den 80er-Jahren der Reagan-Ära: 86 Prozent der Haushalte, die 1980 dem ärmsten Quartil angehörten, stiegen bis 1990 in der Einkommensleiter in ein höheres Quartil auf. Es gab sogar etwas mehr Haushalte, die vom ärmsten in das reichste Quartil aufstiegen, als solche, die im ärmsten Quartil verharrten. Die Zahl derjenigen Amerikaner, die weniger als 10.000 Dollar im Jahr verdienten, sank in den 80er-Jahren um 5 Prozent, gleichzeitig erhöhte sich die Zahl derjenigen, die mehr als 50.000 Dollar verdienten, um 60 Prozent, und die Zahl derjenigen mit über 75.000 Dollar Jahresverdienst sogar um 83 Prozent.[294]

Es gibt viele Legenden über die Reagan-Jahre, so etwa die, dass nur die ohnehin schon reichen Weißen profitiert hätten auf Kosten der ärmeren Schwarzen. Tatsächlich stiegen die realen Haushaltseinkommen der Schwarzen in den Jahren 1981 bis 1988 stärker als die der Weißen.[295] In der Trump-Zeit sank – vor der Corona-Krise – die Arbeitslosigkeit in den USA auf einen Tiefstand, und auch für Geringverdiener, Schwarze und Latinos verbesserte sich die wirtschaftliche Situation, sodass Trump bei seiner zweiten Kandidatur 2020 bei diesen Wählergruppen, die traditionell den Republikanern fern sind, deutlich zulegen konnte. Die in den Beiträgen von Kapitalismus-Kritikern enthaltene Annahme, dass eine Politik, die den Reichen zugutekommt, schlecht für die Armen sein müsse, stimmt also nicht.

Was aber ist mit dem Argument, dass in den USA die meisten Abgeordneten wirtschaftlich sehr gut situiert sind? »Praktisch alle US-Senatoren und die meisten Abgeordneten des Repräsentantenhauses gehören schon dem obersten 1 Prozent an, wenn sie ihr Amt antreten ... Im Großen und Ganzen stammen auch die wichtigsten Entscheidungsträger der Exekutive in den Bereichen Handels- und Wirtschaftspolitik aus dem obersten 1 Prozent«, kritisiert der linke Ökonom Joseph Stiglitz.[296] Wie stark beeinflusst dies die Politik dieser Entscheidungsträger?

Zu dem Zusammenhang zwischen dem Vermögen von amerikanischen Abgeordneten und ihrem Abstimmungsverhalten gibt es zahlreiche Untersuchungen. Martin Gilens, der im Allgemeinen den Einfluss von Reichen auf die US-Politik kritisiert, räumt in dieser Frage ein, dass sich kein Beleg für einen Zusammenhang von Vermögen und politischen Entscheidungen der Abgeordneten finden lässt:

»Unterm Strich deuten die oben beschriebenen Analysen darauf hin, dass die persönlichen Interessen und Präferenzen der Abgeordneten deren Abstimmungsverhalten im Kongress zwar beeinflussen können, dass aber die Besorgnis über den wachsenden Reichtum der Kongressabgeordneten unangebracht sein dürfte. Zumindest in Bezug auf die Wirtschaftspolitik im weitesten Sinne dürften Liberale [in den USA sind mit diesem Begriff die eher linken Demokraten gemeint, R.Z.] und Konservative ebenso wahrscheinlich unter den wohlhabendsten Mitgliedern des Kongresses wie unter denen mit den geringsten Mitteln zu finden sein. Es lässt sich nicht mit Bestimmtheit sagen, ob sich US-Abgeordnete anders verhalten würden, wenn sie mit ihren Gehältern in der Mitte der Einkommensverteilung in den USA lägen – und nicht eher im oberen Bereich. Aber es scheint keinen Zusammenhang zu geben zwischen den beträchtlichen Unterschieden im wirtschaftlichen Status der Kongressabgeordneten und den Mustern für deren Abstimmungsverhalten in der Wirtschaftspolitik.«[297] Nebenbei bemerkt: Die Vertreter des Nationalen Volkskongresses in China, in dem viele Milliardäre vertreten sind, würden über das Vermögen ihrer amerikanischen Kollegen wohl nur mitleidig lächeln. Andererseits: In anderen westlichen Ländern, beispielsweise in Deutschland, sind die Abgeordneten finanziell bei Weitem nicht so gut gestellt wie in den USA. Aber muss es stets ein Nachteil sein, wenn Politiker vermögend sind?

Ein vermögender Politiker ist in seinen Entscheidungen oft sehr viel unabhängiger und freier als einer, der ausschließlich von seiner Partei abhängig ist. Ein Beispiel in Deutschland ist der langjährige CSU-Abgeordnete Peter Gauweiler, der ein glänzender Jurist ist und meistens die höchsten Nebeneinnahmen von allen Abgeordneten des Bundestages hatte. Diese finanzielle Unabhängigkeit ermöglichte es ihm, stets seinen eigenen Überzeugungen zu folgen und auch Meinungen zu vertreten, die ganz und gar nicht auf der Parteilinie lagen. Ein Abgeordneter, der nie etwas anderes gemacht hat als Politik – und sonst auch nichts kann –, hat diese innere Unabhängigkeit nicht.

In früheren Zeiten war Vermögen sogar die ausdrückliche Voraussetzung für ein politisches Amt. Von den Anfängen Roms über die Römische Republik und die Kaiserzeit bis in die Spätantike entschied vor allem die Höhe des Vermögens über Stellung und Einfluss eines Bürgers. Die wirtschaftliche Elite war immer auch die politische Elite. So legte Kaiser Augustus fest, dass nur derjenige Senator werden konnte, der eine Million Sesterze besaß. 400.000 Sesterze waren die Voraussetzung für den Ritterstand.

Das Problem vieler Parlamente heute ist nicht, dass zu viele Unternehmer dort aktiv sind, ganz im Gegenteil. Nach den Bundestagswahlen 2017 schrieb die FAZ: »Doppelt so viele Unternehmer im Bundestag«.[298] Deren Zahl war bei den Wahlen von 2017 auf 76 gestiegen (bei 706 Abgeordneten) von lediglich 35 in der vorangegangenen Legislaturperiode.

Wenn man den Reichen in den westlichen Ländern einen Vorwurf machen kann, dann nicht, dass sie sich zu viel, sondern zu wenig politisch engagieren. Das trifft jedenfalls für jene Reichen zu, die für den Kapitalismus eintreten. Während man die Stimmen von Kapitalismuskritikern wie George Soros oder Tom Steyer, die vehement für höhere Reichensteuern plädieren, laut vernehmen kann, äußern sich Anhänger des Kapitalismus selten öffentlich. Page und Gilens sprechen vom »öffentlichen Schweigen der meisten Milliardäre«. David Koch, der libertäre Standpunkte finanziell fördert, äußerte sich selbst in einer 10-Jahres-Periode gerade ein einziges Mal öffentlich zur Steuerpolitik, sein Bruder Charles Koch äußerte sich überhaupt nicht öffentlich zu diesen Themen[299].

»Das öffentliche Schweigen der meisten Milliardäre«, so Page und Gilens, »steht in deutlichem Kontrast zu der Bereitschaft einer kleinen, ungewöhnlichen Gruppe von Milliardären – darunter Michael Bloomberg, Warren Buffett und Bill Gates – sich zu bestimmten politischen Themen zu äußern ... Alle drei sprechen sich für ein umfassendes soziales Sicherheitsnetz, progressive Steuern und eine moderate Regulierung der Wirtschaft aus. Ein amerikanischer Normalbürger würde bei dem Versuch, sich ein Bild von den politischen Einstellungen und Handlungen von US-Milliardären zu machen, schwer in die Irre geleitet werden, wenn er sich Bloomberg, Buffett oder Gates anhörte.«[300] Diese Beobachtung ist richtig und verweist auf einen Kern des Problems: Der öffentliche Meinungsdruck in Richtung Kapitalismus-Kritik ist so groß, dass er sogar Milliardäre zum Schweigen bringt, während sich Reiche, die für höhere Reichensteuern und mehr staatliche Regulierung eintreten, freimütig äußern. Reiche, die den Kapitalismus für das überlegene System halten und die skeptisch gegenüber der übergroßen Rolle des Staates sind, sollten also mutiger sein und sich aktiver an der öffentlichen Debatte beteiligen.

Problematisch ist das Verhältnis von Geld und Politik in Ländern, in denen Reichtum nicht vor allem von unternehmerischen Ideen abhängt, sondern von politischem Einfluss, Zugang zu den Schaltstellen der Macht und Korruption. Das trifft zum Beispiel auf Russland zu, wo nach dem Zusammenbruch des Kommunismus einige Oligarchen die Rohstoffquellen an sich gerissen haben – vor allem Öl und Gas –, und wo die »rent-seeking«-Industrien die entscheidende Rolle spielen. Dies sind oft die Länder, in denen auch Korruption eine große Rolle spielt. Russland beispielsweise steht im Korruptions-Wahrnehmungs-Index von Transparency International auf einem schlechten Platz 129 (von 176) und stand im »Crony-capitalism index« 2016 der Zeitschrift »The Economist« sogar auf dem ersten Platz.[301] Im Ranking der wirtschaftlichen Freiheit, dem Kapitalismus-Index der Heritage Foundation, belegt Russland weit abgeschlagen den Platz 92. Am Beispiel von Ländern wie Russland wird deutlich, dass wir nicht weniger, sondern mehr Kapitalismus brauchen, um eine zu enge Verzahnung zwischen Politik und Wirtschaft zu reduzieren.

Viele Menschen bringen »Kapitalismus« mit »Korruption« in Verbindung. »Straftaten wie Bestechung können im privaten wie im staatlichen Bereich erfolgen und sind in vielen Ländern gang und gäbe. Doch am häufigsten findet man sie dort, wo Regierungsbeamte die größte Autorität haben«, schrieb der amerikanische Wirtschaftswissenschaftler Allan H. Meltzer.[302] Die Ansicht, Korruption sei in kapitalistischen Ländern besonders stark verbreitet, ist einfach falsch. Das zeigt der Vergleich des Corruption Perceptions Index CPI von Transparency International mit dem Index of Economic Freedom. Die Länder mit der geringsten Korruption sind Länder mit einem hohen Grad an wirtschaftlicher Freiheit. Von den 10 Ländern mit der geringsten Korruption befinden sich ausnahmslos alle in den Kategorien »free« oder »mostly free« im Index der wirtschaftlichen Freiheit. Dänemark, Neuseeland, Finnland und Singapur sind die Länder, in denen weltweit die wenigste Korruption wahrgenommen wird – drei dieser Länder (Dänemark, Neuseeland, Singapur) gehören sogar zu den 10 wirtschaftlich freiesten Ländern der Welt, Finnland steht auf einem guten Rang 17 im Index der ökonomischen Freiheit (und damit z. B. vor Ländern wie USA oder Deutschland).[303]

Umgekehrt: Länder, die unter den letzten 10 im Korruptionsindex ranken, sind zugleich Länder, die wirtschaftlich unfrei sind, so etwa Nordkorea (Platz 170 im Korruptionsindex, Platz 178 im Index der wirtschaftlichen Freiheit) oder Venezuela (Platz 176 im Korruptionsindex, Platz 177 im Index der wirtschaftlichen Freiheit).[304] Je stärker der Staat in das wirtschaftliche Leben eingreift, umso mehr Möglichkeiten zur Bestechung von Regierungsbeamten gibt es. Wer unethischen oder gar kriminellen Einfluss von Reichen auf die Politik begrenzen will, sollte sich also nicht für mehr, sondern für weniger Staat einsetzen.

6. »Kapitalismus führt zu Monopolen«

Die Irrationalität der Diskussion über »Monopole« beobachtete der Ökonom Ludwig von Mises bereits 1922 in seinem epochalen Werk »Die Gemeinwirtschaft«. »Schon die bloße Nennung des Wortes Monopol«, so Mises, »pflegt Empfindungen auszulösen, die jede klare Erwägung unmöglich machen und an Stelle nationalökonomischer Gedankengänge die üblichen ethischen Ausführungen der etatistischen und sonstigen antikapitalistischen Literatur treten lassen.«[305] Der Spielraum, der dem Monopol in der von einer Einmischung des Staates freien kapitalistischen Wirtschaft bleibe, sei viel enger, als die »volkstümliche Kartell- und Trustliteratur« anzunehmen pflege.[306]

In der Tat ist die vermeintliche Tendenz zur Monopolbildung eines der ältesten Argumente gegen den Kapitalismus. Die freie Konkurrenz zerstöre sich selbst, und am Ende dieses Prozesses der Konzentration und Zentralisation des Kapitals stünden einige wenige Monopole, die die Wirtschaft beherrschten, so lautet die These. Lenin hat diesen Prozess schon in seiner 1917 erschienenen Schrift »Der Imperialismus als höchstes Stadium des Kapitalismus« dargestellt. Dort heißt es: »Diese Verwandlung der Konkurrenz in das Monopol ist eine der wichtigsten Erscheinungen – wenn nicht die wichtigste – in der Ökonomik des modernen Kapitalismus.«[307] Das Monopol sei das »letzte Wort« in der jüngsten Entwicklung des Kapitalismus.[308]

Wenn Lenin und andere Theoretiker von Monopolen sprechen, dann meinen sie nicht nur eine Situation, in der ein Unternehmen einen Marktanteil von 100 Prozent kontrolliert, was bei nicht-staatlichen Unternehmen ohnehin sehr selten vorkommt. Auch Adam Smith hatte in seinem Werk »Wohlstand der Nationen« mit »Monopol« nicht nur ein Unternehmen bezeichnet, das Alleinanbieter ist, sondern Unternehmen, die die »wirksame Nachfrage nie völlig befriedigen«, um ihre

Waren »weit über dem natürlichen Preis« zu verkaufen. Als »natürlichen Preis« verstand Smith den Preis, der unter den Bedingungen freier Konkurrenz erzielbar wäre.[309] Auch manche modernen Ökonomen definieren Monopole in diesem breiteren Sinn als »Firmen, die durch Kontrolle des Marktangebots eine gewisse Preiskontrolle erlangt haben, auch wenn sie nicht der einzige Anbieter in ihrem Markt sind«.[310]

Lenin schrieb, dass in den USA im Jahr 1904 fast die Hälfte der Gesamtproduktion aller Betriebe des Landes in den Händen eines Hundertstels der Gesamtzahl der Betriebe gelegen habe. »Daraus erhellt, dass die Konzentration auf einer bestimmten Stufe ihrer Entwicklung sozusagen von selbst dicht an das Monopol heranführt. Denn einigen Dutzend Riesenbetrieben fällt es leicht, sich untereinander zu verständigen, während andererseits gerade durch das Riesenausmaß der Betriebe die Konkurrenz erschwert und die Tendenz zum Monopol erzeugt wird.«[311]

Diese Tendenz sah Lenin keineswegs negativ. Die Folge der Monopolbildung sei ein »gigantischer Fortschritt in der Vergesellschaftung der Produktion«.[312] In seinem höchsten Stadium – von dem Lenin vor über 100 Jahren annahm, es sei nun erreicht – führe der Kapitalismus »bis dicht an die allseitige Vergesellschaftung der Produktion heran, er zieht die Kapitalisten gewissermaßen ohne ihr Wissen und gegen ihren Willen in eine Art neue Gesellschaftsordnung hinein, die den Übergang von der völlig freien Konkurrenz zur vollständigen Vergesellschaftung bildet«.[313] Scharf wandte er sich gegen eine »kleinbürgerlich-reaktionäre« Kritik des Kapitalismus, die von einer Rückkehr zur freien Konkurrenz träume.[314]

Der Wirtschaftshistoriker Werner Plumpe weist darauf hin, dass Analysen wie die von Lenin unzutreffend waren, weil sie Tendenzen in bestimmten, besonders kapitalintensiven Bereichen wie etwa der Schwerindustrie verallgemeinerten und auf die Zukunft hochrechneten.[315] Von den großen Unternehmen, die zur Jahrhundertwende und in der Zwischenkriegszeit dominierten und die Referenz für die Prognosen abgaben, sei kaum etwas übrig geblieben, und jene Unternehmen, die es namensgleich noch heute gebe, hätten mit ihren Ahnen nicht mehr viel gemein.[316]

Joseph Schumpeter schrieb 1942 in seinem Buch »Kapitalismus, Sozialismus und Demokratie«, dass reine Fälle langfristigen Monopols nur sehr selten vorkommen könnten und »dass selbst leidliche Annäherungen an die Erfordernisse dieses Begriffs noch seltener sein müssen als die Fälle vollkommener Konkurrenz«.[317]

Ein Monopol könne »unter den Bedingungen eines intakten Kapitalismus kaum während einer genügend langen Zeitdauer bestehen, um für die Analyse der Gesamtproduktion wichtig zu werden –, es sei denn, sie wird, wie zum Beispiel im Falle von fiskalischen Monopolen, durch die staatlichen Behörden gestützt«.[318]

Warum, so fragt Schumpeter weiter, dann all dies Gerede über Monopole? Die Antwort liege im Bereich der »Psychologie politischer Diskussionen«.[319] In den Vereinigten Staaten hätten Ökonomen, Regierungsvertreter, Journalisten und Politiker eine offenbare Vorliebe für dieses Wort, weil es zu einem »Schimpfnamen« geworden sei und man dieser dunklen Macht praktisch alles zuschreibe, was einem im Wirtschaftsleben nicht passe.[320] Auf kurze Sicht, so räumt er jedoch ein, gebe es durchaus häufiger »Monopolpositionen oder Positionen, die sich dem Monopol nähern«, doch habe es nicht nur eine negative Funktion und Monopole müssten keineswegs eine »einschläfernde Wirkung« haben.[321]

Schumpeter war einer der ersten Ökonomen, die die wirtschaftliche Funktion von Monopolen nicht ausschließlich negativ sahen, sondern auch ihre positive Funktion im Prozess der »schöpferischen Zerstörung« beschrieben haben. Die amerikanischen Ökonomen Richard B. McKenzie und Dwight R. Lee beziehen sich daher in ihrem Werk »In Defense of Monopoly« auf Schumpeter und schreiben: »In Schumpeters Analyse verbirgt sich eine Theorie des *optimalen Monopols,* das für eine Maximierung des wirtschaftlichen Wachstums erforderlich ist.«[322] Beide Ökonomen sehen Monopole nicht unkritisch und räumen ein, dass derartige Marktpositionen durchaus schädlich für das Wirtschaftswachstum sein können. Sie fügen jedoch hinzu, »dass nicht alle Monopole und nicht alle Monopolisierungsgrade wohlfahrtszerstörend sind, eine Sichtweise, die nahelegt, dass Ökonomen den institutionellen

Bedingungen für das, was man als *optimales Monopol* bezeichnen könnte, mehr Aufmerksamkeit schenken sollten«.[323] Insbesondere unterscheiden sie zwischen Monopolen für bereits bestehende Produkte, die sie negativ beurteilen, »weil das Monopol keine Rolle bei der Schaffung der Ware und der Entstehung des Nettowerts spielt«, und Monopolen für Produkte, die durch die betreffende Firma selbst erst hervorgebracht wurden und die eine nützliche Funktion haben könnten.[324] Aus ihrer Sicht ist eine Situation des – im Ökonomenjargon – »vollkommenen Wettbewerbs« (»perfect competition«) erstens in der Realität nicht erreichbar und zweitens nicht wünschenswert.[325]

Die Aussicht auf Monopolgewinne ist ein Treiber der Innovation. Konkurrenz ist ein wesentlicher Faktor des ökonomischen Fortschritts, aber es ist eben nicht der vollkommene Wettbewerb oder vollkommener Markt – den es in der Wirklichkeit ohnehin nicht gibt, sondern nur im ökonomischen Modell –, sondern es ist die Konkurrenz, die immer wieder reduziert wird durch vorübergehende Monopoltendenzen. Schumpeter hat betont, dass ein perfektes System, »das zu jedem vorgegebenen Zeitpunkt seine Möglichkeiten möglichst vorteilhaft voll ausnützt«, auf lange Sicht hinaus einem unperfekten System unterlegen sein kann, »das dies zu *keinem* gegebenen Zeitpunkt tut, weil diese seine Unterlassung eine Bedingung für das Niveau oder das Tempo der langfristigen Leistung sein kann«.[326]

Monopole ermöglichen Extragewinne – und diese Extragewinne sind der Treiber von Effizienz und Innovation, wie schon Marx im 3. Band des »Kapital« zutreffend beobachtete: »Der Surplusprofit, den sonst ein individuelles Kapital in einer besonderen Produktionssphäre realisiert – denn die Abweichungen der Profitraten zwischen den besonderen Produktionssphären gleichen sich fortwährend zur Durchschnittsprofitrate aus –, entspringt, von den nur zufälligen Abweichungen abgesehen, aus einer Verminderung des Kostpreises, also der Produktionskosten, die entweder dem Umstand geschuldet ist, dass Kapital in größeren als den durchschnittlichen Massen angewandt wird und sich daher die faux frais der Produktion vermindern, während die allgemeinen Ursachen der Steigerung der

Produktivkraft der Arbeit (Kooperation, Teilung etc.) in höherem Grade, mit mehr Intensität, weil auf größerem Arbeitsfeld, wirken können: oder aber dem Umstand, dass, abgesehen vom Umfang des fungierenden Kapitals, bessere Arbeitsmethoden, neue Erfindungen, verbesserte Maschinen, chemische Fabrikgeheimnisse etc., kurz, neue, verbesserte, über dem Durchschnittsniveau stehende Produktionsmittel und Produktionsmethoden angewandt werden.«[327]

Wenn es darum geht, völlig neue Produkte und Märkte zu entwickeln, dann bedeutet dies ganz andere Risiken und Erfordernisse als das Agieren in etablierten Märkten. Dieses erhöhte Risiko gehen Unternehmer am ehesten dann ein, wenn die Aussicht auf – zumindest vorübergehende – Monopolgewinne lockt, die deutlich über den normalen Gewinnspannen liegen. »In einer dynamischeren, realen Wirtschaft, in der die Entwicklung oder der Fortschritt in gewisser Weise systematisch antizipiert werden soll, müssen daher gewisse überdurchschnittliche Gewinne erzielt werden, und dieses Rentabilitätsniveau muss über dem Niveau liegen, das in einem vollkommenen Wettbewerbsumfeld erreicht werden kann.«[328]

Stellt man Vor- und Nachteile von Monopolen gegenüber, so werden meist folgende Nachteile genannt:[329]

- Höhere Preise und weniger Auswahl für die Konsumenten
- Weniger Anreiz, die Kosten zu senken
- Geringerer Anreiz zu Innovationen
- Einfluss auf die Politik, um Sonderinteressen zu schützen

Es gibt jedoch Vorteile, die oft übersehen werden:

- Skaleneffekte (Economies of scale), die aus der Massenproduktion resultieren
- Hohe Profite können für Forschung und Entwicklung verwendet werden.
- Die Aussicht darauf, Patente zu erlangen, kann Investitionen begünstigen.

Diese Vor- und Nachteile sind jedoch nicht in dem Sinne zu verstehen, dass sie für jedes Unternehmen gelten, das als Monopol gilt. Beispielsweise können Unternehmen, die heute als Monopole angesehen werden, überaus innovativ sein: Unternehmen wie etwa Amazon, Facebook oder Google haben beobachtet, wie andere Unternehmen, die früher als Monopolisten galten, durch technische Innovationen und neue Mitbewerber manchmal schon in kurzer Zeit ihre Monopolstellung verloren oder ganz vom Markt verschwanden (einige Beispiele dafür werde ich später anführen). Selbst dann, wenn es derzeit noch keinen ernsthaften Wettbewerb gibt, sind sich solche Unternehmen der Möglichkeit bewusst, dass neue Marktteilnehmer mit innovativer Technik auftreten könnten, die ihnen ihren Platz streitig machen.[330] Dies wiederum ist einer der Gründe, warum diese Unternehmen auch bei dominierender Marktstellung innovativ bleiben – wenn sie es nicht sind, weil sie diese Gefahr unterschätzen, werden sie ihre Marktstellung verlieren.

Unternehmen, die heute allmächtig erscheinen, sind weit von einer solchen Allmacht entfernt – und sie sind sich dessen bewusst. Der französisch-belgische Ökonom Nicolas Petit nennt als Hauptrisiken technologische Neuerungen, die bestehende Lösungen rasch veralten lassen, den Markteintritt von neuen, innovativen Unternehmen sowie staatliche Regulierungen, die bestehende Geschäftsmodelle infrage stellen.[331] Wirkliche oder vermeintliche Monopole sind meist wesentlich weniger beständig, als es auf den ersten Blick erscheinen mag, was besonders dann gilt, wenn sie auf dem Höhepunkt ihrer Macht sind.

Die positiven Wirkungen von Monopolen werden zu selten gesehen, dabei gelten diese keineswegs nur für gigantische Unternehmen, die man meist mit diesem Begriff verbindet, sondern können auch für kleine Unternehmen gelten, die in einer engen Nische eine faktische Monopolstellung innehaben. Ich selbst habe in einer Nische im deutschen Markt eine Firma aufgebaut (Dr.ZitelmannPB.GmbH, heute PB3C), die über 15 Jahre faktisch eine Monopolstellung innehatte – als PR-Dienstleister in der deutschen Immobilienbranche. Über mehr als zehn Jahre gab es fast keine Wettbewerber, was es uns erlaubte, hohe Preise zu verlangen und Vertragskonditionen durchzusetzen, die eine sehr gute Planbarkeit unserer Einnahmen erlaubten. Natürlich sprach es sich irgendwann herum, dass unsere Firma sehr hohe Gewinne machte (die Umsatzrendite lag im Durchschnitt der 15 Jahre, bevor ich die Firma verkaufte, bei 48 Prozent) und drängten neue Anbieter in den Markt, die uns mit niedrigeren Preisen und weniger restriktiven Vertragskonditionen Konkurrenz machten.

Diese Wettbewerber wären aber vermutlich ohne das Rollenvorbild meiner Firma gar nicht entstanden, insofern hat das »Monopol« dazu beigetragen, überhaupt erst einen Markt für professionelle PR-Dienstleistungen in der Immobilienbranche zu schaffen. Und bestimmte Innovationen, wie z. B. eine erweiterte Arbeitsteilung und fachliche Spezialisierung, wie sie bis dahin bei PR-Firmen nicht üblich waren, ließen sich nur durch den Schutz des Quasi-Monopols umsetzen. Dieses Monopol entstand – wie in vielen anderen Fällen auch – aus der überlegenen Marktpositionierung meines Unternehmens.

Dies zeigt, dass auch in kleinen Marktnischen Monopole eine positive Funktion haben können. Die Firma, die ich 2016 verkauft habe, gibt es heute noch und sie ist weiterhin Marktführer, aber natürlich sind wegen des Wettbewerbs die damaligen hohen Gewinnmargen nicht mehr erzielbar. Dieses Beispiel zeigt, dass »Monopole« durchaus nicht nur die Riesenfirmen sein müssen, an die wir bei diesem Begriff denken.

Zurück von den ganz kleinen Unternehmen zu den Tech-Giganten. Heute sind Unternehmen wie Google, Amazon, Facebook, Microsoft und Apple weltweit zu Feindbildern geworden. Fast jeder nutzt sie, aber kaum einer mag sie. Manche Sorgen sind berechtigt, vor allem über die politische Einseitigkeit von Unternehmen wie Facebook – hierauf komme ich später zurück. Aber viele Kritikpunkte, die an Monopolen vorgetragen werden, treffen für diese Unternehmen nicht zu. Der US-Ökonom Tyler Cowen zeigt am Beispiel von Google, Facebook und Apple, dass diese Unternehmen keineswegs innovationsfeindlich sind, ganz im Gegenteil. »In der Praxis jedoch haben sich die großen Technologieunternehmen als äußerst innovationsfreudig erwiesen.

Außerdem stellte die Aussicht, von Google oder einem der anderen Tech-Giganten aufgekauft zu werden, für andere einen Innovationsanreiz und hat angeschlagenen Unternehmen Zugang zu Kapital und Know-how verschafft, während sie andernfalls möglicherweise eingegangen wären oder gar nicht erst angefangen hätten.«[332] Die Big-Tech-Unternehmen geben heute Unsummen für Forschung und Entwicklung aus – allein für das Jahr 2018 werden die Ausgaben der sechs Giganten Amazon, Google, Microsoft, Netflix, Facebook und Apple für Forschung und Entwicklung auf mindestens 22,6 Milliarden Dollar geschätzt.[333]

Nicht nur diese Zahl steht im Widerspruch zu vielen Merkmalen, die man normalerweise Monopolen zuschreibt. Petit hat 2020 in einer großen Studie (»Big Tech and Digital Economy«) gewichtige Argumente ins Feld geführt, die den Begriff des »Monopols« relativieren, und hat den Begriff »Moligopoly« geprägt. Tech-Giganten wie Amazon, Google, Microsoft, Netflix, Facebook und Apple sind auf immer mehr unterschiedlichen Feldern tätig, machen sich gegenseitig Konkurrenz und haben in vielen Segmenten ernstzunehmende Wettbewerber: »Google hat einen E-Mail-Dienst, einen Browser, ein mobiles Betriebssystem und ein soziales Netzwerk entwickelt. Amazon ist von einem spezialisierten Online-Buchhändler zu einem allgemeinen Online-Einzelhändler und zudem Cloud-Computing-Dienstleister aufgestiegen, dem mittlerweile auch eine stationäre Lebensmittelkette gehört. Und Facebook ist ein Unternehmen, das in zwei Marktsegmente, sprich globale Netzwerke und Messaging, unterteilt ist.«[334] Und die Tech-Giganten erschließen immer neue Segmente, wo sie sich gegenseitig Konkurrenz machen und in Konkurrenz zu anderen Firmen treten – Microsoft im Games-Segment, Google bei selbstfahrenden Autos, Facebook in Bezahlsystemen und Amazon in Videoproduktionen und -streaming. Es ist interessant, wenn man diese Unternehmen nicht aus der Sicht von Anti-Trust-Behörden sieht, sondern aus der Sicht von Aktienanalysten. In jeder Analyse wird man Hinweise auf etliche bereits existierende oder potenzielle Wettbewerber dieser Unternehmen finden, wie Petit an zahlreichen Beispielen zeigt.[335]

Ich habe neulich die Biografie von Brad Stone über Jeff Bezos gelesen[336] – und die ganze Biografie zeigt, dass Bezos von Anfang an einen ständigen Kampf gegen Wettbewerber führen musste, von Spezialanbietern wie einem Online-Anbieter von Baby-Windeln bis zu großen Unternehmen wie Ebay, Apple, Barnes & Noble, Walmart und zahlreiche andere Konkurrenten. Die Behauptung, ein Unternehmen wie Amazon habe die Konkurrenz ausgeschaltet, ist geradezu absurd.

Petits Folgerung: »Das Bild von großen Technologieunternehmen als Monopolisten ist zwar rein intuitiv attraktiv, aber analytisch falsch. Feststellungen über Monopole, die auf Beobachtungen einer begrenzten Rivalität im Ursprungsmarkt der Tech-Giganten beruhen, stellen eine verengte Sicht des Wettbewerbs dar. Trotz ihrer beherrschenden Stellung im Patentbereich führen große Technologieunternehmen kein ruhiges Leben. Ihr hoher Aufwand lässt sich nicht mit der üblichen Monopoltheorie vereinbaren. Ein besseres Bild ergibt sich, wenn man große Technologieunternehmen als Moligopolisten betrachtet, d.h. Firmen, die als Monopolisten und Oligopolisten nebeneinander bestehen.«[337]

Was die meisten Kritiker, die stärkere staatliche Regulierung oder eine Zerschlagung von Monopolen fordern, übersehen, ist die Tatsache, dass Monopole in der Regel weitaus weniger beständig sind, als die Menschen glauben. Die belgischen Ökonomen Dirk Auer und Nicolas Petit haben die Berichterstattung in Medien zum Thema Monopole über einen Zeitraum von 150 Jahren analysiert. Insgesamt werteten sie 1.399 Artikel aus den Jahren 1850 bis 2000 aus.[338] Die Analyse belegte u.a., dass die Berichterstattung in den Medien über Monopole meist sehr negativ ist. 61 Prozent aller ausgewerteten Artikel hatten einen negativen Tenor, 30 Prozent waren neutral und nur in 9 Prozent der Artikel wurden positive Aspekte von Monopolen genannt.[339] Dies ist an und für sich nicht überraschend, da Medien meist eher über negative als über positive Entwicklungen berichten. Zu denken geben sollte jedoch, dass über die Entstehung von Monopolen viel ausführlicher und häufiger berichtet wird als über das Ende von Monopolen.[340] »Wenn die Presseartikel eine Zufallsstichprobe von Monopolen abdeckten, dürfte man ungefähr ebenso viele Artikel über niedergehende wie über aufstrebende Monopole finden. Das liegt daran, dass nur sehr wenige Monopole die gesamte Zeitspanne des Datensatzes überdauert haben.«[341] Diese Analyse der Presseberichterstattung bestätigt das, was schon Milton Friedman zu Monopolen schrieb, nämlich dass ihre Bedeutung weit überschätzt werde, was unter anderem daran liege, »dass monopolistische Tendenzen mehr Aufmerksamkeit nach sich ziehen als Wettbewerb«.[342]

Man muss gar nicht so weit in die Geschichte zurückgehen, um diesen Sachverhalt zu belegen. 2019 schrieb Tyler Cowen in seinem Buch »Big Business«, dass unter anderem folgende Firmen in den vergangenen Jahrzehnten in den USA als Monopole kritisiert wurden: Kodak, IBM, Microsoft, Palm, BlackBerry, Yahoo, AOL, Digital Equipment Corporation (DEC), General Motors und Ford. »Auf dieser Liste ist nur Microsoft als dominantes Monopolunternehmen stehen geblieben.«[343] Der amerikanische Ökonom Ryan Bourne gibt in seinem Beitrag »Is This Time Different? Schumpeter, the Tech Giants, and Monopoly Fatalism«[344] zahlreiche Beispiele dafür, wie Unternehmen, die als Monopole kritisiert wurden, ihre Marktstellung einbüßten. Das Unternehmen Myspace wurde 2003 gegründet. Das soziale Netzwerk gewann sehr rasch Follower. Schon im Juni 2006 war Myspace die Seite mit den meisten Aufrufen in den USA, mehr als Google. 2007 fragte die führende linke britische Tageszeitung »Guardian«: »Will Myspace ever lose its Monopoly?« Anfang 2008 hatte Myspace einen Marktanteil von 74,4 Prozent bei sozialen Netzwerken und im Dezember 2008 hatte die Seite 75,9 Millionen Besucher in den USA. Aber nur ein halbes Jahr später überholte Facebook das Unternehmen Myspace in den USA und der Marktanteil fiel bis Ende 2009 auf nur noch 30 Prozent. Heute spielt Myspace kaum noch eine Rolle. Bourne folgert: »Vor allem zeigt die Geschichte von Myspace, dass genau die Netzwerkeffekte, die zu massivem Wachstum führten, auch schnell zu einem Niedergang führen können, wenn ein überlegeneres Produkt daherkommt.«[345] Im November 2008 brachte das Magazin »Forbes« eine große Story über den Mobiltelefon-Hersteller Nokia. Die Headline auf der Titelseite des Magazins lautete: »One Billion Customers – Can Anyone Catch the Cell Phone King?« Nachdem Nokia durchgehend von 1998 bis 2011 weltgrößter Mobiltelefonhersteller gewesen war, wurde die Firma im ersten Quartal 2012 von Samsung mit einem geschätzten Marktanteil von 25,4 Prozent abgelöst; Nokia hatte noch 22,5 Prozent und Apple 9,5 Prozent Marktanteil. Der Anteil sank damit seit 2008 um mehr als ein Drittel. »Nokia hatte zwar in den 90er-Jahren das erste Smartphone entwickelt, aber die Bedeutung von Apps für die Attraktivität des Handys erst dann erkannt, als es schon zu spät war.«[346] 2013 kaufte Microsoft die Mobilfunksparte von Nokia, das zu diesem Zeitpunkt nur noch einen weltweiten Marktanteil von 3 Prozent hatte.[347]

Xerox, ein anderes Beispiel, erfand 1960 den ersten Fotokopierer und dominierte den Markt im Jahr 1970 mit einem Marktanteil von fast 100 Prozent. So wie man heute die Suche im Internet mit dem Wort »googeln« bezeichnet, so sprach man damals und teilweise noch heute in den USA von »xeroxing«, wenn man etwas fotokopieren will. 1973 wurde Xerox wegen einer Verletzung von Kartellgesetzen angeklagt und es kam zu einer langen juristischen Auseinandersetzung. Aber just in diesen Jahren erledigte sich das Problem auf marktwirtschaftliche Weise, weil Unternehmen wie IBM, Eastman-Kodak, Canon, Minolta, Ricoh und andere in den Markt eintraten und kleinere und billigere Fotokopiergeräte produzierten.[348] Die Geräte der Konkurrenz funktionierten mit wartungsarmem flüssigem Toner und bestanden aus preiswerten Standardteilen. Sie wurden über normale Bürobedarfshändler statt über ein teures eigenes Netz vertrieben. Die Japaner verkauften plötzlich Low-end-Kopierer zu Preisen, die unter den Herstellungskosten der Geräte von Xerox lagen, während Xerox wie in alten Zeiten am Kopienvolumen wie an einem verlässlichen Abonnement verdienen wollte. Der Marktanteil von Xerox schrumpfte von 95 Prozent im Jahr 1972 auf 49 Prozent im Jahr 1979. Zwischen 1998 und 1999 ging er zum ersten Mal unter die 30-Prozent-Marke.[349] Heute liegt er weltweit bei unter 2 Prozent.[350]

Ein anderes Beispiel ist das Unternehmen Kodak, das 1976 noch einen Marktanteil von über 90 Prozent im US-Markt für Filme und von 85 Prozent im amerikanischen Kameramarkt hatte.[351] Dann verschlief Kodak den Trend zur Digitalkamera, und heute dominieren leistungsstarke Kameras in Smartphones. 2012 stellte das Unternehmen einen Insolvenzantrag und versuchte sich später in anderen Geschäftsfeldern. Kodak ist ein Beispiel dafür, dass manche Unternehmen sehr lange eine Monopolstellung innehaben können. Doch für die allermeisten trifft das nicht zu, wie beispielhaft die Geschichte von Myspace und Nokia zeigt.

In manchen Fällen, so mag man einwenden, existiert ein Monopol vorübergehend, nur um dann von einem anderen Monopol ersetzt zu werden. Myspace und Facebook können dafür als Beispiel gelten. Man spricht hier von »serial monopolies«. Das sind Industrien, in denen die Konsumenten sich zu einem bestimmten Zeitpunkt für einen »best in class«-Anbieter entscheiden. »In solchen Märkten werden die Unternehmen um die Monopolstellung konkurrieren. Aus diesem Wettbewerb gehen die Produkte, die einen höheren Wert für die Verbraucher schaffen, als Sieger gegen jene hervor, die einen geringeren Wert schaffen. Man beachte, was das bedeutet. Genau die Wettbewerbsaktivitäten, die zu den Markttests dieser Produkte führen … werden wie Monopolisierungsaktivitäten aussehen. Das liegt daran, dass sie es sind. Sie bestimmen, welches Monopol sich durchsetzt, bis dann bessere Produkte neue Kampagnen zur Eroberung eines immer ertragsreicheren Marktes auslösen.«[352]

Ein Unternehmen, das heute oft als Monopolist kritisiert wird, ist Amazon. Als Online-Buchhändler gestartet, hat Amazon seine Dienstleistungen auf immer mehr Warengruppen ausgedehnt. Natürlich beklagen Buchhändler, dass sie wirtschaftlich nicht bestehen können im Wettbewerb gegen Amazon, aber dies liegt einfach daran, dass Amazon eine viel größere Produktvielfalt – einschließlich gebrauchter Bücher – bietet als jeder Buchhändler. Das heißt nicht, dass Amazon auf Dauer unschlagbar ist. Weitgehend unterhalb des Radars der breiten Öffentlichkeit wachsen neue Erfolgsmodelle, die auch ohne Amazon funktionieren. »Die auf die Dauer sogar die Wurzel des zeitweise wertvollsten Unternehmens der Welt annagen könnten.

Das Prinzip klingt einfach, doch es muss vieles zusammenwirken: Hersteller von Konsumgütern treten über soziale Netzwerke direkt in Kontakt zu Kunden und organisieren alle Prozesse bis zur Ablieferung von Ware an die Haustür. Dadurch behalten sie die Hoheit über alle Glieder der Wertschöpfungskette. Fachleute sprechen denn auch von ›Direct-to-Consumer‹ oder kurz D2C. Das Ergebnis: Hersteller umgehen die großen E-Commerce-Plattformen und schalten alle Zwischenhändler aus. Der D2C-Trend, meinen Marktkenner, könnte zum Keim einer Bewegung werden, die Amazons aktuelle Dominanz im E-Commerce langfristig zu unterminieren in der Lage ist.«[353]

Einige Großunternehmen haben eine Vorreiterrolle eingenommen, so etwa die Sportartikelkonzerne Nike und Adidas. Natürlich ist das nur eine Momentaufnahme, und vielleicht hat sich schon zu dem Zeitpunkt, wenn Sie dieses Buch lesen, herausgestellt, dass Amazon sich auch gegen diese Modelle durchgesetzt hat.

Wettbewerb und Monopol sind keine absoluten Gegensätze, sondern ein dialektischer Widerspruch: Der Wettbewerb führt zu einem Monopol, weil sich das beste Produkt durchsetzt. Hohe Monopolgewinne ziehen neue Wettbewerber an, die nach und nach das Monopol zerstören, aber ab einem bestimmten Punkt selbst vorübergehend zum Monopol werden können, um dann selbst wieder vom Wettbewerb zerstört zu werden. Nur beim Staatsmonopol ist dies ausgeschlossen, da es sich durch die Staatsmacht jedem Wettbewerb entzieht. Milton Friedman betonte, dass der fundamentale Nachteil sowohl staatlicher Kontrolle als auch des Staatsbetriebes in der außerordentlichen Schwierigkeit liege, eine derartige Entwicklung rückgängig zu machen. »Ich neige daher zu der Ansicht, dass ein privates und unkontrolliertes Monopol, wo immer es möglich ist, das kleinste Übel ist«, meinte Friedman.[354]

Monopole, die keine Staatsmonopole sind, werden früher oder später oft deshalb verschwinden, weil die Unternehmen mit zunehmender Größe und wegen geringem Wettbewerb bürokratisch werden und sich in der Mentalität immer mehr Staatsbetrieben annähern. »Sie werden bürokratischer, sehen neue, wichtige Produkte nicht voraus, die Marktbedingungen wenden sich gegen sie, ausländische Wettbewerber treten in den Markt, disruptive Technologien stellen alles auf den Kopf oder ihre Kosten steigen, da sie ihre Dynamik verlieren.«[355] Innerhalb solcher Unternehmen gibt es jedoch kreative Köpfe, die irgendwann das Unternehmen verlassen und neue Unternehmen gründen.

Ein aufschlussreiches Fallbeispiel dafür ist die Entstehung von SAP, des größten deutschen Softwarekonzerns. Begonnen hatte es damit, dass IBM einige seiner besten Mitarbeiter frustrierte, die Marktentwicklungen besser erkannten als die Konzernleitung. Einer davon war Claus Wellenreuther, der 1966 nach dem Studium an der Universität Mannheim als Systemberater bei IBM angefangen hatte. Wellenreuther, der als gelernter Diplom-Kaufmann neben all den Physikern, Mathematikern und Ingenieuren bei SAP eher ein Außenseiter war, entwickelte sich zum Spezialisten für die Entwicklung von Computerprogrammen für die Finanzbuchhaltung. »Buchhaltung und Wellenreuther«, so fasst der SAP-Mitgründer Dietmar Hopp zusammen, »war bei IBM ein Begriff«.[356]

IBM hatte sich zu dieser Zeit fast ausschließlich auf den Verkauf von Hardware fokussiert; die Bedeutung der Software erkannte man lange nicht. Mitte 1971 beschloss IBM, die Buchhaltungssoftware, das Steckenpferd von Wellenreuther, zentralisiert zu entwickeln. »Ich hatte mir vorgestellt«, so Wellenreuther, »dass ich bei der Projektführung berücksichtigt würde. Ich hatte mich ja die ganze Zeit fast ausschließlich um Finanzbuchhaltung gekümmert.«[357] Ihm wurde jedoch bedeutet, dass er für diese Aufgabe nicht infrage käme, da so etwas nur Managern vorbehalten sei. Wellenreuther sah, dass seine Karriere sich in einer Sackgasse befand und er sich bei IBM nicht mehr weiterentwickeln konnte. Er nahm erst mal seinen aufgelaufenen Urlaub von zwei Monaten und nutzte die Zeit, um nachzudenken. Das Ergebnis seines Nachdenkens: Er kündigte und machte sich Anfang Oktober 1971 selbstständig. An seinem Klingelschild stand nun »Systemanalyse Programmentwicklung« (SAP) zu lesen.

Auch ein anderer IBM-Mitarbeiter begann nachzudenken, Dietmar Hopp. Er galt bei IBM als Spezialist für die sogenannte Dialogprogrammierung. Bei diesem Verfahren wurden – so wie es heute längst mit jedem PC üblich ist – die Programmbefehle direkt nach der Eingabe ausgeführt, während sie früher erst zeitversetzt von Computern abgearbeitet worden waren.

IBM hatte bis dahin die Entwicklung von Anwendungsprogrammen weitgehend seinen Kunden und Beratern überlassen und diese dabei jeweils individuell unterstützt. Jedes Mal wurde das Rad neu erfunden, mit erheblichen Kosten für die Kunden. »Was wir bei IBM machen«, erkannte Hopp, »ist bei jedem Kunden immer dasselbe. Das können wir doch standardisieren.«[358] Hopp nahm sich vor, eine Standard-Software zu entwickeln, die in möglichst vielen Unternehmen angewendet werden könnte. Mit dieser Idee machten sich er, Wellenreuther, Hasso Plattner und zwei weitere ehemalige IBM-Mitarbeiter selbstständig.

Den Firmengründern war klar, dass sie sehr schnell sein mussten. Denn wenn sie Erfolg hätten, würden andere Firmen – vielleicht auch IBM – ihre Idee kopieren. Es genügte nicht, eine geniale Idee zur Entwicklung einer Standardsoftware zu haben und gut programmieren zu können, sondern entscheidend war darüber hinaus ein richtiger Vertriebsansatz. Bald schon merkten die Gründer von SAP, dass es wenig Sinn hatte, die Idee den Computerfachleuten von Großunternehmen vorzustellen, die auf den ersten Blick ja die richtigen Ansprechpartner waren. Denn die Computerspezialisten in den Firmen befürchteten erstens, sich selbst und ihre Mitarbeiter überflüssig zu machen, und zweitens hatten sie Angst, dass Fehler und Unzulänglichkeiten, die bislang in ihrer Firma deshalb niemand registriert hatte, weil niemand außer ihnen etwas von Computern verstand, auf einmal bemerkt würden. Statt also ihre neue Standardsoftware bei den IT-Leitern in den Unternehmen anzubieten, setzte SAP ganz oben an, bei den Vorständen und Finanzvorständen. Das war die erste gute vertriebliche Idee. Noch wichtiger war jedoch, dass man beim Vertrieb von Anfang an auf die Kooperation mit den großen Wirtschaftsprüfungsgesellschaften sowie mit den Hardware-Herstellern setzte. Schließlich war es viel leichter, einem Unternehmen die Software zu verkaufen, wenn man sie nicht selbst anpreisen musste, sondern wenn diese von unabhängigen Beratern empfohlen wurde, die in den Führungsetagen bereits Vertrauen genossen.

SAP konnte sich so vor allem auf die ständige Weiterentwicklung und Optimierung seiner Software konzentrieren. »Innovationsfähigkeit«, so Hopp, »ist für uns gleichbedeutend mit Wirtschaftlichkeit.« Dabei gehöre der ständige Selbstzweifel, »ob nicht andere besser sind und uns überholen könnten«, zur SAP-Kultur. »Diese Unsicherheit hat uns immer wieder angetrieben.«[359] Als warnendes Beispiel hatte er die Firma Nixdorf vor Augen, die sich ganz auf den Vertrieb fokussiert und dabei die Produktentwicklung sträflich vernachlässigt habe – und eben daran gescheitert sei.

SAP war konsequenter und schneller als die Wettbewerber, weil man sich ausschließlich auf die Entwicklung von Standardsoftware konzentrierte. »Die Konkurrenz schwankte noch jahrelang zwischen dem Vorfertigen von Standard- und dem Maßschneidern von Individual-Software oder verausgabte sich auf Spezialgebieten.«[360] SAP gelang es rasch, fast alle führenden deutschen Unternehmen als Kunden zu gewinnen, und hatte binnen weniger Jahre auf dem deutschen Markt praktisch ein Monopol. Heute ist SAP der größte europäische Softwarehersteller, und nur in den USA gibt es noch drei größere Unternehmen in diesem Segment. Begonnen hatte alles damit, dass der Monopolist IBM einerseits neue Entwicklungen nicht rechtzeitig verstanden und andererseits fähigen Mitarbeitern, die besser in der Lage waren, diese zu erkennen als das Management, keine Chance und keinen Freiraum zur Weiterentwicklung im Unternehmen gegeben hatte.

IBM ist übrigens ein schönes Beispiel dafür, dass der Markt Monopole wesentlich besser verhindert als staatliche Anti-Trust-Gesetzgebung, so Thomas J. DiLorenzo:

»... ab 1969 wurde IBM von der US-Regierung über 13 Jahre hinweg wegen mutmaßlicher Monopolisierung des Computermarktes strafverfolgt. Nachdem IBM viele Millionen Dollar ausgegeben und unzählige Stunden Rede und Antwort stehen musste, gab die Regierung den Fall schließlich auf. In der Zwischenzeit war IBM im Wettbewerb durch

Unternehmen wie Microsoft und Wang Computer in den Schatten gestellt worden.«[361] Wang Computer? Ja, dieses einst so mächtige Unternehmen kennen Sie vermutlich gar nicht, weil es 1999 nach fast einem halben Jahrhundert als Marke verschwand.

Nicht nur der Computer-Riese IBM machte Fehler, die dazu führten, dass das Unternehmen seine Monopolstellung verlor. Ähnlich verhielt sich auch Xerox, von dem ich schon weiter oben berichtet habe. Xerox betrieb ein streng geheimes Entwicklungslabor, das Palo-Alto-Forschungscenter, das in der Branche ehrfürchtig als »Xerox PARC« bezeichnet wurde. Apple-Gründer Steve Jobs war allzu neugierig zu sehen, was hier erforscht wurde. Und mit der ihm eigenen Überredungskunst gelang es ihm schließlich, zusammen mit einigen Computerexperten von Apple einen Blick in das Heiligtum zu werfen.

Was Jobs hier sah, versetzte ihn in schiere Begeisterung. Er lief in dem Raum hin und her, hüpfte auf und ab und war so aufgeregt wie selten in seinem Leben. Da war all das, was wir heute als selbstverständlich ansehen, erstmals zu besichtigen, u. a. einzelne Fenster für jedes Dokument und ein Gerät, das wir heute als Maus kennen. Heute können wir uns einen PC gar nicht mehr anders vorstellen, aber damals war das absolut neu und sensationell. Der Xerox-Mitarbeiter, der Steve Jobs und den Apple-Leuten seine Entdeckungen vorführte, freute sich über die Begeisterung und die intelligenten Fragen, mit denen ihn die Besucher löcherten. Man kann sich vorstellen, was in einem Angestellten vorging, der zwar selbst wusste, was sein Team Bedeutendes erfunden hatte, aber im eigenen Unternehmen nicht die angemessene Beachtung und Anerkennung dafür fand. Am Ende der Vorführung, so der Xerox-Mann, war er sich sicher, dass er bei seinem Unternehmen kündigen und bei Apple anfangen sollte.

Die Geschichten von IBM und SAP sowie von Xerox und Apple haben eines gemeinsam: Die großen Unternehmen hatten zwar sehr kluge Mitarbeiter mit tollen Ideen, aber sie waren nicht fähig, deren Potenzial zu erkennen und schnell in marktgängige Produkte umzusetzen.

Unternehmen wie Google, Facebook, Amazon und Apple erscheinen heute allmächtig – so wie frühere Monopolisten auch. Doch die Geschichte lehrt uns, dass Monopole in den meisten Fällen weit weniger beständig sind, als die Menschen zu dem Zeitpunkt auf ihrem Höhepunkt der Macht glauben. Und bei jedem Mal erzählen uns die Kritiker: Dieses Mal sei alles ganz anders und diesmal werde das Monopol von Dauer sein, wenn der Staat nicht eingreife.

Dabei lässt sich nachweisen, dass Aktivitäten des Staates, um wirkliche oder vermeintliche Monopole zu beseitigen, meist überflüssig oder kontraproduktiv waren. »Eine staatliche Behörde«, so Martin Rhonheimer, »kann unmöglich beurteilen, ob ein Monopol – dasselbe gilt für Kartelle – schädlich oder nützlich ist ... Deshalb scheint es effizienter, die Beurteilung ihrer Effizienz dem freien Markt zu überlassen.«[362]

Während der amerikanische Ökonom Israel M. Kirzner betont, dass Monopole, die aus dem Wettbewerb heraus entstanden, weil ein Unternehmen die Bedürfnisse der Konsumenten besser befriedigt als andere, durchaus nicht schädlich, sondern sogar wichtig für den ökonomischen Fortschritt seien,[363] sahen einige Denker, die der ordoliberalen Tradition zuzuordnen sind, so etwa der deutsche Ökonom Walter Eucken, in jedwedem Monopol und Kartell eine große Gefahr. Einigen dieser Ordoliberalen – neben Eucken ist hier insbesondere der Ökonom Alexander Rüstow zu nennen – schwebte ein Idealzustand der freien Konkurrenz von vielen kleinen Unternehmen vor. Diese wirklichkeitsferne Utopie und die Vermutung, dass Kartelle und Monopole stets schädlich seien, führte dazu, dass sie mächtige Kartellbehörden befürworteten, die Trusts und Kartelle zerschlagen sollten. Obwohl sie ansonsten skeptisch waren, was eine zu große Rolle des Staates in der Wirtschaft anlangt, so traten sie hier für allmächtige staatliche Institutionen ein, um Machtzusammenballungen in der Wirtschaft zu vermeiden.

Die russisch-amerikanische Autorin Ayn Rand vertrat eine Gegenposition und schrieb – in Kritik an der US-amerikanischen Anti-Trust-Gesetzgebung – zynisch: »Die Auffassung von *freiem* Wettbewerb, *erzwungen* durch Gesetze, ist ein grotesker Widerspruch in sich. Er bedeutet, Menschen mit vorgehaltener Waffe zu zwingen, frei zu sein. Es bedeutet, die Freiheit der Menschen durch die willkürliche Herrschaft unbefolgbarer Edikte zu schützen.«[364] Man könne, so argumentierte sie, den Wettbewerb nicht gesetzlich regeln, denn es gebe keine Maßstäbe, nach denen man definieren könnte, wer mit wem konkurrieren sollte, wie viele Konkurrenten es in einem bestimmten Feld geben sollte, wie ihre relative Stärke oder ihr sogenannter »relevanter Markt« aussehen sollte, welche Preise sie verlangen sollten und welche Wettbewerbsmethoden »fair« oder »unfair« seien. »Keine dieser Fragen kann beantwortet werden, eben weil genau *diese* Fragen nur mit dem Mechanismus des freien Marktes beantwortet werden können.«[365] Die einzige Bedeutung der Antitrust-Gesetze sei »die Bestrafung von Kompetenz, weil sie Kompetenz ist, die Bestrafung von Erfolg, weil er Erfolg ist, und die Opferung von Schöpfergeist zugunsten der Forderungen von neidischen Mittelmäßigkeiten«.[366]

Der chinesische Ökonom Weiying Zhang wendet sich gegen die Fiktion des »perfekten Wettbewerbs«: »Der sogenannte perfekte Wettbewerb ist ein Mangel an Wettbewerb.«[367] Die Antimonopol-Gesetzgebung stehe geradezu im Widerspruch zum Wettbewerb. Nach den heutigen Theorien der Wirtschaftswissenschaften stünden Unternehmen immer in Gefahr, wegen ihrer Preisgestaltung kritisiert zu werden: »Wenn man die Preise höher ansetzt als andere, ist das eine monopolistische Preisgestaltung. Wenn man die Preise niedriger ansetzt als andere, ist das Dumping. Wenn man Preise festlegt, die denen anderer gleichwertig sind, handelt es sich um eine illegale Preisabsprache. Jede Art von Preisverhalten kann als monopolistisches Verhalten bezeichnet werden.«[368] Große Unternehmen, die wirklich oder vermeintlich eine monopolähnliche Stellung einnehmen, haben es schwer, weil sie viele Gegner haben: Die weniger erfolgreichen Wettbewerber, die also weniger erfolgreich darin waren, Kundenbedürfnisse zu einem angemessenen Preis zu befriedigen, sind ebenso ihre Feinde wie die Medien, die oft von antikapitalistischen Ressentiments geleitet sind. Weniger erfolgreiche Unternehmen und Medien gehen eine unheilvolle Allianz ein mit staatlichen Kontrollorganen und Behörden, die es sich gemeinsam zur Aufgabe machen, die »Macht der Monopole« zu brechen. Sie tun das angeblich im Namen der Konsumenten, in Wahrheit jedoch meistens aus einer eigenen Interessenlage heraus oder aus ideologischen Gründen. Monopole haben es schwer, sich gegen diese Angriffe zu behaupten, weil sie selbst im Lager der Anhänger der Marktwirtschaft entschiedene Gegner haben. Ein Beispiel dafür ist Ludwig Erhard, dessen großes Verdienst es war, nach dem Zweiten Weltkrieg als Wirtschaftsminister die Marktwirtschaft in Westdeutschland durchzusetzen, und der scharf gegen alle Monopole und Kartelle polemisierte, die er per se als schädlich ansah.[369] Monopole – und ganz generell große Unternehmen – haben also viele Gegner, aber kaum Verteidiger.

Viele Kritiker, die private Monopole hart attackieren, akzeptieren oder rechtfertigen gleichzeitig die Existenz von staatlichen Monopolbetrieben. Die Angriffe der Antikapitalisten und des Staates auf wirkliche oder vermeintliche Monopole haben auch eine Ablenkungsfunktion, denn das gefährlichste Monopol ist gerade das Staatsmonopol. Thomas J. DiLorenzo konstatiert: »Das heißt, die Regierung verschafft sich selbst eine enorme Publicity, indem sie hochkarätige Unternehmen vorrangig wegen ihres *Wettbewerbsverhaltens* verfolgt. Dabei ist der Staat selbst die Hauptursache für echte Monopole – und zwar mit seinen Schutztarifen und seiner Regulierung bestimmter Branchen (vom Kabelfernsehen bis zu Taxidiensten), die zu Franchise-Monopolen führen. Und mit seiner Regulierung der Berufszulassungen, die den Zutritt zu Hunderten von Berufen erschwert oder unmöglich macht. Und mit der Kartellregulierung selbst, die oft als politische Waffe gegen die erfolgreichsten Unternehmen eingesetzt wird.«[370] Der Staat ist in der Monopolfrage viel mehr Übeltäter als Problemlöser. Nicht nur, weil er selbst oft zum Monopolisten wird, sondern weil er durch Überregulierung die Entstehung von Monopolen bzw. Oligopolen in manchen Branchen begünstigt. Denn je mehr regulatorische Vorschriften es gibt, umso schwieriger wird der Markteintritt für Neueinsteiger, da es sich nur große Unternehmen leisten können, all die Mitarbeiter zu bezahlen, die nicht produktiv tätig sind, sondern die sich ausschließlich damit beschäftigen, wie das Unternehmen die regulatorischen Anforderungen erfüllen kann. »Einiges deutet darauf hin«, so Tyler Cowen, »dass der festgestellte Anstieg der Konzentrationsraten im Zusammenhang mit der zunehmenden staatlichen Regulierung der Wirtschaft steht.«[371] Manchmal führt die staatliche Regulierung direkt zu weniger Wettbewerb und höheren Preisen, wie Cowen am Beispiel der amerikanischen Luftfahrtindustrie zeigt, wo der Staat es ausländischen Anbietern verbietet, Inlandsflüge durchzuführen.[372]

Auch manche kritikwürdigen Praktiken von Unternehmen wie Facebook sind eher durch den Staat bedingt als durch die Unternehmen selbst. Nehmen wir die Zensur von politischen Inhalten, ein Ärgernis, das zurecht kritisiert wird. Facebook und andere Unternehmen sind jedoch nicht die Urheber dieser Idee. Für sie ist es teuer und es bringt großen Aufwand mit sich, Tausende Mitarbeiter einzustellen und ständig neue Algorithmen zu entwickeln, die unerwünschte Inhalte aufspüren bzw. löschen. Sie tun es deshalb in diesem Umfang, weil Gesetzgeber in verschiedenen Ländern sie dazu zwingen und sie ansonsten Gefahr laufen, verklagt zu werden.[373] Der richtige Adressat für berechtigte Kritik an Unternehmen wie Facebook ist also manchmal der Staat – und nicht nur die Unternehmen.

Die größte Paradoxie bei der Kritik von Antikapitalisten an Monopolen ist jedoch: Gerade sie treten doch oft für Verstaatlichungen ein, obwohl das Staatsmonopol am dauerhaftesten und am wenigsten angreifbar ist. Ist es nicht absurd, große Firmen dafür zu kritisieren, dass sie den Wettbewerb beschränken, und dass die Antikapitalisten als Lösung des Problems für Staatsbetriebe plädieren, die den Wettbewerb nicht nur vorübergehend und teilweise, sondern dauerhaft und komplett beseitigen? Der Feind des dauerhaften Monopols ist nicht der Sozialismus, sondern der Kapitalismus.

7. »Kapitalismus fördert Egoismus und Profitgier – Menschlichkeit geht verloren«

Schon das Wort »Profit« löst bei vielen Menschen Unbehagen aus. Sie verbinden damit spontan Habgier oder andere niedere Motive. Hermann Simon, ein international erfolgreicher Managementdenker (»Hidden Champions«) und Unternehmer, stellte sich 2019 in die Fußgängerzone einer deutschen Stadt und sprach 100 Menschen an. Es handelt sich dabei um ein sogenanntes Convenience Sample, von dem man keine repräsentativen Ergebnisse erwarten darf. Aber ihm ging es nicht um die Zahlen, sondern er wollte die Reaktionen der Befragten beobachten. Simon fragte die Passanten: »Wie viel bleibt als Gewinn nach Steuern übrig, wenn ein Unternehmen 100 Euro als Umsatz einnimmt?« Viele Passanten empfanden die Frage als schwierig, manche verweigerten die Antwort mit dem Argument, sie lehnten Gewinn grundsätzlich ab. »Mir kam der Gedanke, dass man jedem Studierenden der Wirtschaftswissenschaften auferlegen sollte, normale Menschen zum Thema Gewinn zu befragen. Als Student und auch als Hochschullehrer habe ich das nie getan.«[374]

Die von Simon befragten Fußgänger vermuteten im Durchschnitt eine Nettoumsatzrendite[375] von 22,8 Prozent, der Median der Schätzungen lag bei 19 Prozent. Trotz des kleinen Stichprobenumfanges lagen diese Werte sehr nah an den Ergebnissen von repräsentativen Umfragen. Und sind damit deutlich überschätzt: Der wahre Mittelwert der Nettoumsatzrendite deutscher Unternehmen für einen Zeitraum von 14 Jahren lag bei 3,24 Prozent.[376]

Was kurios erscheint: Obwohl Gewinn so wichtig für die Wirtschaft ist, gibt es kaum Bücher dazu. Hermann Simon hat eines geschrieben. Er beginnt mit der Feststellung, dass die Aussage »Ich bin für Gewinnmaximierung!« in weiten Kreisen der Gesellschaft Empörung auslösen würde. Dabei, so Simon, ist Gewinnmaximierung im Kern nichts anderes als das Gegenteil von Verschwendung, man kann auch sagen: die Minimierung von Verschwendung.[377]

Unternehmen, die zu wenig Gewinn erzielen, handeln unsozial – vor allem gegenüber den eigenen Mitarbeitern. Sie gefährden deren Arbeitsplätze. Dass der größte Teil der Start-ups nicht längerfristig durchhält, sondern wenige Jahre nach der Gründung pleitegeht, ist bekannt. Was weniger bekannt ist: Viele Unternehmen machen kaum Gewinne. Das ist gefährlich. Denn der Schritt von einem sehr niedrigen Gewinn zum Verlust ist nur klein. Das sollten jene bedenken, die die »Gewinnmaximierung« kritisieren.

Sogar viele Unternehmer unterschätzen die Bedeutung des Profits. Simon berichtet von Unternehmen, die für viele andere stehen: Eine hoch angesehene Firma, der Chef ist 66 Jahre alt und arbeitet 60 Stunden die Woche. Auf die Frage nach dem Gewinn antwortet er: »Eigentlich machen wir keinen Gewinn, aber wir sind immer über die Runden gekommen, haben stets genügend investiert und stehen recht gut da.« Tatsache ist, dass das Unternehmen in den letzten 8 Jahren viermal marginale Gewinne und viermal Verluste gemacht hatte. Die Zahlen waren jeweils nahe null, die Verluste also nicht dramatisch, die Gewinne jedoch ebenfalls minimal. Und der Unternehmer verstand nicht, warum ihm niemand das Unternehmen zu seinen realitätsfernen Preisvorstellungen abkaufen wollte.[378]

Ein anderes von Simon untersuchtes deutsches Unternehmen, eine der weltweit führenden Firmen im Anlagenbau, wird seit 36 Jahren von einem begeisterten Ingenieur geleitet, der heute 70 Jahre alt ist. Nie wurde ein Arbeitnehmer entlassen, die Belegschaft ist hochqualifiziert, der Maschinenpark auf dem neuesten Stand. Das Unternehmen scheint bestens dazustehen und macht einen Umsatz zwischen 50 und 100 Millionen Euro. Aber: In den letzten 9 Jahren hat die Firma viermal Verlust eingefahren, in 4 Jahren mit Mühe eine schwarze Null erreicht und nur in einem Jahr eine Nettoumsatzrendite von 5 Prozent erwirtschaftet. Der Inhaber freut sich über sein »Wissenskapital«, seine Marke, seinen Immobilienbesitz und wundert sich, dass er keinen Investor findet. »Er will einfach nicht akzeptieren, dass die miserable Gewinnhistorie den Unternehmenswert massiv nach unten drückt, schlimmstenfalls sogar einen Verkauf unmöglich macht.«[379]

Der Eigentümer dieses Unternehmens sagt: »In meiner Welt sind die Motive des Wirtschaftens nicht in erster Linie hohe Finanzergebnisse. Für mich ist das nicht das Wichtigste in meiner Tätigkeit. Wenn das Grundbedürfnis eines normalen finanziellen Ergebnisses gedeckt ist, reicht mir das. Danach gibt es dann andere Motive, wie die Suche nach Perfektion, Freude an Neuentdeckungen, die Lust an der gemeinsamen Arbeit und die Freude an unseren Erfolgen.«[380] Dies ist ein Unternehmer, der vielen Menschen, die den Profit kritisieren, schon sympathischer wäre, denn ihm geht es nicht um den schnöden Profit, sondern um Selbstverwirklichung. Nur: Was er tut, ist hoch riskant. Und auch verantwortungslos gegenüber seinen Arbeitnehmern. Denn wer so geringe Gewinne macht, steht eigentlich immer nur einen Meter vor dem Abgrund.

»Gewinn«, so Simon, »ist und bleibt das alleinige Kriterium für den nachhaltigen Erfolg und die Überlebensfähigkeit von Unternehmen.«[381] Er wirft Unternehmern nicht zu viel, sondern zu wenig Gewinnstreben vor. Viele interessieren sich zu sehr für Umsatz-, Absatz- und Marktanteilsziele und zu wenig für den Gewinn. Dabei ist der Gewinn in Wahrheit ein wichtiger Indikator für die erbrachte Leistung und eine Voraussetzung für unternehmerische Unabhängigkeit sowie in der Folge für das Überleben des Unternehmens – und selbstverständlich auch für den Wohlstand des Unternehmers. Umgekehrt: Unzureichende Gewinne oder gar Verluste, so Simon, erzeugen gegenteilige Wirkungen. Sie führen zu Frustration, Selbstzweifel, Demotivation und im Fall einer Insolvenz zur Zerstörung von Vermögenswerten.

Profit oder Gewinn setzen viele Menschen mit Egoismus und Gier gleich. Sowohl von manchen Menschen, die dem Kapitalismus positiv gegenüberstehen, als auch von Antikapitalisten hört man häufig, dass Egoismus und Gier die wichtigsten Triebfedern dieses Systems seien. Kapitalismus-Verteidiger sagen manchmal: »Der Mensch ist nun einmal egoistisch, und daher funktioniert der Sozialismus nicht. Der Kapitalismus entspricht besser der menschlichen Natur.« Kapitalismuskritiker sagen, dass der Kapitalismus die schlechtesten Eigenschaften im Menschen befördere, vor allem die Gier.

Manche wollen den Kapitalismus deshalb abschaffen, andere wollen ihn »verbessern«. Der britische Ökonom Paul Collier hat Vorschläge formuliert, wie der Kapitalismus »reformiert« werden solle. Er kritisiert das »moralische Defizit« des »modernen Kapitalismus« und behauptet, »Gier ist gut« (der bekannte Ausspruch der Figur Gordon Gecko in dem Film »Wallstreet« von 1987) sei die Maxime des modernen Kapitalismus, und der Kapitalismus brauche deshalb dringend eine ethische Korrektur.

Collier zeichnet in dem Buch »Das Ende der Gier« (2020) zusammen mit seinem britischen Kollegen John Kay ein Zerrbild des »Marktradikalismus« und »Individualismus«, wenn sie schreiben: »Märkte gelten danach nicht als Mechanismen für wechselseitig vorteilhafte Tauschgeschäfte, sondern als Orte, wo Menschen sich gegenseitig zu übervorteilen suchen.«[382] Sie zeichnen auch ein Zerrbild des Denkens von Ökonomen wie Milton Friedman und anderen, wenn sie behaupten, dass deren »Ideologie die Gier als bestimmende menschliche Motivation hinnahm oder sogar begrüßte«.[383]

Nachdem der Kapitalismus des 21. Jahrhunderts so verzerrt dargestellt wird, besteht die Lösung nach Meinung von Collier darin, das »Gemeinwohl« wieder in den Mittelpunkt zu stellen und Unternehmen zu verpflichten, sich nicht mehr am Gewinn auszurichten, sondern an »Gemeinwohl«-Kriterien.

Wie das geschehen soll, beschreibt Collier in seinem Buch »Sozialer Kapitalismus« mit diesen Worten: »Die beste Methode, um diese Unzulänglichkeiten zu überwinden, besteht nicht darin, die

Regulierung zu verstärken, sondern dem öffentlichen Interesse dort eine Stimme zu geben, wo die Entscheidungen getroffen werden: Es muss in den Leitungsgremien eines Unternehmens, in Vorstand und Aufsichtsrat, direkt repräsentiert sein.«[384]

Im ersten Moment könnte man dabei an »Politkommissare« denken, wie es sie in totalitären Systemen gibt, die über die Einhaltung politischer Richtlinien wachen. Aber Collier hat eine andere Idee. Er fordert, die Gesetze so zu ändern, dass die Unternehmensführer gezwungen werden, nicht nur nach dem Interesse ihrer Firma zu entscheiden, sondern nach dem »Gemeinwohl«. So will er den Egoismus und die Gier eindämmen.

Wer das Gemeinwohl (»public interest«) nicht beachte, so Collier, solle bestraft werden: »Wie kann dem öffentlichen Interesse in den Leitungsgremien am besten Geltung verschafft werden? Das entsprechende Gesetz könnte so geändert werden, dass die angemessene Berücksichtigung des öffentlichen Interesses für *alle* Mitglieder der Leitungsgremien verpflichtend vorgeschrieben würde. Aufgrund ihrer gesetzlichen Haftpflicht könnten Vorstands- und Aufsichtsratsmitglieder, die sich über einen wichtigen Aspekt des öffentlichen Interesses hinwegsetzten, zivil- und/oder strafrechtlich belangt werden.«[385]

Damit wäre der Willkür Tür und Tor geöffnet. Denn »Gemeinwohl« ist ein vager und dehnbarer Begriff, unter dem sich jeder vorstellen kann, was er will. Bei Collier ist nicht gemeint, dass sich das Management an gesetzliche Vorschriften halten soll (das ist ja auch heute schon so), sondern dass in seinem »sozialen Kapitalismus« bei jeder unternehmerischen Entscheidung geprüft werden müsse, ob diese im Interesse des »Gemeinwohls« liege, was heute wohl heißt, dass sie in Übereinstimmung mit »Nachhaltigkeit« steht, nicht den Klimawandel befördert und natürlich »Gender«-Gesichtspunkte berücksichtigt. Collier möchte, dass die ganze Gesellschaft einem »sozialen Maternalismus« verpflichtet sein soll. Doch er hat sogar noch radikalere Ideen. Er will, dass Bürger die Rolle von »Polizisten« spielen, die darüber wachen, dass die Unternehmen im öffentlichen

Interesse handeln. Er meint damit also nicht etwa die staatliche Polizei, sondern durch von niemandem legitimierte, vielmehr selbstermächtigte Aktivisten, die die Unternehmen bespitzeln und kontrollieren sollen. »Jede Regulierung kann durch kluges förmliches ›Abhaken von Kästchen‹ unterlaufen werden; jede Steuerlast kann durch geschickte Buchführung verringert werden; jedes Mandat kann durch eigennütziges Denken manipuliert werden. Der einzige Schutz gegen derartige Handlungsweisen ist eine alles sorgfältig beobachtende ›Polizei‹ ... Die sanfte Aufsichtsfunktion erfordert nicht, dass sich alle daran beteiligen: Wenn eine kritische Masse Teilnehmer überschritten wird, werden die Risiken, die durch das Fehlverhalten von Unternehmen entstehen, untragbar hoch.«[386] Collier setzt darauf, dass sich in jedem Unternehmen genügend selbst ernannte Aktivisten finden, die diese Kontroll- und Spitzeltätigkeit mit Freude übernehmen: »Alle Unternehmen haben einen großen Pool an Mitarbeitern mit feinem ethischem Gespür, die bereit wären, eine zusätzliche Aufgabe zu übernehmen, und stolz darauf, Hüter des öffentlichen Interesses zu werden ... Es besteht kein Mangel an hochmotivierten Menschen, die in Großunternehmen arbeiten und sich der Gesellschaft verpflichtet fühlen.«[387]

Obwohl Collier sich in seinem Buch immer wieder zum Pragmatismus bekennt und gegen Ideologen und Populisten wettert, ähneln seine Ideen in erschreckender Weise totalitären Systemen. Wenn private Personen ohne jede Legitimation die Rolle einer »all-seeing police force« (so die Formulierung in der englischen Ausgabe seines Buches) übernehmen sollen, die darüber wacht, dass die Eigentümer bzw. die Eigentümervertreter im Unternehmen im »public interest« handeln, dann hat dies auf jeden Fall mit Marktwirtschaft und Kapitalismus nichts mehr zu tun. Vom Kapitalismus bleibt am Ende nichts mehr übrig als das bloße Wort: 12 Buchstaben, die ihrer eigentlichen Bedeutung beraubt wurden.

Ich habe mich damit ausführlich auseinandergesetzt, weil Collier kein radikaler Marxist ist, sondern einer der vielen Autoren, der glaubt, er sei berufen, sich etwas auszudenken, wie man den Kapitalismus

»verbessern« und die angeblich allgegenwärtige »Gier« einhegen könne.

Die Frage lautet: Sind »Gier« und ein ungezügelter Egoismus wirklich – und heute mehr denn je – die Triebfedern des Kapitalismus? Das Eigeninteresse eines jeden Menschen ist ein – wenn auch gewiss nicht der einzige – Antrieb für jedes menschliche Handeln. Das hat aber nichts mit einem speziellen Wirtschaftssystem zu tun. Vielmehr handelt es sich um eine urmenschliche, anthropologische Konstante. »Im allgemeinen Sprachgebrauch«, so Ayn Rand, »ist das Wort ›Egoismus‹ ein Synonym für das Böse; es beschwört das Bild eines blutrünstigen Unmenschen herauf, der über Leichen geht, um sein Ziel zu erreichen – eines Untiers, das sich um kein Lebewesen schert und nur die Befriedigung der eigenen hirnlosen momentanen Launen im Sinn hat. Doch die exakte Bedeutung und Definition des Worts ›Egoismus‹ lautet: ›*Beschäftigung mit den eigenen Interessen*‹.«[388]

Das Wort »Egoismus« kommt aus dem Lateinischen und ist abgeleitet von dem Wort »Ego«, das »ich« bedeutet. Julien Backhaus schreibt in seinem Buch »Ego. Gewinner sind gute Egoisten«: »Dieses ›Ich‹ ist der Ausgangspunkt all Ihrer Erlebnisse auf diesem Planeten. Weder gut noch schlecht. Es ist einfach. Es bildet schlicht und einfach das Zentrum Ihres Lebens. Es grenzt Sie von Ihrem Umfeld ab.«[389]

Totalitäre Ideologien wollen dieses »Ich« kleinmachen, es soll sich dem »Wir« unterordnen. »Du bist nichts, dein Volk ist alles« oder »Gemeinwohl vor Eigenwohl«, lauteten die Maximen des Nationalsozialismus. Adolf Hitler sagte in einer Rede im November 1930: »Im gesamten Wirtschaftsleben, im Gesamtleben an sich, wird man aufräumen müssen mit der Vorstellung, dass der Nutzen des Einzelnen das Wesentliche ist und dass auf dem Nutzen des Einzelnen sich der Nutzen der Gesamtheit aufbaut, also zunächst der Nutzen des Einzelnen den Nutzen der Gesamtheit überhaupt erst ergibt. Das Umgekehrte ist richtig: Der Nutzen der Gesamtheit bestimmt den Nutzen des Einzelnen ... Wenn dieser Grundsatz nicht anerkannt wird, dann muss zwangsläufig ein Egoismus eintreten, der die Gemeinschaft zerreißt.«[390]

Diese Überzeugung eint alle totalitären Denker, Revolutionäre und Diktatoren, von Robespierre in der Französischen Revolution über Lenin, Stalin, Hitler und Mao. Hannah Arendt, eine der größten Denkerinnen des 20. Jahrhunderts, schrieb in ihrem Werk »Über die Revolution«: »Nicht nur in der Französischen Revolution, sondern in allen Revolutionen, die ihrem Beispiel folgten, erscheint das Einzelinteresse als eine Art gemeinsamer Feind, und die Terrortheorien von Robespierre bis Lenin und Stalin nehmen alle als selbstverständlich an, dass das Gesamtinteresse automatisch und ständig in Feindschaft liege mit dem Eigeninteresse jedes einzelnen Bürgers.«[391] Ja, absurderweise wurde das Handeln gegen das Eigeninteresse sogar zur höchsten Tugend erklärt und der Wert eines Menschen danach bemessen, wie sehr er gegen seine eigenen Interessen und Impulse handelt.[392]

Adam Smith betonte die Wichtigkeit des Egoismus, und zwar gerade deshalb, weil der Mensch fortwährend die Hilfe seiner Mitmenschen brauche. Er meinte jedoch, dabei könne der Mensch nicht allein auf das Wohlwollen seiner Mitmenschen vertrauen. »Er wird viel eher zum Ziel kommen, wenn er ihren Egoismus zu seinen Gunsten interessieren und ihnen zeigen kann, dass sie ihren eigenen Nutzen davon haben, wenn sie für ihn tun, was er von ihnen haben will .... Nicht von dem Wohlwollen des Fleischers, Brauers oder Bäckers erwarten wir unsere Mahlzeit, sondern von ihrer Bedachtnahme auf ihr eigenes Interesse. Wir wenden uns nicht an ihre Humanität, sondern an ihren Egoismus, und sprechen ihnen nie von unseren Bedürfnissen, sondern von ihren Vorteilen. Nur ein Bettler will am liebsten ganz von dem Wohlwollen seiner Mitbürger abhängen.«[393]

Ludwig von Mises betonte, dass die Gegenüberstellung von egoistischem und altruistischem Handeln falsch sei. Es sei glücklicherweise »nicht so, dass ich die Wahl habe, durch mein Tun und Lassen entweder mir *oder* meinen Mitmenschen zu dienen. Wäre dem so, dann wäre menschliche Gesellschaft nicht möglich.«[394]

Neben der Gleichsetzung von Gewinnstreben und Gier ist vielen Menschen das Profitstreben deswegen nicht geheuer, weil sie dem Nullsummenglauben aufsitzen. Wissenschaftliche Untersuchungen haben ergeben, dass Menschen, die mit Neid auf die Reichen schauen, diesem Nullsummenglauben anhängen.[395] Was ist damit gemeint? Die Überzeugung, dass der Gewinn des einen immer der Verlust des anderen sein müsse – so wie bei einem Tennisspiel, wo es einen Gewinner und einen Verlierer gibt. Diese Menschen glauben, ein Reicher könne nur zu Reichtum auf Kosten von anderen gelangen – vor allem von Arbeitern, die er ausbeutet. Sie stellen sich die Wirtschaft vor wie einen Kuchen, der eine konstante Größe hat: Schneidet sich der eine ein größeres Stück ab, bleibt für den anderen nur ein um das gleiche Maß kleineres Stück übrig.

Doch so funktioniert der Kapitalismus nicht. Durch Handel und Produktivitätssteigerungen wird der Kuchen vergrößert. Wächst die Wirtschaft, profitieren viele – nicht nur die Kapitalisten, sondern auch die Arbeitnehmer. Und wenn es eine Wirtschaftskrise gibt, dann muss der Unternehmer im schlimmsten Fall um die Existenz seiner Firma bangen und der Arbeitnehmer um seinen Job. Den unauflöslichen Gegensatz (»Klassenwiderspruch«) zwischen Kapitalisten einerseits und Arbeitern und Angestellten andererseits gibt es also in dieser Form nicht. Viel häufiger sind die Interessen beider Seiten kongruent, denn in einer florierenden Firma geht es meistens sowohl dem Eigentümer als auch den Arbeitern besser als in einer Firma, die wenig Gewinne macht und vielleicht sogar von der Pleite bedroht ist.

Doch zurück zum Thema: Egoismus war stets ein menschlicher Charakterzug. Aber im Kapitalismus wird der Egoismus dadurch gezügelt, dass langfristig nur derjenige Unternehmer erfolgreich sein kann, der zuerst die Bedürfnisse seiner Kunden im Auge hat. Empathie und nicht Gier ist die Basis des Kapitalismus. Empathie bezeichnet die Fähigkeit, Gefühle und Motive einer anderen Person zu erkennen und zu verstehen. Das ist jedoch gerade die wichtigste Eigenschaft erfolgreicher Unternehmer.

Nehmen wir als Beispiel Steve Jobs. Er erfand Produkte wie das iPhone, weil er besser als andere die Bedürfnisse und Wünsche der Menschen in der modernen Gesellschaft verstand. Das Gleiche gilt für Mark Zuckerberg, heute einer der reichsten Menschen der Welt.

Er erfand Facebook, weil er das Verlangen seiner Zeitgenossen nach Verbindungen im Internet besser erkannte als andere Unternehmer. Erfolgreich wurden Steve Jobs und Mark Zuckerberg – so wie alle erfolgreichen Unternehmer – durch ihre Kunden.

In Deutschland waren lange Zeit die Brüder Karl und Theo Albrecht die reichsten Menschen. Reich wurden sie durch den Lebensmittel-Discounter Aldi, der Produkte in guter Qualität zu günstigen Preisen anbietet. Das war auch das Konzept von Sam Walton, dem Begründer von Walmart und lange Zeit einer der reichsten Amerikaner. Die Konsumenten bestätigten durch ihre Kaufentscheidungen, dass Jobs, Zuckerberg, die Albrecht-Brüder und Sam Walton die Wünsche, Bedürfnisse und Gefühle anderer Menschen richtig eingeschätzt hatten, ja, sie wussten sogar, was sich die Verbraucher wünschen, bevor diese selbst es wussten.

Natürlich gibt es im Kapitalismus Unternehmen, die übertrieben egoistisch handeln und dabei die Bedürfnisse und Interessen ihrer Mitmenschen aus dem Auge verlieren. Ein Beispiel dafür ist die Deutsche Bank, die Tausende Rechtsstreitigkeiten mit Privatkunden führte. Solche Unternehmen werden aber im Kapitalismus bestraft – durch den Markt. Die Deutsche Bank büßte ihre Stellung als eine der führenden Banken der Welt ein, weil sie die Interessen der für sie arbeitenden Investmentbanker über die Interessen ihrer Kunden und ihrer Aktionäre stellte.

Immer wieder werden gegen den Kapitalismus Fälle ins Feld geführt, wo Unternehmen bzw. das Management betrügen. Die Beispiele dafür sind Legion, so etwa der Betrugsskandal des amerikanischen Energieunternehmens Enron im Jahr 2001, der sogenannte Diesel-Skandal 2015 bei VW und anderen deutschen Autoherstellern oder der Milliarden-Betrug des Zahlungsabwicklers Wirecard, der 2020 in Deutschland aufflog. Manchmal, wie etwa im Fall Wirecard, konnte es nur so weit kommen, weil staatliche Aufsichtsbehörden komplett versagten. Selbst als es schon in der Wirtschaftspresse detaillierte Hinweise gab, ging die Finanzaufsicht BaFin ihnen nicht nach. Die BaFin verbot sogar Leerverkäufe der

Aktie von Wirecard[396] und handelte damit objektiv im Interesse des betrügerischen Unternehmens. Man kann darum eher von Staatsversagen als von Marktversagen sprechen.

Betrüger und Verbrecher gibt es, seit es Menschen gibt, und in jedem System. Es ist ein typischer Trick von Kapitalismuskritikern, anthropologische Grundtatsachen – z. B. die Existenz von Betrügern – zu einem Systemmerkmal zu machen. Es gibt jedoch nicht den geringsten Hinweis darauf, dass es im Kapitalismus mehr Betrug gibt als in nicht-kapitalistischen Systemen. Vieles spricht dafür, dass es genau andersherum ist. Denn Firmen, die das Vertrauen ihrer Kunden missbrauchen, erleiden einen Imageschaden und werden von ihren Kunden oder vom Finanzmarkt abgestraft. Die Kunden verlieren das Vertrauen und gehen lieber zur Konkurrenz, die Investoren verkaufen die Aktien des Unternehmens oder bestrafen es sogar durch sogenannte Leerverkäufe. Wir haben im Kapitel 6 gesehen, dass sogar Monopole ihre Macht verlieren können und schließlich aufhören, Monopole zu sein, oder sogar ganz vom Markt verschwinden. So mächtig ist der Markt im Kapitalismus.

Ich war etwa 20 Jahre in der Immobilienbranche tätig und habe dort leider auch einige Unternehmer kennengelernt, die unethisch gehandelt oder sogar Gesetze gebrochen haben. Aber erstens war das eine Minderheit, und zweitens haben die allermeisten Unternehmer, die sich unethisch verhalten haben, früher oder später zumindest erhebliche Imageprobleme bekommen und sind dann häufig ganz vom Markt verschwunden, andere sind von der Justiz bestraft worden. Oftmals sind die Finanzmärkte und die Kunden schneller dabei, ein Unternehmen abzustrafen, als es die Justiz ist.

In sozialistischen Systemen dagegen ist der Verbraucher den Unternehmen (die dem Staat gehören) hilflos ausgeliefert, weil sie Monopole sind, die weder wirtschaftlich noch rechtlich in Konkurs gehen können. Wenn ein staatliches Unternehmen im Sozialismus gegen die Bedürfnisse seiner Kunden handelt, dann hat der Kunde keine Alternative, da es keinen Wettbewerb gibt. Im Kapitalismus wird der Kunde Unternehmen bestrafen, die die Bedürfnisse ihrer Kunden aus dem Auge verlieren. Jeden Tag stimmen die Kunden über das Unternehmen ab – indem sie seine Produkte kaufen oder eben nicht.

Und natürlich ist es keineswegs so, dass es nur in kapitalistischen Firmen moralisch verwerfliche Handlungen gibt. Diese gibt es ebenso in der Kirche, in Gewerkschaften oder in sogenannten NGOs, die sich für die Armen, für die Umwelt und gegen den Kapitalismus engagieren. Ein Beispiel aus jüngerer Zeit ist die Organisation Oxfam, die Jahr für Jahr mit großer Medienresonanz »Studien« herausgibt, in denen die Reichen und der Kapitalismus angeklagt werden. Im Februar 2018 kam heraus, dass Oxfam-Mitarbeiter Frauen, die in Oxfam-Shops ehrenamtlich gearbeitet haben, zu sexuellen Handlungen als Gegenleistung für Unterstützung in Notsituationen gezwungen haben. Das berichtete Helen Evans, eine ehemalige Oxfam-Top-Managerin und ehemalige Leiterin des Sicherheitsteams bei Oxfam Großbritannien. Oxfam sei solchen Vorfällen ungenügend nachgegangen. Eine interne Umfrage in einigen Ländern hatte ihren Angaben zufolge ergeben, dass einer von zehn Mitarbeitern selbst Opfer sexuellen Fehlverhaltens wurde oder solche Belästigungen und Übergriffe zumindest beobachtet habe.[397] Das ist nur einer von vielen Fällen, in denen Organisationen, die nicht auf Profitstreben ausgerichtet sind, moralisch versagt haben. Genauso wie es unfair wäre, solche Berichte zu verallgemeinern und »die NGOs« auf die Anklagebank zu setzen, so ist es unfair, »den Kapitalismus« für moralische Verfehlungen einzelner Unternehmen verantwortlich zu machen.

Natürlich gibt es Unternehmer, die gierig sind, aber das Streben nach hohen Profiten generell als Ausdruck von Gier zu werten, ist abwegig. »Gier«, so schreibt der amerikanische Ökonom Thomas Sowell, »mag ja durchaus das *Verlangen* des Einzelnen nach mehr Geld erklären. Doch das Einkommen wird dadurch bestimmt, was *andere Menschen* zahlen – gleich ob diese anderen nun Arbeitgeber oder Verbraucher sind. Mit Ausnahme von Kriminellen erhalten die meisten Menschen in einer Marktwirtschaft ihr Einkommen als Ergebnis freiwilliger Transaktionen. Wie viel Einkommen jemand freiwillig erhält, hängt von der Bereitschaft anderer Menschen ab, ihr Geld im Austausch für das zu geben, was der Empfänger anbietet, sei es Arbeit, eine Ware oder eine Dienstleistung.«[398]

Auf ökonomischer Ebene ist es so, dass Gewinnerzielung für Unternehmen eine Notwendigkeit ist, denn anders kann das Unternehmen nicht überleben. Das gilt nicht nur im Kapitalismus, sondern in jedem Wirtschaftssystem: Würde beispielsweise in einem sozialistischen System, in einer »Gemeinwohlökonomie« oder in irgendeinem anderen System die Mehrheit der Unternehmen Verlust machen, sodass die Ausgaben die Einnahmen überträfen, wäre dieses System sehr schnell an seinem Ende. Letztlich ist das der maßgebliche Grund, warum die Sowjetunion Ende der 1980er-Jahre rund 70 Jahre nach ihrer Gründung, »Konkurs« ging. Das System, also alle sowjetischen Unternehmen zusammen, hatte so viel Verluste angehäuft, dass es wirtschaftlich nicht mehr überlebensfähig war.

Hermann Simon unterstreicht, dass Gewinn Freiheit mit sich bringt. »Ein Unternehmer, der Gewinne erwirtschaftet, verringert damit seine Abhängigkeit von Banken, Kunden und Lieferanten. Er kann frei entscheiden, wie er mit seinem Gewinn verfährt. Er kann den Gewinn ausschütten, in das bestehende Unternehmen reinvestieren, zum Aufbau neuer Geschäfte einsetzen oder für gemeinnützige Zwecke spenden. Gewinn gewährt Freiheit.«[399] Aber auch das Umgekehrte trifft zu: Wer als Unternehmer keine Gewinne macht, verliert Freiheit. Banken schränken seinen Spielraum ein, er ist auf jeden Auftrag angewiesen, die Arbeitnehmer fürchten, ihre Arbeitsplätze zu verlieren, und wechseln möglicherweise zur Konkurrenz.

Freiheit ist übrigens auch ein zentrales Motiv für Unternehmer, überhaupt Unternehmer zu werden. Ich habe meine Doktorarbeit über die Psychologie reicher Menschen geschrieben und wollte herausfinden, was sie mit Geld verbinden. Die meisten Menschen denken ja bei Reichen sofort an Luxuswagen, teure Jachten und prunkvolle Villen. Das Fernsehen zeigt uns diese Bilder. Und natürlich gibt es Reiche, für die diese materiellen Dinge wichtig sind.

Ich habe für diese Untersuchung 45 vermögende Menschen befragt und mit jedem von ihnen ein bis zwei Stunden gesprochen.

Am Ende umfassten die Protokolle dieser Gespräche 1700 Seiten – dazu kam noch ein psychologischer Test mit 50 Fragen, den jeder ausfüllen musste. Das Ergebnis:[400] Mit »Geld«, also mit einem großen Vermögen, verbanden die Interviewpartner sehr unterschiedliche Vorteile in ihrem Leben. Um die Motive der Befragten besser zu verstehen, wurden allen Interviewpartnern 6 Punkte genannt, die man mit Geld verbinden kann. Sie sollten, je nachdem, wie wichtig ihnen jeder dieser Punkte ist, eine Zahl von 0 (völlig unwichtig) bis 10 (sehr wichtig) zuordnen.

Die unterschiedlichen Antworten zeigen die Bandbreite der Motivationen. So spielte das Motiv, »sich schöne Dinge leisten zu können« (also teure Autos, Häuser oder Reisen), für 13 Befragte eine sehr große Rolle, 10 versicherten dagegen, dies spiele bei ihnen nicht die geringste Rolle. Für die restlichen Befragten war dieser Punkt weder extrem wichtig noch ganz unwichtig. Das Motiv der »Sicherheit« wurde zwar von etwa der Hälfte der Interviewpartner als besonders wichtig benannt, aber es gab auch 9, die dem keine Bedeutung beimaßen.

Lediglich bei einem Motiv waren sich fast alle einig: Sie verbanden Reichtum mit »Freiheit und Unabhängigkeit«. Das Selbstverständnis, finanziell frei zu sein, einte fast alle Befragten. Kein anderes Motiv wurde so häufig so hoch bewertet wie dieses. Nur 5 Befragte gaben einen Wert an, der nicht in dem höchsten Bereich zwischen 7 und 10 Punkten lag. 23 Befragte gaben sogar den Höchstwert 10 an.

An zweiter Stelle wurde genannt: »Die Möglichkeit, mit dem Geld neue Dinge anzupacken, zu investieren«. Dieser Punkt wurde von 23 Befragten als sehr wichtig betrachtet und nur von einem als weniger wichtig.

Nun wenden manche Menschen ein: Freiheit, gut und schön, vielleicht auch Gewinn. Aber wo bleibt bei all dem die Menschlichkeit? Sozialistische Systeme versprechen den Menschen Glück und eine Lösung aller Probleme, eine Art irdisches Paradies. Wir wissen aus den sozialistischen Experimenten des 20. Jahrhunderts, dass dieses Paradies-Versprechen allzu oft in einer Hölle endete. Mehr als 100 Millionen Tote haben Wissenschaftler als Bilanz dieser sozialistischen Experimente gezählt – drei Beispiele für die Unmenschlichkeit sozialistischer Systeme stelle ich in Kapitel 11 dar.[401]

Kapitalismus verspricht den Menschen nicht das Paradies auf Erden, sondern eine Ordnung, die eine gute Güterversorgung gewährleistet. Dass der Kapitalismus nicht nur das beste Mittel gegen Hunger und Armut ist, sondern zum Beispiel auch für die Umwelt, habe ich in vorangegangenen Kapiteln gezeigt. Aber eines kann der Kapitalismus den Menschen nicht bieten: individuellen Lebenssinn und das Versprechen auf Glück. Der Mensch soll frei sein, nach Glück zu streben, aber ob er es erreicht, dafür ist nicht das Wirtschaftssystem verantwortlich, das ihm nur den Rahmen dafür bietet. Die liberale Philosophie beruht auf der Selbstverantwortung des Menschen.

»Nichtkapitalistische Wirtschaftsordnungen«, so schreibt der Wirtschaftshistoriker Werner Plumpe, »haben es bis heute nirgends geschafft, jene materielle Hintergrundentlastung zu ermöglichen, ohne die ein wie auch immer gestaltetes ›gutes Leben‹ nur schwer vorstellbar ist. Materielle Hintergrundentlastung bedeutet kein Lebensglück, zumal sie auch unter kapitalistischen Bedingungen nicht immer und überall gegeben ist. In der Summe ist die kapitalistische Ordnung allen anderen vorstellbaren Arrangements weit überlegen. Und wenn das so ist, ist die Kälte der Ökonomie zumindest eine notwendige Bedingung eines gelingenden Lebens, wenn auch nicht dessen Erfüllung. Dafür ist die Ökonomie aber auch nicht zuständig; das kann nur den Menschen selbst gelingen.«[402]

Sozialisten sprechen stets vom »Wir«. Liberale glauben daran, dass Menschen Gestalter ihres eigenen Schicksals sein sollten, dass sie selbst verantwortlich sind für das »gelingende Leben« und nicht der Staat. Ich habe mich mit erfolgreichen Menschen mit Behinderungen beschäftigt und fand, dass man viel von ihnen lernen kann. Vor allem: Selbstverantwortung.[403] Nicht die Gesellschaft, nicht andere Menschen oder äußere Umstände verantwortlich zu machen, sondern selbst Verantwortung zu übernehmen.

Ein Beispiel, das mich besonders beeindruckt hat, war das Leben dieses Amerikaners: Er wurde 1930 geboren, und zwar in einer der ärmsten Familien seiner Stadt. Seinen Vater lernte er nie kennen. Seine Mutter starb schon, als sie 31 Jahre alt war. Er war schwarz, was damals noch ein viel größeres Problem in den USA war als heute. Und hinzukam, dass er an einer unheilbaren Augenkrankheit erkrankte und schließlich im Alter von 7 Jahren erblindete.

Sie haben wahrscheinlich schon einige seiner Songs gehört, denn der Name dieses Mannes ist Ray Charles. Er wird als der »Hohepriester des Soul« bezeichnet. In der Liste der »Besten Sänger aller Zeiten« des Magazins »Rolling Stone« steht er von allen Männern auf Platz 1 und damit vor Superstars wie Elvis Presley, John Lennon, Bob Dylan oder Paul McCartney. Lediglich eine Sängerin, Aretha Franklin, rangiert vor ihm und verweist ihn damit auf den Gesamtplatz 2 der »100 Greatest«. Er war nicht nur Sänger, sondern auch Songwriter und Produzent und erhielt bei 37 Nominierungen 17-mal die begehrte Grammy-Auszeichnung. Mit einem Nettovermögen von 100 Millionen US-Dollar war er zudem einer der vermögendsten Sänger seiner Zeit.

Aber es gab auch eine dunkle Seite in seinem Leben. 16 Jahre lang war Ray Charles heroinabhängig. Doch er gab weder äußeren Umständen noch seiner Behinderung oder erlittenen Diskriminierungen die Schuld an seinem Drogenkonsum. In seiner Autobiografie schreibt er: »Niemand hat mir das angetan. Ich selbst hab es mir angetan. Es war nicht die Gesellschaft, es war kein Dealer, es war nicht die Tatsache, dass ich blind war oder schwarz oder arm. Es war alles meine Entscheidung.«[404]

Das ist es: Täter des eigenen Lebens zu sein, im Schlechten wie im Guten. Der Philosoph und Kulturwissenschaftler Peter Sloterdijk nennt eine solche Philosophie existenzialistisch.[405] Sie sei für erfolgreiche Menschen charakteristisch – »die Figur der Selbstwahl, kraft welcher das Subjekt etwas aus dem macht, was aus ihm gemacht wurde«.[406] Dem gegenüber steht die Philosophie der Sozialisten, die den Menschen erklärt: »Du bist ein Opfer der Umstände und du hast innerhalb dieser kapitalistischen Strukturen keine Chance auf ein besseres Leben – deshalb schließe dich uns an und kämpfe gegen die Strukturen.« Wer Menschen so zu Opfern erklärt, macht sie hilflos und machtlos. Dagegen können Beispiele von Menschen, die trotz – und manchmal sogar gerade wegen – widriger äußerer Umstände ihr Schicksal in die eigene Hand nahmen, ermutigen.

Zugegeben, der Kapitalismus ist das anstrengendere System, denn nicht alle Menschen lieben Freiheit und Selbstverantwortung. Viele finden es einfacher, wenn ein System ihnen einen Sinn gibt. Islamische Staaten geben den Menschen einen religiösen Sinn, die sozialistischen Staaten geben ihnen die Vision der klassenlosen Gesellschaft im kommenden Kommunismus und der nationalsozialistische Staat gab vielen Deutschen mit der nationalen Volksgemeinschaft einen Lebenssinn und inneren Halt. Alle diese kollektivistischen Systeme geben dem einzelnen Menschen erstaunlich genau vor, welche Rolle er in der Gemeinschaft spielen soll – und welche nicht. Doch für Menschen anderer Überzeugung, für Andersgläubige (oder im Nationalsozialismus auch für andere Gruppen, die von vornherein aus der »Volksgemeinschaft« ausgeschlossen wurden), waren diese Systeme die Hölle und viele fanden den Tod in den Konzentrationslagern Hitlers oder den Straf- und Arbeitslagern Stalins.

In der Philosophie des Liberalismus vermittelt weder der Staat noch die Wirtschaft einen für alle Bürger verbindlichen Lebenssinn. Was ist Ihr Sinn? Ich beispielsweise kann Menschen wie Arnold Schwarzenegger verstehen, der meinte: »Der Sinn des Lebens ist nicht, einfach zu existieren, zu überleben, sondern sich voranzubewegen, aufzusteigen, zu leisten, zu erobern.«[407] Schon in seiner Jugend habe er sich große Ziele gesetzt. »Mit meinen Träumen und meinem Ehrgeiz«, so Schwarzenegger, »war ich definitiv nicht normal. Normale Menschen können mit einem normalen Leben glücklich sein. Ich war da anders. Ich fühlte, dass das Leben mehr für mich vorgesehen hatte, als mir nur eine Durchschnittsexistenz zu bescheren.«[408] Mich faszinieren Menschen, die so denken. Aber ich würde nie auf die Idee kommen, für eine Gesellschaft einzutreten, in der alle so denken und fühlen sollten.

Die Menschen haben sehr verschiedene Träume und Vorstellungen von dem, was ein erfülltes Leben für sie ist. Eine freiheitliche Gesellschaft gibt Menschen wie Schwarzenegger, der aus einem kleinen steirischen Dorf in Österreich kam, dann in den USA zum bekanntesten Bodybuilder der Welt und einem der bestbezahlten Actiondarsteller in Hollywood (und der zweimal zum Gouverneur von Kalifornien gewählt) wurde, mehr Möglichkeiten als andere Gesellschaften, ihre ganz individuellen Träume zu verwirklichen. Aber sie verpflichtet niemanden, einen bestimmten Traum zu träumen oder überhaupt vom Leben etwas Besonderes zu verlangen. Auch das gehört zur freien Entscheidung eines jeden Menschen.

8. »Kapitalismus erzeugt künstliche Bedürfnisse durch Werbung und fördert unnötigen Konsum«

In seiner Enzyklika »Laudato si«, einer flammenden Anklage gegen den Kapitalismus, verkündete Papst Franziskus 2015: »Da der Markt dazu neigt, einen unwiderstehlichen Konsum-Mechanismus zu schaffen, um seine Produkte abzusetzen, versinken die Menschen schließlich in einem Strudel von unnötigen Anschaffungen und Ausgaben. Der zwanghafte Konsumismus ist das subjektive Spiegelbild des techno-ökonomischen Paradigmas.« So wie andere Antikapitalisten behauptet er weiter, dies geschehe nur im Interesse der Reichen: »Dieses Modell wiegt alle in dem Glauben, frei zu sein, solange sie eine vermeintliche Konsumfreiheit haben, während in Wirklichkeit jene Minderheit die Freiheit besitzt, welche die wirtschaftliche und finanzielle Macht innehat.«[409] Und so wie alle Antikapitalisten erweist sich auch der Papst als Anhänger des Nullsummenglaubens, wenn er als Lösung der Probleme vorschlägt, »in einigen Teilen der Welt eine gewisse Rezession zu akzeptieren und Hilfen zu geben, damit in anderen Teilen ein gesunder Aufschwung stattfinden kann«.[410]

In seinem Buch »Was ist so schlimm am Kapitalismus?« (2018) bringt es der Schweizer Soziologe Jean Ziegler so auf den Punkt: »Die Konsumgesellschaft beruht auf einigen einfachen Prinzipien: Ihre Mitglieder sind Kunden, die dazu verführt werden zu kaufen, zu konsumieren, Güter in ständig wachsender Zahl wegzuwerfen und immer neue Güter zu erwerben, selbst wenn sie sie nicht wirklich brauchen.«[411] Immer neue Wünsche »werden dem Verbraucher ins Hirn geträufelt, eingepflanzt«[412], und somit herrsche im Kapitalismus ein »Konsumzwang«.[413]

Die Kritik am »Konsumdenken« ist nicht neu. Nachdem die These, der Kapitalismus führe zu einer immer größeren Verelendung von breiten Massen der Arbeiterschaft, durch die Entwicklung in den USA und Westeuropa nach dem Zweiten Weltkrieg widerlegt wurde, drehte die »Neue Linke« die Argumentation geradezu um: Nicht zu wenig, sondern zu viel Konsum sei das wahre Übel des Kapitalismus, hieß es nun. Von »Konsumterror« war die Rede: Kapitalistische Firmen würden Bedürfnisse durch die Werbung erst künstlich erzeugen und diese dann teilweise mit billigen, minderwertigen Waren befriedigen, so lautete die Kritik an der »Wegwerfgesellschaft«. Der britische Philosoph Roger Scruton charakterisierte die Kritik an der »Überfluss-« und »Konsumgesellschaft« mit den Worten: »Diese Erzählung kehrt den Beweis für unsere Freiheit – nämlich, dass wir erwerben können, was wir wollen – in einen Beweis unserer Sklaverei um, da unsere Wünsche ja nicht wirklich unsere sind.«[414]

Einflussreich war Herbert Marcuse, der Vordenker der »Frankfurter Schule«, der in seiner Schrift »Der eindimensionale Mensch« argumentierte, die Menschen könnten ihre »wahren Bedürfnisse« nicht mehr erkennen, da ihre Fähigkeit, sich dem Bestehenden zu verweigern, durch den enormen Fortschritt der Warenproduktion überspielt werde. Die Gebrauchsgüter der kapitalistischen Warenwelt »manipulieren die Menschen, sie befördern ein falsches Bewusstsein, das gegen seine Falschheit immun ist«. So entstehe ein »Muster eindimensionalen Denkens und Verhaltens«.[415] Für Marcuse handelte es sich um unmenschliche Zustände: »Jene, die in der Hölle der Gesellschaft im Überfluss leben müssen, werden mit einer Brutalität bei der Stange gehalten, die mittelalterliche Praktiken und solche der frühen Neuzeit wiederbelebt.«[416] Konsum verstärkte die »Entfremdung«, ein Begriff, der so vage blieb, dass jeder sich etwas anderes darunter vorstellen und seine eigenen Probleme mithin jedenfalls als Probleme der Gesellschaft »erkennen« konnte.

Der Begriff des »Konsumterrors« wurde eine der Lieblingsvokabeln der 68er-Generation. In ihrer extremen Ausprägung führte diese radikale Konsumkritik zur ersten spektakulären Aktion von

Andreas Baader und Gudrun Ensslin, die später zusammen mit Ulrike Meinhof den Kern der RAF bildeten. Am 3. April 1968 explodierten im Kaufhof und im Kaufhaus Schneider in Frankfurt zwei Brandsätze. Die Begründung lautete: »Wir zünden Kaufhäuser an, bis ihr aufhört, zu kaufen. Ihr habt nichts zu verlieren als den Gewinn der Ware. Der Konsumzwang terrorisiert euch, wir terrorisieren die Waren.«[417] Konsumterror müsse, so die Logik, mit Gegenterror bekämpft werden, und daher seien solche Anschläge im Kampf gegen die Konsumsklaverei legitim.

Für manche Linke war der »Konsumismus« sogar noch schlimmer als der Faschismus – und daher lag eine gewisse Logik darin, ihn mit allen Mitteln zu bekämpfen. Der linke italienische Filmregisseur Pier Paolo Pasolini griff den »Konsumismus« an und verstieg sich in die Behauptung: »Kein faschistischer Zentralismus hat das geschafft, was der Zentralismus der Konsumgesellschaft geschafft hat.« Diese neue Ideologie sei »die schlimmste aller Repressionen der Menschheitsgeschichte«, eine neue Form des Totalitarismus, der »die Entfremdung bis zur äußersten Grenze der anthropologischen Degradierung« treibe. »Überflüssige Güter machen das Leben überflüssig«, nötig sei eine neue Kultur der Armut.[418]

In vielen Teilen der Welt, so auch in Europa, verband sich die Konsumkritik mit einem Anti-Amerikanismus: Ein kultureller Imperialismus der Amerikaner zerstöre die wahre Kultur und führe zu Oberflächlichkeit und einer langweiligen Gleichförmigkeit in der ganzen kapitalistischen Welt.

Auch wenn diese Kritik in den 60er-Jahren in den USA und Europa große Bedeutung bekam, so ist sie tatsächlich so alt wie der Kapitalismus – eigentlich sogar noch älter, denn sie geht bis auf Philosophen wie Platon in der Antike zurück. Werner Plumpe vertritt die These, dass bei der frühen Kritik am entstehenden Kapitalismus im 18. Jahrhundert nicht soziale Fragen im Vordergrund gestanden hätten. Der Kapitalismus, so Plumpe, war in den Augen der frühesten Kritiker »deshalb ein Problem, weil er preiswerte Verbrauchsgüter für einen Massenmarkt bereitstellte, Güter mithin, die in den Augen der bisher tonangebenden, wohlhabenden Schichten minderwertig waren. Es war, so möchte man sagen, die Konsumkritik, mit der die gebildete Welt dem entstehenden Kapitalismus begegnete und mittels derer das erste Unbehagen an ihm zum Ausdruck gebracht wurde.«[419]

In dieser Kritik manifestierten sich viele Ressentiments: Das Ressentiment der »Gebildeten« gegenüber der »profanen Wirtschaft« und auch ein Unbehagen der christlichen Tradition gegenüber einer Welt, in der »Überfluss, Geld und Individualismus die sozialmoralische Ordnung nicht nur veränderten, sondern aufzulösen drohten«.[420]

Im 19. Jahrhundert verstärkte sich diese Kritik und die USA wurden Gegenstand einer beißenden Kapitalismuskritik. Der US-Kapitalismus geriet aber weniger aus sozialen Gründen in den Fokus, »was angesichts der Massenflucht vor europäischem Elend und der aus den USA zurückkommenden Nachrichten vom dortigen Leben auch ziemlich absurd gewesen wäre; vielmehr traf er auf die verbreitete Abscheu der guten europäischen Welt, die den Massenkonsum ebenso ablehnte wie die vermeintliche Sittenlosigkeit einer durch keine Tradition gebändigten Jagd nach dem individuellen Vorteil ...«[421] Aus Sicht des Bildungsbürgertums war der Kapitalismus im Kern ein Unterschichtenprojekt, und die nordamerikanische Welt schien dies schlagend zu bestätigen.[422]

Die Kritik an der vermeintlichen Oberflächlichkeit und am Konsumdenken wurde stets vor allem von Intellektuellen formuliert, die fürchteten, dass sich die Kriterien für Wertschätzung und Anerkennung veränderten. Hing die individuelle Reputation in den Augen des Bildungsbürgertums früher davon ab, wie belesen jemand war, wie trefflich er den klassischen Bildungskanon beherrschte, so konnte sich nun im Kapitalismus jeder »Statussymbole« erkaufen, der das Geld dafür hatte.

In seinem Buch »Hass auf die Massen« führt der britische Literaturhistoriker John Carey den britischen Schriftsteller George Gissing als Beispiel für diese Kritik an. Gissing habe die »programmatische Anklage der Intellektuellen gegen die Massenkultur formuliert«.[423] In seinen Romanen wende der Schriftsteller zwei Standardverfahren an, um eine neue Figur einzuführen. Eines davon sei der Blick in den Bücherschrank: »Bücherschränke mit Poesie, Literatur, Geschichtswerken und ohne naturwissenschaftliche Abhandlungen gehören sensiblen, fantasiereichen und intelligenten Romanfiguren. Bücherschränke mit Werken zu Politik, Sozialwissenschaften, Technik und modernem Denken praktisch aller Schulen brandmarken ihren Besitzer unauslöschlich als bestenfalls halbgebildet und im schlimmsten Fall als grausam, vulgär und unredlich.«[424]

Kommerz, so Carey, war der »Hauptgrund für Gissings Unzufriedenheit mit der Moderne. Intellektuelle, lässt er durchblicken, sollten von Rechts wegen den schmutzigen Zwängen des Marktes gegenüber immun sein.«[425] Gissing verabscheute alles, was mit Werbung zu tun hatte, und assoziierte diese mit Vulgarität und schlechten Manieren[426].

Die antikapitalistische Kulturkritik nahm schon im späten 19. Jahrhundert das Warenhaus ins Visier. In seinem 1883 veröffentlichten Roman »Au Bonheur des Dames« klagt Émile Zola die moralische Verwerflichkeit des Kaufhauses an und schildert den Niedergang der kleinen Einzelhändler in einem Pariser Stadtviertel. Für diesen Roman hatte der Autor umfangreiche betriebswirtschaftliche und soziologische Studien und Interviews geführt, und sein Werk orientierte sich an einem tatsächlich existierenden Warenhaus. In dem Roman »Warenhaus Berlin« von Erich Köhrer steckt der erfolgreiche Warenhausbesitzer Friedrich Nielandt am Schluss sein eigenes Warenhaus an. Schon damals wurden die Kaufhäuser angeklagt, die Moral der Menschen zu untergraben und sie in einen Kaufrausch zu versetzen.[427]

Der Historiker Wolfgang König unterscheidet drei Stränge der Kritik an der »Konsumgesellschaft«: eine »kulturkritische« Position, die die Oberflächlichkeit des Konsums attackiert; die »Herrschaftskritik«, in der der Konsument als bewusstloses Objekt der totalen Manipulation und Marionette an den Fäden des Kapitals erscheint; und die Kritik am Konsum als Schuldigem der Umweltzerstörung.

»Im Laufe der Zeit verlagerte sich der Schwerpunkt der Konsumkritik von kulturkritischen über herrschaftskritische zu umweltkritischen Positionen. Die einzelnen Ausprägungen der Konsumkritik überspannten ein breites politisches Spektrum von ganz links bis ganz rechts, wenn auch das Schwergewicht der kulturkritischen Position mehr im konservativen Spektrum, das der herrschafts- und umweltkritischen Position mehr im linken lag.«[428]

Einer der einflussreichsten konservativen Intellektuellen in der Nachkriegszeit in Deutschland war Karl Korn, der das FAZ-Feuilleton leitete und bis 1973 einer der Herausgeber der Zeitung war. »Glaubt denn jemand im Ernst«, so fragte er, »man könne sich der modernen Autolebensweise angleichen und dabei ein unverändertes kulturelles Subjekt bleiben? Wer Auto fährt, Radio hört, mit der Regelmäßigkeit, wie früher in europäischen Ländern in die Kirche gegangen wurde, sein Stammkino besucht, Sulfonamide oder Hormonpräparate schluckt und die Fortpflanzung kontrolliert, der ist in seinem Bewusstsein und in seinem gesellschaftlichen Sein verändert.«[429]

Während sich die Mehrheit der Westdeutschen nach den Schrecken der Diktatur, des Weltkrieges und der entbehrungsreichen Nachkriegszeit über ein größeres Warenangebot freute, witterte Korn die »Barbarei« des Konsums: »In einer Welt, deren oberstes Gesetz die Befriedigung von Konsumbedürfnissen ist, die den Tod und den Schmerz aus dem menschlichen Bewusstsein verdrängt, nimmt, wie wir alle wissen und erfahren haben, die Unsicherheit doch zu, weil Angst und Leere zunehmen. So fallen Hyperzivilisation und Barbarei schließlich zusammen.«[430]

Korn waren alle Menschen suspekt, ausgenommen Gelehrte, religiöse Menschen, Künstler und Dorfbewohner,[431] die nicht in den Prozess der »Vermassung« einbezogen waren.

Für das Bildungsbürgertum – ob links oder rechts – war und ist Konsumkritik ein Mittel, um sich zugleich von der wirtschaftlichen Elite und auch von den breiten Massen abzugrenzen. Die Intellektuellen, die Träger der Konsumkritik am Kapitalismus, verachten im Grunde alle, die nicht so sind wie sie selbst: die Massen, die sich oberflächlichem Konsum hingeben, und die Kapitalisten, denen es ebenso an der richtigen Bildung und Kultur mangelt. Beide, die Massen und die Kapitalisten, vereint der schnöde Materialismus, der ganz im Gegensatz steht zum Idealismus der wahren Werte und der gehobenen Kultur, die das Bildungsbürgertum charakterisieren.

Diese Kritik am Kapitalismus und seinen Vertretern wurde besonders in den 60er-Jahren des vergangenen Jahrhunderts populär. Ferdinand Lundberg, Professor für Sozialwissenschaften und Volkswirtschaft an der New York University, veröffentlichte 1968 ein viel beachtetes Buch mit dem Titel »The Rich and The Super-Rich«. Dort hieß es: »Was den generellen Typ des steinreichen Amerikaners anlangt, mag er nun zur neuen oder alten Generation gehören, so kann man ihn im Allgemeinen als ziemlich extrovertiert, oberflächlich und gedankenlos beschreiben ... Häufig ist er ungebildet, wenig belesen und hat in den meisten Fällen eine ziemlich naive Vorstellung von der Welt und der Rolle, die er darin spielt ... Durch seinen Reichtum allein ist der große Kapitalist den Menschen entfremdet.«[432] Die meisten »Kapitalisten« der »Fortune«-Liste könne man »als geistige Schulschwänzer mit Lebenskultur bezeichnen«[433]. Seinen viel beachteten Welt-Bestseller »Gesellschaft im Überfluss« (englisch 1958) begann der linke kanadisch-amerikanische Ökonom John Kenneth Galbraith mit der Behauptung: »Ohne Zweifel aber ist der Reichtum ein unerbittlicher Feind des Denkens.«[434]

Die Kritik am Konsumkapitalismus wird bis in die Gegenwart hinein von Intellektuellen formuliert, und sie wird zunehmend schärfer und unerbittlicher. Der britische Autor Neal Lawson veröffentlichte 2009 in der linken britischen Zeitung »Guardian« einen Beitrag mit der Überschrift »Do we want to shop or to be free? We'd better choose fast.« Seine Kritik: »Wir konsumieren, um uns Identität zu kaufen, Respekt und Anerkennung zu erlangen und unseren Status zu sichern. Mittlerweile nehmen wir uns und andere hauptsächlich über das Kaufen wahr – bis zu dem Punkt, an dem andere Möglichkeiten des Seins, des Wissens und des Lebens dadurch ausgeschlossen werden. Grund dafür ist der industrielle Verbraucherkomplex aus Designern, Werbefachleuten, Psychologen und Einzelhandelsberatern, die einen endlosen Strom neuer Wünsche kreieren und diese in Bedürfnisse umwandeln. Der Markt konkurriert wie ein Hai; er hat keine Moral, sondern versucht unaufhörlich, uns dazu zu bringen, immer mehr zu kaufen, denn Umsätze und Gewinne müssen immer weiter steigen.«[435] Lawsons Kritik gipfelt in der Gleichsetzung des Archipel Gulag, das Netz von Arbeits- und Konzentrationslagern in der Sowjetunion Stalins, in dem Millionen den Tod fanden, mit der italienischen Luxusmarke Gucci, die für ihn die Inkarnation des verhassten Konsumkapitalismus ist: »Totalitarismus – eine Gesellschaft, die keine Alternativen zulässt – sollte eigentlich mit den Springerstiefeln der kommunistischen Linken oder der faschistischen Rechten daherkommen. Jetzt kommt er mit einem Lächeln auf den Lippen daher, während er uns zu einem weiteren Kauf verführt. Die Springerstiefel haben die Farbe und den Stil der jeweiligen Saison. Wir werden nicht nach unseren politischen Überzeugungen überwacht, gespeichert und eingeordnet, sondern nach unseren Kaufwünschen. Der Gulag wird durch Gucci ersetzt.«[436] Die intellektuelle Kritik an der kapitalistischen Konsumgesellschaft verabsolutiert die Werte und Geschmackspräferenzen des Bildungsbürgertums und denunziert alle Wünsche und Bedürfnisse von Menschen, die nicht in Übereinstimmung mit diesen Präferenzen stehen, als »künstliche Bedürfnisse«, die von einer trickreichen Werbung erzeugt werden, um die Profite der Kapitalisten zu erhöhen.

Der Kulturwissenschaftler Thomas Hecken kritisiert treffend, die Ansicht, dass die »wahren Bedürfnisse« des Käufers missachtet und nur die »falschen Bedürfnisse« vom kapitalistischen Markt künstlich, manipulativ erzeugt würden, sei selbst ein »Akt hochgradig manipulativer Rhetorik«. »Die Suggestion, nur man selbst wisse (im Gegensatz zu allen anderen, die irregeführt werden), wie die wahren, authentischen Bedürfnisse beschaffen sind, bleibt wegen der dem Menschen als Mängelwesen gegebenen kulturellen Formbarkeit leer und anmaßend. Die eigenen politischen Absichten und ästhetischen Vorlieben verschwinden dadurch auf schlecht begründete Weise hinter dem falschen Anschein einer naturgegebenen menschlichen Bestimmung.«[437]

Diese Unterscheidung von legitimen und »natürlichen« Bedürfnissen einerseits und unsinnigen »künstlichen« Bedürfnissen andererseits ist vor allem eine Methode von Intellektuellen, sich der eigenen Identität zu versichern und ihre Werte, ihren Geschmack und ihre eigenen Konsumgewohnheiten zu überhöhen und zum Maßstab der Abgrenzung zu machen.

Der französische Soziologe Pierre Bourdieu hat den Begriff »Habitus« in den Mittelpunkt seiner Studien gestellt, den er etwas kompliziert beschreibt als »ein sozial konstituiertes System von strukturierten und strukturierenden Dispositionen, das durch die Praxis erworben wird und konstant auf praktische Funktionen ausgerichtet ist«[438]. Gemeint ist damit die Art, wie sich jemand kleidet, welche Freizeitaktivitäten er bevorzugt, was und wie er konsumiert, wie er spricht, welche Sportarten er betreibt, über welches Allgemeinwissen er verfügt, und insgesamt, wie selbstsicher er auftritt. Der unterschiedliche Habitus markiert nach Bourdieu die Differenz zwischen den Schichten einer Gesellschaft.

Die Individuen werden in eine bestimmte Schicht hineingeboren, lernen von früher Kindheit Benimmregeln und übernehmen von ihren Eltern und von ihrem sozialen Umfeld eine bestimmte Art sich zu bewegen, sich zu artikulieren und nicht zuletzt spezifische Geschmacksmuster. All dies führt zu einem Lebensstil, der diese Schicht und die ihr angehörigen Individuen differenziert von anderen sozialen Schichten.

Für seine empirischen Forschungen hatte Bourdieu einen Fragebogen entwickelt, in dem beispielsweise gefragt wurde, welche Möbel jemand besitzt, welchen Hobbys er nachgeht, welche Lieblingssänger, Lieblingsautoren, Lieblingsmaler und Lieblingsfilme er hat, in welchem Stil er sich kleidet, welche Speisen serviert werden, wenn Gäste kommen, usw.[439] Die Gesamtheit all dieser Vorlieben bezeichnet einen Lebensstil, der die Klassen und Schichten einer Gesellschaft voneinander abgrenzt.

Wie wir in den Zitaten von Gissing oder Lundberg gesehen haben, hat der typische Intellektuelle klare Vorstellungen, was »richtige« und was »falsche« Bedürfnisse sind: Wer wenig Bücher liest, hat sich allein schon dadurch diskreditiert, aber auch, wer die falschen Bücher liest, zeigt damit, dass es ihm an wahrer Kultur und Bildung mangle. Und dieser Mangel an »Belesenheit« und Wertschätzung für die »wahre Kultur« ist aus Sicht der Intellektuellen das Band, das die verpönten Kapitalisten mit den von der Werbung manipulierten Massen verbindet.

Aber die Belesenheit ist für den Intellektuellen nur ein (wenn auch vielleicht das wichtigste) Abgrenzungskriterium. Auch der Musikgeschmack wird Erkennungsmerkmal. Wer Schlagermusik oder populäre Popmusik hört statt Klassik oder gar atonale Musik, der beweist damit ein erschreckendes Maß an Oberflächlichkeit. Theodor Adorno, Vordenker der Frankfurter Schule, liebte beispielsweise die Zwölftonmusik des Wiener Komponisten Arnold Schönberg und sah in Popmusik wie etwa von den Beatles eine ästhetische Grausamkeit. Eigene, ganz persönliche Geschmackspräferenzen werden zu identitätsstiftenden Gemeinsamkeiten in der Kritik an der herrschenden Gesellschaft.

Natürlich entstehen im Kapitalismus viele Produkte, die Sie oder ich als nutzlos und überflüssig bezeichnen würden, einfach deshalb, weil sie für Sie und für mich nutzlos und oberflächlich sind. Doch der Kapitalismus ist insofern freiheitlich und demokratisch, als er die Menschen selbst darüber entscheiden lässt, was sie brauchen oder nicht (mit Ausnahme von aus gutem Grund verbotenen Produkten wie etwa Kinderpornografie). Die Alternative wäre eine staatliche Wirtschaft, in der Politiker und Beamte darüber entscheiden, welche Produkte die Menschen »brauchen« oder nicht brauchen. Ludwig Erhard sagte mal ironisch an Konsumkritiker gewandt: »Wenn die Damen einen Kuckuck auf ihren Hüten haben wollen, dann sollen sie diesen Kuckuck haben. Ich werde jedenfalls die Produktion von Kuckuck-Hüten nicht verbieten.«[440]

In der Tat: Wer will bestimmen, was »wahre« und was »künstliche« Bedürfnisse sind? Großen Erfolg hatte in Deutschland das 2020 erschienene Buch des Konsumforschers Carl Tillessen mit dem Titel »Warum wir kaufen, was wir nicht brauchen«. Beim Lesen des Buches hat man den Eindruck: Früher war alles besser. Globalisierung und

Digitalisierung haben vor allem Negatives bewirkt. Früher, »als noch alles im Inland hergestellt wurde«, sei das Preisgefüge »einigermaßen stimmig« gewesen. »Doch die Globalisierung der Herstellung vieler alltäglicher Konsumgüter hat unsere Warenwelt auf den Kopf gestellt ... Heute kann es sein, dass ein Kurzarmshirt das Zwanzigfache eines Langarmshirts kostet, weil das Kurzarmshirt aus der Schweiz kommt und das Langarmshirt aus China ... Das fühlt sich nicht nur falsch an, das ist falsch.«[441] Falsch sei das, denn »für die Menschen, die uns geografisch und kulturell nicht so nahestehen«, sei »mit der Globalisierung ein ganz düsteres Zeitalter angebrochen«[442]. Dass das nicht stimmt, haben wir bereits im ersten Kapitel gesehen.

Wie sahen die guten, alten Zeiten aus? Da war angeblich der Konsum rational, heute ist er irrational. Beleg: »Als unser Konsum noch rational war, konnte man sich darauf verlassen, dass die Unterschicht im unteren Preissegment einkaufte, die Mittelschicht im mittleren und die Oberschicht im oberen. Der Homo oeconomicus früherer Jahrhunderte war vernünftig und hat seinen Konsum immer automatisch seinem Vermögen angepasst.«[443] Man könnte es auch anders sagen: In früheren Jahrhunderten war die Mehrheit der Menschen überall auf der Welt bettelarm und konnte sich daher nichts leisten, außer dem, was man unbedingt zum Leben brauchte. Waren das die guten, alten Zeiten? Heute, so der Tenor bei Tillessen, sei alles schlechter geworden. Beleg: »Und wenn man sich eine Louis-Vuitton-Tasche eigentlich gar nicht leisten kann, dann kauft man sich stattdessen trotzdem nicht eine günstigere Tasche, sondern spart so lange, bis man sich die Louis-Vuitton-Tasche mit dem Monogrammdruck leisten kann.«[444] Was ist schlecht daran, wenn sich einfache Menschen heute mehr leisten können als früher? Und wer entscheidet, ob sie das »brauchen« oder nicht?

»Lustkäufe« sind aus Sicht von Tillessen irrational – was implizit bedeutet, dass rational nur derjenige einkauft, der gerade einmal die notwendigen physischen Bedürfnisse damit befriedigt: »Ohne finanzielle Reue können wir jetzt regelmäßig reine Lustkäufe tätigen. Wenn wir eine Sache kaufen, müssen wir nicht mehr auf eine andere

Sache verzichten. Dadurch wird unser Konsum von Tag zu Tag weniger rational. Noch nie in der Geschichte der Menschheit hatte der Erwerb von Dingen so wenig mit der Deckung eines greifbaren Bedarfs zu tun.«[445] Als Beispiel für »entbehrliche« Produkte nennt er Parfums.[446]

Eigentlich sollten wir bei fast allen Käufen ein schlechtes Gewissen haben, auf jeden Fall bei über 90 Prozent unserer Käufe, denn »über 90 Prozent der Produkte, die wir kaufen, werden unter unfairen Bedingungen hergestellt«[447]. Wer etwa ein billiges T-Shirt kauft, der könnte sich den Kaufbeleg auch gleich »rahmen lassen und an die Wand hängen, denn er macht uns zu einem zertifizierten Unterstützer moderner Sklaverei«.[448] Günstig zu kaufen ist also die größtmögliche Sünde. Wer dagegen ein 299-Euro-T-Shirt von Gucci kaufe, in dem »Made in Italy« stehe, habe bereits eine deutlich höhere Wahrscheinlichkeit, dass es unter »fairen Bedingungen« hergestellt sei, aber Gewissheit könne auch er nicht haben.[449] Beim Kauf einer Luxusmarke habe man zwar die »moderne Sklaverei ... nicht mit Sicherheit verhindert, wir haben sie aber wenigstens nicht wissentlich unterstützt und gefördert«.[450]

Warum, so fragt man sich, kaufen die Menschen täglich so viele Dinge, die sie nach Ansicht der Konsumkritiker alle nicht brauchen? Die einfache Erklärung: Weil sie krank sind, und zwar so krank, dass man sie eigentlich therapieren müsste. Tillessen spricht von Kaufsucht. Eine solche Krankheit gibt es zweifelsohne, aber für ihn sind *wir alle* kaufsüchtig. Er führt extreme Beispiele an wie z. B. jemanden, der süchtig nach Klassik-CDs war und am Schluss 8.000 Dollar an einem Tag dafür ausgab.[451] Wir sind süchtig, denn wir kaufen »immer öfter Dinge, die wir nicht im Geringsten brauchen, obwohl uns die ökonomische Sinnlosigkeit und die ökologische Schädlichkeit unseres Verhaltens immer klarer werden. Wenn wir ehrlich zu uns selbst wären, müssten wir uns unsere wachsende seelische und körperliche Abhängigkeit von regelmäßigen Lustkäufen eingestehen. Ohne uns dessen bewusst zu sein, sind wir alle schon seit Jahren süchtig nach Konsum.«[452] Manche Dinge packe man zu Hause nicht einmal mehr aus oder nehme sich nicht die Zeit, die Gebrauchsanweisung zu lesen, sodass sie nach dem Kauf nie mehr benutzt würden.[453] Man sieht: Aus Extremerscheinungen machen Konsumkritiker ein Massenphänomen, das angeblich »uns alle« betrifft.

Selbst wenn man die »richtigen Dinge« kauft, dann genügt das aus Sicht der Konsumkritiker nicht, um ein reines Gewissen zu haben. Man muss sie auch aus den »richtigen« Gründen kaufen. Denn: »Wenn jemand vor allem deshalb lieber zu Bioobst und Biogemüse greift, weil er glaubt, dass sie für ihn gesünder sind, dann ist das kein ethischer Konsum. Und wenn jemand Biobrot und Bioeier kauft, weil sie ihm besser schmecken, dann hat das mit Moral nichts zu tun.«[454] Fazit: 99,9 Prozent der Konsumentscheidungen erfolgten weitgehend unabhängig von moralischen Überlegungen.

Und wer steckt hinter allem? Die große Verschwörung der Amazons & Co, die von der Weltherrschaft träumen: »Heute sind es die E-Tailer (Retailer + E-Commerce = E-Tailer), die, wie James-Bond-Bösewichte, davon träumen, den stationären Handel restlos vom Antlitz der Erde zu tilgen und die Weltherrschaft an sich zu reißen.«[455]

Die Konsumkritiker wissen natürlich, dass kaum jemand so leben kann und will, wie man es tun müsste, wenn man konsequent der Logik ihrer Argumentation folgte. Tillessen räumt denn auch offen ein: »Aber wenn wir das alles beachten würden, wäre unser Leben nur noch Wurzelgemüse, Sauerkraut und verschrumpelte Äpfel und ungewaschene, ungebügelte Second-Hand-Kleidung. Die Vielzahl und Strenge der Auflagen lässt uns ein radikal nachhaltiges Leben als etwas erscheinen, das wir weder erreichen können noch erreichen wollen. Der Anspruch, nur und ausschließlich nachhaltig zu leben und Fair Trade zu kaufen, würde uns genauso um Jahrzehnte im Fortschritt der Menschheit zurückwerfen wie der Anspruch, weder direkt noch indirekt ein Produkt von Google zu nutzen. Und am Ende stünde die empfundene Größe der persönlichen Opfer, die man dabei erbringen müsste, in einem absurden Missverhältnis zu der empfundenen Winzigkeit des Beitrags, den man damit zur Verbesserung der Welt leisten könnte. Also brechen die meisten den Versuch, nachhaltiger zu leben, einfach ab und machen so weiter wie bisher. Leider.«[456]

Tillessen weiß also, dass man das, was er beklagt, im eigenen Leben nicht konsequent ändern kann. Man könne aber immerhin *etwas* tun, zum Beispiel von April bis September mit dem Fahrrad zur Arbeit fahren oder im Inland nur noch per Bahn und nicht mehr per Flugzeug reisen.[457] Wir sollten ständig unseren CO_2-Fußabdruck messen, »auch wenn das nur einer von vielen Aspekten einer vollständigen Ökobilanz ist und die Frage nach der Sozialverträglichkeit unseres Konsums dabei komplett außer Acht gelassen wird«.[458]

Die Vorschläge laufen also darauf hinaus, symbolisch »etwas« zu tun – mit dem permanenten schlechten Gewissen, dass es viel zu wenig ist, weil wir trotz dieser Entsagungen die Umwelt zerstören, den Klimawandel befördern, unsinnige Produkte konsumieren und vor allem für die Ausbeutung und Sklaverei der Menschen in Asien, Afrika oder Osteuropa verantwortlich sind. Sie erinnern sich: Selbst, wenn wir aus den falschen Gründen das Richtige kaufen, zählt das nicht. Es bleibt also immer ein schlechtes Gewissen. Der schlechte Konsum ist der Konsum mit gutem Gewissen und der weniger verdammenswerte Konsum ist der mit dem schlechten Gewissen des Konsumenten.

Sind Menschen mit permanent schlechtem Gewissen glücklicher? Sind sie selbstbewusste Bürger? Oder Manipulationsmasse von Politikern, die das schlechte Gewissen zum Teil ihrer politischen Strategie machen und dem Bürger psychische Entlastung versprechen, wenn sie sich der antikapitalistischen Bewegung anschließen oder zumindest bei den Wahlen das Kreuz bei den Grünen setzen?

Wie löst man diesen Widerspruch auf, einerseits den Konsum ideologisch zu verdammen und andererseits selbst zu konsumieren? Die »Lösung« dieses Widerspruchs besteht darin, »nur ganz bestimmte Teile der Käufe von Privatpersonen als Konsum zu bezeichnen – die Kauf- und Aneignungsakte der anderen. Die Gegenstände, die man selbst kauft, scheinen viel weniger kommerziell und anspruchslos zu sein als die der Kleinbürger und Arbeiter; die Wahrnehmung der Objekte, mit denen sich die Angehörigen der (oberen oder aufstrebenden) Mittelschicht umgeben, sowie ihr Umgang mit ihnen erscheint ihnen selbst viel weniger zerstreut und teilnahmslos zu sein.

Kurz gesagt: Als Konsum wird bloß bezeichnet und abgelehnt, was wertlos und unkreativ erscheint.«[459]

Die Absage der linken Intellektuellen an den Konsum treffe, so Hecken, bloß jenen Bereich, der von anderen Objekten und Geschmäckern bevölkert werde. Ihn zu betreten, versage man sich leichterdings, weil man ihn ohnehin nicht schätze, aber »seinen Anhängern wirft man kulturelles und manchmal auch moralisches Versagen vor, seine Ausbreitung möchte man am liebsten untersagen«.[460]

Was die Konsumkritiker bei ihrer Differenzierung zwischen richtigen und falschen Bedürfnissen unterschlagen: Fast alle Bedürfnisse, die über Nahrungsaufnahme und Sexualität hinausgehen, sind kulturell geprägt und wandeln sich. Das war schon immer so. Der Historiker Frank Trentmann schreibt in seinem Buch »Herrschaft der Dinge« beispielsweise über den Wunsch nach indischen Baumwollstoffen im Europa des 18. Jahrhunderts, nach europäischen Kleidern im Afrika des 19. Jahrhunderts oder über die Herausbildung eines neuen europäischen Geschmacks an exotischen Waren wie Kaffee, Tee und Schokolade: »Der Geschmack an diesen Dingen war weder von vornherein vorhanden noch beständig, sondern musste und muss geschaffen werden.«[461]

Irgendwann in der Geschichte galten alle Bedürfnisse, die über die Sicherung des Überlebens hinausgehen, als überflüssig bzw. als Luxus – und nur wenige konnten sie sich leisten. Früher wurden Fensterscheiben oder Toiletten in der Wohnung als Ausdruck von unsinnigem Luxus angesehen, heute sind sie für die meisten Menschen auf der Welt ebenso selbstverständlich wie unverzichtbar. Im Spätmittelalter und der Frühmoderne stießen Aufwendungen für modische Kleider, prächtige Hochzeiten und schöne Möbel auf verbreitete Ablehnung und wurden sogar verboten. »Man befürchtete, sie würden eine Nachahmungsspirale auslösen sowie Werte und soziale Hierarchien untergraben ... Am schwersten dürfte aber der Vorwurf gewogen haben, Habgier und das Verlangen nach Dingen würden Christen vom rechten Pfad des geistigen Lebens abbringen.«[462]

Der Kampf gegen den Luxus, so der Soziologe Helmut Schoeck, sei uralt. Luxusgesetzgebung findet sich in den verschiedensten Gesellschaften, bei Naturvölkern, in der Antike, bei den fernöstlichen Hochkulturen, im europäischen Mittelalter bis hinein in die Neuzeit. »Gelegentlich dürfte der Sich-ungleich-Machende für sein Privileg zahlen (sich vom Neid der Gemeinde loskaufen), so wenn er eine Sondersteuer für mehr als eine Mindestzahl von Fenstern an seinem Haus, von Öfen in den Stuben oder Knöpfen an seiner Weste zahlen musste oder heute seinen Wagen nach dem Hubraum versteuert.« Manchmal habe aber auch ein gewöhnlicher Mann in Westafrika, der zu viele Blätter auf das Dach seiner Hütte legte oder den im Wald gefundenen Honig verzehrte, für diesen »Luxus« mit dem Abhacken von Gliedern oder gar mit seinem Leben bezahlen müssen.[463]

Trentmann, der die Geschichte des Konsums analysiert, schreibt, in der Regel seien es betuchte Beobachter gewesen, wie etwa der römische Philosoph Seneca, die anderen vorwarfen, sie würden materiellen Versuchungen nachgeben. »Die Richter sind selten einfache Leute«, so Trentmann.[464] Und eigenartigerweise nutzen auch die schärfsten Kritiker des kapitalistischen Konsums exzessiv die Produkte des Kapitalismus. Eine Untersuchung in Deutschland ergab, dass die Bundestagsabgeordneten der Partei Die Grünen, die oft Konsumverzicht und Beschränkung predigen und das Fliegen aus ökologischen Gründen kritisieren, selbst häufiger Inlandsflüge nutzen als die Politiker aller anderen Parteien.[465] Und kaum ein Kapitalismuskritiker würde auf Computer, Internet und Smartphones verzichten, um seine Kritik am Kapitalismus zu verbreiten.

Übrigens hat nicht nur der Kapitalismus den Menschen Konsum und Konsumgüter versprochen, sondern auch die Regime des Sozialismus und des Nationalsozialismus. »Natürlich«, so Trentmann, »unterschied sich die Erfolgsbilanz bei der Bereitstellung der Güter. Aus welthistorischer Perspektive ist jedoch bemerkenswert, dass die Vision eines hohen und weiter steigenden Konsumniveaus sich als unumstrittenes Kulturideal etablieren konnte. Idealvorstellungen einer genügsamen Selbstversorgung hielten dem nicht stand und blieben in der Wirklichkeit kurzlebige selbstzerstörerische Experimente wie dasjenige der Roten Khmer in Kambodscha zwischen 1975 und 1979.«[466]

Die Herrschaft der Dinge, wie Trentmann es nennt, habe sich unter anderem deshalb ausgedehnt, weil Besitztümer in zunehmenden Maß wichtige Träger von Identität, Erinnerungen und Gefühlen wurden. Kleidung, Autos, Uhren, Smartphones usw. werden nicht nur geschätzt, weil sie einen praktischen Nutzer haben, »sondern auch wegen der Gefühle, die sie bei ihren Besitzern auslösen.«[467]

Eine intensive Ablehnung erfährt auch jede Werbung durch die antikapitalistischen Konsumkritiker. Lassen wir noch mal den bekannten Kapitalismuskritiker Jean Ziegler zu Wort kommen: »Die Instrumente, mit denen die Kapitalisten diese Bedürfnisse erzeugen, heißen *Marketing* und *Werbung*, zwei der unseligsten und dümmsten Tätigkeiten, die die Menschheit je erfunden hat.«[468] Die »Werbefuzzis« seien »raffiniert« und sie »verfolgen den Konsumenten, wohin er auch geht, kreisen ihn ein, belästigen ihn mit Anrufen, drängen ihm ihre sogenannten *Messages*, ihre Botschaften auf«.[469] Diese Söldner des Marketing »lenken das Verhalten des Konsumenten«.[470]

Natürlich wirkt manche Werbung lächerlich und überflüssig – für Sie, für mich und viele Menschen –, aber für die Antikapitalisten ist jede Form von Werbung verwerflich. Noam Chomsky kritisiert die Werbebranche, deren Ziel es sei, »die Menschen in die Falle des Konsumismus zu locken«, um »*jeden* zu kontrollieren«.[471] Er kritisiert die Tatsache, dass Menschen nicht rational entscheiden, und stellt das ökonomische Modell des Homo oeconomicus so dar, dass Menschen ihre Entscheidungen ohne jede Emotion träfen. Dass dies in der Realität nicht so ist, zeigt für ihn, dass das Modell falsch ist, und belegt aus seiner Sicht zudem die perfiden Manipulationstechniken: »Wenn die Werbebranche dieses Marktprinzip [dass informierte Konsumenten rational entscheiden, R.Z.] glaubte, würde ein Unternehmen wie beispielsweise General Motors seine Produkte und deren Eigenschaften kurz vorstellen und dazu Testberichte aus der Zeitschrift ›Consumer Report‹ veröffentlichen, damit jeder sich selbst ein Urteil über das Produkt bilden kann ... Man braucht nur den Fernseher einzuschalten, um zu sehen, dass Hunderte Millionen Dollar aufgewendet werden, um uninformierte Konsumenten zu produzieren, die irrationale Entscheidungen treffen – genau so sieht Werbung aus.«[472] Nach dieser Argumentation könnte man auch sagen, dass jede Frau, die den Heiratsantrag ihres Mannes nicht in der Form einer nüchtern-sachlichen E-Mail mit einer Kurzinformation über die Argumente für eine Ehe erhält, hoffnungslos uninformiert und manipuliert sei.

Werbekritiker sehen die Unternehmen als allmächtig und versuchen den Eindruck zu erwecken, Konsumenten seien willenlose Opfer in ihren Fängen. Um diese Allmacht zu beweisen, werden manche Legenden seit mehr als einem halben Jahrhundert wiederholt. Eine beruht auf dem 1957 erschienenen Buch von Vance Packard »Die geheimem Verführer«, das seinerzeit große Beachtung fand. In ihm war von manipulativen Werbemethoden die Rede, die darin bestanden, Menschen im Kino für den Bruchteil einer Sekunde Werbebilder zu zeigen, die sie bewusst gar nicht wahrnahmen. Die Presse sprach von der unterschwelligen Werbung als »most hidden, hidden persuasation«, »invisible monsters« und von »brainwashing«.[473]

Packards Buch fand besonders deshalb Beachtung, weil James M. Vicary, Inhaber einer Werbeagentur, im gleichen Jahr angeblich ein Experiment durchführte, bei dem während einer Filmvorführung die Slogans »Drink Coca-Cola« und »Eat Popcorn« so eingeblendet wurden, dass die Menschen sie nicht bewusst wahrnahmen. Vicary behauptete, danach sei der Verkauf von Coca-Cola um 18,1 Prozent und von Popcorn sogar um 57,7 Prozent gestiegen. Später kam jedoch heraus, dass das Experiment gefälscht war bzw. nie stattgefunden hatte. »Die angebliche Studie diente lediglich als Marketing-Trick, um die Umsätze von Vicarys Marketing-Unternehmen anzukurbeln.«[474] Ich kann nicht mehr zählen, wie oft mir seit meiner Jugend immer wieder Menschen über das angebliche Experiment berichteten und es als besonders verwerfliches Beispiel für den Konsumterror und Manipulation durch Werbung darstellten.

Ich räume ein, dass auch ich lange dachte, das Experiment habe tatsächlich stattgefunden, obgleich ich die helle Empörung nie ganz verstehen konnte. Denn was war angeblich passiert? Die Menschen schauten einen Film, in dem es vielleicht um Mord und Totschlag ging, aber sie wurden nicht gewalttätig, sondern bestellten sich in der Pause eine Flasche Cola, weil man ihnen diese für den Bruchteil einer Sekunde gezeigt hatte. Aber, wie gesagt, all das hatte nie stattgefunden, und die Firma von Vicary, dem vermeintlichen König der unbewussten Beeinflussung durch Werbung, ging schon ein Jahr nach dem angeblichen Experiment pleite.

Natürlich, Werbung kann wirken, Werbung kann und soll »manipulieren«, aber sie ist keineswegs so allmächtig und hinterhältig, wie ihre Kritiker tun – und viel häufiger ist sie sogar wirkungslos. Dem amerikanischen Unternehmer Henry Ford wird der Satz zugeschrieben: »Die Hälfte des Geldes, das für Werbung ausgegeben wird, ist zum Fenster hinausgeworfen – unklar ist nur, welche Hälfte es ist.« Mitte der 1980er-Jahre schrieb die deutsche Sozialpsychologin und Werbeexpertin Eva Heller, der Henry Ford zugeschriebene Satz stimme nicht mehr: »Man kann heute davon ausgehen, dass mindestens Dreiviertel der Werbeetats ausgegeben werden, ohne Erfolg einzubringen.«[475]

David Ogilvy, der große Werbeguru, machte sich in seinem Buch »Bekenntnisse eines Werbemannes« immer wieder über die Werbung seiner Berufskollegen lustig, denen er vorwarf, sie sei ineffizient, trage meist nichts zur Verkaufssteigerung bei und diene eher der Unterhaltung. Den Werbeleuten unterstellte er, ihnen gehe es mehr darum, Preise für ihre Werbung zu erhalten, als zu verkaufen.

Der Marketingexperte Bernd M. Samland ließ seit dem Jahre 2003 regelmäßig über 3.000 Menschen zu verschiedenen Werbesprüchen befragen – und die meisten der englischen Slogans wurden von den (potenziellen) Kunden nicht bzw. total falsch verstanden.[476] Die Werbetexter hatten offenbar ihre eigentliche Aufgabe, nämlich die Verkaufsförderung, »vergessen«.

Große Verkaufserfolge, wie etwa Harry Potter, wurden nicht vor allem durch Werbung erzielt. Howard Schultz, Gründer von Starbucks, sagte: »Es ist heute schwierig, ein Produkt über Kundenwerbung einzuführen, weil ihr die Leute nicht mehr so viel Aufmerksamkeit wie früher schenken und die Botschaft nicht glauben. Ich sehe mir das ganze Geld an, das für Werbung ausgegeben wird, und es wundert mich, dass die Auftraggeber immer noch glauben, sie würden für ihre Investition einen Gegenwert erhalten.«[477]

Im Januar 2021 veröffentlichten die amerikanischen Werbeexperten Bradley Shapiro, Günter Hitsch und Anna E. Tuchman eine Studie, für die sie die TV-Werbung für 288 Konsumgüter wissenschaftlich analysierten. Das ernüchternde Ergebnis ihrer akribischen Untersuchung: 80 Prozent der Werbeausgaben zahlten sich nicht aus, sondern hatten sogar einen negativen ROI (Return On Investment).[478]

Man mag einwenden, die gezielte Online-Werbung über Social Media sei heute sehr viel effektiver, doch auch hieran gibt es Zweifel. Procter & Gamble und Unilever reduzierten vor einigen Jahren ihre Online-Werbung um 41 bzw. 59 Prozent – und es hatte keinerlei Auswirkungen auf das Geschäftsergebnis. Auch Uber kürzte nach einem massiven AdFraud-Angriff das Online-Budget um zwei Drittel – ohne jegliche Auswirkungen auf die Zahl der App-Installationen.[479]

So allmächtig, wie Werbeagenturen und Antikapitalisten uns – aus unterschiedlichen Gründen – einreden wollen, ist Werbung nicht, und das Bild des willenlosen Konsumenten, der von genialen Werbeleuten dazu verführt wird, den ganzen Tag Dinge zu kaufen, die er eigentlich gar nicht will, ist weit überzeichnet. Ich denke, oft sind die Betrogenen eher die Firmen, die Geld für wirkungslose Werbung ausgeben und bei dem Spiel nur mitmachen, weil andere es auch tun. Am erfolgreichsten sind Werbeleute darin, ihre Kunden zu überzeugen – und nicht die Kunden ihrer Kunden.

Ich selbst ärgere mich auch oft über primitive Werbung, aber ich kann auch mit vielen modernen Operninszenierungen nichts anfangen und würde trotzdem nicht auf die Idee kommen, dass man die Opernhäuser deshalb schließen sollte (der Unterschied liegt freilich darin, dass ich die Hochkultur in Deutschland als Steuerzahler finanzieren muss, ob ich will oder nicht, während ich als Konsument Werbung nur dann finanziere, wenn ich die Produkte erwerbe).

Wenn ich mir eine Welt ohne Werbung für Produkte und Dienstleistungen vorstelle, dann verbinde ich das mit der Tristesse des Sozialismus, in der ersatzweise langweilige Propagandaplakate für die Partei und Parolen für die Planerfüllung das Straßenbild dominierten. Da ist mir die Werbung im Kapitalismus noch lieber, die in ihren besten Ausprägungen sogar zur Kunst geworden ist, wie Andy Warhol (selbst von Beruf eigentlich Werbegrafiker) zeigte. Der Soziologe Schoeck schrieb, er habe jeden, der in seiner Gegenwart von »Konsumterror« sprach, sofort um die Beschreibung eines Vorgangs in seinem Alltag gebeten, den er so bezeichnen möchte. »Weder in Universitätsseminaren noch auf anderen Veranstaltungen habe ich je einen gefunden, der sich als Opfer bekannt hätte. Die falschen Bedürfnisse befriedigen offenbar stets die anderen.«[480]

Ein weiteres Hauptthema der antikapitalistischen Konsumkritik ist die sogenannte »Obsoleszenz«. Schon der Begriff ist schillernd, weil ganz unterschiedliche Sachverhalte darunter zusammengefasst sind, die im Grunde wenig miteinander zu tun haben. In Wikipedia lesen wir zu dem Begriff: »Obsoleszenz ist in der Wirtschaft und insbesondere in der Industrie das Veralten von Produkten – oder auch von Wissen – durch die begrenzte Haltbarkeit technischer Bauteile und den Wandel von Mode oder technischem Fortschritt. Wird dieser Prozess durch die Hersteller aus marktstrategischen Gründen bewusst herbeigeführt, spricht man von geplanter Obsoleszenz.«

Gezielt werden oftmals die sogenannte technische und die psychologische Obsoleszenz vermengt, damit das Problem möglichst groß erscheint. Dass Produkte entsorgt werden, obwohl sie technisch noch einwandfrei funktionieren, ist an sich überhaupt nicht kritikwürdig. Ich habe irgendwann meinen Schallplattenspieler und meinen Kassettenrekorder entsorgt, weil die CD erfunden worden war. Beide Geräte hätten sicher noch viele Jahre gehalten. Bin ich Opfer der Manipulation durch kapitalistische Werbung geworden? Nein, ich hatte mich früher oft über Kratzer in der Schallplatte geärgert (für die Jüngeren: Kratzer führten dazu, dass die Platte »hing« oder »sprang«) und über »Bandsalat« bei meinem Kassettenrekorder (für die Jüngeren: dadurch gingen die Kassetten kaputt) und war froh, dass es nun ein Gerät gab, bei dem ich mich über beides nicht mehr ärgern musste.

Ich habe mein altes Nokia-Handy geliebt, bei dem der Akku tagelang gehalten hat. Ich hatte sogar gleich mehrere auf Vorrat gekauft, für den Fall, dass es das Modell irgendwann nicht mehr geben könnte. Später bin ich auf das iPhone umgestiegen. Habe ich das getan, weil böse Werbestrategen von Apple mich manipuliert haben? Nein, der Grund war, dass es mir viele sinnvolle Funktionen bot, die meine alten Nokia-Handys nicht hatten. Ich war früher stolzer Besitzer eines Videorekorders, aber ich ärgerte mich auch hier immer wieder über »Bandsalat«, der die Videokassetten zerstörte. Deshalb war ich froh, als die DVD erfunden wurde, denn damit hatte sich dieses Problem erledigt. Den Videorekorder warf ich weg, obwohl er technisch noch funktionsfähig war.

Das Thema Obsoleszenz ist nicht neu, wie Wolfgang König in seiner »Geschichte der Wegwerfgesellschaft« zeigt. Antikapitalisten und sogenannte Verbraucheraktivisten sprechen von einer großen Verschwörung der Industrie, die angeblich systematisch und massenweise die Strategie der »geplanten Obsoleszenz« verfolge, also die Produkte extra so herstellt, dass sie schneller kaputtgehen.

Doch bereits 1976 kam eine Studie des Ökonomen Burckhardt Röper zu dem Ergebnis, die angeblichen Belege dafür, dass die Industrie die Lebensdauer von Produkten absichtlich verkürze, ließen sich nicht halten. Viele weitere Studien, die in den letzten Jahrzehnten dazu verfasst wurden, kamen zu ähnlichen Ergebnissen. Sogar das Freiburger Öko-Institut räumte 2015 ein, dass viele Kritikpunkte übertrieben seien. Zugleich bestätigte die Analyse des Öko-Institutes jedoch, dass die Erst-Nutzungsdauer der meisten untersuchten Produktgruppen in den vergangenen Jahren tatsächlich abgenommen habe. So wurde festgestellt, dass viele Elektronik-Geräte durch neuere ersetzt wurden, obwohl die alten technisch noch funktionierten.[481]

Im Gegensatz zu solch differenzierten Analysen stehen plakative Medienberichte, die den Eindruck erwecken, es sei ein massenhaftes Phänomen, dass Geräte absichtlich so produziert würden, dass sie schneller kaputtgehen – ein Thema, das auch von manchen Politikern aufgegriffen wird. Die Partei »Die Linke« beantragte mehrfach im Deutschen Bundestag, die Bundesregierung solle zur Vorlage eines Gesetzesentwurfes aufgefordert werden, der Vorgaben über eine Mindestnutzungsdauer für technische Produkte vorsieht und die Beweislast für ein Ereignis, das die Mindestnutzungsdauer nicht erreichen lässt, dem Hersteller auferlegt. Die AfD hat sogar die Forderung nach »langlebige[n] Produkte[n] statt geplanter Obsoleszenz« in ihrem Parteiprogramm.[482]

König schreibt, es falle auf, dass »in der verschwörungstheoretischen Literatur immer wieder auf die gleichen Beispiele zurückgegriffen wird, wobei diese teilweise ein Jahrhundert zurückliegen«.[483] Hunderte Male wurde die erfundene Geschichte von der Glühbirne erzählt, deren Lebensdauer zum Nachteil der Kunden absichtlich verkürzt worden sei.[484] Immer wieder wurde das Beispiel des amerikanischen Autoherstellers General Motors, der in den 1920er-Jahren mehrere Modelle anbot, die kontinuierlich überarbeitet wurden, als Beleg für die These von der geplanten Obsoleszenz angeführt. Mit diesem neuen Modell nahm General Motors Henry Ford Marktanteile weg, der stur an seinem Einheitsmodell festhielt. Zum Hintergrund: Henry Ford reagierte hoch emotional, wenn ihm jemand sagte, er müsse mit der Zeit gehen und etwas an seinem berühmten T-Modell verändern. Als einmal ein Mitarbeiter in seiner Abwesenheit ein Nachfolgemodell entwickelte und vor die Tür gestellt hatte, drehte Ford regelrecht durch, wie ein Zuschauer beschrieb: »Er nimmt seine Hände, schnappt sich die Tür und Bang! Er reißt die Tür ab! Gott! Wie der Mann das geschafft hat, weiß ich nicht! Er sprang ins Auto und riss eine andere Tür heraus. Mit einem Knall geht die Windschutzscheibe kaputt. Er springt über den Rücksitz und fängt an, das Autodach zu bombardieren. Er zerfetzt das Dach mit dem Absatz seines Schuhs.«[485]

Ford konnte zwar lange verhindern, dass seine eigenen Mitarbeiter ein neues Modell entwickelten, aber die Konkurrenz konnte er nicht aufhalten. General Motors reagierte auf die veränderten Kundenvorstellungen und schuf neue Modelle. Das Beispiel wird seit damals immer wieder als Beleg für die finsteren Strategien des Kapitals und die Verwerflichkeit der kapitalistischen Konsumgesellschaft angeführt. König meint dazu: »Es bleibt unerfindlich, was dies mit geplantem Verschleiß in verschwörungstheoretischem Sinne zu tun haben soll.«[486] Auch andere Beispiele, die immer wieder angeführt werden – von angeblich schnell rostenden Autoblechen bis zum Tintenstrahldrucker – halten einer Nachprüfung nicht stand. Eine Untersuchung der Stiftung Warentest kam zu dem Ergebnis, dass die These eingebauter Schwachstellen unlogisch sei: »Der Idealfall wäre, dass alle Teile nach Erreichen der geplanten Gebrauchsdauer gleichzeitig ausfallen. Die Strategie gezielt eingebauter Schwachstellen macht vor diesem Hintergrund wenig Sinn und wäre Verschwendung, weil viele andere Teile im Gerät dann überdimensioniert und zu teuer produziert sind.«[487]

Zudem: Welchen Sinn ergibt es, Geräte »für die Ewigkeit« zu produzieren, wenn klar ist, dass sie aufgrund des schnellen technischen Fortschritts ohnehin in einigen Jahren überholt sein werden? Ich vermute, auch eingefleischte Kapitalismuskritiker haben heute zu Hause weder ein Tonbandgerät noch einen alten Filmprojektor, sie haben auch kein altes Nokia-Handy und keinen Schwarzweißfernseher – und alte Schallplattenspieler sind allenfalls etwas für puristische Musikliebhaber.

Oft zitiert wird das Beispiel der Leistungsherabregelung in älteren iPhones. Apple hatte erklärt, diese Herabregelung sei notwendig, um den Alltagseinsatz der Geräte auch bei den alt gewordenen nichtwechselbaren Lithium-Ionen-Akkus zu gewährleisten, ohne dass es durch Spannungsschwäche plötzlich zu Abschaltungen komme. In den USA wurde gegen Apple ein Gerichtsverfahren eingeleitet, das im März 2020 in einem Vergleich endete; Apple erklärte sich bereit, an die Geschädigten eine Gesamtsumme von bis zu 500 Millionen US-Dollar zu zahlen. Ist das ein Beleg dafür, dass die Kläger recht hatten, war das ein Schuldeingeständnis von Apple? Nicht unbedingt. Bekanntlich können in den USA auch bei den unsinnigsten Verbrauchervorwürfen hohe Schadenersatzforderungen erstritten werden. So zahlte Red Bull nach einer Klage in einem Vergleich 13 Millionen Dollar – Verbraucher hatten sich über den Slogan »Red Bull verleiht Flügel« beschwert, weil sie sich durch den Slogan getäuscht fühlten.

Selbst wenn es Einzelbeispiele gibt, bei denen die Behauptung, Firmen würden absichtlich Schwachstellen einbauen, zutrifft, so beweisen diese noch lange nicht, dass dies eine verbreitete Strategie profitgieriger Kapitalisten sei. Jede Firma weiß heute, dass solche Praktiken dazu führen würden, dass sie im Internet und in den Medien an den Pranger gestellt würden, was ihren Markenwert und ihren Börsenkurs empfindlich beeinträchtigen kann. Am Ende entscheidet im Kapitalismus der Verbraucher – und das Risiko, dass der Verbraucher ein Unternehmen sanktioniert, weil es sich solcher Praktiken bedient, ist aus Sicht einer rational handelnden Firma höher als der mögliche Gewinn. Was freilich, wie wir alle wissen, nicht heißt, dass es keine Firmen gibt, die ihre wohlverstandenen Interessen aus dem Auge verlieren.

Mit der Kritik am Konsum einher geht eine Kritik an der Bedeutung des Geldes im Kapitalismus. Der Kapitalismus erscheint der Konsumkritik als System, in dem allein das Geld regiert. Geld aber, so lautet die These, mache nicht glücklich. Diese Skepsis wurde scheinbar durch wissenschaftliche Studien bestätigt. Bereits 1974 vertrat der Ökonom Richard Easterlin die Ansicht, dass es keinen positiven Zusammenhang zwischen höherem Einkommen und mehr Glück gibt, jedenfalls ab einem bestimmten Jahreseinkommen.[488] Die beiden Wirtschaftsnobelpreisträger Daniel Kahneman und Angus Deaton schränkten diesen Befund etwas ein und bezogen ihn nur auf bestimmte Ausprägungen des Glücksempfindens. Aber auch sie kamen zu dem Ergebnis, dass der Zusammenhang zwischen höherem Einkommen und größerem Glück nur bis zu einer bestimmten Grenze gelte, und zwar bis zu einem Jahreseinkommen von 75.000 Dollar. Alles, was darüber hinausgehe, habe keinen signifikanten Einfluss mehr auf die Zufriedenheit eines Menschen, da er sich an eine komfortable finanzielle Lage bereits gewöhnt habe und seinen Lebensstil mit jeder Gehaltserhöhung nur noch minimal anpasse.[489]

Neue Untersuchungen haben diese These widerlegt. Die jüngste Analyse stammt von dem amerikanischen Psychologen Matthew A. Killingsworth. Er fand heraus, dass sich sowohl das »experienced well-being« (erfahrenes Wohlbefinden) als auch das »evaluative well-being« (bewertendes Wohlbefinden) mit dem Einkommen erhöhe.[490] Das »erfahrene Wohlbefinden« wurde durch die Auswertung von 1,73 Millionen Berichten von 33.391 Amerikanern gemessen. Sie wurden zu unterschiedlichen Zeitpunkten auf ihrem Smartphone kontaktiert und es wurde ihnen die Frage gestellt: »How do you feel right now?« (»Wie fühlen Sie sich gerade jetzt?«). Das »bewertende Wohlbefinden« wurde mit der Frage gemessen: »Overall, how satisfied are you with your life?« (»Wie zufrieden sind Sie insgesamt mit Ihrem Leben?«).

Das Ergebnis: Die in der Studie von Kahneman und Deaton behauptete Grenze von 75.000 Dollar gab es nicht. Sowohl für Einkommen bis 80.000 Dollar als auch für Einkommen darüber ließ sich der Zusammenhang von mehr Geld und höherem Lebensglück eindeutig nachweisen. Die Studie wies methodisch einige Vorteile gegenüber älteren Studien auf. So konnten die Befragten bei älteren Studien nur mit »Ja« oder »Nein« die Frage nach ihrem Glück beantworten, während in der aktuellen Studie eine Skala mit verschiedenen Abstufungen verwendet wurde. Ein großer Vorteil war auch, dass durch die Kontaktaufnahme mit dem Handy tatsächlich der aktuelle Gefühlszustand gemessen wurde. In früheren Studien hatte man die Menschen lediglich gebeten, sich daran zu erinnern, wie sie sich gefühlt hatten. Solche Erinnerungen sind jedoch oft verfälscht und durch den aktuellen emotionalen Zustand stark gefärbt.

Das Streben nach materiellen Werten gilt aus Sicht der antikapitalistischen Konsumkritik gleichwohl als oberflächlich und »materialistisch«. Der Literaturkritiker und Menschenkenner Marcel Reich-Ranicki sah das ganz anders: »Die anständigen Menschen arbeiten wegen des Ruhms und des Geldes. Die unanständigen wollen die Welt verändern und die Menschen erlösen.« Natürlich ist das eine pointierte und überspitzte Aussage, und sofort fallen uns Gegenbeispiele ein von Idealisten wie Henry Dunant oder Albert Schweitzer, die Gutes bewirkt, und machthungrigen und korrupten Diktatoren, die viel Unglück über die Menschheit gebracht haben.

Dennoch hat Reich-Ranicki einen richtigen Punkt getroffen: Die Legion der Idealisten, die die Welt verbessern und die Menschen erlösen wollten – und dabei endloses Leid über die Menschen brachten –, ist lang: Zu ihnen zählen Massenmörder wie Adolf Hitler und Mao Zedong ebenso wie fanatische Sektenführer oder die Anhänger des IS. Auf der anderen Seite gibt es unzählige Beispiele von Unternehmern, deren »materialistisches« Profitstreben das Leben der Menschen entscheidend verbessert hat.

Einer der größten Fehler ist es, Menschen oder Unternehmen nach ihren Absichten zu beurteilen und nicht anhand der Ergebnisse ihres Handelns. Jemand, der »nur« nach Profit strebt, kann immensen Nutzen für die Menschen stiften – wenn er neue Produkte auf den Markt bringt, die den Menschen das Leben vereinfachen, oder wenn es ihm gelingt, Produkte bei gleicher Qualität zu einem deutlich niedrigeren Preis anzubieten, sodass mehr Menschen sie sich leisten können.

9. »Kapitalismus führt zum Krieg«

Dass Kriege vor allem geführt werden, weil sie im wirtschaftlichen Interesse der »Kapitalisten« liegen, war zunächst eine marxistische These, scheint aber inzwischen fast zum Gedankengut der Allgemeinheit zu gehören. Von den Kolonialkriegen über den Ersten Weltkrieg bis hin zum Irakkrieg – immer gehe es in Wahrheit, so die These der Antikapitalisten, um die Interessen von Unternehmen, die sich Rohstoffquellen und Absatzmärkte sichern wollen.

Zunächst einmal muss man feststellen, dass Kriege in der vorkapitalistischen Zeit – also grob gesagt vor Beginn des 19. Jahrhunderts – sehr viel häufiger waren, als sie es im kapitalistischen Zeitalter sind. »Im überwiegenden Teil der Menschheitsgeschichte war Krieg der natürliche Zeitvertreib von Regierungen und Frieden nur eine Atempause zwischen zwei Kriegen«, schreibt Steven Pinker.[491] In seinem Buch »Aufklärung jetzt« illustriert eine Grafik den Prozentsatz der Jahre, in denen sich Großmächte im Krieg befanden. Im 16. und Anfang des 17. Jahrhunderts schwankte dieser Prozentsatz zwischen etwa 75 und fast 100 Prozent, zu Beginn des 19. Jahrhunderts lag die Prozentzahl noch deutlich über 50 Prozent, um dann im 20. und 21. Jahrhundert auf 25 Prozent und noch sehr viel niedriger zu sinken.[492] Die Zahl der Gefechtstoten pro Millionen Menschen erreichte dagegen im 20. Jahrhundert im Ersten und Zweiten Weltkrieg Höchststände. Seitdem gingen sowohl die Zahl der Kriege als auch die der Todesopfer stark zurück.[493]

Man kann also zunächst einmal festhalten, dass bereits auf der Basis der reinen Statistik die These vom kriegstreiberischen Kapitalismus nicht zu halten ist. Mit dem Aufkommen des Kapitalismus vor gut 200 Jahren nahm die Häufigkeit von Kriegen keineswegs zu, sondern eindeutig ab.

Auf der Ebene der Sachlogik möchte ich in diesem Kapitel exemplarisch auf drei Kriege eingehen: den Ersten und den Zweiten Weltkrieg und den Irakkrieg 2003. Ich werde der Frage nachgehen, inwieweit diese Kriege »kapitalistische Kriege« waren, also ausschließlich oder vorwiegend von kapitalistischen Interessen ausgelöst wurden.

Bevor wir uns diesen Beispielen zuwenden, sollen jedoch einige Ergebnisse der Kriegs- bzw. Konfliktforschung dargestellt werden. Lange Zeit vertraten die meisten Forscher die These, dass Demokratien nicht oder zumindest sehr selten miteinander Krieg führen.[494] Manche Forscher schränkten diesen Befund etwas ein und bezogen ihn nur auf Demokratien, die zugleich auch entwickelte Industrieländer sind. Aber insgesamt bestand weitgehend Einigkeit über den Befund. Statistisch geprüft wurde diese These, indem sogenannte Dyaden gebildet wurden, also Paare von Staaten. Diese Dyaden stellen die Untersuchungseinheiten dar, um sodann zu untersuchen, wie oft und aus welchem Grund solche Staaten miteinander in militärische Konflikte gerieten.

Keine Einigkeit bestand und besteht unter den Forschern darüber, *warum* Demokratien selten – oder bei hinreichend anspruchsvoller Demokratiedefinition vielleicht sogar nie – gegeneinander Krieg führen.[495] Der Soziologe Erich Weede, der sich intensiv mit diesen Themen befasst hat, konstatierte 2005, »dass die Konfliktgefahr in solchen Dyaden besonders niedrig ist, wo beide Staaten demokratisch regiert werden und viel Handel miteinander treiben bzw. ökonomisch interdependent sind«.[496]

Da in der Geschichte die meisten demokratischen Staaten zugleich kapitalistisch und die meisten kapitalistischen Staaten zugleich demokratisch waren, ließ sich indes nicht so einfach entscheiden, was denn jetzt für den Frieden wichtiger war: Ob ein Land über eine demokratische Ordnung verfügt oder ob es kapitalistisch ist? Wie gesagt: Meist fiel beides zusammen, aber es gibt immer wieder Ausnahmen. Chile unter Pinochet etwa war kapitalistisch, aber eine Diktatur. Auch China nimmt heute zunehmend kapitalistische Züge an, ist aber nach wie vor eine Diktatur.

2007 veröffentlichte der amerikanische Politikwissenschaftler Erik Gartzke eine umfangreiche empirische Analyse, in der er genau dieser Frage nachging: Ist die Demokratie oder der Kapitalismus entscheidender dafür, dass es weniger Kriege gibt? Gartzke analysierte Dyaden der Jahre 1950 bis 1992, insgesamt wurden 222 Kriege untersucht.[497] Es wurden für alle beteiligten Länder Kennzahlen herangezogen, die zeigen, wie stark sie (politisch) demokratisch bzw. wirtschaftlich (kapitalistisch) waren. Diese Kennzahlen wurden in einer Regressionsanalyse in Beziehung gesetzt zu der Frage, ob das Land in einem militärischen Konflikt war oder nicht. Sein Ergebnis: »Diese Studie liefert Belege dafür, dass der Kapitalismus und nicht die Demokratie zum Frieden führt.«[498] In einer weiteren Studie analysierten Gartzke und Joseph Hewitt 2010 ebenfalls militärische Konflikte in den Jahren 1950 bis 1992, wobei sie diesmal nur solche Konflikte untersuchten, »die durch Entscheidungen der höchsten außenpolitischen Verantwortlichen eines Staates verursacht wurden«. Konflikte dagegen, die möglicherweise Ergebnis waren »von nicht unmittelbar von führenden Amtsträgern genehmigten Zusammenstößen zwischen Streitkräften an der Front«, wurden nicht berücksichtigt.[499] Auch in dieser Analyse ging es wieder um die Frage, ob eher die demokratische politische Ordnung eines Landes oder die kapitalistische wirtschaftliche Ordnung militärische Konflikte verhinderten. Das Ergebnis auch diesmal: Nicht die Demokratie, sondern der Kapitalismus ist der wichtigste Erklärungsgrund für das Ausbleiben bzw. die geringere Häufigkeit militärischer Konflikte. Gartzke und Weede stimmen darin überein, »dass zwischenstaatlicher Frieden weniger durch politische Freiheit, sondern vielmehr durch wirtschaftliche Entwicklung und freie Märkte herbeigeführt wird«.[500]

Von Anhängern der Theorie des »kapitalistischen Friedens« wird allerdings die Frage, *warum* der Kapitalismus zu einer geringeren Häufigkeit von Konflikten führt, unterschiedlich beantwortet: Weede betont stärker den Faktor der wechselseitigen Abhängigkeit von Ländern durch Handelsbeziehungen, während Gartzke meint, die Finanzmarktintegration sei für die Befriedung wichtiger als der Handel.

Das Thema Handel und Krieg ist nicht neu. Schon der Brite Richard Cobden (1804–1865), der führende Vertreter der Freihandelsbewegung, war zugleich ein überzeugter Pazifist und betonte, wie wichtig Handel und wechselseitige ökonomische Abhängigkeit für die Kriegsvermeidung seien. »Ich glaube«, so Cobden, »dass das Streben nach großen und mächtigen Reichen absterben wird; das Streben nach gigantischen Heeren und bedeutenden Flotten; nach den Mitteln, die benutzt werden, um das Leben zu zerstören und um die Früchte der Arbeit zu verwüsten.«[501] Gartzke argumentiert hingegen, die Rolle des Handels bei der Vermeidung von Kriegen sei eher ambivalent. »Wirtschaftliche Entwicklung, Finanzmärkte und die Koordinierung der Geldpolitik spielen bei der Förderung des Friedens wohl eine wichtigere Rolle.«[502]

Weede meinte 2018, dass jene Untersuchungen methodisch fragwürdig seien, die zu dem Ergebnis kämen, Handel spiele keine entscheidende Rolle dafür, ob militärische Konflikte weniger wahrscheinlich würden. »Werden alle diese methodischen Mängel vermieden, dann sprechen fast alle Studien für die These *Frieden durch Freihandel*«. Das heißt, dass Staaten, die eng durch Handel miteinander verbunden sind, deutlich seltener miteinander in militärische Konflikte geraten.[503] Wenn auch noch diskutiert wird, *welche* Merkmale des Kapitalismus die entscheidende Ursache dafür sind, dass es weniger militärische Konflikte zwischen kapitalistischen Staaten gibt,[504] so haben jedenfalls Forscher wie Weede und Gartzke mit überzeugenden Argumenten gezeigt, dass der Kapitalismus und nicht die Demokratie der entscheidende Faktor ist. »Da Demokratie vom Kapitalismus oder der wirtschaftlichen Freiheit ebenso wie dem dadurch erzeugten Wohlstand abhängt, wird der demokratische Frieden lediglich zu einer Komponente des kapitalistischen Friedens.«[505]

Zu dem häufig angeführten Gegenargument des Ersten Weltkrieges, bei dem kapitalistische Länder (u.a. Deutschland gegen Frankreich und Großbritannien) miteinander Krieg führten, meint Weede, die Handelsabhängigkeit zwischen Frankreich und Deutschland (die miteinander Krieg führten) sei geringer gewesen als die zwischen Großbritannien und Frankreich (die keinen Krieg miteinander führten).[506]

»Was die Handelsverbindungen betrifft, so waren sie dort am stärksten, wo sie am wenigsten gebraucht wurden – zwischen Großbritannien und Frankreich, zwischen Großbritannien und den Vereinigten Staaten, zwischen Deutschland und Österreich-Ungarn. Diese Paare standen am Ende auf derselben Seite des Krieges.«[507]

Für mich wiegt ein anderes, grundsätzlicheres Argument schwerer: Natürlich können auch kapitalistische Länder Kriege gegeneinander führen, und der Erste Weltkrieg ist dafür nur ein Beispiel. Forscher, die sich mit der Theorie des »capitalist peace« befassen, haben meist lange Listen von militärischen Konflikten analysiert und dann geprüft, ob die beteiligten Länder kapitalistisch waren oder nicht. Diese Methode allein führt jedoch meiner Meinung nach nicht zu einer befriedigenden Aussage. Denn erstens ist es ja möglich, dass kapitalistische Länder einen Krieg gegen nicht-kapitalistische Länder führen, und vor allem ist es denkbar, dass Länder, deren Wirtschaftssystem kapitalistisch ist, zwar gegeneinander Krieg führen – *jedoch aus Gründen, die nichts mit dem Wirtschaftssystem zu tun haben.* Denn keineswegs immer hat es etwas mit dem Kapitalismus zu tun, wenn Länder mit einer kapitalistischen Wirtschaftsordnung gegeneinander Krieg führen. Die Entscheidung über Krieg und Frieden treffen schließlich nicht kapitalistische Unternehmer, sondern Politiker, also Staaten. In der marxistischen Theorie ist es freilich so, dass der Staat im Kapitalismus immer nur ein Vollstrecker der Interessen der »herrschenden Klasse« ist, also der Kapitalisten – ein Argument, das ich in Kapitel 5 widerlegt habe.

Aus meiner Sicht muss man bei jedem konkreten Konflikt analysieren und nachweisen, ob und inwiefern im Vorfeld des Kriegsausbruchs Vertreter der Wirtschaft entscheidend Einfluss genommen haben oder sich Politiker entscheidend von deren Interessenlage haben bestimmen lassen. Ich werde am Beispiel des Ersten Weltkrieges zeigen, dass dies hier nicht der Fall war, sondern sowohl in Deutschland als auch in Großbritannien führende Vertreter der Wirtschaft gegen diesen Waffengang waren.

Grundsätzlich gilt: Es gibt zahlreiche Gründe, warum Länder Kriege führen. Neben wirtschaftlichen können geopolitische Gründe eine Rolle spielen, manchmal sind Kriege ein Ergebnis einer Konflikteskalation mit Drohungen und Ultimaten, die am Ende in einem militärischen Konflikt enden, ohne dass die Beteiligten dies anfänglich wollten. »Wir sind alle in den Krieg hineingeschlittert«, so erklärte Großbritanniens Weltkrieg-I-Premier Lloyd George den Ausbruch dieses Krieges. Manchmal nutzen Herrscher Kriege, um von Konflikten im Inneren abzulenken, und in früheren Zeiten war ein häufiges Motiv, um einen Krieg zu führen, das Prestigebedürfnis eines Herrschers. Und natürlich spielten – in früheren Jahrhunderten mehr noch als heute – religiöse Ursachen eine Rolle. Kriege haben vielfältige Ursachen – ein Handbuch über Kriegstheorien enthält 10 Beiträge über anthropologische, biologische, psychologische, sozialpsychologische, politische, geopolitische, gesellschaftliche, ökonomische, ökologische und theologische Kriegstheorien in der Wissenschaft.[508]

Wenn Staaten, deren Wirtschaftssystem kapitalistisch ist, Kriege führen, müssen die Ursachen dafür also keineswegs zwingend im Bereich der Wirtschaft liegen und schon gar nicht den Interessen der Kapitalisten entsprechen. Der Erste Weltkrieg wurde und wird von der marxistischen Geschichtsschreibung stets als besonders deutliches Beispiel für den kapitalistischen Charakter eines Krieges angeführt. Auch Kritiker der Theorie des »kapitalistischen Friedens« führen häufig den Ersten Weltkrieg als Gegenargument an. Deshalb möchte ich mich im Folgenden ausführlicher mit dem Ersten Weltkrieg befassen.

Schon 7 Jahre vor Ausbruch des Krieges hieß es in der Resolution gegen Militarismus und Imperialismus der sozialistischen Parteien der »Zweiten Internationale«: »Kriege zwischen Staaten, die auf der kapitalistischen Wirtschaftsordnung beruhen, sind in der Regel Folgen ihres Konkurrenzkampfes auf dem Weltmarkt, denn jeder Staat ist bestrebt, seine Absatzgebiete nicht nur zu sichern, sondern auch neue zu erobern .... Kriege liegen also im Wesen des Kapitalismus, sie werden erst aufhören, wenn die kapitalistische Wirtschaftsordnung beseitigt ist.«[509]

Lenin schieb 1920 im Vorwort zur deutschen Ausgabe seines Buches »Der Imperialismus als höchstes Stadium des Kapitalismus«, seine

Schrift habe den »Beweis erbracht, dass der Krieg von 1914–1918 auf beiden Seiten ein imperialistischer Krieg (das heißt ein Eroberungskrieg, ein Raub- und Plünderungskrieg) war, ein Krieg um die Aufteilung der Welt, um die Verteilung und Neuverteilung der Kolonien, der ›Einflusssphären‹ des Finanzkapitals und so weiter«. Solange das Privateigentum an Produktionsmitteln bestehe, seien solche Kriege »absolut unvermeidlich«.[510]

In einer Analyse über die Kriegsursachen kommt Werner Plumpe jedoch zu dem Ergebnis, aus der Zeit vor dem August 1914 ließen sich keine Belege dafür finden, dass deutsche Unternehmen den Krieg gewünscht oder in irgendeiner Weise seine Auslösung unterstützt hätten.[511] Wie hätte ein Krieg der deutschen Wirtschaft auch nützen können? In den Jahrzehnten vor dem Krieg hatte sie, namentlich die großen, exportorientierten Unternehmen, einen beispiellosen Aufstieg erlebt. Selbst die großen Konzerne der Schwerindustrie wie Krupp und Thyssen verfügten über erhebliche Exportquoten, wozu ein Krieg nicht passte.[512] »Der Krieg war in der Tat auch das *Worst Case Szenario* für die überaus erfolgreiche deutsche Industrie, die sich auf den expandierenden Weltmärkten eine derart starke Stellung erobert hatte, dass ein Krieg nur nachteilig sein konnte, zumal er höchstwahrscheinlich gegen die eigene ›Kundschaft‹ zu führen war.«[513]

Plumpe führt Zitate führender Industrieller an, die überwiegend klar gegen den Krieg waren. Was diese fürchteten, trat dann tatsächlich nach Kriegsausbruch ein: Es wurde ein allgemeines Ausfuhrverbot erlassen, die Auslandsnachfrage brach schlagartig zusammen und auch im Inland ging sie zurück. »Angesichts des umfassenden Wegbrechens wichtiger Märkte war der Kriegsschock groß.«[514]

In anderen Ländern war es nicht anders. In London, so berichtet der britische Historiker Neil M. Ferguson in seinem großen Werk über den Ersten Weltkrieg, war die überwiegende Mehrheit der Bankiers entsetzt über die Aussicht eines Krieges, »und dies nicht zuletzt deshalb, weil der Krieg eine Bankrottdrohung für die meisten, wenn nicht alle wichtigen Wechselbanken bedeutete, die sich mit der Finanzierung des internationalen Handelns beschäftigten«.[515]

Die Rothschilds, für Antisemiten und Antikapitalisten das große Feindbild, versuchten vergeblich, einen englisch-deutschen Konflikt abzuwenden, und für all ihre Mühen wurden sie vom außenpolitischen Redakteur der »Times«, Henry Wickham Steed, wegen »eines schmutzigen Versuchs deutsch-jüdischer internationaler Finanzkreise« angeklagt, »uns zur Befürwortung einer Neutralitätspolitik zu drängen«.[516] Ferguson resümiert, es gebe keinen Beweis dafür, dass die Geschäftsleute einen großen europäischen Krieg wünschten.[517]

Manchmal wird zur Beweisführung ins Feld geführt, dass Unternehmen nach Beginn des Krieges aktiv die Kriegführung unterstützten und manche von ihnen kräftig am Krieg verdienten. Das ist wahr: Wirtschaft passt sich meist an die Umstände an, aber das tun die meisten Menschen, auch Nicht-Unternehmer und in jedem System. Die Wirtschaft kann sich die äußeren Rahmenbedingungen für ihr Handeln wünschen, jedoch sie nicht bestimmen. Aber für die Wirtschaft Deutschlands war der Krieg nicht von Vorteil, ganz im Gegenteil. Die Nachkriegsjahrzehnte waren von einer ökonomischen Misere geprägt – Inflation, Arbeitslosigkeit usw. –, die im Gegensatz stand zu der kapitalistischen Wirtschaftsblüte der Jahre 1896 bis 1914. »Der Erste Weltkrieg«, so Ferguson, »zerstörte das erste goldene Zeitalter wirtschaftlicher ›Globalisierung‹.«[518]

Der Kapitalismus hat die wirtschaftliche Bedeutung und den Nutzen der Eroberung fremder Territorien deutlich reduziert. Vor dem Kapitalismus, als die Wirtschaft weitgehend statisch war, spielte die Eroberung fremder Territorien zur Ausweitung der wirtschaftlichen Macht und zur Sicherung von Rohstoffen eine wichtige Rolle. Aber heute sind für das wirtschaftliche Gewicht eines Landes weder seine Größe noch seine Rohstoffvorkommen von Bedeutung. »Staaten haben immer divergierende Interessen, wenn es um Rohstoffe oder territoriale Fragen geht. Doch werden diese Unterschiede durch die Veränderungen in modernen Wirtschaften oft trivial, da Rohstoffe leichter durch Handel zu bekommen sind«, so Gartzke.[519]

Das größte Land der Welt ist Russland mit einer Fläche von 17,1 Millionen qkm. Und zugleich hat es die größten Rohstoffvorkommen aller Staaten mit einem geschätzten Wert von 75,7 Billionen US-Dollar.[520] Aber das BIP pro Kopf beträgt gerade einmal 11.774 US-Dollar.[521] Zum Vergleich: Das kleine Singapur mit einer Fläche von nur 728 qkm und praktisch ohne jedes Rohstoffvorkommen hat mit 65.233 US-Dollar[522] ein fünfeinhalbmal so hohes BIP pro Kopf wie Russland. Die Marktkapitalisierung der Börse Singapur ist mit ca. 700 Milliarden US-Dollar[523] sogar fast gleich hoch wie die von Russland (745 Milliarden US-Dollar).[524] Eine Erklärung dafür liegt darin, dass Singapur das wirtschaftlich freieste (also am meisten kapitalistische) Land der Welt ist (Platz 1 im Ranking der wirtschaftlichen Freiheit 2021), während Russland auf einem schlechten Rang 92 steht.[525]

Deutschland hat eine Fläche von nur 357.000 qkm und im internationalen Vergleich nur wenige Rohstoffe. Trotz der ungleich geringeren Fläche und Rohstoffvorkommen ist die Wirtschaftskraft Deutschlands mit 3,8 Billionen US-Dollar[526] mehr als doppelt so hoch wie die von Russland und das BIP pro Einwohner liegt mit 46.445 US-Dollar[527] sogar viermal höher als das von Russland.

Große Rohstoffvorkommen sind für viele Länder wirtschaftlich sogar nachteilig. In der Ökonomie spricht man von der »Holländischen Krankheit« und der Ökonom Paul Collier erkennt eine »Ressourcenfalle«.[528] Für die wirtschaftliche Stärke eines Landes sind also ganz andere Faktoren wichtig als früher in der Geschichte.

Wenn wir die Ursachen des Zweiten Weltkrieges analysieren, welche Bedeutung hatten hier wirtschaftliche Ursachen? Sie sind wichtiger, als oft in der Forschung angenommen wurde, denn in dem Denken von Hitler, der den Zweiten Weltkrieg auslöste, spielten wirtschaftliche Gesichtspunkte eine entscheidende Rolle.[529]

Sein Ziel war es, neuen »Lebensraum im Osten«, also in Russland zu erobern. Daraus hatte er keinen Hehl gemacht und dies offen in seinem Buch »Mein Kampf«, in seinem sogenannten »Zweiten Buch« und zahlreichen Reden bekundet.

Hitler hing einer Theorie an, die auch von marxistischen Theoretikern wie Rosa Luxemburg oder Nikolai Bucharin[530] vertreten wurde, der Theorie von der »Schrumpfung der Märkte«. Er hielt den

Weg, den die deutschen Unternehmen gegangen waren, nämlich primär auf Exporte zu setzen, für einen großen Fehler. Nach Hitlers Meinung würden die Absatzmärkte infolge der Industrialisierung ehemaliger Entwicklungsländer immer mehr schrumpfen. Deshalb führe die Exportorientierung in die Sackgasse, nur neuer Lebensraum im Osten könne die Probleme lösen.

»Der Mensch lebt nicht von Ideen, sondern von Getreide und Korn, von Kohle, Eisen, Erzen, lauter Dinge, die im Boden liegen. Und wenn dieser Boden fehlt, nützen alle Theorien nichts. Es ist nicht ein Problem der Wirtschaft an sich, sondern des Bodens«, so Hitler.[531] In einer Rede am 30. Mai 1942 wiederholte Hitler seine Theorie, die auch schon in früheren Reden und in »Mein Kampf« regelmäßig auftauchte: »Will man den Lebensraum nicht erweitern, dann muss eines Tages ein Missverhältnis entstehen zwischen der Volkszahl, die dauernd wächst, und dem Lebensraum, der gleich bleibt. Das ist die Absicht der Natur: Dadurch zwingt sie nämlich den Menschen zu kämpfen, genau wie jedes andere Wesen in der Welt. Es ist der Kampf um die Ernährung, der Kampf um die Grundlagen des Lebens, um die Rohstoffe, die die Erde bietet, die Bodenschätze, die unter ihr liegen, und die Früchte, die sie dem bietet, der sie bebaut.«[532] Diesen Lebensraum wollte Hitler in Russland erobern.

Ist das nicht der Beweis dafür, dass der Zweite Weltkrieg im kapitalistischen Interesse geführt wurde? Im Gegenteil: Hitler lehnte ja das, was er die Strategie der »wirtschaftsfriedlichen Eroberung der Welt« nannte, entschieden ab. Die Exportorientierung der deutschen Wirtschaft war seiner Meinung nach ein gefährlicher Irrweg. Hitler wollte Deutschland autark und unabhängig von der Weltwirtschaft machen durch die Eroberung von »Lebensraum im Osten«.

Ihm ging es keineswegs darum, für privatkapitalistische Unternehmen neue Rohstoffquellen und Absatzmärkte zu erschließen, denn für die Zeit nach dem Krieg und in den eroberten Gebieten schwebte ihm eine Planwirtschaft vor. Kurz nach dem Angriff auf die Sowjetunion, am 28. Juli 1941, erklärte er: »Freilich lässt sich ein sinnvoller Einsatz der Kräfte eines Volkes nur mit einer Planwirtschaft von oben her erreichen.« Etwa zwei Wochen darauf sagte er: »Was die Planmäßigkeit der Wirtschaft angeht, stehen wir noch ganz in den Anfängen ...«[533] Diesen Gedanken wiederholte er etwa ein Jahr später: Auch nach dem Krieg würde man »auf eine staatliche Lenkung der Volkswirtschaft nicht verzichten können«, da sonst jeder Interessenkreis ausschließlich an die Erfüllung seiner eigenen Wünsche denke.[534]

Hitler bewunderte zunehmend das sowjetische Wirtschaftssystem, das er dem kapitalistischen für weit überlegen hielt.[535] In einem Gespräch mit dem italienischen Diktator Benito Mussolini Ende April 1944 bekannte er, er sei zu der Überzeugung gelangt, der Kapitalismus habe seine Rolle ausgespielt, die Völker würden ihn nicht mehr ertragen. Den Krieg würden nur Nationalsozialismus und Faschismus und »vielleicht der Bolschewismus im Osten« überleben.[536]

Also: Wirtschaftliche Überlegungen spielten in Hitlers Lebensraum-Konzept – und damit für den Zweiten Weltkrieg – eine entscheidende Rolle, aber ein Beleg dafür, dass Kapitalismus zum Krieg führe, ist das mit Sicherheit nicht.

Gegen die These, der Erste und der Zweite Weltkrieg seien aus kapitalistischen Profitinteressen geführt worden bzw. die Reichen hätten aus ökonomischen Interessen diese Kriege angezettelt, spricht übrigens auch die Tatsache, dass die Stellung der Kapitalisten in Wirtschaft, Gesellschaft und Politik durch diese Kriege massiv geschwächt wurde. Thomas Piketty vertritt in seinem »Kapital im 21. Jahrhundert« sogar die These, dass »die progressive Steuer im 20. Jahrhundert mehr noch ein Produkt der Kriege als eines der Demokratie gewesen ist«.[537] Bis zum Ersten Weltkrieg seien die »Steuersätze selbst auf der Ebene astronomischer Einkommen ... außerordentlich moderat« gewesen. »Das gilt für alle Länder, ohne Ausnahme.«[538] Bis zum Jahr 1914 habe der Spitzensteuersatz auf unbedeutendem Niveau gelegen. In Frankreich habe er bei 2 Prozent gelegen und sei bis Mitte der 1920er-Jahre auf 72 Prozent gestiegen – dies sei vor allem ein Ergebnis des Ersten Weltkrieges gewesen.[539] In Preußen habe er von 1891 bis 1914 konstant bei 3 Prozent gelegen, bevor er dann auf 40 Prozent gestiegen sei. In den USA und Großbritannien stieg er nach dem Ersten Weltkrieg sogar auf 77 bzw. 40 Prozent.[540]

»Natürlich kann keiner sagen«, so Piketty, »wie die Geschichte ohne die Katastrophe der Jahre 1914 bis 1918 verlaufen wäre. Zweifellos wäre es zu einer Aufwärtsbewegung gekommen. Aber es steht außer Frage, dass die Progressivität sich sehr viel langsamer entwickelt und diese Niveaus vielleicht nie erreicht hätte.«[541]

Auch die Erbschafts- und Schenkungssteuer in Deutschland stieg nach dem Ersten Weltkrieg schlagartig von 0 Prozent auf 35 Prozent für größere Erbschaften. »Die Rolle des Krieges und der politischen Brüche, die er bewirkt, scheint absolut ausschlaggebend.«[542] Gleiches gilt für andere Länder. Mit anderen Worten, der Erste Weltkrieg führte zu einem deutlichen Anstieg der Besteuerung für Personen mit hohem Einkommen und hohem Vermögen.

Der Zweite Weltkrieg brachte eine noch schärfere Steuerbelastung für die Reichen. 1942 wurde der »Victory Act« in den USA beschlossen, der den Spitzensteuersatz auf 88 Prozent hochschnellen ließ, ein Niveau, das durch verschiedene Steuerzuschläge 1944 auf 94 Prozent anstieg. Die Schwellen für die Anwendung der Spitzensteuersätze in den USA wurden deutlich gesenkt, sodass größere Einkommensgruppen erfasst werden konnten.[543]

In Großbritannien stieg der Spitzensteuersatz in den 1940er-Jahren sogar auf 98 Prozent.[544] Auch in Deutschland kletterte er 1941 auf 64,99 Prozent.[545] In Frankreich fiel der Einkommensanteil der reichsten Einwohner während des Zweiten Weltkrieges 68-mal schneller als in den folgenden 38 Jahren: 92 Prozent des gesamten Rückgangs des Einkommensanteil des obersten 1 Prozents ab 1939 fand in den 7 Jahren bis zum Kriegsende 1945 statt.[546]

In Japan flossen dem reichsten 1 Prozent der Bevölkerung im Jahr 1938 19,9 Prozent des deklarierten Einkommens vor Steuern und Transfers zu. Doch in den folgenden 7 Jahren schrumpfte der Einkommensanteil dieser Gruppe um zwei Drittel auf 6,4 Prozent zusammen. Mehr als die Hälfte dieses Verlusts entfiel auf das reichste Zehntel dieser Spitzengruppe, dessen Anteil von 9,2 auf 1,9 Prozent abstürzte, also um fast vier Fünftel schrumpfte.[547] Der reale Wert der deklarierten Vermögen des reichsten 1 Prozents der Japaner schrumpfte zwischen 1936 und 1945 um 90 Prozent und im Zeitraum 1936 bis 1949 um fast 97 Prozent. Das reichste 1 Promille büßte in diesem Zeitraum sogar noch mehr ein, nämlich 93 bzw. 98 Prozent.[548] Das japanische Wirtschaftssystem wurde in dieser Zeit Schritt für Schritt faktisch in eine Planwirtschaft verwandelt, »nur die Fassade einer kapitalistischen Marktwirtschaft wurde aufrechterhalten«.[549] Managerboni wurden begrenzt, es wurde eine strikte Regulierung der Mietpreise eingeführt und zwischen 1935 und 1943 verdoppelte sich der Spitzensteuersatz auf Einkommen in Japan.[550]

Walter Scheidel hat in einer Studie analysiert, dass Kriege in der neueren Geschichte zu den größten Ursachen für massive Vermögensverluste von Reichen gehörten. Nach seiner Analyse zählten die zwei Weltkriege »zu den größten Gleichmachern der Geschichte«.[551] Der durchschnittliche prozentuale Rückgang der Einkommensanteile der Reichsten in den aktiv am Zweiten Weltkrieg beteiligten Ländern betrug 31 Prozent gegenüber dem Vorkriegsniveau. Dies ist ein belastbares Ergebnis, denn die Probe beinhaltet ein Dutzend Länder.[552] Die einzigen zwei Länder, in denen die Ungleichheit in diesem Zeitraum zunahm, waren zugleich diejenigen, die am weitesten von den Kriegsschauplätzen entfernt waren (Argentinien und Südafrika).[553]

»Niedrige Sparquoten und die Entwertung von Vermögen, physische Zerstörung und der Verlust von Auslandsvermögen, Inflation und progressive Besteuerung, Mietpreisbindung und Preiskontrollen sowie Verstaatlichungen trugen in unterschiedlichem Maß zur Egalisierung bei.«[554] Das Vermögen der Reichen wurde in den beiden Weltkriegen dramatisch reduziert, und zwar gleichgültig, ob die Länder verloren oder siegten, im oder nach dem Krieg unter einer Besetzung litten, Demokratien oder Diktaturen waren.[555]

Die ökonomischen Folgen der beiden Weltkriege waren also für die Reichen verheerend. Auch dies spricht gegen die These, Kapitalisten hätten die Kriege aus wirtschaftlichen Interessen angezettelt. Entgegen der populären Wahrnehmung, wonach die einfachen Schichten im Krieg am meisten litten, waren jedenfalls ökonomisch gesehen, gemessen in absoluten und relativen Einkommens- und Vermögenseinbußen, die Kapitalisten die großen Verlierer der beiden Weltkriege.

Wie sieht es jedoch mit den modernen Kriegen aus? Die USA haben nach dem Zweiten Weltkrieg mehrere Kriege geführt, und stets hieß es von Kapitalismus-Kritikern, diese Kriege seien ein Beleg dafür, dass im Hintergrund die wirtschaftlichen Interessen der großen Konzerne die entscheidende Rolle spielten. Das vielleicht prominenteste Beispiel für diese These ist der zweite Irakkrieg, den die USA und andere Länder im März und April 2003 führten und der zum Sturz von Saddam Hussein führte.

Bereits vor Kriegsbeginn stimmten bei einer Umfrage 76 Prozent der Russen, 75 Prozent der Franzosen, 54 Prozent der Deutschen und 44 Prozent der Briten der Aussage zu, die USA wollten in den Irak einmarschieren, um das irakische Öl zu kontrollieren.[556] Der »Spiegel« setzte die Worte »Blut fürs Öl. Worum es im Irak wirklich geht« auf die Titelseite und lieferte die Antwort gleich mit, indem er über den Sternen der US-Flagge Benzinzapfhähne und Sturmgewehre kreuzte.[557] Und der linke US-Aktivist und Filmregisseur Michael Moore verbreitete die Theorie im Jahr 2004 mit seinem Film »Fahrenheit 9/11«, der in den USA zum erfolgreichsten Dokumentarfilm aller Zeiten avancierte.[558] Antikapitalisten wie Noam Chomsky schrieben ebenfalls, Ziel des Krieges sei es, dass die USA sich die Ölquellen des Irak sichern wollten.[559] Aus ihrer Sicht eine schlagende Bestätigung der These vom kriegslüsternen Kapitalismus.

Diese Theorien wirkten umso überzeugender, als die offizielle Begründung der USA, der irakische Diktator Saddam Hussein sei im Besitz von Massenvernichtungswaffen und arbeite mit internationalen Terroristen zusammen, einer Überprüfung nach dem Ende des Krieges nicht standhielt: Die Geheimdienstquellen waren teilweise falsch und wurden dazu noch einseitig von der US-Regierung interpretiert. Spätere Untersuchungen ergaben eindeutig, dass der Irak nicht – wie von den USA behauptet – im Besitz von Massenvernichtungswaffen war. Dies bedeutete Öl aufs Feuer der »Öl-Theorie«.

Wissenschaftliche Analysen dieser populären Sichtweise kamen jedoch zu einem klaren Befund: »Es gibt keinerlei Belege, dass die US-Ölindustrie die Invasion des Irak in irgendeiner Form forderte oder förderte. Das Gegenteil war der Fall: Die amerikanischen Ölkonzerne wünschten seit Langem eine Aufhebung der US- und UN-Sanktionen, um im Wettlauf um die irakischen Konzessionen gegenüber den Konkurrenten aus Frankreich, Russland und China nicht noch weiter ins Hintertreffen zu geraten. Wie fast immer wollten Großunternehmen Geschäfte machen, nicht Krieg. Die Vorstellung, amerikanische Firmen könnten das irakische Öl unter einem Besatzungsregime unbehelligt und ohne zu bezahlen fördern und verkaufen, ist realitätsfern.«[560]

Wäre es den USA um eine bessere Ölversorgung und um niedrigere Ölpreise gegangen, hätten sie nur dem russischen und französischen Drängen im UN-Sicherheitsrat auf ein Ende der Exportbeschränkungen nachgeben müssen. »Auch hätte dann eigentlich Saudi-Arabien, das über größere Vorräte verfügt und militärisch ein einfacherer Gegner gewesen wäre, ins amerikanische Fadenkreuz rücken müssen – nicht der hochgerüstete und bevölkerungsreiche Irak.«[561] Übrigens gibt es auch keinerlei Hinweise darauf, dass die USA während der Besatzungszeit oder danach Anstrengungen unternommen hätten, amerikanischen Konzernen eine privilegierte Stellung in der irakischen Ölindustrie zu verschaffen.[562]

Der Politikwissenschaftler Stephan Bierling kommt in seinem Buch über den Irakkrieg zu dem eindeutigen Befund: »Wie man also das ›Kein Blut für Öl‹-Argument auch dreht und wendet, es bleibt ohne ausreichende faktische Basis.«[563] Der zentrale Grund für den Krieg war es, so das Ergebnis seiner Analysen, mit einer Demonstration der eigenen Macht ein Exempel zu statuieren und nach den Anschlägen vom 11. September das Risikokalkül aller potenziellen Feinde der USA zu verändern. Der Krieg sollte Freund und Feind demonstrieren, dass sich die USA nicht lächerlich machen lassen würden, sondern uneingeschränkt handlungsfähig seien und allen Ländern, die mit Terroristen zusammenarbeiteten, signalisieren, dass sie dies einen hohen Preis kosten würde.

Wenn es um den Zusammenhang von Kapitalismus und Krieg geht, gibt es noch einen anderen Gesichtspunkt zu berücksichtigen. Der amerikanische Politikwissenschaftler John Mueller hat die These vertreten, dass der Zusammenhang umgekehrt sei: Nicht vor allem der Kapitalismus führe zum Frieden, sondern der Frieden begünstige die kapitalistische Entwicklung.[564] Er weist zudem darauf hin, dass die für den Kapitalismus charakteristische Fixierung auf die Verbesserung des Lebensstandards und ökonomische Interessen in einem Spannungsverhältnis stünden zur Idee des Krieges, wie er über Jahrhunderte – wenn nicht Jahrtausende – vertreten wurde. Dass friedliche Zeiten zur Degeneration führten und einen Staat schwächen, weil sie zur Verweichlichung der Menschen führten, war eine These, die von zahlreichen Philosophen, von Aristoteles bis Nietzsche vertreten wurde.[565] Immer wieder wurde von Denkern und Politikern beklagt, dass Hedonismus und oberflächliche Selbstsucht in langen Friedenszeiten an Stelle von vermeintlich höheren Werten wie Heroismus, Opferbereitschaft und Ehre treten oder dass der Krieg der eigentliche Motor des Fortschritts sei.[566] Erst in dem Moment, als an Stelle dieser Überzeugungen andere Ideen traten, z. B. dass Handel vorteilhafter sei als Eroberung, Frieden dem Fortschritt eher diene als der Krieg und Wirtschaftswachstum und Wohlstand übergeordnete Ziele seien, verloren solche Überzeugungen, die zur Legitimation von Kriegen dienten, ihre Bedeutung.

Eine andere bei Antikapitalisten heute beliebte These lautet, der Kapitalismus habe seine Wurzel vor allem im Kolonialismus. Kolonialkriege werden dem Kapitalismus angelastet, obwohl der Kapitalismus gerade auch in solchen Ländern erfolgreich war, die bezogen auf die koloniale Expansion am wenigsten aktiv waren. Nordamerika bzw. die USA waren, um es in der Sprache der antikapitalistischen Kritiker der Kolonialpolitik zu sagen, nicht »Täter«, sondern anfangs selbst Opfer des Kolonialismus. Eigene koloniale Aktivitäten hatten für die USA bzw. ihre wirtschaftliche Entwicklung eine völlig untergeordnete Bedeutung. Und auch wenn heute viel von Deutschlands kolonialer Vergangenheit die Rede ist, so spricht gegen die Betonung des Kolonialismus als Wurzel des Kapitalismus, dass Deutschlands koloniale Unternehmungen seit den 1880er-Jahren wirtschaftlich von nachrangiger Bedeutung waren. »Die Entwicklung in den USA und im Deutschen Reich zeichnete sich dadurch aus, dass bislang kolonial bezogene Rohstoffe, zumindest dort, wo es technisch möglich war, durch eigene Produkte ersetzt wurden, wodurch sich die beiden Volkswirtschaften in gewisser Hinsicht von den kolonialen Bezugsquellen emanzipierten.«[567] Die zunächst führenden Nationen, Großbritannien, die Niederlande und Frankreich, fielen in der zweiten Hälfte des 19. Jahrhunderts sogar relativ zurück.[568] Portugal und Spanien, die ersten imperialistischen Mächte mit Kolonien von Mexiko bis Macao, waren zu dem Zeitpunkt, als der Kapitalismus entstand, die ärmsten in Westeuropa. Und Länder wie Schweden und Österreich wurden auch ohne bedeutende überseeische Kolonialbesitztümer reich.

Gegen die These, Kriege hätten ihre Wurzeln im Kapitalismus oder der Kapitalismus sei besonders kriegslüstern, sprechen also viele Argumente: Kriege waren in vorkapitalistischen Zeiten sehr viel häufiger als im Zeitalter des Kapitalismus, und jene Kriege, die immer wieder als Beleg für die These angeführt werden (vom Ersten Weltkrieg bis zum Irakkrieg), hatten Ursachen, die nichts mit den wirtschaftlichen Interessen der Kapitalisten zu tun hatten.

10. »Kapitalismus führt zum Faschismus«

Max Horkheimer, der führende Philosoph der »Frankfurter Schule«, prägte einen bis heute zitierten Satz: »Wer aber vom Kapitalismus nicht reden will, sollte auch vom Faschismus schweigen.«[569] Mit »Faschismus« meinte Horkheimer den Nationalsozialismus. Linke Theoretiker meiden den Begriff »Nationalsozialismus« und bevorzugen »Faschismus«, weil sie glauben, der in »Nationalsozialismus« enthaltene Begriffsteil Sozialismus diskreditiere den »guten«, »echten« Sozialismus. Der »Faschismus«, so lautete die klassische Definition von Georgi Dimitroff, dem Generalsekretär der Kommunistischen Internationale, sei die »terroristische Diktatur der am meisten reaktionären, chauvinistischen und imperialistischen Elemente des Finanzkapitals«.[570] Nach Auffassung der Marxisten versuchten die Kapitalisten, ihre Herrschaft mit den Mitteln der »faschistischen Diktatur« zu sichern. Bis heute sind viele Menschen der Meinung, die eigentliche Ursache des »Faschismus« sei der Kapitalismus, und insbesondere Adolf Hitler sei nur mit dem Geld des Großkapitals an die Macht gekommen.

Da der Nationalsozialismus von Antikapitalisten stets als der angeblich schlagende Beweis für die Verbindung von Kapitalismus und Faschismus angeführt wird (viel häufiger als etwa der italienische Faschismus) und ich selbst über dieses Gebiet sehr intensiv geforscht habe, gehe ich nachfolgend der Frage nach, ob die historischen Fakten diese These stützen.

In seinen frühen Reden griff Hitler scharf das »Finanzkapital« oder »Börsenkapital« an, als dessen Träger er die Juden bezeichnete: »So ist dieses Kapital gewachsen und beherrscht heute praktisch die ganze

Erde, unermesslich an Summen, unfassbar in seinen großen Verhältnissen, unheimlich wachsend und – das Schlimmste! – alle redliche Arbeit vollständig korrumpierend, und darin liegt das Grauenhafte, dass der gewöhnliche Mensch, der heute die Lasten zu tragen hat zur Verzinsung dieser Kapitalien, sehen muss, wie ihm trotz Fleiß, Emsigkeit, Sparsamkeit, trotz wirklicher Arbeit kaum das bleibt, um sich nähren zu können, und noch weniger, um sich kleiden zu können, in der gleichen Zeit, in der dieses internationale Kapital Milliarden verschlingt nur an Zinsen, die er mit aufbringen muss, in der gleichen Zeit, in der sich eine Rassenschicht breitmacht im Staate, die keine andere Arbeit tut als für sich selber Zinsen eintreiben und Coupons abschneiden.«[571]

Hitler sprach sich in seinen Reden in den frühen 20er-Jahren für eine »Verstaatlichung der gesamten Banken und des gesamten Finanzwesens«[572] aus und auch für eine »Verstaatlichung der Bodenschätze, von Kunstdüngern (und) chemischen Produkten«[573], wandte sich aber andererseits gegen eine »Vollsozialisierung«. Etwas wirr hieß es im Parteiprogramm der NSDAP aus dem Jahr 1920: »Wir fordern die Verstaatlichung aller (bisher) bereits vergesellschafteten (Trusts) Betriebe.«

Im Parlament stimmte die NSDAP häufig zusammen mit den linken Parteien SPD und KPD, wenn es um sozialpolitische Fragen ging.[574] Sie brachte Anträge im Parlament ein, in denen sie die Nationalisierung aller Großbanken oder das Verbot des Handels mit Wertpapieren verlangte. Der Besitz der »Bank- und Börsenfürsten« sowie alle »Gewinne aus Krieg, Revolution und Inflation« sollten beschlagnahmt werden.[575]

Die wirtschaftsnahe »Deutsche Bergwerk-Zeitung« kommentierte angesichts solcher Forderungen, die NSDAP stelle eine Bedrohung für das Privateigentum dar und unterscheide sich nur wenig von den Kommunisten. Die »Deutsche Allgemeine Zeitung« in Berlin, die einem Konsortium aus Ruhrindustriellen, Bankiers und Reedereibesitzern gehörte, gelangte zu dem Ergebnis: Im gleichen Maße, wie sich die Sozialdemokraten vom Marxismus distanzierten, seien die Nationalsozialisten offenbar darauf bedacht, dessen Erbe zu übernehmen.[576]

Sehr früh schon erkannte Walther Rademacher, eine führende Persönlichkeit in der sächsischen Kohleindustrie, der früher der DNVP angehört hatte, dass das Bekenntnis der Nationalsozialisten zum Privateigentum nicht viel wert sei. Denn die NSDAP entwerte dieses Bekenntnis durch den Vorbehalt, das Streben privater Unternehmer sei nur akzeptabel, solange es dem Gemeinwohl diene. Die Entscheidungskompetenz, was dem Gemeinwohl diene, liege indes vollständig beim Staat. Wenn der Staat aber jederzeit in die Rechte der Unternehmer eingreifen könne, indem er einfach erkläre, sie hätten das Eigentum falsch verwendet, dann bliebe, so Rademacher, von der Privatwirtschaft bzw. der Kontrolle des Unternehmers über sein Eigentum nichts mehr übrig.[577]

Damit hatte er etwas erkannt, was viel später der Ökonom Friedrich Pollock formulierte. Pollock war ein Mitbegründer des Instituts für Sozialforschung in Frankfurt, das später zum Nukleus der eingangs erwähnten Frankfurter Schule wurde. Zugleich ein enger Freund von Horkheimer, dem führenden Kopf der Frankfurter Schule, schrieb Pollock 1941 in einem Aufsatz über die Wirtschaftsordnung des Nationalsozialismus: »Ich stimme dem zu, dass das Rechtsinstitut des Privatbesitzes beibehalten worden ist und dass viele Merkmale, die für den Nationalsozialismus kennzeichnend sind, sich, wenn auch noch undeutlich, in nicht totalitären Ländern ausprägen. Aber heißt das, dass die Funktion des Privateigentums sich nicht verändert hat? Ist die ›Steigerung der Macht einiger weniger Gruppen‹ wirklich das wichtigste Resultat des Wandels, der stattgefunden hat? Ich glaube, dass er viel tiefer reicht und beschrieben werden müsste als die Zerstörung aller wesentlichen Teile des Privateigentums, von einem abgesehen. Selbst den mächtigsten Konzernen hat man das Recht aberkannt, neue Geschäftszweige dort zu errichten, wo die höchsten Profite zu erwarten sind; oder die Produktion zu unterbrechen, wo sie unprofitabel wird. Diese Rechte sind in ihrer Gänze den herrschenden Gruppen übertragen worden. Der Kompromiss zwischen den an der

Macht befindlichen Gruppen bestimmt Umfang und Richtung des Produktionsprozesses; gegenüber einer solchen Entscheidung ist der Eigentumstitel machtlos, selbst dann, wenn er sich herleitet vom Besitz der überwiegenden Kapitalmehrheit, von dem, der nur eine Minderheit besitzt, ganz zu schweigen.«[578]

Dies ist sicher eine der treffendsten Charakterisierungen des nationalsozialistischen Wirtschaftssystems. Diese spätere Entwicklung erkannten in der Phase des Aufstiegs der NSDAP vor 1933 nur wenige. Gleichwohl waren damals die meisten Unternehmer misstrauisch, was die Ziele der Nationalsozialisten anlangt. Paul Reusch, einer der damals einflussreichsten Wirtschaftsführer,[579] formulierte Ende 1929 für die Herausgeber der von seiner Firma kontrollierten Zeitungen eine Richtlinie, in der die NSDAP zusammen mit den Kommunisten, den Sozialdemokraten und den Gewerkschaften als einer der Träger des Marxismus, seiner verderblichen »Klassenkampfgedanken« und seiner »utopischen marxistischen Ziele auf dem Gebiet des Wirtschaftslebens« genannt wurde.[580]

Solche Befürchtungen wurden geschürt durch Veröffentlichungen der NSDAP wie beispielsweise der Zeitschrift »Arbeitertum« der Nationalsozialistischen Betriebszellenorganisation, die ein Ende des »liberal-kapitalistischen Wirtschaftssystems« und eine »staatssozialistische Vergesellschaftung der Grundindustrien« sowie die Absetzung und strafrechtliche Verfolgung der »Hyänen der Wirtschaft« forderte.[581]

Freilich versuchten Hitler, Hermann Göring und andere Nationalsozialisten, aus taktischen Gründen die Unternehmer von ihrer Harmlosigkeit zu überzeugen. Da Hitler, wie er in zahlreichen Reden erklärte, der Meinung war, im Staat herrschten eigentlich die Kapitalisten,[582] versuchte er, die Unternehmer zu »neutralisieren«,[583] und beschwichtigte sie in Gesprächen im vertraulichen Kreis.

Nach den ersten großen Wahlerfolgen der NSDAP bei den Reichstagswahlen 1930 schlossen sich auch einige Leute aus der Wirtschaft den Nationalsozialisten an, aber es waren überwiegend Außenseiter. Der bekannteste davon war der Industrielle Emil Kirdorf, der 1927

Hitlers Partei beitrat, aber schon nach einem Jahr aus Enttäuschung wieder austrat (er trat dann erst 1934 erneut bei).[584]

Manche Unternehmer hofften wie Kirdorf, sie könnten die NSDAP irgendwie beeinflussen und mäßigenden Einfluss auf deren wirtschaftspolitischen Kurs nehmen, was sich freilich als Illusion erwies.[585] Aber die Legende, die NSDAP sei maßgeblich von »Großkapitalisten« finanziert worden, ist falsch. Der amerikanische Historiker Henry A. Turner fasst als Ergebnis seiner umfangreichen Forschungen zu dieser Frage zusammen, »dass die Mittel der Wirtschaft, die den Nationalsozialisten zuflossen, nur einen kleinen Teil der Gelder ausmachten, die an ihre Gegner und Rivalen verteilt wurden. Wenn man alles gegeneinander abwägt, waren die finanziellen Zuwendungen aus der Wirtschaft ganz überwiegend *gegen* die Nationalsozialisten gerichtet.«[586]

Anders als bürgerliche Parteien wie etwa die DVP, die von vielen Unternehmern favorisiert wurde und die über viele Jahre hohe Spenden erhielt, war Hitlers Partei von Großspenden nicht abhängig. Der NSDAP war es gelungen, Finanzierungsquellen zu finden, die sie unabhängig von Parteispenden des Kapitals machte. Ab Ende der 1920er-Jahre nahm die Partei immer mehr Geld durch Mitgliedsbeiträge ein. Die Mitgliederzahl stieg von 25.000 im Jahr 1925 auf 919.000 im Jahr 1932.[587] Der Mitgliedsbeitrag wurde mehrfach geändert, 1930 war der Standardbeitrag 0,80 Reichsmark – ein Facharbeiter verdiente damals im Monat 200 Reichsmark und ein Wohlfahrtsempfänger bekam 50 Mark.[588] Dazu gab es besondere Sammelaktionen unter den Mitgliedern, die SA-Leute mussten die eigene Zigarettenmarke kaufen und SA-Mitglieder in eine Versicherung einzahlen.

Außerdem nahm die NSDAP – anders als andere Parteien – Eintrittsgelder für ihre zahlreichen Parteiversammlungen. Nach Angaben der Polizei hielt die Partei deutschlandweit durchschnittlich 100 Versammlungen am Tag ab, und jedes Mal verdiente sie damit. Der Eintrittspreis betrug eine Mark – damals verdiente ein Postangestellter 90 Pfennig in der Stunde.[589]

1932 wurde die NSDAP bei den Reichstagswahlen mit 37,3 Prozent der Stimmen vor der SPD (21,6 Prozent) die mit Abstand stärkste

Partei in Deutschland. Eine Regierungsbeteiligung schien in die Nähe zu rücken. Jetzt konnte die NSDAP mehr Spenden aus der Wirtschaft mobilisieren. »Dies geschah jedoch«, so schreibt Henry Turner in seinem Standardwerk zum Thema, »nicht etwa, weil eine wachsende Zahl von Großunternehmern mit dem Nationalsozialismus sympathisierte. Trotz aller Bemühungen Hitlers und anderer Sprecher der Nationalsozialisten blieben fast alle einflussreichen Persönlichkeiten der Großindustrie reserviert ... Nahezu alle Zuwendungen, die die Nationalsozialisten in der ersten Hälfte des Jahres 1932 aus der Wirtschaft erhielten, entsprangen anderen Motiven als der politischen Überzeugung. Und die meisten Gelder wurden auch nicht aus dem Wunsch gegeben, die NSDAP siegen zu sehen.«[590]

Manche Unternehmer gaben gezielt solchen Nationalsozialisten Geld, die sie als vergleichsweise »wirtschaftsfreundlich« einschätzten (z. B. Hermann Göring) und von denen sie sich erhofften, sie könnten die radikalen Sozialisten in der Partei zurückdrängen. Andere zahlten Geld an mehrere Parteien, darunter auch an die NSDAP, um sich für den Fall abzusichern, dass diese an die Macht gelangen würde. Der Industrielle Friedrich Flick oder die IG Farben gaben ihr Geld an alle »bürgerlichen« Parteien und die NSDAP, Letztere bekam jedoch viel weniger als die anderen. Die IG Farben beispielsweise verteilte 1932 eine Gesamtspendensumme von 200.000 bis 300.000 Reichsmark auf mehrere Parteien, die NSDAP erhielt davon nicht mehr als 10 bis 15 Prozent.[591]

Angesichts der Möglichkeit einer Regierungsbeteiligung der Nationalsozialisten begannen einige Geschäftsleute, die ihre Lage für besonders prekär und sich für politisch verletzbar hielten, »die Nationalsozialisten mit jener Furcht zu betrachten, die sie gewöhnlich vor tatsächlichen oder potenziellen Machthabern empfanden. Sie begannen daher die Nationalsozialisten in die Reihe der Empfänger ›politischer Versicherungsprämien‹ aufzunehmen, mit denen sie sich Sicherheit gegen einen Wechsel in Deutschlands Machtverhältnissen erkaufen wollten. Andere reagierten opportunistisch auf die Aussicht, dass die NSDAP einen Anteil an der Macht erringen könnte.«[592]

In den entscheidenden Monaten vor der Ernennung Hitlers zum Reichskanzler spielte die Großindustrie, anders als es die antikapitalistische Legende will, keine Rolle. Hitler war in diesen Monaten bei ihnen sehr unbeliebt, weil seine Partei die von den Großindustriellen positiv gesehene Regierung Franz von Papens[593] auf das Schärfste angriff. Bei den Intrigen, die der Ernennung Hitlers vorangingen und in deren Zentrum Reichspräsident von Hindenburg stand, spielte die Großindustrie schon deshalb keine Rolle, weil sie – anders als etwa die Militärs – keinen Zugang zu Hindenburg hatte. »Deutschlands führende Kapitalisten«, so Turner, »blieben während der Hinterzimmerintrigen, die in den Kreisen um Hindenburg gesponnen wurden und die mit Hitlers Ernennung zum Reichskanzler endeten, passive, schlechtinformierte Zuschauer.«[594]

Nach der Ernennung Hitlers am 30. Januar 1933 reagierten weite Teile der Wirtschaft so wie viele Deutsche: mit Opportunismus. Die Zahl der NSDAP-Mitglieder verdreifachte sich innerhalb weniger Monate von 922.000 auf 2,63 Millionen Mitglieder.[595] Beamte, Arbeiter, Selbstständige – Menschen aus allen Schichten – strömten in die NSDAP. Der Zustrom war so stark, dass die NSDAP am 1. Mai 1933 eine Aufnahmesperre beschloss.[596] Der NSDAP war es schon bei den Wahlen in der Weimarer Republik gelungen, einen hohen Arbeiteranteil für sich zu gewinnen. Und auch unter den Mitgliedern der Partei spielten Arbeiter mit einem Anteil von 40 Prozent eine viel größere Rolle als früher angenommen, wie der Politikwissenschaftler Jürgen W. Falter zeigt.[597]

Auch die Wirtschaft wendete sich jetzt dem Hitler-Regime zu – teils aus Begeisterung, teils aus Opportunismus und teils, weil sie den wahren Charakter der neuen Regierung verkannten: Sie glaubten, Franz von Papen sei nach wie vor der starke Mann und nicht Hitler. Viele meinten, einmal an die Macht gekommen, werde sich Hitler mäßigen und sein radikales Programm nicht umsetzen. Das freilich sollte sich, wie wir heute wissen, als grandiose Täuschung und Selbsttäuschung erweisen.

Linke Faschismustheoretiker behaupten, die antikapitalistische Propaganda der NSDAP in der Zeit vor der Machtergreifung habe nur der Täuschung der Wähler gedient, in Wahrheit habe Hitler jedoch im Interesse der Kapitalisten gehandelt. Die historische Forschung hat indes gezeigt, dass auch diese Behauptung falsch ist.

2005 erschien Götz Alys Untersuchung »Hitlers Volksstaat«. Der Historiker hebt die »vielen Anleihen des nationalen Sozialismus aus dem linkssozialistischen Ideenvorrat« hervor.[598] Adolf Eichmann, der Organisator des Massenmordes an den Juden, habe in seinen Memoiren mehrfach betont: »Meine gefühlsmäßigen politischen Empfindungen lagen links, das Sozialistische mindestens ebenso betonend wie das Nationalistische.«[599] Für Millionen Deutsche, so Aly, habe das Attraktive am Nationalsozialismus in dem »völkischen Gleichheitsversprechen« gelegen. »Für diejenigen, die zu der als rassisch einheitlich definierten Großgruppe zählten – das waren 95 Prozent der Deutschen –, verringerten sich die Unterschiede im Binnenverhältnis. Für viele wurde das staatspolitisch gewollte Einebnen der Standesdifferenzen in der Staatsjugend fühlbar, im Reichsarbeitsdienst, in den Großorganisationen der Partei und langsam selbst in der Wehrmacht.«[600]

Aly argumentiert, dass die deutschen Arbeiter wie große Teile der Angestellten und Beamten bis zum 8. Mai 1945 »nicht einen Pfennig direkter Kriegssteuer bezahlten«[601]. Er spricht von »Steuermilde für die Massen«.[602] Damit einher ging eine »Steuerhärte gegen die Bourgeoisie«. Eines von vielen Beispielen, die Aly für die steuerliche Belastung von Vermögenden anführt, ist die sogenannte Hauszinssteuer, die die deutschen Hausbesitzer Ende 1942 in Höhe von 8 Milliarden Reichsmark zu entrichten hatten.[603] »Zu keinem Zeitpunkt der NS-Herrschaft fand eine Gesetzesdebatte statt, die zu einer nur annähernd vergleichbaren Belastung der Arbeiterschaft geführt hätte. Vielmehr dokumentiert sich in der Diskussion um die Hauszinssteuer anschaulich das Prinzip, den materiell besser Gestellten auch einen deutlich höheren Anteil der Kriegslasten aufzubürden.«[604]

Zwischen September 1939 und März 1942, so Aly, verzeichnete die Reichskasse 12 Milliarden Reichsmark an Einnahmen aus Kriegssteuern aller Art. Betrachte man die Verteilung zwischen den sozialen

Schichten, dann belastete nur die Zusatzsteuer auf Tabak, Branntwein und Bier, die vom September 1939 bis Anfang 1942 insgesamt 2,5 Milliarden Reichsmark erbrachte, die große Mehrheit der Einkommen. 75 Prozent der innerdeutschen Kriegslasten entfielen auf Unternehmen und Bezieher hoher Einkommen.[605] Weder Arbeiter noch kleine und mittlere Angestellte oder Beamte seien in nennenswertem Maß mit Kriegssteuern belastet worden. »Auch das bildete einen wesentlichen Unterschied zu Großbritannien und den USA. Parallel zur Schonung der großen Mehrheit der deutschen Steuerzahler stieg jedoch die Steuerlast für den gut und sehr gut verdienenden Teil der deutschen Gesellschaft erheblich.«[606]

Alys Thesen wurde allerdings jüngst von dem Historiker Ralf Banken in seinem Buch »Hitlers Steuerstaat« widersprochen. Er meint, Aly überzeichne die Belastung für Besserverdienende im Dritten Reich, seine Quellenbasis sei zu schmal.[607] Jedoch zeigt auch Banken, dass die Steuerbelastung für die deutschen Unternehmen bereits vor dem Krieg stark gestiegen war. Er konstatiert eine »klare Tendenz einer stark steigenden Steuerbelastung für die deutschen Unternehmen, für welche die Körperschaftsteuer beinahe auf den Höchstsatz von fast 35 Prozent und die veranlagte Einkommensteuer auf beinahe 52 Prozent steigen konnte«.[608] Doch die Steuersätze allein sind nicht einmal ausschlaggebend. Mindestens ebenso wichtig war, so Banken, dass die Abschreibungsmöglichkeiten drastisch verschlechtert wurden. »Zudem wurden die Betriebsprüfer seit 1935 immer besser ausgebildet und konnten die Steuerpflichtigen auf Durchschnitts- und Richtwerte oder andere Kennzahlen des Prüfungsmaterials für die jeweilige Branche verweisen, an denen sie die konkreten Einzelfälle maßen und beurteilten [...] Außerdem wurde der Rechtsweg über die Finanzgerichte für die Unternehmen immer stärker eingeschränkt bzw. drangen die kleineren Firmen ohne Lobby mit ihren Eingaben im Finanzministerium nicht durch.«[609]

Im Krieg sollte die Steuerbelastung dann auf teilweise mehr als 70 Prozent steigen, wovon vor allem Großunternehmen betroffen waren.[610] Ganz anders sah es für die Funktionäre der NSDAP und besonders für die Spitzenleute des NS-Regimes aus, die zahlreiche Vergünstigungen und massive Steuergeschenke durch die Finanzämter bewirken konnten.

Der Ton, den Hitler gegenüber der Wirtschaft anschlug, wurde immer schärfer. 1936 schrieb er in einer Denkschrift zum Vierjahresplan: »Das Wirtschaftsministerium hat nur die nationalwirtschaftlichen Aufgaben zu stellen und die Privatwirtschaft hat sie zu erfüllen. Wenn aber die Privatwirtschaft glaubt, dazu nicht fähig zu sein, dann wird der nationalsozialistische Staat aus sich heraus diese Aufgabe zu lösen wissen.« Und er drohte offen: »Die deutsche Wirtschaft aber wird die neuen Wirtschaftsaufgaben begreifen oder sie wird sich eben als unfähig erweisen in dieser modernen Zeit, in der ein Sowjet-Staat einen Riesenplan aufrichtet, noch weiter zu bestehen. Aber dann wird nicht Deutschland zugrunde gehen, sondern es werden dies höchstens einige Wirtschaftler.«[611]

Im gleichen Jahr erklärte er auf dem Reichsparteitag: »Hätte der Kommunismus wirklich nur an eine gewisse Reinigung durch die Beseitigung einzelner fauler Elemente aus dem Lager unserer sogenannten oberen Zehntausend oder aus dem unserer nicht minder wertlosen Spießer gedacht, dann hätte man ihm ja ganz ruhig eine Zeit lang zusehen können.«[612]

Immer wieder warnte Hitler, wenn die Privatunternehmen nicht in der Lage seien, die ihnen vom Staat gestellten Aufgaben zu erfüllen, werde der Staat dies eben selbst übernehmen. Es blieb nicht bei Drohungen. So wurden beispielsweise 1937 die »Reichswerke Hermann Göring« gegründet, die 1940 bereits 600.000 Menschen beschäftigten. Das Werk in Salzgitter wurde schließlich das größte in Europa. Der nationalsozialistische Staat hatte damit gezeigt, dass es ihm mit dem so oft proklamierten »Primat der Politik« ernst war und er nicht davor zurückschreckte, in Bereichen, in denen die Privatwirtschaft sich gegen die Ausführung staatlicher Direktiven sträubte, selbst tätig zu werden und staatliche Betriebe aufzubauen.[613]

Pollock, der bereits zuvor zitiert wurde, beobachtete in seiner Analyse des nationalsozialistischen Wirtschaftssystems von 1941:

»Während bis vor kurzem in der kapitalistischen Ära gesellschaftliche Macht sich primär von jemandes Eigentum herleitete, ist die gesellschaftliche Stellung unter dem Nationalsozialismus durch die jeweilige gesellschaftliche Funktion bestimmt.«[614] Und er fügte hinzu: »Geld allein verleiht nur begrenzte Macht oder (wie im Fall der Juden) überhaupt keine. Politische Macht hingegen, die gleichwertig ist mit der Kontrolle der Produktionsmittel, kann die Quelle praktisch unbegrenzter Einkünfte werden.«[615] Die Respektierung eines wirtschaftlichen Bereichs, in den der Staat nicht eingreifen darf, was für den Privatkapitalismus so wesentlich sei, werde im Nationalsozialismus völlig missachtet. »Daher wird die Ausführung des Programms mit staatlicher Macht erzwungen und nichts von Belang wird den Marktgesetzen oder irgendwelchen anderen ›wirtschaftlichen Gesetzen‹ überlassen«, der Markt werde »seiner wichtigsten Funktion beraubt«.[616]

Der israelische Historiker Avraham Barkai kommt in seiner grundlegenden Studie über »Das Wirtschaftssystem des Nationalsozialismus« zu dem Ergebnis, der staatliche Eingriff in die Wirtschaft sei in der Zeit des Nationalsozialismus »nach Ausmaß und Tiefe keinem anderen kapitalistischen Land einschließlich des faschistischen Italiens vergleichbar.«[617] Löhne und Preise, die im Kapitalismus durch das freie Spiel von Angebot und Nachfrage gebildet werden, wurden im Nationalsozialismus staatlich festgesetzt. Zwar gab es in Deutschland schon seit 1931 einen Reichspreiskommissar, doch die erneute Einsetzung eines »Reichskommissars für die Preisbildung« Ende Oktober 1936 bedeutete »mehr als nur eine Reaktivierung einer bereits bekannten Einrichtung unter neuem Namen, sie entwickelte sich vielmehr im Rahmen des Vierjahresplans zu einer zentralen Lenkungsinstitution der Wirtschaftspolitik«. Aufgabe des Preiskommissars war keineswegs lediglich die »Überwachung« und die Korrektur des Marktpreises, sondern die »behördliche Bildung des Preises«.[618]

Aly zeigt, dass die soziale Egalisierung einerseits und die brutale »Arisierung« andererseits miteinander korrespondierten und in welchem Ausmaß das Eigentum der europäischen Juden zugunsten der deutschen Mehrheitsbevölkerung verstaatlicht wurde. »Generell gesprochen, nimmt sich ein Teil der Gesellschaft das Recht, fremdes Eigentum zu verstaatlichen, und begründet das mit der Ideologie, ein zugleich homogener, großer und bis dahin unterprivilegierter Teil des ›Volkes‹ und damit das ›Volk‹ selbst zu sein. Darin manifestiert sich ein wesentliches Element der Gewaltgeschichte des vergangenen Jahrhunderts.«[619]

Die Vernichtungspolitik einerseits und die sozialpolitischen Initiativen andererseits waren keine Gegensätze, sondern ineinander verwoben. »Auf Kosten der Volkswirtschaften sämtlicher besetzter und abhängiger Länder, der Arbeitskraft von Millionen Zwangsarbeitern, des arisierten Eigentums der ermordeten Juden und des Hungertodes von Millionen Menschen, namentlich in der Sowjetunion, schuf die NS-Führung die Grundlage dafür, die Masse der Deutschen an den materiellen Früchten der weit ausgreifenden Feldzüge unmittelbar teilhaben zu lassen.«[620] So ordnet sich der Nationalsozialismus in eine Linie mit anderen sozialistisch-totalitären Systemen ein. »In den Methoden unterschiedlich, doch nicht selten zu Lasten Dritter, zählt die soziale Aufwärtsmobilisierung der Massen zum Kernbestand der politischen Ideen des 20. Jahrhunderts. Der nationale Sozialismus der NSDAP gehört in dieses Kontinuum.«[621]

Hitler und die nationalsozialistische Propaganda sprachen von einer »Volksgemeinschaft« im Dritten Reich. Aus Sicht der linken Faschismustheorie – aber auch mancher anderen Historiker – war dieser Begriff ein Täuschungsmanöver und hatte keinen Realitätsgehalt. Doch in den letzten Jahren haben neuere Forschungen gezeigt, dass diese These nicht aufrechtzuerhalten ist.

Der Historiker Norbert Götz betont, die verbreitete Sichtweise, nach der sich die Volksgemeinschaft als ein »schlichter Mythos« oder eine bloße »Verheißung« des Nationalsozialismus abtun lasse, greife ebenso kurz wie diejenige, die in der Volksgemeinschaft eine bereits voll ausgebildete soziale Realität des Dritten Reiches sehe.[622] Obwohl die Bedeutung des Begriffes »Volksgemeinschaft« unter Historikern nach wie vor kontrovers diskutiert wird, ist dem 2012 von dem

Historiker Detlef Schmiechen-Ackermann formulierten Befund zuzustimmen: »Alle Interpretationsansätze, die die Wirkungsmächtigkeit und mindestens zeitweilige Integrationskraft des Phänomens ›Volksgemeinschaft‹ völlig ausblenden, werden keine Plausibilität mehr gewinnen können.«[623]

Die Nationalsozialisten planten für die Zeit nach dem Krieg den Ausbau der Planwirtschaft, wie wir aus vielen Bemerkungen Hitlers wissen.[624] Er bewunderte das sowjetische Wirtschaftssystem zunehmend. »Wenn Stalin noch zehn bis fünfzehn Jahre an der Arbeit geblieben wäre«, so sagte Hitler im August 1942 im kleinen Kreis, »wäre Sowjetrussland der gewaltigste Staat der Erde geworden, da können 150, 200, 300 Jahre vergehen, das ist so eine einmalige Erscheinung! Dass der allgemeine Lebensstandard sich gehoben hat, daran ist kein Zweifel. Hunger haben die Menschen nicht gelitten. Alles in allem gesehen, muss man sagen: Die haben Fabriken hier gebaut, wo vor zwei Jahren noch unbekannte Bauerndörfer waren, Fabriken, die die Größe der Hermann-Göring-Werke haben.«[625] Bei anderer Gelegenheit sagte er, ebenfalls im internen Kreis, Stalin sei ein »genialer Kerl«, vor dem man »unbedingten Respekt haben« müsse, besonders wegen seiner umfassenden Wirtschaftsplanung. Es stehe für ihn außer Zweifel, so fügte er hinzu, dass es in der UdSSR, im Gegensatz zu den kapitalistischen Staaten wie etwa den USA, Arbeitslose nicht gegeben habe.[626]

Mehrfach erwähnte der Diktator im kleinen Kreis, man müsse die großen Aktiengesellschaften, die Energiewirtschaft und alle anderen Wirtschaftszweige, die »lebensentscheidende Rohstoffe« produzierten (z.B. die Eisenindustrie), verstaatlichen.[627] Selbstverständlich war der Krieg nicht der richtige Zeitpunkt für die Realisierung derart radikaler Sozialisierungskonzepte. Hierüber waren sich Hitler und die Nationalsozialisten bewusst, die ohnehin alle Mühe hatten, die Sozialisierungsängste der Unternehmer zu beschwichtigen. So heißt es in einem Aktenvermerk des SS-Chefs Heinrich Himmler vom Oktober 1942, dass »während des Krieges« eine grundsätzliche Änderung der kapitalistischen Wirtschaft nicht möglich sei. Jeder, der dagegen »anrenne«, würde ein »Kesseltreiben« gegen sich heraufbeschwören.[628] In einem im Juli 1944 von einem SS-Hauptsturmführer verfassten Bericht wird die Frage »Warum betreibt die SS Wirtschaft?« so beantwortet: »Diese Frage wurde besonders von Kreisen aufgeworfen, die rein kapitalistisch denken und es nicht gern sehen, dass Betriebe entstehen, die öffentlich sind oder zumindest einen öffentlichen Charakter haben. Die Zeit des liberalistischen Wirtschaftssystems fordert den Primat der Wirtschaft, d.h. erst kommt die Wirtschaft und dann der Staat. Demgegenüber stellt sich der Nationalsozialismus auf den Standpunkt: Der Staat befiehlt der Wirtschaft, der Staat ist nicht für die Wirtschaft, sondern die Wirtschaft ist für den Staat da.«[629]

Dies war, wie wir gesehen haben, von Anfang an die Maxime Hitlers gewesen. Deswegen standen die meisten Unternehmer in der Weimarer Republik den Nationalsozialisten ablehnend oder zumindest skeptisch gegenüber. Diejenigen, die Hitler aktiv und mit Geld unterstützten, waren die Ausnahme. Je näher Hitler jedoch der Macht kam, desto mehr Opportunisten aus der Wirtschaft gab es, die sich anpassten und im vorauseilenden Gehorsam den Nationalsozialisten andienten. Und in den ersten Jahren des Regimes folgten ihm auch viele Unternehmer mit Begeisterung. Aber das hatten sie gemeinsam mit vielen Arbeitern, Angestellten und Beamten. Die These indes, dass der Faschismus eine Herrschaftsform des Finanzkapitals sei oder dass die Großunternehmer durch ihre Spenden und Einflussnahme Hitler an die Macht gebracht hätten, wird durch die historische Forschung widerlegt.

TEIL B:

Antikapitalistische Alternativen

11. Sozialismus sieht auf dem Papier immer gut aus (außer, wenn es ein Geschichtsbuch ist)

Die vorangegangenen 10 Kapitel, in denen die am häufigsten vorgetragenen Argumente gegen den Kapitalismus widerlegt wurden, zeigen: Es braucht keine Alternativen zum Kapitalismus, weil der Kapitalismus eben nicht – wie viele Menschen glauben – für Hunger, Armut, Krieg usw. verantwortlich ist. Gleichwohl: Nichts ist ohne Alternative, und in diesem Kapitel soll der Frage nachgegangen werden, welche Gegenentwürfe es zum Kapitalismus gibt.

Jeden Tag werden neue Alternativen zum Kapitalismus erdacht. Es gibt unzählige Bücher und Theorien, so etwa über »Gemeinwohlökonomie«, »Postwachstumsökonomie« oder aber über neue Spielarten des Sozialismus. Mit solchen Theorien, die es nur auf dem Papier gibt, die jedoch in der Praxis nie ausprobiert wurden, möchte ich mich nicht auseinandersetzen. Erstens sind es viel zu viele, und zweitens finde ich es unfair, die Realität mit einer Theorie bzw. mit einem Buch oder einem Gedankenkonstrukt zu vergleichen. Das ist so, als würde ich Ihre Ehe statt mit anderen Ehen mit den Schilderungen der idealen Liebe in einem kitschigen Liebesroman vergleichen. Logischerweise hätte Ihre Ehe, die – so wie jede andere Ehe – Höhen und Tiefen durchläuft und nie perfekt sein wird, keine Chance im Vergleich zu einem idealen Fantasiebild. Würde ich Ihre Ehe kritisieren, weil sie nicht so perfekt ist wie die Beziehung, die sich Romanautoren ausgedacht haben, dann würden Sie zu Recht einwenden, ich solle Ihre Beziehung doch lieber mit anderen, real existierenden Ehen vergleichen. Und an diesen Rat will ich mich in diesem Kapitel halten.

Der größte Irrtum aller Antikapitalisten besteht darin, man könne eine perfekte Gesellschafts- oder Wirtschaftsordnung im Kopf erschaffen, und wenn sich nur genug Menschen fänden, die diese Gedanken teilen, dann sei es möglich, dieses Gedankenkonstrukt in der Realität zu implementieren. Übrigens gibt es auch Anhänger des Kapitalismus, die dies glauben: Manche Libertäre, die die Mängel der real existierenden Mischsysteme zu Recht kritisieren, denken sich eine ideale libertäre Utopie des »reinen« Kapitalismus aus, den es jedoch nirgendwo auf der Welt gibt. Auch sie vergleichen ein real existierendes System mit einem Gedankenkonstrukt.

Der Kapitalismus ist, anders als der Sozialismus, kein von Intellektuellen erdachtes System, sondern eine Wirtschaftsordnung, die sich evolutionär entwickelt hat, so wie sich Tiere und Pflanzen in der Natur entwickelt haben und weiterentwickeln, ohne dass es dafür eines zentralen, lenkenden Planes oder einer Theorie bedürfte. Eine der wichtigsten Erkenntnisse, die Hayek hervorgehoben hat, lautet, der Ursprung funktionierender Institutionen liege »nicht in Erfindung oder Planung, sondern im Überleben der Erfolgreichen«[630], wobei »die Auswahl durch Nachahmung der erfolgreichen Institutionen und Bräuche«[631] erfolge.

Natürlich wird sich auch der Kapitalismus entwickeln und verändern. Es liegt sogar eine der entscheidenden Stärken dieses Systems darin, dass es sich immer wieder verändert und anpasst – sonst wäre es nicht so erfolgreich. Und so, wie sich der Kapitalismus in den letzten 200 Jahren immer wieder gewandelt hat, so wird er sich auch künftig verändern. Diese Veränderung wird durch große Krisen und durch evolutionäre Entwicklungen erfolgen, aber dies geschieht in der Realität des Wirtschaftslebens und nicht in der Studierstube eines Intellektuellen, der sich mal wieder eine perfekte Gesellschaft ausdenkt.

Kristian Niemietz zählt in seinem Buch »Sozialismus. Die gescheiterte Idee, die niemals stirbt« insgesamt mehr als zwei Dutzend sozialistische Experimente, die in den letzten 100 Jahren ausprobiert wurden. Die meisten davon beriefen sich auf Karl Marx. Viele

Menschen wissen heute nichts oder fast nichts über den Verlauf dieser Experimente. Daher möchte ich in diesem Kapitel auf einige davon ausführlicher eingehen. Ich möchte jedoch gleich vorweg anmerken, dass sich Sozialisten davon nicht beeindrucken lassen werden. Sie verweisen darauf, keines dieser Experimente habe den Ehrentitel des »wahren Sozialismus« verdient, denn diesen habe es noch niemals in der Geschichte gegeben.

Wer darauf verweist, dass seit 100 Jahren alle Systeme gescheitert sind, die sich auf Karl Marx berufen haben, dem wird entgegengehalten, diese hätten sich zu Unrecht auf ihn bezogen und seine an sich richtigen Gedanken missbraucht. Das ist die wichtigste Immunisierungsstrategie der Antikapitalisten: Die Entkoppelung des »guten Karl Marx« von der gescheiterten politischen Praxis des Marxismus.

Kann man einen Denker oder Propheten dafür verantwortlich machen, wenn die Menschen ihn missverstehen? Natürlich nicht. Das gibt es immer wieder. Wie oft haben sich Menschen auf Jesus Christus berufen, obwohl sie sich ganz und gar unchristlich verhielten! Aber daneben gab und gibt es eben auch viele Christen auf der ganzen Welt, die seine Lehren durchaus richtig verstehen. Und Jesus hatte schließlich auch keine Utopie zur Verwirklichung des Paradieses auf Erden entworfen: »Mein Reich ist nicht von dieser Welt«, sagte er seinen Jüngern. Das Reich von Karl Marx sollte aber von dieser Welt sein.

Vor allem: Es ist etwas ganz anderes, wenn ein Denker angeblich *immer und ausnahmslos* missverstanden wurde, weil es angeblich *kein einziges System* gegeben habe, das seine Ideen »richtig« umgesetzt habe. Genau dies soll bei Marx der Fall gewesen sein, denn wenn man diejenigen fragt, die den Denker von der Praxis des Marxismus abkoppeln wollen, wo denn seine Ideen jemals »richtig« umgesetzt worden seien, dann erhält man keine Antwort. Der Grund ist einfach: Alle sozialistischen Systeme, die sich auf Marx beriefen, sind ausnahmslos gescheitert, ob in der Sowjetunion, in China, in Jugoslawien, in der DDR, in Nordkorea, in Albanien: In jedem dieser Länder wurde das marxistische Experiment auf eine andere Weise durchgeführt, aber alle scheiterten letztlich an ökonomischer Ineffizienz.

Die These, dass eine Theorie seit über 100 Jahren immer und ausschließlich missverstanden worden sei, ist schon äußerst kühn und wäre im Grunde ein vernichtendes Urteil über einen Theoretiker, denn das hieße ja, dass er sich extrem unklar und missverständlich ausgedrückt hätte. Damit tut man Marx allerdings unrecht. Er blieb in seinen Vorstellungen einer künftigen sozialistischen bzw. kommunistischen Gesellschaft bewusst ausgesprochen vage. Es finden sich nur vereinzelte Äußerungen, etwa in seinen Frühschriften. Marx wollte gerade kein »utopischer Sozialist« sein, der ein fertiges Modell einer sozialistischen Gesellschaft entwarf. Aber so viel ist klar: Der Sozialismus – als Übergangsstadium zur klassenlosen Gesellschaft des Kommunismus – sollte darauf beruhen, dass das Privateigentum an Produktionsmitteln abgeschafft würde. Das hat Marx immer wieder sehr klar formuliert. Und genau dies ist in allen sozialistischen Systemen geschehen. Die Abschaffung des Privateigentums an Produktionsmitteln, die Ersetzung einer Marktordnung, in der Unternehmer entscheiden, was produziert wird, und die Preise die wesentliche Informationsquelle sind, durch eine Staatswirtschaft war – bei allen Unterschieden – das Gemeinsame aller sozialistischen Systeme, ob nun in der Sowjetunion oder China, in Kuba oder Korea, in der DDR oder in anderen Ostblockstaaten. Lenin und Mao, Fidel Castro und Kim Il-sung, Walter Ulbricht und alle anderen haben in diesem wichtigsten Punkt Marx durchaus richtig verstanden.

Warum ein solches System scheitern muss, hat Ludwig von Mises bereits 1922 (also fünf Jahre nach Errichtung des ersten sozialistischen Staates in der Sowjetunion) theoretisch in seinem Buch »Die Gemeinwirtschaft. Untersuchungen über den Sozialismus« begründet. Und die historische Entwicklung in den vergangenen 100 Jahren hat Ludwig von Mises bestätigt[632] – und Karl Marx dann auch in der Praxis so eindeutig widerlegt, wie wohl nie zuvor eine Theorie widerlegt wurde.

Nach einigen, meist rasch gescheiterten Versuchen, den Sozialismus zu verwirklichen (wie etwa die Pariser Kommune 1871), war der erste Großversuch die Sowjetunion, die als Folge der Sozialistischen Oktoberrevolution entstand.

Heute gibt es kaum noch jemand, der das sowjetische System verteidigt, aber das war in den 1930er-Jahren anders. Führende Intellektuelle, Schriftsteller, Dichter und Journalisten begeisterten sich für die Sowjetunion und ihren Führer Stalin.

Der berühmte französische Schriftsteller Henri Barbusse schrieb über seine Gedanken beim Gang über den Roten Platz in Moskau, dass dort in Lenins Gruft »der einzige in dieser Welt ist, der nicht schläft ... Er ist der väterliche Bruder, der wirklich für alle gesorgt hat. Ihr, die ihr ihn nicht gekannt habt – er hat von euch gewusst.« Und wenn der Blick des späten Spaziergängers sich empor zum Kreml wendet, in dem noch ein Licht brennt (Stalin war ein Nachtarbeiter), dann in der ruhigen Gewissheit, dass dort oben »der beste Teil eures Geschicks jetzt in den Händen jenes anderen Mannes liegt, der jetzt ... für euch wacht und arbeitet – der Mann mit dem Kopf des Gelehrten, mit dem Gesicht des Arbeiters und dem Anzug des einfachen Soldaten.«[633]

Viele Intellektuelle verharmlosten den Terror Stalins oder unterstützten ihn sogar. Der irische Dramatiker George Bernard Shaw, der 1939 den Nobelpreis für Literatur bekommen sollte, schrieb acht Jahre davor nach seiner Reise in die Sowjetunion, Hamlets berühmte Worte paraphrasierend: »Unsere Frage ist nicht töten oder nicht töten, sondern wie die richtigen Leute zum Töten auswählen.«[634] Der angesehene deutsche Schriftsteller und Theaterkritiker Alfred Kerr schrieb 1933: »Das Faktum ›Sowjetrepublik‹ ist für mein Bewusstsein eine der größten und beglückendsten Tatsachen. Weil hier seit 2000 Jahren zum ersten Male ganz ehrlich der Versuch gemacht wird, durch Energie Gerechtigkeit in die Welt zu bringen. Wenn ich morgen sterbe, wird der Gedanke an dies vereinzelte Phänomen inmitten einer zaghaften und rückständigen Welt der letzte, der einzige solide Trost sein.«[635]

Solche Lobgesänge auf den Bolschewismus und Stalin waren keineswegs eine Seltenheit, und diejenigen, die ihn so priesen, waren keine Außenseiter unter den Intellektuellen, sondern bis heute geehrte Literaten wie etwa Jean-Paul Sartre oder Bertolt Brecht. Wer nach Belegen sucht, wird sie in Büchern wie denen des ungarischamerikanischen Historikers Paul Hollander oder von Kristian Niemietz zu Dutzenden finden. Der russische Philosoph Michail Ryklin meint in seinem Buch »Kommunismus als Religion. Die Intellektuellen und die Oktoberrevolution«, dass die »überwiegende Mehrheit« der europäischen Schriftsteller »entweder das sowjetische System pries oder aber schwieg«.[636]

Auch wenn heute kaum noch jemand Stalin verteidigt, so gibt es doch immer wieder führende Politiker linker Parteien, die Lenin oder Trotzki verehren. Sie sprechen mit Verachtung vom »Stalinismus«, aber bekennen sich zu Lenin und Trotzki – so wie etwa John McDonnell, bis vor wenigen Jahren einer der führenden Politiker der britischen Labour-Party. Bei der Wahl der Parteiführung 2015 unterstützte er Jeremy Corbyn, der ihn als Schattenkanzler in sein Schattenkabinett berief. McDonnell nannte seine stärksten intellektuellen Einflüsse »Marx, Lenin und Trotzki«.[637] Auch die Vorsitzende der deutschen Partei »Die Linke«, Janine Wissler, gehörte bis zu ihrer Wahl als Vorsitzende im Februar 2021 der trotzkistischen Gruppe »Marx 21« an. Nach Ansicht der Trotzkisten gab es eine gute Zeit in der sozialistischen Sowjetunion, in der Lenin und Trotzki die Politik bestimmten – und es folgte dann nach Lenins Tod die schlechte Zeit unter Stalin.

Tatsächlich begannen die Verbrechen des Kommunismus jedoch unmittelbar nach der Machtergreifung der Bolschewisten, die schon bald einen Krieg gegen die Mehrheit des Volkes führten. Es begann mit dem Kampf gegen die Bourgeoisie, gegen die Reichen. Lenin forderte im Dezember 1917, mit härtester Gewalt vorzugehen gegen »diesen Auswurf der Menschheit, diese rettungslos verfaulten und verkommenen Elemente, diese Seuche, diese Pest, diese Eiterbeule«, konkret die »Reichen und ihre Kostgänger« sowie die bürgerlichen Intellektuellen.[638] Es gehe um die »Säuberung der russischen Erde von allem Ungeziefer«, den Reichen und anderen Gaunern. Wie das zu erfolgen habe, erklärte er in drastischen Worten: »An einem Ort wird man zehn Reiche, ein Dutzend Gauner, ein halbes Dutzend Arbeiter, die sich vor der Arbeit drücken ..., ins Gefängnis stecken. An einem anderen Ort wird man sie die Klosetts reinigen lassen ... An einem vierten Ort wird man einen von zehn, die sich des Parasitentums schuldig machen, auf der Stelle erschießen.«[639]

Im Dezember 1917 verstaatlichten die Bolschewisten den Grund und Boden und Immobilien. In allen Städten, die mehr als 10.000 Einwohner zählten, wurden sämtliche Besitzer von Eigentumswohnungen enteignet. Im Februar 1918 begannen sie damit, reiche Familien aus ihren Wohnungen zu vertreiben und darin arbeitslose Proletarier oder Soldaten unterzubringen. »Wohnungskommissionen«, die von Räten eingesetzt wurden, registrierten Immobilieneigentümer und warfen sie aus ihren Unterkünften. »Für Arbeiter und Soldaten eröffneten sich Perspektiven, für die alten Eliten war der Beginn der neuen Zeit das Ende von allem, was ihr Leben lebenswert gemacht hatte.«[640]

In manchen Orten nahmen Arbeiter blutige »Rache« an Fabrikmanagern und Ingenieuren, manchmal aber auch einfach an allen, die sie als »Bourgeois« ansahen – und das war im Zweifel jeder, der einen Anzug trug und keine körperliche Arbeit verrichtete.[641] Bauern vertrieben ihre Gutsbesitzer und nahmen sich das Land. »Die Revolution gab den Unterschichten die Gelegenheit, Herrenhäuser zu plündern und Gutsherren zu vertreiben, sie ermöglichte es Arbeitern, aus den Ghettos in die Stadtzentren vorzudringen, den öffentlichen Raum zu erobern und der ›Gesellschaft‹ ihre Regeln aufzuzwingen.«[642]

Als Folge von Krieg, Bürgerkrieg, Revolution und Sozialismus sank die Agrarproduktion zwischen 1914 und 1921 um 57 Prozent. Der Viehbestand reduzierte sich zwischen 1916 und 1922 um 33 Prozent und die landwirtschaftliche Nutzfläche ging um 35 Prozent zurück.[643] Die Ernährungslage war deshalb sehr schwierig, aber die Bolschewisten nutzten diese Situation und den Hunger als Instrument im Klassenkampf gegen die Bourgeoisie. Lenin machte »die Reichen« für den Hunger verantwortlich – sie waren der Sündenbock, auf den sich der Hass richten sollte: »Die Hungersnot rührt nicht daher, dass es in Russland keine Getreide gäbe«, so Lenin, »sondern daher, dass die Bourgeoisie und alle Reichen der Herrschaft der Werktätigen, dem Staat der Arbeiter, der Sowjetmacht in der wichtigsten und brennendsten Frage, der Frage des Brotes, das entscheidende letzte

Gefecht liefern. Die Bourgeoisie und alle Reichen, einschließlich der Dorfreichen, der Kulaken, hintertreiben das Getreidemonopol, sie untergraben die staatliche Verteilung des Getreides zugunsten und im Interesse der Brotversorgung der gesamten Bevölkerung.«[644]

In Petrograd, heute St. Petersburg, wurde im Herbst 1918 auf einem Plakat das Kalorienregime verkündet. Arbeiter hatten danach Anspruch auf eine Tagesration von 100 Gramm Brot, 2 Eiern, 10 Gramm Fett, 10 Gramm Trockengemüse – während »Bourgeois, Immobilienbesitzer, Kaufleute, Ladeninhaber usw.« nur 25 Gramm Brot erhalten sollten und keinen Anspruch auf Eier, Fett und Gemüse hätten.[645] Dagegen konnten sich die Angehörigen der Partei aus Kantinen ernähren, bekamen »Fresspakete« (pajoks) und es gab exklusive Sonderläden für die Familien der höheren Parteifunktionäre.[646]

Martyn Iwanowitsch Lazis, einer der ersten Chefs der sowjetischen politischen Polizei, gab seinen Untergebenen am 1. November 1918 die Anweisung: »Wir führen nicht Krieg gegen bestimmte Personen. Wir löschen die Bourgeoisie als Klasse aus. Suchen Sie bei den Ermittlungen nicht nach Dokumenten oder Beweisen, für das, was der Angeklagte in Worten und Taten gegen die Sowjetmacht getan hat. Die erste Frage, die Sie ihm stellen müssen, lautet, welcher Klasse er angehört, was seine Herkunft, sein Bildungsstand, seine Schulbildung, sein Beruf ist.«[647]

Ein erheblicher Teil des Bürgertums floh aus den großen Städten, beispielsweise auf die Krim. Doch wo auch immer man sie aufspürte, wurden sie mit Terror überzogen. Über ein Massaker, bei dem 10.000 bis 20.000 Menschen erschossen oder gelyncht wurden, wird berichtet: »Der Nachimowsky Prospekt [in Sewastopol auf der Krim] wies keine Telegraphenstange, keine Laterne auf, an der nicht eine oder mehrere Leichen hingen ... Die Stadt war tot, die Bevölkerung versteckte sich in den Kellern und auf den Speichern. Alle Zäune, Hausmauern, Telegraphenmasten und Schaufenster ... waren mit Aufrufen ›Tod den Verrätern‹ überklebt.«[648]

Wo die »Bourgeoisie« nicht gleich enteignet wurde, sahen sich ihre Angehörigen extrem hohen Steuerforderungen ausgesetzt. Als

Garantie für die Steuerleistungen wurden Hunderte von »Bürgerlichen« als Geiseln genommen und in Konzentrationslager gebracht. »Gemäß den Beschlüssen des Arbeitersowjets wurde der heutige 13. Mai zum Tag der Enteignung der Bourgeoisie erklärt«, konnte man am 13. Mai 1919 in der Zeitung »Iswestija« des Rats der Arbeiterdeputierten von Odessa lesen. »Die besitzenden Klassen haben einen detaillierten Fragebogen zu beantworten, der die Lebensmittel, Schuhe, Kleider, Fahrräder, Decken, Leintücher, die Silbersachen und den Schmuck, das Geschirr und andere für das Arbeitervolk unerlässliche Dinge erfasst ... Jeder muss die Enteignungskommissionen in ihrer bedeutenden Aufgabe unterstützen ... Wer den Anweisungen der Enteignungskommissionen nicht Folge leistet, wird sofort verhaftet. Wer Widerstand leistet, wird auf der Stelle erschossen.«[649]

Ein beliebtes Thema, das in vielen Artikeln der bolschewistischen Zeitungen wiederkehrte, war die Erniedrigung der »Bürgerlichen«, die gezwungen wurden, die Latrinen und Kasernen der Tschekisten – der Angehörigen der Tscheka, der Außerordentlichen Allrussischen Kommission zur Bekämpfung von Konterrevolution, Spekulation und Sabotage – und der Roten Garden zu putzen. In der bereits erwähnten Zeitung aus Odessa hieß es: »Wenn wir einige Dutzend von diesen Taugenichtsen und Idioten hinrichten, wenn wir sie zum Straßenfegen verurteilen und ihre Frauen zwingen, die Kasernen der Roten Garden zu putzen (und das wäre keine geringe Ehre für sie), werden sie begreifen, dass unsere Macht auf einer soliden Basis steht ...«[650]

All diese Gewalttaten wurden mit dem hehren Ziel begründet, ein für allemal Ausbeutung und Unterdrückung zu beseitigen. Da dieses Ziel so groß war, waren alle Mittel gerechtfertigt, wie der Leitartikel der Zeitung »Krasnyi Metsch« (Das rote Schwert) der Tscheka in Kiew seinen Lesern erklärte: »Die alten Systeme der Moral und der ›Menschlichkeit‹ lehnen wir ab. Sie wurden von der Bourgeoisie erfunden, um die ›unteren Klassen‹ unterdrücken und ausbeuten zu können. Unsere Moral ist ohne Vorbild, und unsere Menschlichkeit absolut, denn sie basiert auf einem neuen Ideal: jegliche Form von Unterdrückung und Gewalt zu zerstören. Uns ist alles erlaubt, denn wir sind die Ersten in der Welt, die das Schwert nicht zur Unterdrückung und Versklavung erheben, sondern um die Menschheit von ihren Ketten zu befreien ... Blut? Mag es in Strömen fließen! Denn nur Blut kann das schwarze Banner der Piratenbourgeoisie in eine rote Fahne verwandeln, die Fahne der Revolution. Denn nur der endgültige Tod der alten Welt kann uns auf immer vor der Rückkehr der Schakale bewahren.«[651]

Grigori Sinowjew, Parteichef in Petrograd und Mitglied des inneren Führungskreises der Bolschewisten, schrieb im September 1918: »Um unsere Feinde zu überwinden, brauchen wir unseren eigenen sozialistischen Militarismus. Von der 100 Millionen zählenden Bevölkerung Sowjetrusslands müssen wir 90 Millionen mit uns nehmen. Was den Rest angeht, so haben wir ihm nichts zu sagen. Er muss vernichtet werden.«[652]

Der Hass richtete sich zuerst gegen die Reichen, gegen die »Bourgeoisie«, doch schon bald führten die Bolschewisten einen Kampf gegen das ganze Volk, vor allem gegen die Arbeiter und Bauern, in deren Namen sie handelten. Trotzki sah die Militarisierung der Arbeit als Mittel an, um die Produktion zu erhöhen, die nach den Wirren des Bürgerkrieges und den Enteignungen massiv gesunken war. Zwischen 1914 und 1921 sank der industrielle Output in Russland um 85 Prozent.[653] Immer wieder kam es zu Streiks von Arbeitern, die massiv unterdrückt wurden. Oft wurden die Streikführer ohne Urteil erschossen, ertränkt oder auf andere Weise ermordet.

Dennoch traten im Frühjahr 1920 fast drei Viertel aller noch verbliebenen Industriearbeiter Russlands in den Streik. Die Bolschewisten ließen die Fabriken stürmen, die Rädelsführer wurden erschossen und die Familienmitglieder zur Abschreckung in Konzentrationslager gesteckt.[654] Die Brutalität dieser Maßnahmen einer angeblichen Arbeiterregierung war noch deutlich höher, als die Arbeiterschaft es aus der Zarenzeit kannte.

Im Februar und März 1921 kam es in ganz Russland erneut zu Streiks von Arbeitern – eines der Zentren war Petrograd. Sondereinheiten der Tscheka eröffneten das Feuer auf demonstrierende Arbeiter. Panik brach unter den Bolschewisten aus, als sich Arbeiter und Soldaten verbrüderten. In Kronstadt, einer vor Petrograd liegenden Flottenbasis, meuterten die Marinesoldaten von zwei Panzerkreuzern. Am 1. März fand eine Versammlung von mehr als 15.000 Menschen statt, das entsprach einem Viertel der zivilen und militärischen Bevölkerung der Flottenbasis. Die Streiks und Demonstrationen wurden gewaltsam niedergeschlagen. Die Zahl der Toten ging in die Tausende. 8.000 flohen nach Finnland, kehrten aber später aufgrund eines Amnestieversprechens nach Russland zurück, wo sie jedoch sofort in ein Konzentrationslager gebracht wurden. Viele starben dort.[655] Der Historiker Gerd Koenen resümiert in seinem Buch »Die Farbe rot«: »Triumph und Diktatur der Bolschewiki beruhten nicht zuletzt auf der vollständigen Zerschlagung der russischen Arbeiterbewegung.«[656]

Lenin musste erkennen, dass eine Fortsetzung der radikalen Wirtschaftspolitik das Bestehen der Sowjetmacht bedroht hätte. Die industrielle Produktion war bereits auf ein Zehntel des Wertes von 1913 gesunken, die Menschen hungerten.

Lenin unternahm darauf eine Kehrtwendung und verkündete auf dem X. Parteitag der KPR im März 1921 die »Neue Ökonomische Politik« (NEP). Lenin gab zu, »dass wir an der ökonomischen Front eine ziemlich schwere ökonomische Niederlage erlitten haben«.[657] Die Wirtschaftspolitik der Bolschewisten, so formulierte er euphemistisch, habe »nicht den Aufschwung der Produktivkräfte bewirkt, der im Programm unserer Partei als die grundlegende und unaufschiebbare Aufgabe bezeichnet wird«.[658] Man kann es auch deutlicher sagen: Die sozialistische Planwirtschaft war gescheitert, kaum dass sie eingeführt worden war. Immerhin war Lenin so klug, zu erkennen, dass eine Lösung nur in der »Wiederherstellung des Kapitalismus in beträchtlichem Ausmaß« bestehen konnte. »In wie großem Ausmaß, das wissen wir nicht.« So hatte Lenin es selbst wörtlich formuliert.[659]

Die NEP legalisierte die gewinnorientierte Produktion, das Privateigentum in der Konsumgüter-Produktion und den Erwerb von Reichtum und band außerdem die Bauern durch eine »Naturalsteuer« in das ökonomische System ein.

Den Staatsbetrieben erlaubten die Kommunisten, ihre Fabriken an Privatpersonen zu verpachten sowie Finanzierung und Logistik von unternehmerischen Tätigkeiten in private Hände zu geben. Im Juli 1921 wurde sogar die Gewerbefreiheit für Handwerker und kleinindustrielle Betriebe wiederhergestellt.[660]

Die im Herbst 1921 verabschiedeten neuen Leitlinien wandten sich dezidiert gegen »Gleichmacherei für Arbeiter verschiedener Qualifikationen«. Die kostenlose Abgabe von Lebensmitteln, Massengebrauchsartikeln und staatlichen Dienstleistungen – soeben noch als »sozialistische Errungenschaften« gefeiert – wurden gestrichen, Mieten mussten wieder gezahlt werden. Von der Abschaffung des Geldes war nicht mehr die Rede. »Der Staat hatte die ›Kommandohöhen der Wirtschaft‹ in der Hand behalten: das Bankwesen, die Währung, das Verkehrssystem, den Außenhandel, die große und mittlere Industrie. Unterhalb dieser Schwelle aber bemühte er sich um mehr Leistung und Effektivität, um mehr Wettbewerb, um weniger Gängelung von oben und mehr Initiative von unten.«[661]

Es geschah das, was immer in der Geschichte geschehen ist, wenn nur etwas mehr Markt an die Stelle der Staatswirtschaft trat: Die Wirtschaft erholte sich. Der Hunger (1921/22 starben von 29 Millionen Hungernden mindestens 5 Millionen den Hungertod, manche Schätzungen nennen bis zu 14 Millionen Hungertote[662]) ging in den Jahren 1923 bis 1928 zurück, die Produktivität stieg, und 1925/26 war in wichtigen Bereichen das Vorkriegsniveau wieder erreicht.[663] Die »Neue Ökonomische Politik« war das Eingeständnis, dass die offizielle Version der Kommunisten, wonach Hunger und Niedergang der Produktion auf »ausländische Saboteure und Agenten«, Missernten und andere externe Ereignisse zurückzuführen seien, nicht den Tatsachen entsprach. Die Hauptursachen lagen in der sozialistischen Wirtschaftspolitik.

Doch für die Kommunisten stellte die NEP nur einen taktischen Rückzug dar. Im Dezember 1926 erklärte Lenins Nachfolger Josef W. Stalin, »dass wir die NEP eingeführt haben, dass wir das Privatkapital zugelassen und einen gewissen Rückzug durchgeführt haben, um die

Kräfte umzugruppieren und dann zum Angriff überzugehen«.[664] 1929 leitete Stalin die nächste Etappe der sozialistischen Revolution ein, und diesmal stand die Landwirtschaft im Mittelpunkt. Die Bolschewiki hatten ihre Herrschaft auf dem Lande bis dahin nie richtig durchsetzen können. Der Historiker Jörg Baberowski beschreibt eindrucksvoll, dass weite Teile der Bauernschaft nicht nur geographisch, sondern auch mental und wirtschaftlich weit entfernt von den kommunistischen Herrschern lebten. In vielen Dörfern gab es keine kommunistische Parteizelle und keine staatlichen Organe, und wenn es sie gab, hatten sie wenig Macht. »Gewöhnlich sahen die Bauern in den kommunistischen Funktionären nichts weiter als Repräsentanten einer fremden Obrigkeit, die Steuern erhoben und mit einer Sprache zu ihnen sprachen, die sie nicht verstanden.«[665]

In der Tat verstanden die Bolschewisten nicht die Lebenswirklichkeit der Bauern. Sie dachten im Schema ihrer Klassenkampfideologie und glaubten, sie könnten ihre Herrschaft auf dem Lande etablieren, wenn sie die einfachen Bauern gegen die reicheren Kulaken aufhetzten, so wie sie die Arbeiter gegen die Kapitalisten aufgehetzt hatten. »Im Leben der Bauern aber«, so Baberowski, »ergab der Gegensatz von Arm und Reich keinen Sinn. Alle Konflikte, die zwischen Bauern um Land und Einfluss entbrannten, waren Auseinandersetzungen zwischen Familien oder Clans ... Kulaken waren nicht nur die Herren des Dorfes, sie waren auch seine Beschützer. In Zeiten des Elends und der Armut wuchsen ihre Macht und ihr Ansehen unter den Bauern.«[666]

Ziel der Bolschewisten war es, die Kulaken, also die »reichen« Bauern, »als Klasse zu liquidieren«, wie es auch offiziell hieß. In der »Geschichte der KPdSU (B), Kurzer Lehrgang«, dem Standardwerk, das alle Kommunisten in der Welt zu studieren hatten, hieß es dagegen, die Eigenart der Revolution gegen das Kulakentum sei es gewesen, »dass sie *von oben*, auf Initiative der Staatsmacht, mit direkter Unterstützung von unten, durch die Millionenmassen der gegen das Kulakenjoch und für ein freies, kollektivwirtschaftliches Leben kämpfenden Bauern vollzogen wurde«. Diese Revolution habe die »zahlreichste Ausbeuterklasse in unserem Lande, die Klasse der Kulaken, das Bollwerk einer Restauration des Kapitalismus« liquidiert.[667] Stalin begründete 1929 den Entschluss zur Liquidierung des Kulakentums so: »Das ›heilige Prinzip des Privateigentums‹, diese letzte Hoffnung der Kapitalisten aller Länder, die von der Wiederherstellung des Kapitalismus in der Sowjetunion träumen, stürzt zusammen und geht in Trümmer. Die Bauern, die sie bloß als Material zur Düngung des Bodens für den Kapitalismus betrachten, verlassen in Massen das vielgepriesene Banner des ›Privateigentums‹ und gehen auf die Bahnen des Kollektivismus, auf die Bahnen des Sozialismus über. Die letzte Hoffnung auf Wiederherstellung des Kapitalismus stürzt zusammen.«[668]

Im Juni 1930 erklärte Stalin stolz auf dem XVI. Parteitag der KPdSU, »dass der Prozess der Liquidierung des Kulakentums als Klasse bei uns mit Volldampf vorwärtsschreitet«.[669] Die Methode der »durchgängigen Kollektivierung« sei »unerlässlich«: »Wie kann man auf sie verzichten, ohne den Kommunismus zu verraten, ohne an den Interessen der Arbeiterklasse und der Bauernschaft Verrat zu üben?«[670]

Wjatscheslaw Michailowitsch Molotow, von 1930 bis 1949 als sowjetischer Regierungschef und schließlich Außenminister einer der engsten Mitarbeiter Stalins, erklärte im Februar 1930 bei einer Versammlung von Parteisekretären, Kulaken, die Widerstand leisteten, müssten wie Katzen in Flüssen ertränkt werden. »Wir werden all das begrüßen, was man sich in den Provinzen Nützliches dazu ausdenkt.« Manche würde man erschießen müssen, andere nach Sibirien deportieren.[671]

1930/31 wurden im Zuge der Kollektivierung der Landwirtschaft 2 Millionen Menschen als Kulaken deportiert und 30.000 erschossen.[672] Die Bauern widersetzten sich der Kollektivierung und schlachteten aus Protest gegen die Vergemeinschaftung des Viehs Millionen ihrer Tiere, zusätzlich gingen Millionen Tiere während einer erneuten Hungersnot zugrunde. Zwischen 1928 und 1933 nahm die Schweine- und Rinderpopulation um die Hälfte und die der Schafe um ein Drittel ab. Die Zahl der Arbeitspferde und Ochsen reduzierte sich von 29,7 Millionen (1928) auf 18,8 Millionen (1932).[673]

Die Kommunisten erhöhten die Abgabepflichten für die von den Bauern erzeugten landwirtschaftlichen Produkte immer weiter, und wer ihnen nicht nachkam, konnte als »Dieb des sozialistischen Eigentums« erschossen werden. 1932 wurde ein Gesetz verabschiedet, laut dem für »jeden Diebstahl oder jede Verschwendung sozialistischen Eigentums« eine zehnjährige Haftstrafe oder die Todesstrafe vorgesehen war. Allein vom August 1932 bis Dezember 1933 wurden mehr als 125.000 Menschen nach diesem Gesetz verurteilt, davon 5.400 zum Tode.[674]

Sogar die »Geschichte des KPdSU(B)«, die von Stalin persönlich autorisiert worden war, musste einräumen, dass »das Prinzip der *Freiwilligkeit* im kollektivwirtschaftlichen Aufbau verletzt wurde. In einer Reihe von Rayons wurde die Freiwilligkeit durch den *Zwang* zum Eintritt in die Kollektivwirtschaften ersetzt, unter der Androhung, gegen die Widerstrebenden die ›Kulakenenteignung‹ in Anwendung zu bringen, ihnen das Wahlrecht zu entziehen usw.«[675] – eine für ein stalinistisches Werk ungewöhnliche Kritik, die jedoch in Wahrheit das barbarische Morden und das Zwangsregime verharmloste, indem man lediglich von »Überspitzungen und Fehlern, die von den örtlichen Organisationen bei der Kollektivierung begangen wurden«, sprach.[676] Tatsächlich handelte es sich um einen blutigen Feldzug gegen die Bauern, dem Millionen zum Opfer fielen, weil sie verhungerten, deportiert oder getötet wurden.

Von vielen Intellektuellen und Journalisten im Westen wurden der Terror und die Kollektivierungen verharmlost oder sogar gepriesen. Walter Duranty, der Moskauer Korrespondent der »New York Times«, der 1932 den Pulitzer Preis als bester Auslandskorrespondent verliehen bekommen hatte, schrieb über die Kollektivierung:

»Zukünftige Historiker ... könnten den russischen Kampf für die Kollektivierung durchaus als eine heroische Periode des menschlichen Fortschritts betrachten ... Der rückständigste Teil der Bevölkerung hätte die Chance, das zu erhalten, was am Nötigsten ist, nämlich Bildung ... Frauen hätten auch die Chance auf Freizeit und Freiheit ... Ob die Dörfer nun ihren Schmutz und ihre Unwissenheit dem Fortschritt vorziehen oder nicht – der Fortschritt würde ihnen auferlegt werden.«[677]

Der amerikanische Historiker und Literaturkritiker Waldo Frank pries das sowjetische Wirtschaftssystem, weil die Arbeiter nicht für einen Boss arbeiteten: »Das hier sind glückliche Arbeiter, denn es sind ganzheitliche Männer und Frauen. Träume, Denken und Liebe vereinten sich, selbst in einer so öden Tätigkeit wie der Herstellung von Elektrozubehör, denn diese Malocher arbeiteten nicht für einen Boss.«[678]

Hintergrund der Politik der Kollektivierung war das Ziel Stalins, Russland mit Gewalt zu industrialisieren. Die Devisen aus dem Verkauf von Getreide wurden verwendet, um die Schwerindustrie aufzubauen, die beträchtliche Zuwachsraten erreichte. Der Preis dafür war hoch – der Historiker Helmut Altrichter spricht von der »terroristischen Mobilisierung der Gesamtbevölkerung« zum Aufbau der Industrie.[679] In den Agrargebieten der Region Moskau stieg die Sterblichkeitsrate zwischen Januar und Juni 1933 um 50 Prozent. Anfang der 30er-Jahre verhungerten 6 Millionen Menschen und etwa 300.000 starben während der Deportationen.[680]

Parallel dazu begann der Aufbau eines landesweiten Systems von Konzentrations- und Arbeitslagern, der sogenannte Gulag. Anfang 1935 gab es im Gulag-System 965.000 Häftlinge, 725.000 waren »Arbeitslagern« zugeordnet und 240.000 »Arbeitskolonien«.[681] Zwar gab es auch viele politische Gefangene oder gewöhnliche Strafgefangene, die meisten Insassen waren jedoch »gewöhnliche« Bürger, die gegen die immer schärferen Gesetze verstoßen hatten, zum Beispiel gegen das »Gesetz über die Inlandspässe« (mit dem die Freizügigkeit innerhalb des Landes beseitigt wurde) oder wegen »Nichterfüllung der Mindestzahl an Arbeitstagen« oder wegen »Vergeudung sozialistischen Eigentums«.[682]

Am 1. Januar 1941 zählten die Gulag-Lager bereits 1,9 Millionen Insassen.[683] Das Regime, das zur Befreiung der Arbeiter angetreten war, entwickelte sich zunehmend zu einem System der Zwangsarbeit und der Zwangsherrschaft. Da ökonomische Anreize, wie es sie im Kapitalismus gibt, fehlten, war die Industrialisierung nur mit brutalster Gewalt durchzusetzen.

Natürlich kannte das System nicht nur Verlierer, sondern auch Gewinner. Während sogenannte »bürgerliche Spezialisten«, also Ingenieure, Techniker, Fabrikdirektoren usw., verhaftet oder erschossen wurden, entstand Platz für neue soziale Aufsteiger. Zu Beginn des zweiten Fünfjahresplanes, so schreibt Baberowski, war bereits mehr als jeder zweite von allen Fabrikdirektoren ein ehemaliger Arbeiter. In Universitäten und Schulen herrschte das System der Quotierung, das Arbeitern und ihren Kindern eine bevorzugte Behandlung bei der Vergabe von Studienplätzen zuteilwerden ließ.[684] Stalin hatte sich als Freund der proletarischen Aufsteiger positioniert, als Mann, der von unten kam, aus einfachen Verhältnissen, und der – anders als der Intellektuelle Trotzki – die Sprache der einfachen Menschen verstand.[685]

Die Politik der Kommunisten war gekennzeichnet von einem ständigen Wechselspiel von brutalstem Terror und Phasen, in denen der Terror etwas abklang und ökonomische Zugeständnisse an die Bauern gemacht werden mussten, um dann zu neuen Terrorattacken überzugehen. Die Kommunisten testeten ihre Grenzen stets neu aus, und allenfalls extreme Hungersnöte konnten sie dazu bringen, doch von der reinen Lehre abzuweichen und wenigstens etwas Privateigentum und Markt zu genehmigen.

Hätten die Kommunisten ihre Linie auch in der Landwirtschaft konsequent durchgesetzt und nur noch Staatseigentum erlaubt, wäre das System vollends kollabiert, und noch mehr Menschen wären verhungert.

Denn als Folge der Kollektivierung brach die Produktion in der Landwirtschaft massiv ein, obwohl Stalin auf dem XVI. Parteitag verkündete, es sei eine »Tatsache, dass wir jetzt die Möglichkeit haben, die kulakische Produktion durch die Produktion der Kollektiv- und Sowjetwirtschaften nicht nur zu ersetzen, sondern sie auch um ein Vielfaches zu überbieten«.[686] Das Gegenteil war der Fall, und sogar Stalin musste zurückweichen und mehr Privateigentum in der Landwirtschaft zulassen. Den Bauern wurden kleine Stückchen von Hofland zur privaten Nutzung zugestanden. Die Überlegenheit von Privateigentum und Markt gegenüber dem Sozialismus zeigt sich, wenn man sich folgende Zahlen vergegenwärtigt: »Obwohl das Hofland weniger als 5 Prozent der Nutzfläche ausmachte, lieferte es bis in die 50er-Jahre über 70 Prozent der Kartoffeln, etwa 70 Prozent der Milch und an die 90 Prozent der Eier. In den 30er-Jahren sicherte es die Existenz der Kolchosbauern. Was sie von den Kollektivwirtschaften an Lohn erhielten, reichte nicht zum Überleben.«[687] Die Industrialisierung erfolgte vor allem auf Kosten der Landwirtschaft – was sich schon daran zeigt, dass erst in den 1950er-Jahren in der Landwirtschaft wieder die Pro-Kopf-Produktion von 1928 (!) erreicht wurde.

Das Desaster der Kollektivierung schreckte Kommunisten in anderen Ländern nicht ab. Stalin hatte dem chinesischen Revolutionsführer Mao Zedong 1950 zwar aufgrund seiner eigenen Erfahrungen ausdrücklich geraten, die Wirtschaft der reichen Bauern unbehelligt zu lassen, um Chinas landwirtschaftliche Erholung nach den Jahren des Bürgerkrieges zu beschleunigen. Mao ignorierte diesen Rat. Er sah in der Neuverteilung des Landes eine einfache Möglichkeit, die Unterstützung der Bauern zu gewinnen. Das Land wurde vermessen und das Besitztum der Reichen an die armen Bauern verteilt. Die Reichen wurden gedemütigt, enteignet oder sogar ermordet. »Indem Mao eine Mehrheit in die Ermordung einer sorgfältig bestimmten Minderheit verwickelte, schaffte er es, die Menschen permanent an die Partei zu binden«, schreibt der niederländische Historiker und China-Experte Frank Dikötter. Er schätzt die Zahl der ermordeten »Klassenfeinde« in den Jahren 1947 bis 1952 auf 1,5 bis 2 Millionen Menschen.[688]

Nach Stalins Tod im Jahr 1953 erhöhte Mao in China das Tempo der Kollektivierung. Im gleichen Jahr wurde ein Getreidemonopol eingeführt, das die Bauern zwang, ihre Ernte zu staatlich festgelegten Preisen zu verkaufen. 1955/56 wurden landwirtschaftliche Kollektive, ähnlich wie in der Sowjetunion, eingeführt. Das Land, das man eben erst den armen Bauern gegeben hatte, wurde ihnen wieder weggenommen und die Landbevölkerung zu Schuldknechten im Dienste des Staates gemacht.[689]

1958 begann das größte sozialistische Experiment der Menschheitsgeschichte, Maos »Großer Sprung nach vorne«. Ich habe dies ausführlich im ersten Kapitel meines Buches »Kapitalismus ist nicht das Problem, sondern die Lösung« geschildert und bin kurz in den Kapiteln 1 und 3 dieses Buches darauf eingegangen.

Die Gräueltaten in dieser Zeit sind unbeschreiblich. Insgesamt starben etwa 45 Millionen Menschen, die entweder verhungerten oder ermordet wurden. Frank Dikötter schildert diese grauenvolle Zeit: »Wer nicht hart genug arbeitete, wurde an Armen und Beinen aufgehängt und geschlagen; einige wurden in Weihern ertränkt. Andere wurden mit Urin überschüttet oder dazu gezwungen, Exkremente zu essen. Menschen wurden verstümmelt. Ein Bericht, der sich bis in die Führungsspitze, einschließlich des Vorsitzenden Mao, verbreitete, beschreibt, wie einem Mann namens Wang Ziyou ein Ohr abgehackt, seine Beine mit Eisendraht umwickelt und ein zehn Kilo schwerer Stein auf seinen Rücken fallen gelassen wurde, bevor man ihn brandmarkte – als Strafe für das Ausgraben einer Kartoffel. Es kam sogar vor, dass Menschen bei lebendigem Leib begraben wurden. Als in einem Dorf in Hunan ein Junge eine Handvoll Getreide stahl, zwang der örtliche Chef Xiong Dechang den Vater, seinen Sohn lebendig zu begraben. Der Mann starb wenige Tage später vor Gram.«[690]

Nach diesen schrecklichen Ereignissen wurde auch Mao vorübergehend Zielscheibe der Kritik. Staatschef Liu Shaoqi (1959 bis 1968 Präsident der Volksrepublik China) bezeichnete bei einer Versammlung der Parteikader in Beijing die Hungersnot als eine von Menschen verursachte Katastrophe, die Unterstützung für Mao erreichte einen Tiefststand.

Jetzt wurde wenigstens etwas Privateigentum erlaubt und den Bauern gestattet, kleine Parzellen privat zu nutzen. Doch Mao betonte immer wieder, der Klassenkampf sei nicht beendet, überall witterte er das Wirken kapitalistischer Kräfte. Er hatte damit nicht einmal ganz unrecht, denn spontan und illegal wurden in ganz China Unternehmen gegründet. In Shenyang (Mandschurei) gab es erstaunliche 20.000 private Unternehmer, während in Wuhan, dem Handels- und Industriezentrum am mittleren Abschnitt des Yangzi, 3.000 Geschäftsleute ihren Lebensunterhalt durch das Ausnutzen von Schlupflöchern in der Planwirtschaft verdienten. »Viele betrieben ihren Handel über mehrere Provinzgrenzen hinweg. Private Netzwerke wurden weit und breit geknüpft, nicht nur für landwirtschaftliche Produkte, sondern auch für Gold und Silber ... Die Schattenwirtschaft blühte in den Zwischenräumen der Kollektive. Es gab Untergrundfabriken, Untergrund-Baukolonnen und Untergrund-Speditionen.«[691]

Ohne die Erlaubnis für die Bauern, private Parzellen zu bewirtschaften, und ohne die Schattenwirtschaft wäre das sozialistische System mit Sicherheit zusammengebrochen. Doch Mao war nicht bereit, diese kapitalistischen Entartungen zu akzeptieren. Er erklärte, ein Drittel der Macht im Land sei nicht mehr in den Händen der Kommunisten,[692] und Liu Shaoqi startete eine große »Sozialistische Erziehungskampagne«. Ganze Provinzen wurden beschuldigt, den »kapitalistischen Weg« eingeschlagen zu haben. Mehr als 5 Millionen Parteimitglieder wurden bestraft und mehr als 77.000 Menschen zu Tode gehetzt.[693]

Mao war, anders als Stalin, der Meinung, dass der Klassenkampf von unten, aus dem Volk heraus, weitergeführt werden müsse, um die Gefahr einer Restauration des Kapitalismus zu bannen. Er entschloss sich, die »Große Proletarische Kulturrevolution« zu entfesseln, die am 1. Juni 1966 mit einem Aufruf in der Tageszeitung »Renmin Ribao« begann. Die Überschrift lautete: »Alle Monster und Dämonen wegfegen!« Das war der Startschuss für die Kulturrevolution. Das Volk wurde ermutigt, sich zu erheben und diejenigen aufzuspüren, die angeblich versuchten, die Diktatur des Proletariats in eine Diktatur der Bourgeoisie zu verwandeln.[694]

Vor allem Schüler und Studenten wurden mobilisiert. Sie randalierten in den Straßen und wandten sich gegen »stinkreiche Bauern«, »Scheißkerle von Grundbesitzern«, »blutsaugende Kapitalisten«, »Neobourgeoisie« und »klassenfremde Elemente«,[695] oft aber einfach nur gegen die eigenen Lehrer oder Professoren, denen man kapitalistisches Denken unterstellte. Der erste Todesfall ereignete sich an der Pädagogischen Universität von Beijing, wo die stellvertretende Schulleiterin gefoltert wurde. Schülerinnen spuckten ihr ins Gesicht, stopften ihren Mund mit Erde voll, banden die Hände hinter dem Rücken zusammen und schlugen sie, u. a. mit Knüppeln, die mit Nägeln bespickt waren. Nach mehreren Stunden Folter verlor sie das Bewusstsein und starb.[696]

Einem Schulleiter in Beijing wurde befohlen, sich in die sengende Sonne zu stellen, während Rotgardisten kochend heißes Wasser über ihn gossen. Eine Biologielehrerin wurde stundenlang gefoltert, bis sie starb, danach wurden die anderen Lehrer gezwungen, auf die Leiche einzuschlagen. In den Grundschulen, wo die Schüler nicht älter als 13 Jahren alt waren, wurden einige Lehrer gezwungen, Nägel und Exkremente zu schlucken, anderen wurden die Haare abgeschoren und sie musste sich gegenseitig ins Gesicht schlagen.[697]

Auch Mitschüler wurden erniedrigt und manchmal zu Tode gequält, weil sie einen »schlechten Klassenhintergrund« hatten oder aus »Ausbeuterfamilien« stammten.[698]

In einem Außenbezirk von Beijing befahlen die örtlichen Kader der Kommunistischen Partei, alle Grundbesitzer und alle anderen »schlechten Elemente«, einschließlich ihrer Familienangehörigen, auszulöschen. Einige wurden zu Tode geprügelt, andere mit Häckselmessern erstochen oder mit Draht stranguliert. Mehrere Menschen wurden durch Stromschläge umgebracht, Kinder an den Füßen aufgehängt und ausgepeitscht. Ein 8 Jahre altes Mädchen und ihre Großmutter wurden lebendig begraben.[699]

Die jungen Rotgardisten durchsuchten Häuser von Menschen mit »schlechtem Klassenhintergrund«. Die Witwe eines ehemaligen Managers des Mineralölkonzerns Shell in Schanghai wurde in ihrer Wohnung geschlagen, alles wurde zerschlagen und verwüstet. Ein Parteifunktionär fragte sie: »Finden Sie es richtig, dass Sie und Ihre Tochter in einem Haus mit neun Räumen und vier Badezimmern wohnen, wenn in Schanghai ein großer Mangel an Wohnraum besteht?

Finden Sie es richtig, dass Sie Wollteppiche benutzen und in jedem Raum Möbel aus Palisander und Schwarzholz stehen, wenn doch Holz und eine Grundausstattung an Möbeln für andere knapp sind? Finden Sie es richtig, Seide und Pelz zu tragen und unter Daunensteppdecken zu schlafen?« Kurz darauf wurde die Witwe in ein örtliches Gefängnis abtransportiert, und mehrere Arbeiterfamilien zogen in ihr Haus.[700] In Schanghai kam es zu einer Welle von Enteignungen und 30.000 Familien wurden gezwungen, ihre Besitzurkunden dem Staat zu übergeben. Vielen wurde eine kleine Wohnfläche zugestanden, für die sie Miete zu zahlen hatten. Die große Mehrheit der Opfer wurde als »schlechte Elemente, die das Proletariat ausbeuten«, eingestuft.[701]

Während die Kulturrevolutionäre »kapitalistische Elemente« verfolgten, weil sie angeblich im Luxus lebten, wurden für Mao in den 27 Jahren seiner Herrschaft 50 Anwesen gebaut, allein 5 in Beijing. Die Anwesen wurden auf riesigen Grundstücken errichtet, oft in grandioser Lage. An besonders schönen Orten wurden zuweilen ein ganzer Bergzug oder ein langer Streifen am Seeufer exklusiv für ihn abgesperrt.[702] Da Mao es liebte, zu schwimmen, wurden sie mit luxuriösen Schwimmbädern ausgestattet, die über Monate hinweg beheizt wurden, für den Fall, dass Mao auf einmal Lust bekommen sollte, hineinzusteigen.[703] Für den Feinschmecker Mao wurden auserwählte Delikatessen oft aus 1.000 Kilometer Entfernung herangeschafft,[704] zudem wurden dem Mann, der von seinen Landsleuten sexuellen Verzicht verlangte, permanent junge und schöne Frauen zugeführt, die ihm zu Willen sein mussten.[705] Mao verdiente hervorragend am Verkauf seiner Bücher, die jeder besitzen sollte. Seine Biografen Jung Chang und Jon Halliday konstatieren: »Der Einzige, der in Maos China Millionär wurde, war Mao selbst.«[706]

Doch von all dem wussten die Chinesen nichts. Da Dinge wie gute Kleider, hohe Schuhe, Make-up, Porzellan usw. als kapitalistisch galten und ihre Besitzer Spott oder Schläge zu befürchten hatten, wurde bald die Produktion all dieser Dinge eingestellt. Stattdessen wurden in ganz China mehrere Milliarden (!) Mao-Anstecker produziert, die man sich ans Revers heftete.[707] An jeder Straßenecke und auf den

Feldern wurden Lautsprecher aufgestellt, aus denen von morgens bis abends mit voller Lautstärke Parolen gegen den Kapitalismus und für den Sozialismus plärrten. Überall wurden Geschäfte und Straßen umbenannt, deren Namen an die kapitalistische oder feudalistische Vergangenheit erinnern konnten. Die häufigsten neuen Namen der Geschäfte hießen Rote Fahne, Rote Garde, Der Osten ist Rot, Arbeiter, Bauern, Das Volk usw. In Schanghai trugen mehr als 100 Geschäfte den Namen Rote Garde.[708]

Millionenfach wurden die »Worte des Vorsitzenden Mao« gedruckt, im Westen auch die »Mao-Bibel« genannt, die die Aktivisten der Roten Garden begeistert schwenkten und rezitierten. In dem Büchlein heißt es zum Beispiel: »Eine Revolution ist kein Gastmahl, kein Aufsatzschreiben, kein Bildermalen, oder Deckchensticken; sie kann nicht so fein, so gemächlich und zartfühlend, so maßvoll, gesittet, höflich, zurückhaltend und großherzig durchgeführt werden. Die Revolution ist ein Aufstand, ein Gewaltakt, durch den eine Klasse eine andere Klasse stürzt.«[709] Die herrschende Klasse war zwar längst gestürzt worden, aber, so Maos Philosophie, der Kampf zwischen der kapitalistischen und der sozialistischen Linie gehe permanent weiter – und die Kulturrevolution war ein Mittel dazu.

Mao hatte behauptet, dass sich in der Partei kapitalistische Elemente eingenistet hätten. Zunächst war es den Parteifunktionären gelungen, den Hass der jungen Rotgardisten gegen ihre Lehrer und Professoren zu lenken – oder gegen einfache Menschen, die zu Sündenböcken gemacht wurden, weil sie einen »falschen Klassenhintergrund« hatten. Doch schon bald wechselten die Rotgardisten ihr Angriffsziel und attackierten die Parteifunktionäre. »Es sah aus wie eine Volksrevolution. So wie Mao die Studenten Monate zuvor dazu angestiftet hatte, gegen ihre Lehrer zu rebellieren, so hetzte er jetzt die gewöhnlichen Leute gegen die führenden Parteikader auf. Damit erzeugte er ein wachsendes Ressentiment. Die Zahl der Menschen, die einen Groll gegen Parteifunktionäre hegten, schien endlos.«[710]

Zunächst hatte die Armee den Befehl erhalten, sich aus den Kämpfen herauszuhalten, doch bald schon schaltete sie sich ein. Die

Fronten waren verworren. Viele Armeeangehörige hielten die Rebellen für Konterrevolutionäre, die die Kulturrevolution nur als Vorwand nutzten, um Partei und Sozialismus anzugreifen. Es wurde immer verwirrender, denn landesweit brachen Aufstände gegen die Armee aus und bald gab es direkte Angriffe auf das Militär. Im Juni 1967 war China im Chaos versunken. Die Rebellen bewaffneten sich, und die Situation drohte vollkommen außer Kontrolle zu geraten, bis Mao ein Dekret unterzeichnete, das die Armee ermächtigte, sich gegen Rebellenorganisationen zu verteidigen.[711] In einigen Landesteilen kam es zum offenen Bürgerkrieg, bei dem Maschinengewehre, Mörser und Napalm eingesetzt wurden.[712]

80.000 Menschen wurden im Sommer 1968 allein in der Provinz Guangxi getötet. Die lokale Miliz verbündete sich mit der Armee, um vermeintliche Rebellen zu jagen. In Liujang wurden einige Opfer öffentlich enthauptet, ihre Köpfe ausgestellt mit einem Zettel daran, auf dem »Konterrevolutionär« stand. In einer Volkskommune zirkulierten Gerüchte, die Grundbesitzer würden zurückkommen und ihr Land zurückverlangen. Daraufhin wurden etwa 60 Personen zu einem Feld geführt und gezwungen, sich hinzuknien. Dann wurden ihnen mit Hämmern die Schädel eingeschlagen.[713]

In manchen Orten wurden »Klassenfeinde« bei lebendigem Leib mit einem Messer aufgeschnitten, Herz und Leber wurden herausgenommen und verzehrt. Das sei kein Kannibalismus, so sagten die Rebellen, denn es war das Fleisch von Grundbesitzern und Spionen.[714]

Im September 1968 verkündete der Staatsführer Zhou Enlai den umfassenden Sieg. Doch nun begann eine Kampagne von oben zur Säuberung von »Spionen« und »Verrätern«. Zwischen 1968 und 1980 wurden 17 Millionen Schüler und Studenten aus den Städten verbannt und auf das Land geschickt. Sie sollten sich dort von den Bauern »umerziehen« lassen. Doch tatsächlich lebten die meisten, die auf das Land geschickt wurden, abgeschieden von den Bauern. Manche kamen in Höhlen, Schweineställen und Baracken unter, viele litten Hunger oder an Mangelerkrankungen. Zahlreiche junge Frauen wurden vergewaltigt.

Nicht nur junge Menschen wurden aufs Land geschickt, sondern auch die Schwächsten der Gesellschaft – Arbeitslose, Landstreicher, Kranke und Rentner, die keinerlei Erfahrung mit Landwirtschaft hatten und sich irgendwo fern der Städte nun selbst versorgen sollten. Viele kamen in Umerziehungslager auf dem Land, doch diese Lager waren nicht einmal in der Lage, sich selbst zu versorgen.

Die Kulturrevolution führte zu einem Chaos und die Partei verlor teilweise die Kontrolle, da ihre Funktionäre sich in den Konflikten aufrieben. Das ermöglichte es den Menschen in etlichen Provinzen, sich Freiheiten zurückzuholen, die ihnen die Kommunisten genommen hatten. Viele Bauern bauten Gemüse nur noch für den Eigenbedarf an. »Der Wunsch, Land zu besitzen, kam von unten und wurde erst sehr viel später von den lokalen Behörden gebilligt.«[715]

Diejenigen, die in den Volkskommunen blieben und sich an die Weisungen der Partei hielten, hatten ein wesentlich schlechteres Leben als jene, die ungehorsam waren. »Die sozialistische Welt wurde auf den Kopf gestellt: Jene, die dem Ruf des Marktes folgten, hatten Erfolg, während die Mitglieder des Kollektivs in Armut verharrten.«[716]

Überall auf dem Land entstanden große illegale Märkte, auf denen die Menschen ihre Produkte anboten. Die Inspekteure der Partei waren machtlos, denn wenn sie einschreiten wollten, wurden sie von den Händlern bedroht. Es kam zu einer Dekollektivierung – viele Menschen verließen die »Volkskommunen«, in die man sie gezwängt hatte, oder dehnten die privaten landwirtschaftlichen Anbauflächen weit über das Erlaubte aus. In der Provinz Guangzhou entstanden komplette Untergrundfabriken, die nur für den Schwarzmarkt produzierten.[717] Da die Planwirtschaft nicht genügend Güter erzeugen konnte, um die Nachfrage der einfachen Bevölkerung zu befriedigen, entstanden überall spontan marktwirtschaftliche Strukturen. In einigen Landesteilen gab es kein Holz, sodass überall Häuser im Rohbau zu sehen waren, die wegen des Baustoffmangels nicht fertiggestellt werden konnten. Als Reaktion darauf entstanden Hunderte illegale Fabriken, in denen Holz verarbeitet wurde.[718]

Dikötter spricht von einer »stillen Revolution«, die sich zum Teil schon während und mehr noch nach der Kulturrevolution abspielte. »Im ganzen Land hatten Menschen begonnen, still und leise an die Vergangenheit anzuknüpfen, Parteifunktionäre konzentrierten sich wieder auf das wirtschaftliche Wachstum, und die Dorfbevölkerung ließ die beliebten Märkte wieder aufleben ... Manchmal verschob ein Bauer schon dadurch die Grenzen der Planwirtschaft, dass er etwas Getreide zum Markt brachte oder ein wenig mehr Arbeitszeit auf seiner privaten Parzelle verbrachte. Andere waren kühner und eröffneten gleich Untergrund-Fabriken oder spekulierten mit Gütern, die normalerweise der staatlichen Kontrolle unterlagen. Doch überall wurden die Menschen durch das Scheitern der Kulturrevolution auf die eine oder andere Art und Weise ermutigt, die Dinge wieder in ihre eigenen Hände zu nehmen. Ein scharfsinniger Beobachter hielt fest: ›Die Menschen waren entschlossen, nicht so weitermachen zu wollen, wie sie bisher gelebt hatten. Also fanden sie Wege, sich selbst aus ihrer misslichen Lage zu befreien.‹ Es war eine uneinheitliche, lückenhafte Revolution von unten und eine, die größtenteils still verlief. Doch schließlich erfasste sie das gesamte Land.«[719]

Entscheidend zum Verständnis der Dynamik der chinesischen Reformen, die Deng Xiaoping nach Maos Tod einleitete, ist, dass sie nur teilweise »von oben« initiiert wurden. Vieles geschah spontan – die Kräfte des Marktes setzten sich gleichsam urwüchsig durch gegen den Staat. Der chinesische Ökonom Weiying Zhang schreibt, man habe Deng Xiaoping als »Architekt« der Reformen in China bezeichnet. »Deng Xiaoping verstand jedoch, dass wirtschaftliche und soziale Reformen etwas anderes sind als der Bau von Gebäuden. Sie können nicht nach vorgefertigten Entwürfen gebaut werden. Stattdessen muss man ›den Fluss überqueren, indem man die Steine spürt‹.«[720]

Deng, so Zhang, habe daher eine Reform durch Experimente durchgeführt. Nichts, was von Bedeutung war, wurde einfach angeordnet – weder die Preisreform noch die Reformen des Arbeitsmarktes, die Steuerreform oder Reformen im Außenhandel. Stets wurde der Ansatz verfolgt, zunächst in bestimmten Gebieten oder

Bereichen (z. B. Sonderwirtschaftszonen) neue Ansätze zu probieren. Wenn sie funktionierten, dehnte man sie aus, wenn nicht, ließ man sie fallen.[721] Eine entscheidende Rolle spielten Initiativen »von unten«, die ermutigt wurden, statt alles von einer zentralen Führung aus zu bestimmen. Die entscheidende Fähigkeit von Deng war, so formuliert es Zhang: »Deng Xiaoping knew what he did not know!«[722]

Die Sympathie der Intellektuellen in westlichen Ländern für China verblasste in dem Maß, in dem der Kapitalismus dort Einzug nahm. In der Zeit der Kulturrevolution und danach hatten Mao und China zahlreiche Intellektuelle begeistert. Simone de Beauvoir, die berühmte französische Feministin und Sozialtheoretikerin, schrieb damals: »Das Leben in China ist außergewöhnlich schön ... Ein Land, wo die Generäle und Staatsmänner Gelehrte und Poeten sind ... erlaubt es, liebevolle Träume zu träumen.«[723] Und ihr Partner, der Philosoph Jean-Paul Sartre, der bereits Stalin bewundert und die Gulags verharmlost hatte, schrieb über Maos China: »Ein revolutionäres Regime muss eine gewisse Zahl von Individuen, die es bedrohen, loswerden, und ich sehe dafür keine andere Möglichkeit als den Tod. Es ist immer möglich, aus dem Gefängnis wieder herauszukommen. Die Revolutionäre von 1793 haben wahrscheinlich nicht genug Leute umgebracht.«[724]

In Frankreich, wo der Antikapitalismus so stark ausgeprägt ist wie in keinem anderen westlichen Land, war unter Intellektuellen die Bewunderung für Diktatoren wie Stalin und Mao stets besonders groß. In dem Buch »Generation Stalin. French Writers, the Fatherland and the Cult of Personality«[725] finden sich zahlreiche Zeugnisse von Bewunderern Stalins. Und so ist es auch kein Zufall, dass das radikalste sozialistische Experiment, das sich in der Geschichte ereignete, die Herrschaft der Roten Khmer in Kambodscha, seinen Ausgangspunkt an Pariser Universitäten hatte.

Dabei kam von Mitte 1975 bis Anfang 1979 zwischen einem Viertel und einem Fünftel der Bevölkerung Kambodschas um – die Schätzungen belaufen sich auf 1,6 bis 2,2 Millionen Menschen.[726] Aufschlussreich ist dieses Experiment, das der Anführer Pol Pot (auch »Bruder 1« genannt) nach dem Vorbild von Maos »Großem Sprung nach vorne« als »Super Großen Sprung nach vorne«[727] bezeichnete, weil es in extremer Weise den Glauben daran zeigt, eine Gesellschaft könne künstlich am Reißbrett konstruiert werden.

Heute wird manchmal davon gesprochen, Pol Pot und seine Genossen hätten einen »primitiven Steinzeitkommunismus« verwirklichen wollen, und ihre Herrschaft erscheint als enthemmte Irrationalität. Tatsächlich verhielt es sich anders. Die Vordenker und Anführer waren Intellektuelle, die aus guten Familien stammten, in Paris studiert hatten und in der Kommunistischen Partei Frankreichs tätig waren. »Basierend auf Anleihen marxistischer und maoistischer Konzepte entwickelte die intellektuelle Spitze der Partei ihre eigene Theorie der weltkapitalistischen Ausbeutung, ihr eigenes Modell der kambodschanischen Sozialstruktur und ihrer historisch gewachsenen Verwerfungen, die das Land in einem Zirkel der Unterentwicklung und Abhängigkeit von anderen gefangen halten.«[728]

Zwei der Vordenker, Khieu Samphan und Hu Nim, hatten in Paris marxistisch bzw. maoistisch argumentierende Dissertationen geschrieben.[729] Der Pariser Zirkel der Intellektuellen nahm nach der Machtergreifung fast alle führenden Positionen in der Regierung ein.[730]

Sie hatten einen detaillierten Vierjahresplan ausgearbeitet, der genau alle benötigten Produkte (Nadeln, Scheren, Feuerzeuge, Tassen, Kämme usw.) auflistete. Der Detaillierungsgrad war selbst für eine Planwirtschaft ungewöhnlich. So hieß es zum Beispiel: »Essen und Trinken sind kollektiviert. Nachtisch wird ebenso kollektiv zubereitet. Kurz gesagt, den Lebensstandard des Volkes in unserem Land anzuheben, bedeutet, es kollektiv zu tun. Im Jahr 1977 soll es zwei Nachtische pro Woche geben. Im Jahr 1978 gibt es einen Nachtisch alle zwei Tage. Und dann im Jahr 1979 gibt es jeden Tag einen Nachtisch und so weiter. Also werden die Menschen kollektiv mit ausreichend Essen leben, sie werden (zudem) mit Snacks ernährt. Sie sind glücklich, in diesem System zu leben.«[731]

Die Partei, so schreibt Daniel Bultmann in seiner Analyse, »plante das Leben der Bevölkerung wie auf dem Reißbrett und fügte sie in einen vorstrukturierten Raum und in vorstrukturierte Bedürfnisse ein«.[732] Überall sollten gigantische Bewässerungsanlagen und Felder in einer gleichmäßigen, quadratischen Bebauungsform entstehen. Alle Regionen wurden den gleichen Zielvorgaben unterworfen, da die Partei glaubte, dass genormte Ausgangsbedingungen auf exakt gleich großen Feldern auch einen genormten Ertrag erbringen würden. »Mit dem neuen Bewässerungssystem und den schachbrettartigen Reisfeldern sollte die Natur der utopischen Wirklichkeit einer vollends kollektivistischen und Ungleichheit bereits im Keim beseitigenden Ordnung angepasst werden.«[733]

Doch die Anordnung der Bewässerungsdämme in gleich großen Quadraten mit ebenso quadratischen Feldern in ihrer Mitte führte oft zu Überschwemmungen, da die natürlichen Wasserströme ignoriert wurden und die Funktionäre meist über keinerlei technische Kenntnisse des Dammbaus verfügten. Die Bewässerungsanlagen wurden in Zwangsarbeit errichtet, exakt nach dem Plan aus der Zentrale – aber 80 Prozent von ihnen funktionierten nicht.[734]

Das Privateigentum sollte vollständig abgeschafft werden – so wie wir das auch aus einigen utopischen Romanen kennen. »Bruder 1« und seine Genossen beschränkten sich nicht auf eine Verstaatlichung von Grund, Boden und Produktionsmitteln. Ab dem September 1976 mussten die Menschen absolut alles abgeben, auch Uhren, Radios, Werkzeug, Pflüge, Saatgut, Küchenutensilien usw.[735] Alle Menschen mussten die gleiche schwarze Einheitskleidung und einen nach Geschlechtern getrennten »revolutionären« Haarschnitt tragen. Schmuck gab es nicht. Allerdings konnten Parteikader an Notizblöcke, Fahrräder und Stifte kommen, die sie von der Masse deutlich abhoben und die sie dann mit Stolz vorführten.[736]

Um mit dem Aufbau einer gerechten Gesellschaft noch einmal ganz von vorne anzufangen, wurden fast alle Menschen aus den Städten vertrieben. Dabei logen die Kommunisten die Menschen an und sagten ihnen, es stünden Bombardierungen durch die USA bevor und sie müssten die Häuser nur für ein paar Tage verlassen. Daher müssten sie nicht viele Dinge mitnehmen und die Häuser auch nicht abschließen. Sie mussten ihre Häuser innerhalb von 24 Stunden verlassen, doch von Anfang an war geplant, sie nie mehr zurückkehren zu lassen. Familien wurden oft auseinandergerissen, die Menschen vereinzelten und wurden neu in Kollektiven zusammengepresst. Meist blieb es nicht bei einer Deportation, sondern sie wurden immer wieder an andere Orte gebracht.

Besonders hinterhältig war, dass die Menschen gefragt wurden, ob sie nicht lieber in ihre Heimat zurückkehren wollten. Doch das war nur eine Fangfrage, um jene zu identifizieren, die ideologisch nicht zuverlässig waren und die einer intensiveren Umerziehung bedürften. Bejahte jemand also die Frage, brachte man ihn an einen anderen Ort, aber nicht in die frühere Heimat, oder dorthin, wo die Lebensbedingungen etwas besser waren, sondern dorthin, wo sie noch unerträglicher waren.[737]

Die Kommunisten verglichen das Individuum mit einem Ochsen: »Ihr seht den Ochsen, der den Karren zieht. Er frisst, wo man ihm zu fressen gibt. Lässt man ihn auf einem Feld weiden, frisst er dort. Führt man ihn auf ein anderes Feld, wo nicht genug Gras wächst, weidet er trotzdem dort. Er kann sich nicht frei bewegen. Er steht unter Aufsicht. Und wenn man ihn den Karren ziehen heißt, zieht er den Karren. Er denkt niemals an seine Frau, an seine Kinder …«[738] Das Kollektiv übernahm sogar die Auswahl des Ehepartners. Wer mehr als einmal einen Ehepartner ablehnte, galt schnell als Feind des Systems.

Noch am Tag der Machtergreifung, am 17. April 1975, legte der Anführer Pol Pot seinen Plan für die kommenden Wochen und Monate dar. Er sah u. a. vor:

- Evakuierung aller Menschen aus den Städten,
- Abschaffung aller Märkte,
- Abschaffung des Geldes.

Gleich am ersten Tag wurde die Zentralbank gesprengt und Geld komplett abgeschafft. Die Banknoten flatterten wertlos durch die verlassenen Straßen der Stadt. Gold oder Schmuck wurde – so wie aller Privatbesitz – vom Staat beschlagnahmt.

Die Planwirtschaft scheiterte rasch und radikal. Die Menschen mussten Hunger leiden. Aber natürlich sahen die Kommunisten die Ursache für das Scheitern nicht in der Unmöglichkeit, eine Gesellschaft am Reißbrett zu entwerfen, sondern sie machten angebliche Saboteure verantwortlich. Zehntausende wurden verhaftet und in Foltergefängnisse eingesperrt. Die Roten Khmer selbst behaupteten, bei ihnen gebe es keine Gefängnisse, und dies war in gewisser Weise sogar zutreffend, denn es waren eher Orte der Folter und des Todes, aus denen kaum einer lebend zurückkehrte.[739] Unter Folter wurden »Geständnisse« erpresst, wie etwa dieses: »Ich gab Anweisungen, die Ernte zu zerstören, indem man sie noch unreif erntet. Ich habe Chaet beauftragt, Reis zu verbrennen ... Mein Ziel war es, Unruhe unter den Menschen zu schaffen, vor allem zwischen dem neuen Volk und dem Basisvolk. Dies behinderte den Plan der Partei.«[740]

Oder: »Ich bin ein falscher Revolutionär, denn in Wirklichkeit bin ich ein Feind, ein Feind des Volkes, der Nation Kampucheas, und der Kommunistischen Partei Kampucheas. Ich bin ein billiger, reaktionärer Intellektueller, der sich bloß als Revolutionär ausgibt.«[741] Menschen mussten gestehen, dass sie für die CIA arbeiteten, obwohl viele gar nicht wussten, was die CIA war (manche dachten, dies sei der Name einer Person). Die Geständnisse waren zum Teil absurd und in sich widersprüchlich, so etwa: »Ich bin kein Mitglied der CIA. Ich habe gestanden, der CIA anzugehören, als man mich mit meiner Schuld konfrontierte. Ich bitte die Organisation, mich zu töten, weil ich nicht der Revolution gefolgt bin.«[742]

Das ganze Land wurde mit einem Netz von 196 sogenannten Sicherheits- und Umerziehungszentren durchzogen, die sich in ihrer Struktur, in ihren Funktionen und internen Abläufen haargenau glichen. Schulen und buddhistische Pagoden wurden geschlossen und zu Internierungslagern für den Klassenfeind umfunktioniert.

Für den Kern des Sicherheitsapparates wurden vor allem Kinder zwischen 12 und 16 Jahren rekrutiert, die nach Meinung Pol Pots unbeschriebene, weiße Blätter waren, die man beliebig mit sozialistischem Denken befüllen könnte. Teil der Ausbildung der

Kinder war es, dass sie dabei zusehen mussten, wie andere vor ihren Augen gefoltert oder auf bestialische Weise unter langsamen Qualen ermordet wurden. Dabei durften sie keine Gefühlsregung zeigen, da dies als Zeichen der Sympathie mit dem Feind gedeutet wurde und entsprechend unter Strafe stand.[743]

Am Anfang richtete sich der Terror vor allem gegen die »Reichen« und Gebildeten. »Die Reichen und Gebildeten aus den Städten waren plötzlich – wortwörtlich – ganz unten in der Nahrungskette. Berichte über sadistisches Verhalten von Kadern, die selbst in Überfluss lebten und die alte Elite quälten, gab es dementsprechend reichlich.«[744] Die Kommunistische Partei erklärte vor allem die oberen Wirtschafts- und Bildungsklassen zu Feinden des Volkes und ermordete sie bereits bei kleinsten Vergehen in den Umerziehungslagern.[745] »Kandidaten, die sich wünschen, der Partei beizutreten, müssen aus niedrigen Klassen kommen, wie etwa aus der ärmeren oder mittleren Bauernschaft, primär aus den unteren Schichten.«[746]

Doch bald schon wurde der Kreis der Feinde immer größer und keine Bevölkerungsgruppe verschont. Jeder konnte jederzeit als Feind des Systems entlarvt werden, auch wenn er der Kommunistischen Partei angehörte – mindestens die Hälfte der eigenen Kader wurde ermordet.[747] Wer nicht als »Feind« gelten wollte, musste permanent andere »Feinde« entlarven und denunzieren. So entstand eine Spirale der Gewalt. Später wurden im ganzen Land fast 20.000 Massengräber mit Opfern des Regimes entdeckt.

Die Macht, die alles beherrschte, nannte sich »Angkar« (»Organisation«) und die Menschen wussten nicht einmal, wer diese Organisation war. Sie wussten nur, dass sie sich ihr nicht widersetzen konnten und dass sie das gesamte Leben beherrschte – so wie der »Big Brother« in George Orwells Buch »1984«. »Alle revolutionären Gesetze wurden im Namen Angkars verkündet; alle Vergehen waren Angkar bekannt und wurden von ihr bestraft. Angkar war überall, eine alles durchdringende Präsenz, der niemand entkam. ›Angkar hat mehr Augen als eine Ananas‹, sagte ein Kader. Ehemänner und Ehefrauen sprachen über Angkar nur im Privaten, flüsternd, in Angst gehört zu werden. Niemand kritisierte Angkar öffentlich; selbst eine minimale und flüchtige Andeutung konnte genug sein, um sich eine Verhaftung, Befragung sowie das abschließende Verschwinden zur Umerziehung zu sichern. Die Gefahr war omnipräsent; zu keinem Zeitpunkt konnte man sich sicher sein, ob nicht ein Spion Angkars mithörte.«[748]

Das Regime scheiterte nach wenigen Jahren. Es ist ein extremes Beispiel dafür, wie sozialistische Utopien durch einen extremen Konstruktivismus verwirklicht werden sollten. Pol Pot und seine Genossen hatten geglaubt, radikale Gleichheit werde zu einer gerechten und glücklichen Gesellschaft führen. Er hätte es besser wissen können, nachdem der »Große Sprung nach vorne« in Maos China bereits so grandios gescheitert war und 45 Millionen Menschenleben gekostet hatte. Für Pol Pot war das sozialistische Experiment des »Großen Sprungs nach vorne« ein Vorbild – es war eben nur nicht radikal und konsequent genug umgesetzt worden, daher sprach er bei seinem Experiment von einem »Super Großen Sprung nach vorne«. Die neue Nationalhymne endete mit: »Errichten wir unser Vaterland, auf dass es einen Großen Sprung nach vorne tue!«[749]

Ein intellektueller Funktionär mit Auslandserfahrung erklärte stolz: »Wir sind dabei, eine einzigartige Revolution zu verwirklichen. Kennen Sie ein einziges Land, das wie wir es wagte, die Märkte und das Geld abzuschaffen? Wir überflügeln die Chinesen, unsere Bewunderer, bei weitem. Sie versuchen uns nachzueifern, aber es gelingt ihnen noch nicht. Wir werden zum Vorbild für die ganze Welt.« Noch nach dem Verlust der Macht betrachtete Pol Pot den 17. April 1975 als das größte Ereignis der Geschichte, »mit Ausnahme der Pariser Commune von 1871«.[750]

So sehen wir eine fortlaufende Reihe gescheiterter sozialistischer Experimente – von der Sowjetunion über China bis hin zur radikalsten Variante in Kambodscha. So unterschiedlich sie im Detail waren, so einte sie alle der konstruktivistische Wahn und Glaube daran, dass nur die Abschaffung des Privateigentums, der erbitterte Kampf gegen »die Reichen« und die Implementierung einer Planwirtschaft die Menschen aus dem Elend von Feudalismus und Kapitalismus erlösen könne.

Und alle diese Regimes – von Stalin über Mao bis Pol Pot – fanden Verharmloser und Bewunderer unter namhaften Intellektuellen. Zu den Verharmlosern des sozialistischen Terrorregimes in Kambodscha gehörte beispielsweise Noam Chomsky, der sich gegen die Diffamierung des Regimes wandte und meinte, die Berichte über die Massenmorde seien erfunden.[751]

Der antikapitalistische Philosoph Slavoj Žižek erklärte sogar, die Roten Khmer seien noch nicht radikal genug gewesen: »Die Roten Khmer waren in gewisser Weise *nicht radikal genug*: Sie trieben zwar die abstrakte Negation der Vergangenheit auf die Spitze, erfanden aber keine neue Form von Kollektivität.« Gleichwohl, so fügte er hinzu: »... revolutionäre Gewalt sollte als ›erlösend‹ und sogar ›göttlich‹ gefeiert werden.«[752]

Es sei hier nur angemerkt, dass Žižek auch Che Guevara bewunderte und den Terror Stalins in den 30er-Jahren als »humanistischen Terror« bezeichnete: »Tatsächlich hat der Stalinismus das gerettet, was wir als Menschlichkeit des Menschen verstehen.«[753] Paul Hollander kommentiert: »Žižeks Glaubenssätze scheinen in der unerschütterlichen Überzeugung zu wurzeln, dass nichts die Übel des Kapitalismus und die von ihm hervorgerufene Gewalt übertrifft. Eine Überzeugung, die in unterschiedlichen Graden von vielen westlichen Intellektuellen geteilt wurde, die sich zu Diktatoren unterschiedlicher politischer Couleur hingezogen fühlten und eine antikapitalistische Gesinnung teilten.«[754]

Der Antikapitalismus ist die Wurzel für die Bewunderung selbst der schlimmsten sozialistischen Terrorregimes in der Geschichte. Natürlich waren nicht alle sozialistischen Regimes so extrem blutrünstig wie die unter Stalin, Mao und Pol Pot. Aber auch dann, wenn sozialistische Experimente sehr viel harmloser beginnen, führen sie in einem Prozess kumulativer Radikalisierung zu wirtschaftlichem Niedergang und Unfreiheit, wie das letzte Beispiel eines gescheiterten sozialistischen Experiments zeigt: Hugo Chávez' »Sozialismus im 21. Jahrhundert« in Venezuela. Chávez wurde demokratisch gewählt. Er erklärte anfangs, er wolle das Privateigentum respektieren und niemals »irgendetwas von irgendjemandem enteignen«.[755] Vor der Wahl stellte er sich als Freund ausländischer Investoren sowie generell westlicher Werte dar. Damals war der britische Sozialdemokrat Tony Blair international populär. Chávez erklärte sich selbst zum »Tony Blair der Karibik«.[756] Das war sicherlich zum Teil bewusste Täuschung. Andererseits jedoch hatte Chávez sicherlich nicht geplant, das Land in ein wirtschaftliches Desaster und eine Diktatur zu führen. Genau dies ist jedoch geschehen. Denn es liegt eine gewisse innere Logik darin, dass die Beseitigung der wirtschaftlichen Freiheit stets zu wirtschaftlichem Niedergang und irgendwann dann auch zur Beseitigung politischer Freiheit führt.

Wir sollten den Worten und den Beteuerungen von Sozialisten, wenn sie von Freiheit und Demokratie sprechen, keinen Glauben schenken. Die Kommunistische Partei Deutschlands (KPD) beteuerte in ihrer Programmerklärung vom 11. Juni 1945: »Mit der Vernichtung des Hitlerismus gilt es gleichzeitig, die Sache der Demokratisierung Deutschlands, die Sache der bürgerlich-demokratischen Umbildung, die 1848 begonnen wurde, zu Ende zu führen ... Wir sind der Auffassung, dass der Weg, Deutschland das Sowjetsystem aufzuzwingen, falsch wäre ... Wir sind vielmehr der Auffassung, dass die entscheidenden Interessen des deutschen Volkes in der gegenwärtigen Lage für Deutschland einen anderen Weg vorschreiben, und zwar den Weg der Aufrichtung eines antifaschistischen, demokratischen Regimes, einer parlamentarisch-demokratischen Republik mit allen demokratischen Rechten und Freiheiten für das Volk.«[757]

Bekanntlich geschah in den folgenden Jahren in der DDR genau das Gegenteil. Unter dem Vorwand des Antifaschismus wurden Grund und Boden und die wesentlichen Produktionsmittel verstaatlicht und eine Diktatur nach dem Vorbild der Sowjetunion errichtet.

Friedrich Engels versprach, dass nach der Vergesellschaftung der Produktionsmittel der Staat gänzlich »absterben« werde: »Der erste Akt, worin der Staat wirklich als Repräsentant der ganzen Gesellschaft auftritt – die Besitzergreifung der Produktionsmittel im Namen der Gesellschaft –, ist zugleich sein letzter selbstständiger Akt als Staat.

Das Eingreifen einer Staatsgewalt in gesellschaftliche Verhältnisse wird auf einem Gebiet nach dem anderen überflüssig und schläft dann von selbst ein. An die Stelle der Regierung über Personen tritt die Verwaltung von Sachen und die Leitung von Produktionsprozessen. Der Staat wird nicht ›abgeschafft‹, *er stirbt ab.*«[758] Und: »In dem Maß wie die Anarchie der gesellschaftlichen Produktion [für Engels gleichbedeutend mit kapitalistischer Wirtschaft, R. Z.] schwindet, schläft auch die politische Autorität des Staates ein. Die Menschen, endlich Herren ihrer eigenen Art der Vergesellschaftung, werden damit zugleich Herren der Natur, Herren ihrer selbst – frei.«[759]

Lenin bezeichnete in seiner Schrift »Staat und Revolution« als Endziel die »Abschaffung des Staates, d. h. jeder organisierten und systematischen Gewalt, jeder Gewaltanwendung gegen Menschen überhaupt«.[760] Es bedürfe lediglich eines Zwischenstadiums des Sozialismus und der Diktatur des Proletariats, um diesen Endzustand der kommunistischen Gesellschaft herzustellen. Schon Marx hatte in seiner »Kritik des Gothaer Programms« geschrieben: »Zwischen der kapitalistischen und der kommunistischen Gesellschaft liegt die Periode der revolutionären Umwandlung der einen in die andre. Der entspricht auch eine revolutionäre Übergangsperiode, deren Staat nichts andres sein kann als *die revolutionäre Diktatur des Proletariats.*«[761]

Tatsächlich gab es in keinem sozialistischen Staat eine Diktatur des Proletariats. Wie wir gesehen haben, basierte die frühe Sowjetunion geradezu auf einer Zerschlagung der Arbeiterbewegung und entwickelte sich rasch zur Diktatur einer Partei und letztlich eines Despoten. Nach der Fiktion von Marx, Engels und Lenin sollte auf eine Übergangsperiode ein Endzustand folgen, in dem es keinen Staat mehr gibt. »Schließlich«, so Lenin, »macht allein der Kommunismus den Staat völlig überflüssig, denn es ist *niemand* niederzuhalten, ›niemand‹ im Sinne einer *Klasse*, im Sinne des systematischen Kampfes gegen einen bestimmten Teil der Bevölkerung«.[762] Wenn die Produktionsmittel vergesellschaftet seien und den Klassen die ökonomische Basis entzogen sei, werde der Staat von selbst absterben.

Bekanntlich ist niemals, in keinem Land auf der Welt, so etwas eingetreten. Der Staat starb nicht nur nicht ab, sondern wurde ständig stärker, die Gewalt wurde nicht überflüssig, sondern war eines der charakteristischen Merkmale sozialistischer Systeme – von der Sowjetunion bis Venezuela. Das galt auch noch für die Zeit, die auf die schlimmsten Phasen der Stalin-Herrschaft folgte: In der Sowjetunion nach Stalin gab es nicht mehr die Exzesse wie in den 30er-Jahren, aber nach wie vor handelte es sich um eine Diktatur, in der den Menschen elementare Rechte wie die Presse-, Meinungs- und Versammlungsfreiheit vorenthalten wurden.

Immer wieder wurden die Menschen mit der Utopie des Kommunismus vertröstet, der bald verwirklicht werden würde. Auf ihrem 22. Parteitag verabschiedete die KPdSU 1961 ein Programm, in dem versprochen wurde, den Kommunismus in 20 Jahren aufzubauen. »Der Aufbau der kommunistischen Gesellschaft«, so hieß es dort, »ist zur unmittelbaren praktischen Aufgabe des Sowjetvolkes geworden.«[763] Bis 1970, so wurde in dem Programm versprochen, werde die Sowjetunion die USA, »das mächtigste und reichste Land des Kapitalismus, in der Pro-Kopf-Produktion überflügeln«. Bis 1980 werde dann der Aufbau des Kommunismus vollendet sein.[764] Die Sowjetunion werde ihren Bürgern einen Lebensstandard sichern, »der höher ist als in jedem beliebigen kapitalistischen Land«[765], und werde das Land »mit dem kürzesten und zugleich produktivsten und höchstbezahlten Arbeitstag«.[766] Die ganze Bevölkerung werde »ihre Bedürfnisse an hochwertigen und mannigfaltigen Nahrungsmitteln voll befriedigen können«[767] und bis 1980 werde ein solcher »Überfluss an materiellen und kulturellen Gütern für die gesamte Bevölkerung« erzielt werden, dass man zu dem von Marx proklamierten »kommunistischen Prinzip der Verteilung nach den Bedürfnissen« übergehen könne.[768]

Das Programm nahm hiermit ausdrücklich Bezug auf die Formulierungen von Marx in seiner »Kritik des Gothaer Programms«, wo er versprochen hatte: »In einer höheren Phase der kommunistischen Gesellschaft, nachdem die knechtende Unterordnung der Individuen unter die Teilung der Arbeit, damit auch der Gegensatz geistiger und körperlicher Arbeit verschwunden ist; nachdem die Arbeit nicht mehr nur Mittel zum Leben, sondern selbst das erste Lebensbedürfnis geworden; nachdem mit der allseitigen Entwicklung der Individuen auch ihre Produktivkräfte gewachsen und alle Springquellen des genossenschaftlichen Reichtums voller fließen – erst dann kann der enge bürgerliche Rechtshorizont ganz überschritten werden und die Gesellschaft auf ihre Fahne schreiben: Jeder nach seinen Fähigkeiten, jedem nach seinen Bedürfnissen!«[769]

Genau diesen Zustand versprach die KPdSU bis spätestens 1980 zu erreichen. Doch nichts davon traf ein. Obwohl die Sowjetunion 1982 mit 270 Millionen Einwohnern 16 Prozent mehr Einwohner hatte als die USA (232 Millionen), wurden in den USA in diesem Jahr 44 Millionen Radios verkauft, in der UdSSR 6 Millionen, in den USA wurden 8 Millionen Autos verkauft, in der UdSSR 1,4 Millionen, in den USA wurden 29 Millionen Tonbandgeräte verkauft, in der UdSSR 3,2 Millionen.[770]

1981, also in dem Jahr, in dem laut Programmversprechen der Kommunismus verwirklicht sein sollte, ergab ein Vergleich zwischen den USA und der Sowjetunion:

»In den 80er-Jahren dürfte sich der Lebensstandard in der Sowjetunion aufgrund der voraussichtlich starken Einschränkungen des Wirtschaftswachstums sehr viel langsamer verbessern als in der Vergangenheit. Dies sind einige der wichtigsten Ergebnisse eines umfassenden Vergleichs des Pro-Kopf-Verbrauchs in der Sowjetunion und den Vereinigten Staaten im Jahr 1976, der auf der Grundlage detaillierter Ausgabendaten und neuer Kaufkraftparitäten durchgeführt wurde. Im Jahr 1976 lag der reale Pro-Kopf-Verbrauch in der Sowjetunion bei 34,4 Prozent des Pro-Kopf-Verbrauchs in den Vereinigten Staaten: Dieser Wert ist das geometrische Mittel aus Vergleichen in Rubel (27,6 Prozent) und in Dollar (42,8 Prozent). Zudem dürften diese Vergleiche zugunsten der UdSSR verzerrt sein, da die notorisch schlechte Qualität und das geringe Angebot an sowjetischen Konsumgütern und Dienstleistungen nicht vollständig berücksichtigt werden können. In den Vergleichen ebenfalls nicht zu erfassen sind das unzuverlässige, primitive Vertriebssystem und unvorhersehbare Engpässe, die den sowjetischen Verbrauchern das Einkaufen erschweren. Auf der Basis des geometrischen Mittelwertvergleichs nähern sich die sowjetischen Verbraucher ihren amerikanischen Pendants am stärksten beim Konsum von Nahrungsmitteln, Getränken und Tabakwaren (54 Prozent) und von Verbrauchsgütern (39 Prozent) an. Massiv (unter 20 Prozent des US-Niveaus) ist der sowjetische Rückstand bei langlebigen Konsumgütern und Haushaltsdienstleistungen.«[771] Als Michail Gorbatschow dann Mitte der 80er-Jahre in der Sowjetunion mit grundlegenderen Reformen begann, schlitterte das System vollständig ins Chaos. Es entstand jedoch keine freie, kapitalistische Gesellschaft, sondern ein System des »Crony Capitalism«[772], das wirtschaftlich ineffizient ist und dessen Bruttosozialprodukt trotz der Größe des Landes und des Rohstoffreichtums sogar noch unter dem Italiens liegt.[773]

Die Vertreter des »demokratischen Sozialismus« distanzieren sich von Systemen, wie sie in der Sowjetunion und den Ostblockstaaten herrschten. Aber sie tun so, als könne man beides beliebig voneinander trennen, die Ökonomie und die Politik: Sie kritisieren an den sozialistischen Systemen eher beiläufig und auch nicht grundsätzlich die Wirtschaftsverfassung – im Mittelpunkt der Kritik steht die Beseitigung von politischer Freiheit (Meinungsfreiheit, Pressefreiheit usw.) und Demokratie. Die ökonomischen Rezepte vieler Anhänger des »demokratischen Sozialismus« ähneln durchaus denen ihrer nicht-demokratischen Genossen, denn sie sind von einem tiefen Misstrauen gegen die Kräfte des Marktes und einem fast grenzenlosen Vertrauen in den Staat gekennzeichnet. Sie wollen nur den »Fehler« korrigieren, den die real existierenden sozialistischen Staaten in den vergangenen 100 Jahren gemacht haben, und das sozialistische Wirtschaftssystem mit einer demokratischen Staatsverfassung kombinieren. Dies meint letztlich der Begriff des »demokratischen Sozialismus«. Obwohl Marx gerade die enge Interdependenz von Ökonomie und Politik, von Basis und Überbau betonte, leugnen die demokratischen Sozialisten bei aller sonstigen Verehrung für den Denker aus Trier diesen Zusammenhang.

Die berühmte Stelle aus dem Vorwort »Zur Kritik der Politischen Ökonomie«, in der Marx diesen Zusammenhang beschreibt, lautet: »Meine Untersuchung mündete in dem Ergebnis, dass Rechtsverhältnisse wie Staatsformen weder aus sich selbst zu begreifen sind noch aus der sogenannten allgemeinen Entwicklung des menschlichen Geistes, sondern vielmehr in den materiellen Lebensverhältnissen wurzeln ... In der gesellschaftlichen Produktion ihres Lebens gehen die Menschen bestimmte, notwendige, von ihrem Willen unabhängige Verhältnisse ein, Produktionsverhältnisse, die einer bestimmten Entwicklungsstufe ihrer materiellen Produktivkräfte entsprechen. Die Gesamtheit dieser Produktionsverhältnisse bildet die ökonomische Struktur der Gesellschaft, die reale Basis, worauf sich ein juristischer und politischer Überbau erhebt und welcher bestimmte gesellschaftliche Bewusstseinsformen entsprechen. Die Produktionsweise des materiellen Lebens bedingt den sozialen, politischen und geistigen Lebensprozess überhaupt.«[774]

Es ist ein eigenartiger Widerspruch, dass Sozialisten, die sich sonst gerne auf Marx berufen, diesen Zusammenhang zwischen Ökonomie und Politik leugnen, wenn es um die Kritik sozialistischer Gesellschaften geht. Für sie ist es anscheinend ein Zufall, dass Gesellschaften mit einer nicht-kapitalistischen Basis, die sich durch das Fehlen wirtschaftlicher Freiheit auszeichnen, auch einen »Überbau« haben, in dem politische Freiheiten fehlen.

Niemietz hat diesen Zusammenhang gut auf den Punkt gebracht: »Sozialistische Machthaber schränkten die Freiheit ihrer Bürger nicht aus Jux und Dollerei ein. Sie taten das dann, wenn sie die Stabilität oder die Funktionsfähigkeit des Systems gefährdet sahen. Deswegen geschah das auch nicht wahllos, sondern, ganz im Gegenteil, auf sehr systematische Art und Weise.«[775] Ein Beispiel für den Zusammenhang der Beseitigung wirtschaftlicher und politischer Freiheit war die DDR: Zuerst wurde durch die Verstaatlichung von Grund und Boden und der Produktionsmittel die wirtschaftliche Freiheit beseitigt. In der Folge kam es zu einem massiven Gefälle zwischen der wirtschaftlichen Leistungsfähigkeit Ostdeutschlands und Westdeutschlands.

Der Lebensstandard im Westen war wesentlich höher und so flohen 2,8 Millionen Menschen aus der DDR – insbesondere, aber nicht nur, Unternehmer und gut ausgebildete Fachkräfte. Dass die Mauer 1961 gebaut wurde, entsprach also durchaus einer ökonomischen Zwangsläufigkeit, denn anders wäre das System in Ostdeutschland umgehend ausgeblutet. »Mit anderen Worten«, so Niemietz: »Die Berliner Mauer war keinesfalls eine Anomalie. Im Gegenteil: Die Anomalie war die offene Grenze zwischen Ost- und Westberlin. Der Bau der Berliner Mauer war die Herstellung sozialistischer Normalität.«[776]

Die Beseitigung wirtschaftlicher Freiheit führt zwangsläufig zu einer Ausweitung der Macht des Staates, da sich Politik und Bürokratie nicht mehr darauf beschränken, die politische Sphäre zu bestimmen, sondern auch die der Ökonomie. Während in kapitalistischen Ländern neben der politischen eine wirtschaftliche Elite existiert, die Macht und Einfluss hat, gibt es in einem System der Staatswirtschaft nur noch eine Elite, die alle gesellschaftlichen Bereiche dominiert.

Natürlich kann man sich Systeme im Kopf bzw. auf dem Papier ausdenken, in denen Freiheit und Sozialismus zusammen existieren. Und vorübergehend mag eine solche Koexistenz sogar möglich sein. Beispiele dafür sind die Experimente mit dem »demokratischen Sozialismus« in Großbritannien und Schweden in den 70er-Jahren. In diesen Systemen gewann der Staat immer mehr Macht, weil die Steuern ins Maßlose erhöht und zugleich wichtige Bereiche der Wirtschaft verstaatlicht wurden. Diese Länder standen irgendwann am Scheideweg: Die radikalsten Anhänger des »demokratischen Sozialismus«, z. B. in der britischen Labour-Party, forderten eine weitere Ausweitung der Staatstätigkeit. Die ökonomischen Probleme rührten aus ihrer Sicht daher, dass es noch zu viel Kapitalismus gab. Hätten sie sich durchgesetzt, wäre der wirtschaftliche Niedergang beschleunigt worden und irgendwann wäre die Quantität in eine neue Qualität umgeschlagen und aus dem demokratischen Sozialismus wäre die Normalform des Sozialismus geworden, also ein System der politischen Unfreiheit – so wie dies später beispielsweise in Venezuela geschah. Doch die Gegner der Sozialisten konnten die Mehrheit der Menschen in Großbritannien und

Schweden überzeugen, sie zu wählen, und es kam zu kapitalistischen Reformen, die die Macht des Staates in der Wirtschaft – durch Steuersenkungen, Privatisierungen und Deregulierung – zurückdrängten.

TEIL C:

So sehen die Menschen den Kapitalismus

12. Wie stehen die Deutschen zum Kapitalismus?

In den vorangegangenen 11 Kapiteln ging es um Fakten zum Thema »Kapitalismus« und »Sozialismus«. In diesem und den beiden nächsten Kapiteln geht es um Meinungen über den Kapitalismus. Bevor ich Ihnen Zahlen und Grafiken zur Frage präsentiere, wie die Menschen in Deutschland zum Kapitalismus stehen (in den nächsten beiden Kapiteln finden Sie dann die Ergebnisse für 13 weitere Länder), möchte ich über die Fragestellungen und die Methode der Untersuchung berichten.

Es gab in der Vergangenheit gelegentlich Erhebungen, in denen die Einwohner eines Landes – oder auch mehrerer Länder – dazu gefragt wurden, wie sie zum Kapitalismus oder zur Marktwirtschaft stehen. Häufig erschöpfte sich die Befragung darin, dass die Befragten nur eine allgemeine Frage gestellt bekamen, ob sie den Kapitalismus für ein gutes Wirtschaftssystem halten oder nicht. Das »Edelman Trust Barometer 2020«[777], eine Befragung in 28 Ländern, zeigt: Im Durchschnitt sind 56 Prozent der Befragten der Meinung: »Capitalism as it exists today does more harm than good in the world.«

In Europa stimmten am stärksten die Franzosen dieser Meinung zu (69 Prozent), gefolgt von Italien (61 Prozent), Spanien (60 Prozent), Deutschland (55 Prozent) und Großbritannien (53 Prozent). In den USA und Kanada stimmten jeweils 47 Prozent der Kapitalismuskritik zu. Die wenigsten Kapitalismuskritiker, so die Befragung, gibt es in Japan (35 Prozent) und Hongkong (45 Prozent) sowie Südkorea (46 Prozent).

Bei dieser und ähnlichen Umfragen wurde jedoch nur eine einzige Frage gestellt, d. h. wir wissen, ob die Menschen für oder gegen den Kapitalismus sind, aber wir wissen nicht, warum.

Weil ich es genauer wissen wollte, habe ich zusammen mit den Instituten Allensbach und Ipsos MORI eine internationale Befragung in 14 Ländern konzipiert, die viel stärker ins Detail geht. Schon vor Beginn der Befragung hatte ich – aufgrund bisheriger Umfragen – vermutet, dass die Mehrheit in den meisten Ländern eher kapitalismuskritisch ist. Um das zu bestätigen, hätte es keiner neuen Umfrage bedurft.

Ich wollte aber vor allem herausfinden, was die Gründe für die verbreitete Ablehnung des Kapitalismus sind. Welche negativen – und natürlich auch: welche positiven – Merkmale verbinden die Menschen mit dem Begriff Kapitalismus? Was genau kritisieren sie am Kapitalismus (und was finden sie gut)? Und wie unterscheidet sich die Wahrnehmung in verschiedenen Ländern? Innerhalb der Länder: Wie stehen die Menschen in verschiedenen Einkommens- und Altersgruppen zum Kapitalismus? Und welche Beziehungen gibt es zwischen einer eher linken und einer eher rechten Gesinnung (und einer »in der Mitte«) zum Kapitalismus? Auch wollten wir wissen, ob es einen Zusammenhang zwischen Verschwörungsdenken und Antikapitalismus gibt.

Die Befragung wurde zwischen Juli und September 2021 in insgesamt 14 Ländern durchgeführt. In Deutschland wurden 1029 repräsentativ ausgewählte Personen durch das Allensbach Institut befragt, insgesamt waren es in allen Ländern 14.672.

Die Befragung unterscheidet sich nicht nur in der Tiefe (also im Detaillierungsgrad der gestellten Fragen) von vielen anderen Umfragen zum Kapitalismus, sondern auch in einer besonderen Methode: Die Hypothese vor Beginn der Befragung war, dass es manche Menschen gibt, die sich vor allem von dem Wort »Kapitalismus« abgestoßen fühlen, obwohl sie inhaltlich im Grunde eher prokapitalistische Ansichten teilen. Das kann unterschiedliche Gründe haben: Manche Menschen verbinden nur vage und unklare Vorstellungen mit dem Begriff »Kapitalismus«, für andere ist das Wort einfach zum Synonym für alle Übel dieser Welt geworden.

Ein Fragekomplex (»wirtschaftliche Freiheit«) in der Umfrage mied also konsequent das Wort »Kapitalismus«. Es wurden den Befragten insgesamt sechs Aussagen vorgelegt, von denen drei Aussagen wirtschaftliche Freiheit und Marktwirtschaft befürworteten und drei für eine starke Rolle des Staates plädierten. Den genauen Wortlaut aller Fragen finden Sie im Anhang auf Seite 400.

Eine Aussage in diesem Fragekomplex »wirtschaftliche Freiheit« lautete beispielsweise: »Wir brauchen deutlich mehr staatliche Eingriffe in die Wirtschaft, da der Markt immer wieder versagt« – eine andere dagegen: »Ich bin für ein Wirtschaftssystem, in dem der Staat zwar Regeln festlegt, aber sich ansonsten möglichst zurückhält.« Wer die eine oder die andere Aussage unterstützt, wird damit nicht automatisch zum Pro- oder Antikapitalisten, aber wir konnten deutlich unterscheiden zwischen Befragten, die beispielsweise zwei oder drei Aussagen pro wirtschaftliche Freiheit unterstützen und Aussagen für mehr Staatseinfluss ablehnen, und solchen, die für mehr staatliche Kontrolle und gegenüber dem freien Markt skeptisch sind. Für jedes Land wurde die durchschnittliche Zustimmung zu »pro-wirtschaftliche-Freiheit«-Aussagen und die durchschnittliche Zustimmung zu »pro-Staat«-Aussagen berechnet und daraus eine Zahl ermittelt, die zeigt, wie die Menschen in dem betreffenden Land zur wirtschaftlichen Freiheit stehen.

In zwei anderen Fragekomplexen wurde dagegen der Begriff »Kapitalismus« verwendet. Zunächst wollten wir wissen, welche Assoziationen die Befragten mit dem Wort verbinden: Genannt wurden 10 Begriffe, nämlich Wohlstand, Innovation, Gier, Kälte, Fortschritt, Korruption, Freiheit, Leistungsdruck, großes Warenangebot und Umweltzerstörung. Wieder wurde der durchschnittliche Prozentsatz ermittelt, mit dem die Befragten positive Merkmale (Freiheit, Wohlstand) oder negative Merkmale (Umweltzerstörung, Gier) mit dem Wort Kapitalismus assoziieren.

Der wichtigste Fragekomplex war der dritte: Jedem Befragten wurden insgesamt 18 Aussagen zum Kapitalismus vorgelegt. Negative Aussagen lauteten zum Beispiel: »Kapitalismus ist verantwortlich für Hunger und Armut«; »Kapitalismus führt zu steigender Ungleichheit«; »Kapitalismus verführt Menschen zum Kauf von Produkten, die sie nicht brauchen«. Positive Aussagen waren zum Beispiel: »Kapitalismus hat in vielen Ländern die Lage der einfachen Leute verbessert«; »Kapitalismus ist ein besonders effizientes Wirtschaftssystem« oder »Kapitalismus heißt, dass die Verbraucher bestimmen, was angeboten wird, und nicht der Staat«. Wieder wurde, wie bei den vorangegangenen Fragen, der durchschnittliche Prozentsatz ermittelt, mit dem die Befragten positive und negative Aussagen unterstützten.

Nimmt man die beiden letzten Fragekomplexe zusammen, dann erfährt man, wie die Menschen zum Kapitalismus stehen, wenn das Wort genannt wird. Interessant ist der Vergleich zum ersten Fragekomplex, bei dem die Antworten zeigen, wie Menschen zum Kapitalismus stehen, wenn das Wort nicht genannt wird. Aus dem Vergleich der Antworten kann man genau sehen, welche Rolle das Wort »Kapitalismus« spielt. Um es vorwegzunehmen: In Deutschland wächst die Zustimmung zum Kapitalismus um 47 Prozent, wenn das Wort »Kapitalismus« nicht verwendet, sondern nur inhaltlich umschrieben wird.

Die Ergebnisse aus jeder der drei Fragegruppen wurden in einer Zahl zusammengefasst, und alle drei Zahlen zusammen verdichten sich in einer einzigen Zahl, aus der man zusammengefasst entnehmen kann, wie die Menschen in dem jeweiligen Land zum Kapitalismus stehen. Diese Zahl kann dann später auch herangezogen werden (Kapitel 13, 14), um den Grad für Ablehnung/Zustimmung zum Kapitalismus in verschiedenen Ländern zu vergleichen.

Und dabei bleibt es nicht: Für jedes Land kann man sehen, wie beispielsweise Männer und Frauen zum Kapitalismus stehen, Junge und Alte, Geringverdiener und Besserverdiener, Personen mit geringerer und höherer Bildung – und auch Menschen, die sich eher rechts, eher in der Mitte oder eher links im politischen Spektrum einordnen.

Wie Deutsche zur wirtschaftlichen Freiheit stehen

Die Meinung der Deutschen zum Thema »wirtschaftliche Freiheit« ist geteilt. Zwar bekommt die Aussage »Der Staat sollte bei Mieten und Lebensmitteln Preisvorgaben machen und Mindest- und Höchstlöhne festsetzen, sonst wird es unsozial« eine Zustimmung von 50 Prozent, aber auch die Aussage »Ich bin für ein Wirtschaftssystem, in dem der Staat zwar Regeln festlegt, aber sich ansonsten möglichst zurückhält« erhält Zuspruch von 48 Prozent der Deutschen (Grafik 1).

Deutschland: Aussagen zum Wirtschaftssystem

Frage: »Hier auf der Liste steht Verschiedenes, was uns andere darüber gesagt haben, wie sie sich ein gutes Wirtschaftssystem vorstellen. Was davon würden Sie auch sagen?« (Listenvorlage)

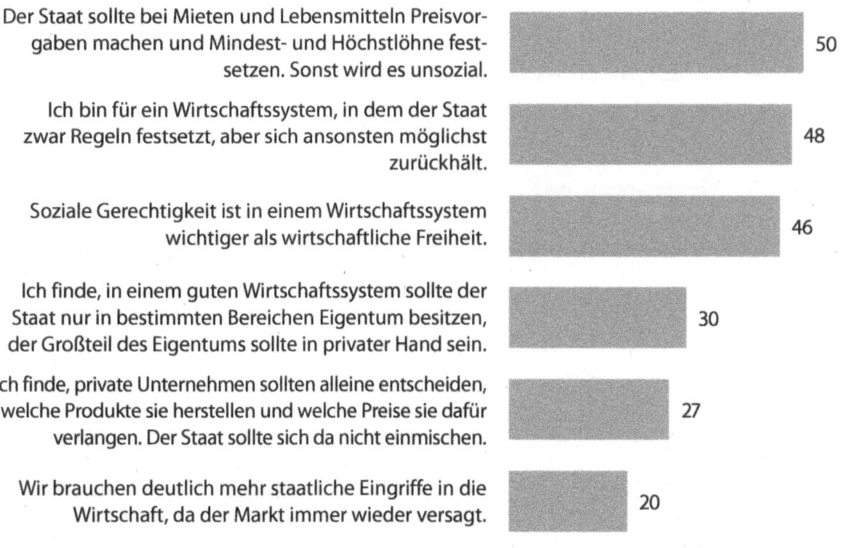

Grafik 1 – *Quelle: Allensbacher Archiv, IfD-Umfrage Nr. 12038*

Zählt man die Aussagen pro Staat und pro Markt zusammen, so zeigt sich, dass Aussagen für einen stärkeren Einfluss des Staates 39 Prozent Zustimmung finden und Aussagen für eine reduzierte Rolle des Staates bzw. mehr Markt 35 Prozent (Grafik 2). In Westdeutschland sind die Ergebnisse noch näher beieinander, weil 36 Prozent der

Befragten gegen einen zu großen Staatseinfluss sind und 37 Prozent für mehr Staat. In Ostdeutschland dagegen zeigt sich sehr deutlich die sozialistische Prägung: 45 Prozent befürworten eine starke Rolle des Staates und nur 31 Prozent unterstützen Aussagen für wirtschaftliche Freiheit (Grafik 2). So sagen etwa in Westdeutschland nur 18 Prozent der Befragten, dass wir deutlich mehr Staatseingriffe brauchen, weil der Markt immer wieder versagt – im Osten ist dagegen die Zustimmung zu dieser marktkritischen Aussage um 10 Prozentpunkte höher.

Aussagen zum Wirtschaftssystem – Durchschnittswerte in West- und Ostdeutschland

Frage: »Hier auf der Liste steht Verschiedenes, was uns andere darüber gesagt haben, wie sie sich ein gutes Wirtschaftssystem vorstellen. Was davon würden Sie auch sagen?« (Listenvorlage)

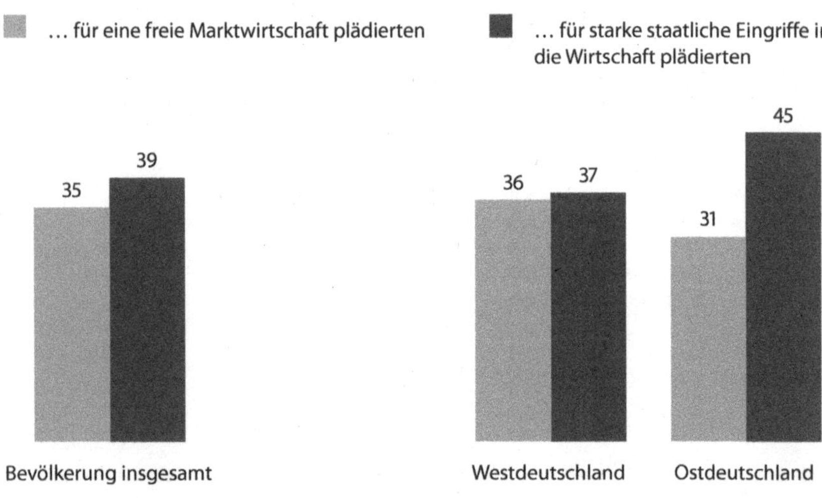

Grafik 2 – *Quelle: Allensbacher Archiv, IfD-Umfrage Nr. 12038*

Unterschiede gibt es bei den Altersgruppen: Von den unter 30-Jährigen unterstützen 26 Prozent Pro-Markt-Aussagen und 40 Prozent Pro-Staat-Aussagen. Bei den über 60-Jährigen ist dagegen das Verhältnis zwischen der Unterstützung marktwirtschaftlicher Meinungen (38 Prozent) und solchen, die für eine stärkere Rolle des Staates plädieren (41 Prozent), eher ausgeglichen (Grafik 3).

Deutschland: Aussagen zum Wirtschaftssystem – Durchschnittswerte nach Alter

Frage: »Hier auf der Liste steht Verschiedenes, was uns andere darüber gesagt haben, wie sie sich ein gutes Wirtschaftssystem vorstellen. Was davon würden Sie auch sagen?« (Listenvorlage)

Durchschnittlicher Prozentsatz, der auf Aussagen entfiel, die …

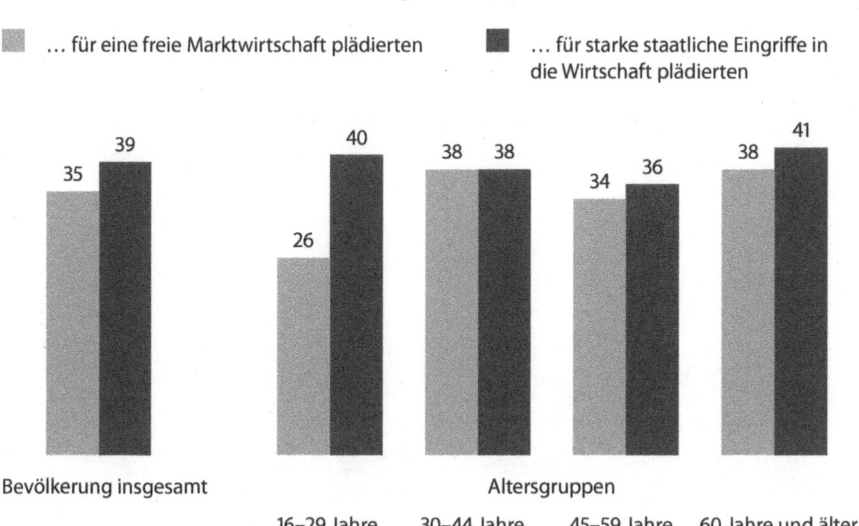

Grafik 3 – *Quelle: Allensbacher Archiv, IfD-Umfrage Nr. 12038*

Wie wohl nicht anders zu erwarten, sind Geringverdiener (unter 1.750 Euro Haushaltseinkommen im Monat) deutlich skeptischer gegenüber dem Markt und eher pro-Staat: 43 Prozent pflichten Aussagen für einen stärkeren Staat bei und 30 Prozent den marktwirtschaftlichen Meinungen. Bei Besserverdienern (mehr als 4.000 Euro Haushaltsnettoeinkommen) sind dagegen Pro-Markt-Einstellungen mit 42 Prozent stärker ausgeprägt als Pro-Staat-Einstellungen (37 Prozent) (Grafik 4).

Deutschland: Aussagen zum Wirtschaftssystem – Durchschnittswerte nach Einkommen

Frage: »Hier auf der Liste steht Verschiedenes, was uns andere darüber gesagt haben, wie sie sich ein gutes Wirtschaftssystem vorstellen. Was davon würden Sie auch sagen?« (Listenvorlage)

Durchschnittlicher Prozentsatz, der auf Aussagen entfiel, die …

	… für eine freie Marktwirtschaft plädierten	… für starke staatliche Eingriffe in die Wirtschaft plädierten
Bevölkerung insgesamt	35	39
Monatliches Netto-Haushaltseinkommen: unter 1.750 €	30	43
1.750–2.499 €	28	45
2.500–3.999 €	35	38
4.000 € und mehr	42	37

Grafik 4 – *Quelle: Allensbacher Archiv, IfD-Umfrage Nr. 12038*

Wir baten alle Befragten, sich auf einer Links-Rechts-Skala von 0 (sehr weit links) bis 10 (sehr weit rechts) selbst einzustufen. 0–2 bedeutet »dezidiert links«, 3–4 bedeutet »gemäßigt links«, 5 bedeutet »Mitte«, 6–7 bedeutet »gemäßigt rechts« und 8–10 bedeutet »dezidiert rechts«. Am stärksten pro-Staat (53 Prozent) sind Personen mit dezidiert linker politischer Einstellung, von denen nur 18 Prozent marktwirtschaftliche Meinungen unterstützen. Auch bei den Personen mit gemäßigt linken Einstellungen dominieren klar Pro-Staat-Meinungen (52 Prozent) gegenüber Pro-Markt-Aussagen (28 Prozent).

In der politischen Mitte ist das Verhältnis von Pro-Staat- (37 Prozent) und Pro-Markt-Meinungen (34 Prozent) ausgeglichen. Die stärkste Unterstützung für die Marktwirtschaft gibt es im gemäßigt rechten Spektrum, das marktwirtschaftliche Meinungen zu 51 Prozent vertritt, während nur 29 Prozent für eine stärkere Rolle des Staates plädieren. Personen mit dezidiert rechter Gesinnung denken dagegen ähnlich wie die Mitte der Gesellschaft: Hier halten sich Aussagen pro-Staat (31 Prozent) und pro-Markt (ebenfalls 31 Prozent) die Waage (Grafik 5).

Wir sehen also: Die Gleichung »stärker rechts bedeutet stärker für den Kapitalismus« gilt in Deutschland nicht. Die meisten Anhänger hat die wirtschaftliche Freiheit im gemäßigt-rechten Spektrum, während bei jenen, die noch weiter rechts stehen, die Skepsis gegenüber dem Kapitalismus wieder zunimmt.

Deutschland: Aussagen zum Wirtschaftssystem – Durchschnittswerte nach politischer Orientierung

Frage: »Hier auf der Liste steht Verschiedenes, was uns andere darüber gesagt haben, wie sie sich ein gutes Wirtschaftssystem vorstellen. Was davon würden Sie auch sagen?« (Listenvorlage)

Durchschnittlicher Prozentsatz, der auf Aussagen entfiel, die …

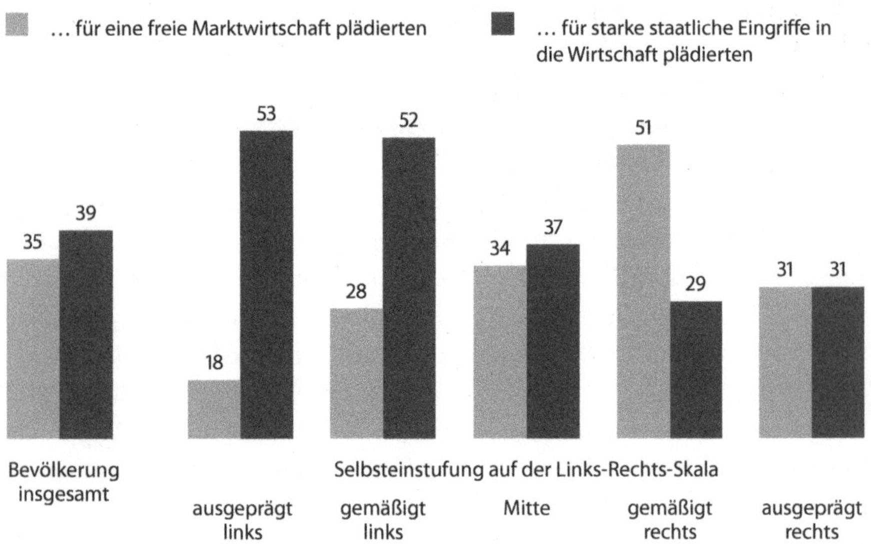

Grafik 5 – *Quelle: Allensbacher Archiv, IfD-Umfrage Nr. 12038*

Welche Begriffe Deutsche mit »Kapitalismus« verbinden

Allen Befragten wurden 10 Begriffe vorgelegt – positive und negative – und die Frage gestellt, welche davon sie mit dem Wort »Kapitalismus« verbinden. Das Ergebnis: Die Deutschen verbinden den Begriff »Kapitalismus« vor allem mit negativen Dingen. Von den 6 am häufigsten angegebenen Assoziationen ist nur eine (großes Warenangebot) positiv – die anderen sind negativ: Gier, Leistungsdruck, Korruption, Umweltzerstörung und Kälte. Der durchschnittliche Prozentsatz, mit dem solche negativen Begriffe genannt werden, liegt bei 74 Prozent. Dagegen werden positive Begriffe wie »Wohlstand«, »Fortschritt«, »Innovation« und »Freiheit« nur von 52 Prozent genannt. Nur etwa jeder dritte Deutsche (35 Prozent) verbindet Kapitalismus mit dem Begriff »Freiheit« (Grafik 6).

Deutschland: Assoziationstest »Kapitalismus«

Frage: »Wenn Sie jetzt einmal an das Wort ›Kapitalismus‹ denken – es kann einem ja dazu alles Mögliche einfallen. Darf ich Ihnen mal einiges vorlesen? Sie sagen mir dann bitte, ob Sie bei ›Kapitalismus‹ daran denken.«

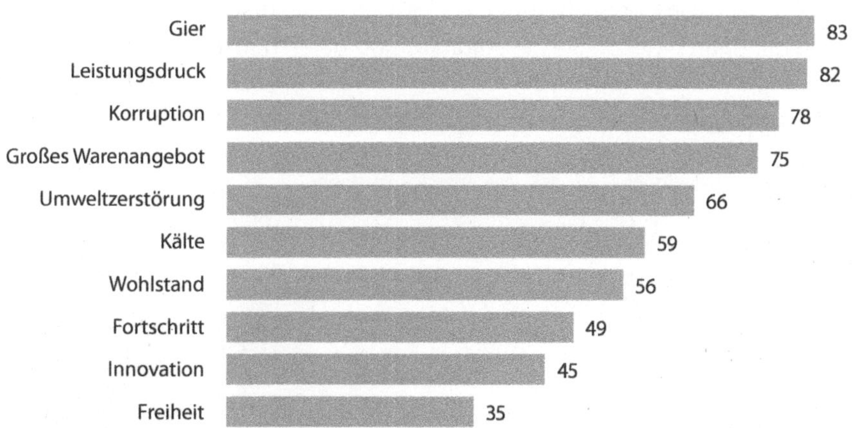

Grafik 6 – *Quelle: Allensbacher Archiv, IfD-Umfrage Nr. 12038*

In Ostdeutschland geraten die Begriffsassoziationen – wie zu erwarten – noch negativer: Im Durchschnitt entfallen dort auf negative Begriffe 83 Prozent, auf positive nur 56 Prozent. Doch andererseits sieht man bei manchen Begriffen, dass Ostdeutsche – vermutlich aufgrund eigener Erfahrungen oder Erzählungen der Eltern – den Kapitalismus positiver sehen als Westdeutsche. So sagen 88 Prozent der Ostdeutschen, Kapitalismus stehe für »großes Warenangebot«, was nur 73 der Westdeutschen angeben. Viele Ostdeutsche erinnern sich vermutlich noch an leere Regale und Schlange stehen oder an lange Wartezeiten für Autos. 55 Prozent der Ostdeutschen verbinden Kapitalismus mit Innovation, aber nur 43 Prozent der Westdeutschen. Auf der anderen Seite werden aber Begriffe wie »Gier«, »Leistungsdruck« und vor allem »Kälte« von Ostdeutschen viel häufiger mit dem Kapitalismus in Verbindung gebracht (Grafik 7).

Assoziationstest »Kapitalismus« – Durchschnittswerte in West- und Ostdeutschland

Frage: »Wenn Sie jetzt einmal an das Wort ›Kapitalismus‹ denken – es kann einem ja dazu alles Mögliche einfallen. Darf ich Ihnen mal einiges vorlesen? Sie sagen mir dann bitte, ob Sie bei ›Kapitalismus‹ daran denken.«

Angaben in Prozent

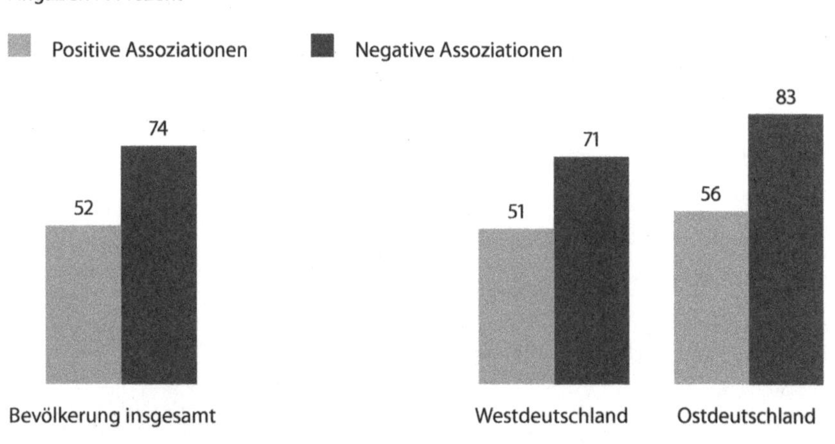

Grafik 7 – *Quelle: Allensbacher Archiv, IfD-Umfrage Nr. 12038*

Und welche Rolle spielt das Einkommen? Man sieht hier große Unterschiede, die aber in unterschiedliche Richtungen gehen. Der negative Begriff »Leistungsdruck« wird von Geringverdienern seltener genannt als von denen, die mittelmäßig und sehr gut verdienen. Vermutlich liegt das daran, dass in der Gruppe der Geringverdiener viele noch in der Ausbildung sind oder Hartz IV empfangen, sodass sie mit Leistungsdruck weniger konfrontiert werden als Berufstätige.

Andererseits verbinden Besserverdiener verständlicherweise sehr viel häufiger Kapitalismus mit »Wohlstand« als Geringverdiener. »Das Sein bestimmt das Bewusstsein«, wie Marx sagte. Auch Begriffe wie Fortschritt und Innovation werden von Besserverdienern deutlich häufiger mit dem Kapitalismus verbunden als von Geringverdienern (Grafik 9).

Deutschland: Assoziationstest »Kapitalismus« – Durchschnittswerte in den Einkommensgruppen

Frage: »Wenn Sie jetzt einmal an das Wort ›Kapitalismus‹ denken – es kann einem ja dazu alles Mögliche einfallen. Darf ich Ihnen mal einiges vorlesen? Sie sagen mir dann bitte, ob Sie bei ›Kapitalismus‹ daran denken.«

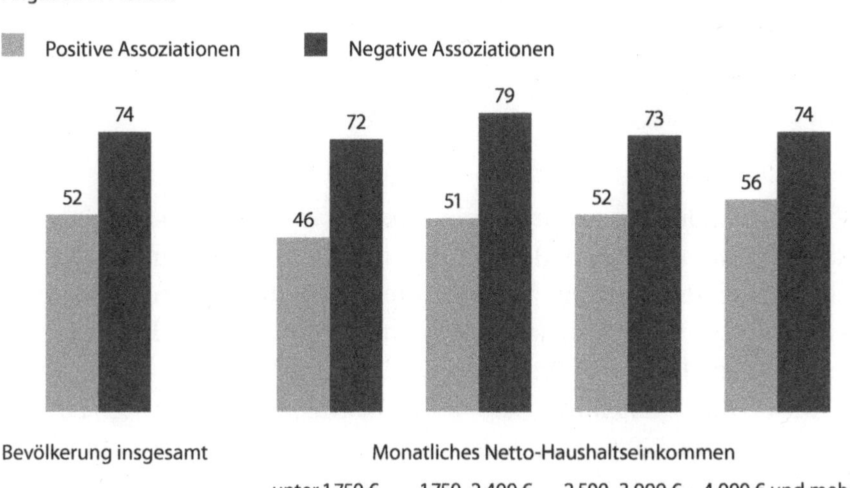

Grafik 8 – *Quelle: Allensbacher Archiv, IfD-Umfrage Nr. 12038*

Deutschland: Assoziationen »Leistungsdruck« und »Wohlstand« – Einkommensgruppen

Frage: »Wenn Sie jetzt einmal an das Wort ›Kapitalismus‹ denken – es kann einem ja dazu alles Mögliche einfallen. Darf ich Ihnen mal einiges vorlesen? Sie sagen mir dann bitte, ob Sie bei ›Kapitalismus‹ daran denken.«

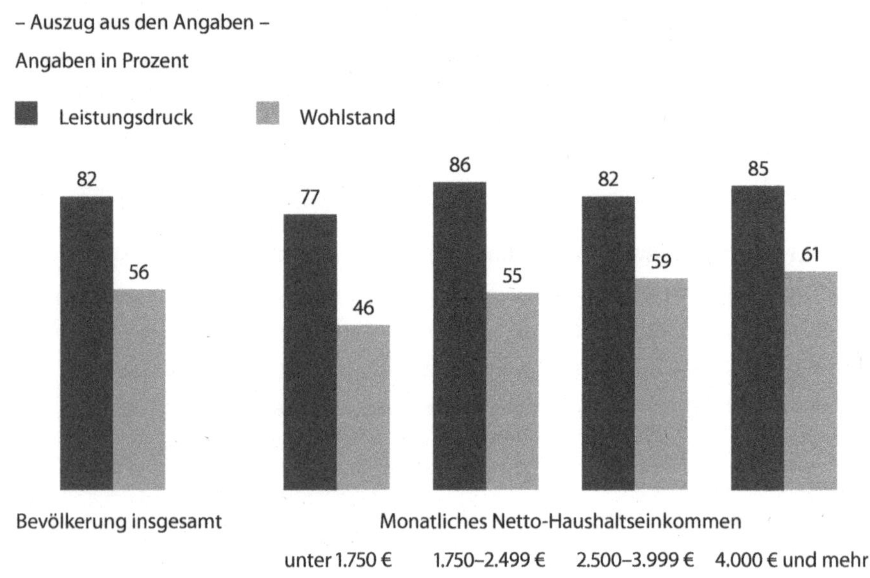

Grafik 9 – *Quelle: Allensbacher Archiv, IfD-Umfrage Nr. 12038*

Wie nicht anders zu erwarten, sind die negativen Assoziationen zum Kapitalismus im linken Bereich am stärksten. Teilt man die durchschnittliche Prozentzahl positiver durch die durchschnittliche Prozentzahl negativer Assoziationen, dann ergibt sich für Befragte mit linker Einstellung ein Wert von 0,55 (je niedriger die Zahl, desto negativer die Einstellung zum Kapitalismus). Bei gemäßigt Linken beträgt der Wert 0,64 und bei Personen, die sich in der politischen Mitte einordnen, 0,75. Die am wenigsten negative Einstellung zum Kapitalismus sehen wir auch bei dieser Frage bei Personen, die sich als gemäßigt rechts einordnen: Hier beträgt der Wert 0,80. Bei denen, die noch weiter rechts stehen, wird die Sicht wieder etwas negativer (0,69) (Grafik 11).

Deutschland: Assoziationstest »Kapitalismus« – Durchschnittswerte nach politischer Orientierung

Frage: »Wenn Sie jetzt einmal an das Wort ›Kapitalismus‹ denken – es kann einem ja dazu alles Mögliche einfallen. Darf ich Ihnen mal einiges vorlesen? Sie sagen mir dann bitte, ob Sie bei ›Kapitalismus‹ daran denken.«

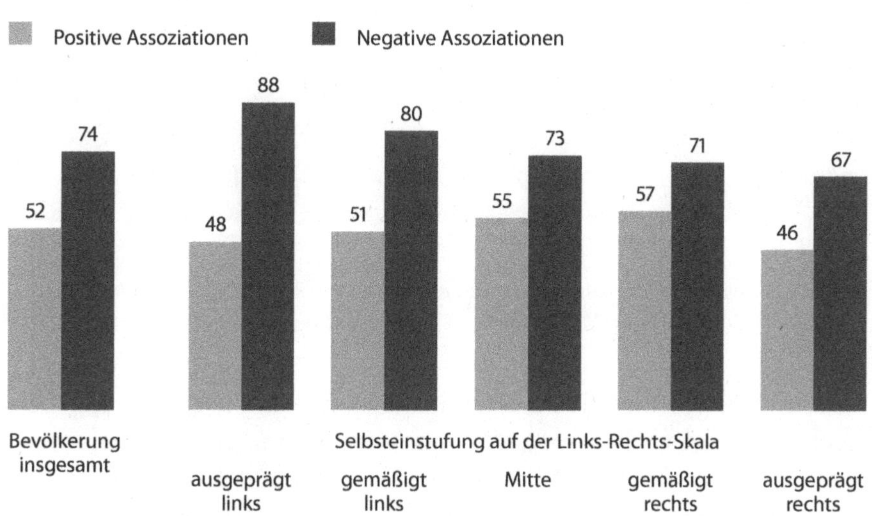

Grafik 10 – *Quelle: Allensbacher Archiv, IfD-Umfrage Nr. 12038*

Deutschland: Assoziations-Koeffizient – Analyse nach politischer Orientierung

Frage: »Wenn Sie jetzt einmal an das Wort ›Kapitalismus‹ denken – es kann einem ja dazu alles Mögliche einfallen. Darf ich Ihnen mal einiges vorlesen? Sie sagen mir dann bitte, ob Sie bei ›Kapitalismus‹ daran denken.«

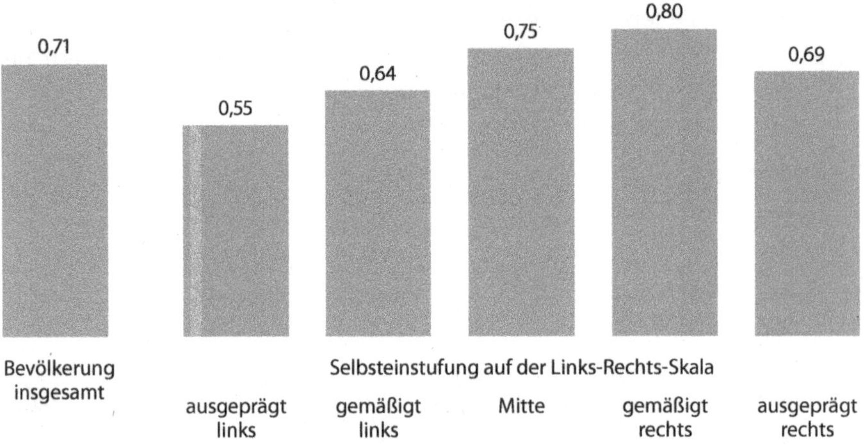

Grafik 11 – *Lesehilfe: Je kleiner die Zahl, desto ausgeprägter die antikapitalistische Einstellung*
Quelle: Allensbacher Archiv, IfD-Umfrage Nr. 12038

Gemäßigt rechts und linksaußen sind also die Antipoden, wie sich beispielsweise am Freiheitsbegriff zeigt: Nur 20 Prozent der Deutschen, die sich als dezidiert links bezeichnen, verbinden Kapitalismus mit »Freiheit«, aber bei den Personen, die sich als »gemäßigt rechts« bezeichnen, sind es 41 Prozent. Und jene, die ganz rechts stehen, sind hier nahe bei den ganz Linken, weil auch von den dezidiert Rechten nur 23 Prozent Kapitalismus mit Freiheit verbinden (Grafik 12).

Deutschland: Assoziation »Freiheit«
Frage: »Wenn Sie jetzt einmal an das Wort ›Kapitalismus‹ denken – es kann einem ja dazu alles Mögliche einfallen. Darf ich Ihnen mal einiges vorlesen? Sie sagen mir dann bitte, ob Sie bei ›Kapitalismus‹ daran denken.«
Antwort: *»Daran denke ich beim Stichwort ›Kapitalismus‹: ›Freiheit‹.«*

Angaben in Prozent

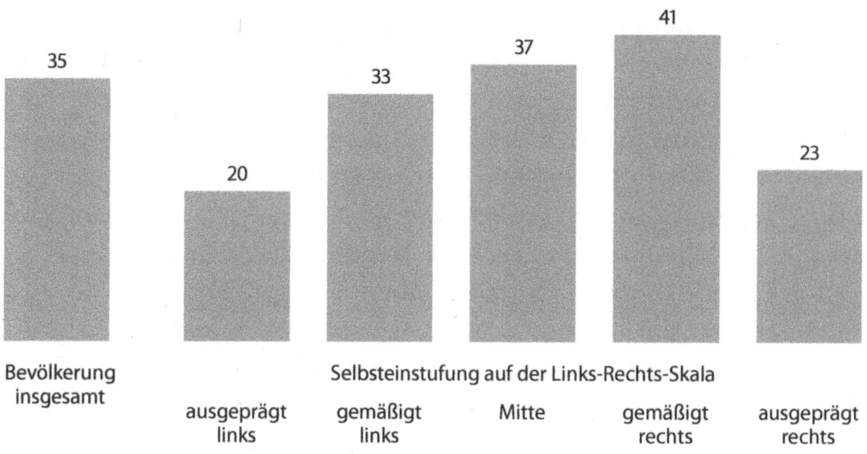

Grafik 12 – *Quelle: Allensbacher Archiv, IfD-Umfrage Nr. 12038*

Positive und negative Aussagen zum Kapitalismus

Allen Befragten wurden 18 Aussagen zum Kapitalismus vorgelegt, davon waren 10 negativ und 8 positiv. Ganz klar überwiegt die Zustimmung zu negativen Aussagen (durchschnittlich 50 Prozent) gegenüber der Zustimmung zu positiven Aussagen zum Kapitalismus (durchschnittlich 27 Prozent). Setzt man beide ins Verhältnis, so ergibt sich ein Wert von 0,53 (alle Zahlen unter 1 sind Zeichen einer antikapitalistischen Einstellung).

Die 8 Aussagen, die die meiste Unterstützung erhielten, waren ausnahmslos negativ. Dem Kapitalismus werden Egoismus und Profitgier, steigende Ungleichheit, Beherrschung der Politik durch Reiche, Monopolbildung, Umweltzerstörung und Klimawandel, Hunger, Armut und Finanzkrisen angelastet. Der Befund ist also ganz klar: In Deutschland dominiert der Antikapitalismus in der Bevölkerung (Grafik 13).

In Kapitel 1 und 2 dieses Buches haben Sie gesehen, dass – wenn man auf objektive Zahlen schaut – der Kapitalismus großartige Leistungen bei der Reduzierung von Hunger und Armut erbracht und die Lage der einfachen Menschen in vielen Ländern verbessert hat. Kein ernstzunehmender Ökonom kann dies bestreiten – aber die geringste Zustimmung von 18 Aussagen fand die Feststellung, dass der Kapitalismus in vielen Ländern die Lage der einfachen Leute verbessert hat. Nur 15 Prozent der Deutschen stimmten dem zu (Grafik 14). Dagegen sagen dreimal so viele (45 Prozent), der Kapitalismus sei verantwortlich für Hunger und Armut in der Welt (Grafik 13).

In Kapitel 11 dieses Buches haben Sie gesehen, dass in den vergangenen 100 Jahren alle Versuche gescheitert sind, antikapitalistische Systeme zu etablieren. Aber dennoch sagen nur 37 Prozent der Deutschen, der Kapitalismus sei vielleicht nicht ideal, aber immer noch besser als alle anderen Wirtschaftssysteme (Grafik 14). Trotz Massenelend und über 100 Millionen Toten bei sozialistischen Experimenten in den vergangenen 100 Jahren sagen nur 23 Prozent der Deutschen, dass bei allen Versuchen in der Vergangenheit, den Kapitalismus durch ein anderes System zu ersetzen, Diktatur und Elend das Ergebnis waren (Grafik 14).

Deutschland: Aussagen über den Kapitalismus – negative Aussagen
Frage: »Hier auf der Liste stehen verschiedene Aussagen zum Kapitalismus. Was davon würden Sie auch sagen?« (Listenvorlage)

Grafik 13 – *Quelle: Allensbacher Archiv, IfD-Umfrage Nr. 12038*

Deutschland: Aussagen über den Kapitalismus – positive Aussagen
Frage: »Hier auf der Liste stehen verschiedene Aussagen zum Kapitalismus. Was davon würden Sie auch sagen?« (Listenvorlage)

Angaben in Prozent

Kapitalismus …

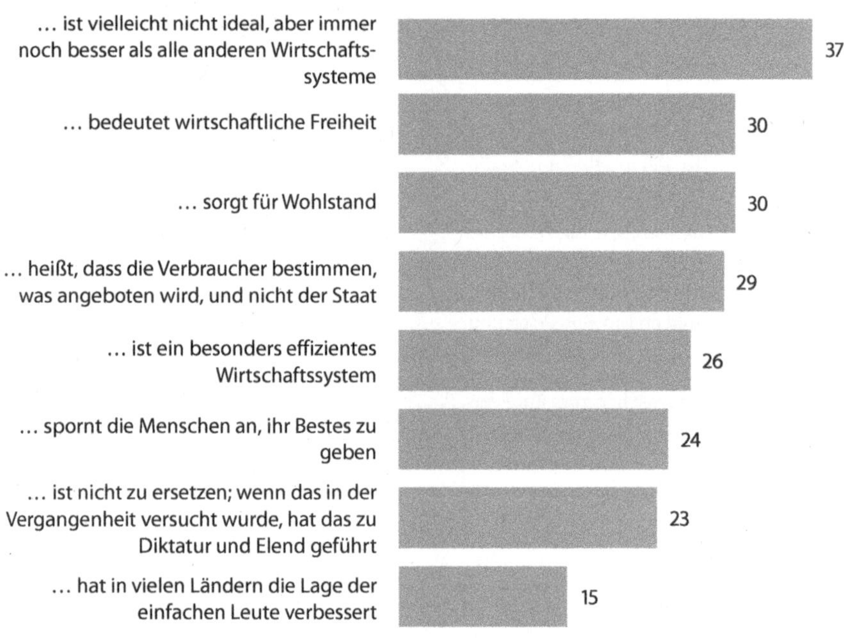

Grafik 14 – *Quelle: Allensbacher Archiv, IfD-Umfrage Nr. 12038*

Grundüberzeugungen des Marxismus-Leninismus, die in Ostdeutschland gelehrt wurden, bestimmen immer noch das Kapitalismus-Bild vieler Ostdeutscher. So sagen 48 Prozent der Ostdeutschen (aber nur 22 Prozent der Westdeutschen), dass Kapitalismus zum Krieg führt. Eigenartig ist, dass in Ostdeutschland viel mehr Menschen als in Westdeutschland den Kapitalismus für die Umweltzerstörung verantwortlich machen, obwohl (wie Sie in Kapitel 3 gesehen haben) die

Umweltzerstörung in der sozialistischen DDR sehr viel schlimmer war als im kapitalistischen Westen (Grafik 15). Übrigens, dies werden Sie im übernächsten Kapitel sehen, spielt der Kritikpunkt, Kapitalismus sei für Umweltzerstörung und Klimawandel verantwortlich, nur in drei von 14 Ländern eine wichtige Rolle – eines davon ist Deutschland.

Aussagen über den Kapitalismus – die größten Unterschiede zwischen West- und Ostdeutschland

Frage: »Hier auf der Liste stehen verschiedene Aussagen zum Kapitalismus. Was davon würden Sie auch sagen?« (Listenvorlage)

– Auszug aus den Angaben –

Angaben in Prozent

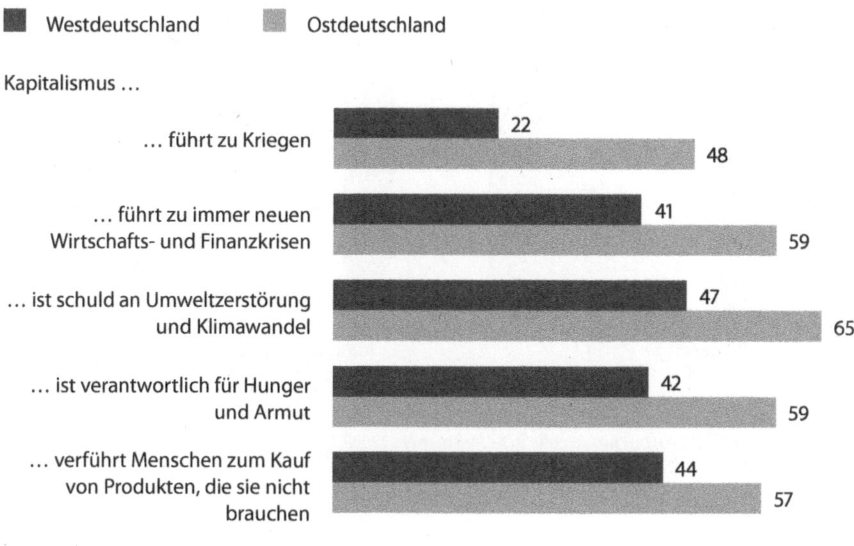

Grafik 15 – *Quelle: Allensbacher Archiv, IfD-Umfrage Nr. 12038*

Junge Deutsche unter 30 Jahren sind mit einem Wert von 0,43 (52 Prozent negative und 22 Prozent positive Aussagen) noch etwas stärker antikapitalistisch als die über 60-Jährigen mit einem Wert von 0,55 (51 Prozent negative und 28 Prozent positive Aussagen, Grafik 16, Grafik 17).

Deutschland: 18 Aussagen über den Kapitalismus – Durchschnittswerte nach Altersgruppen

Frage: »Hier auf der Liste stehen verschiedene Aussagen zum Kapitalismus. Was davon würden Sie auch sagen?« (Listenvorlage)

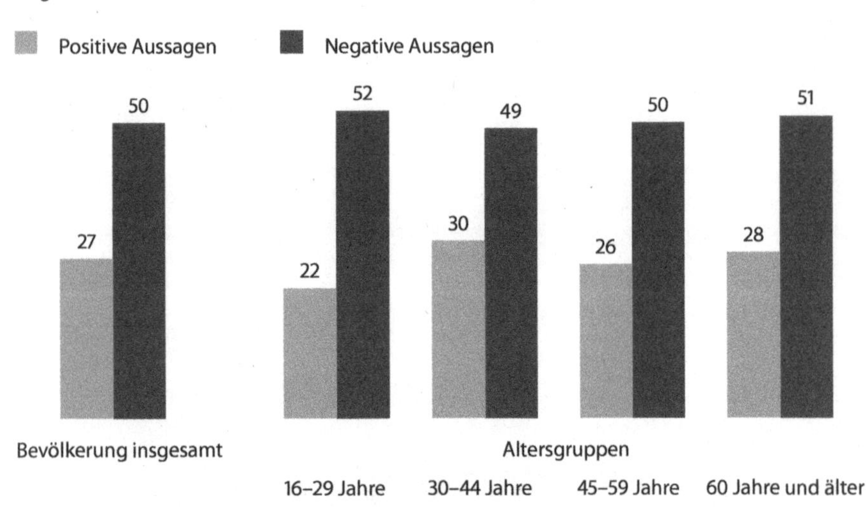

Grafik 16 – *Quelle: Allensbacher Archiv, IfD-Umfrage Nr. 12038*

Deutschland: Koeffizient zu 18 Aussagen über den Kapitalismus – Altersgruppen

Frage: »Hier auf der Liste stehen verschiedene Aussagen zum Kapitalismus. Was davon würden Sie auch sagen?« (Listenvorlage)

Angaben in Prozent

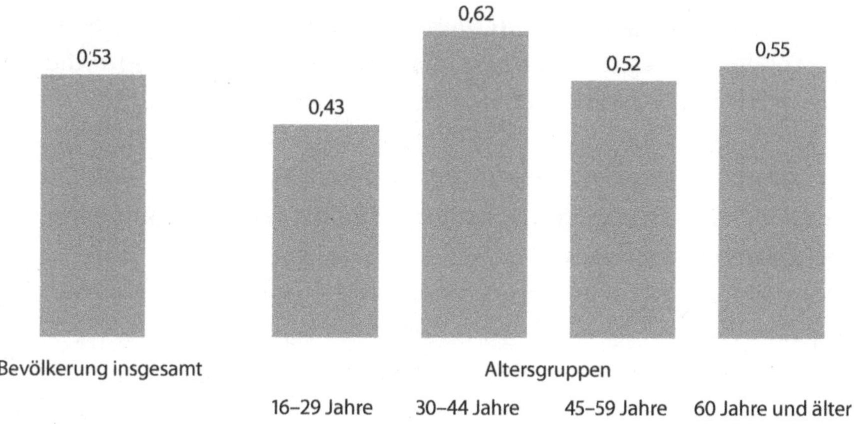

Grafik 17 – *Lesehilfe: Je kleiner die Zahl, desto ausgeprägter die antikapitalistische Einstellung*
Quelle: Allensbacher Archiv, IfD-Umfrage Nr. 12038

Bei den Einkommensgruppen verhält es sich so, wie man dies erwarten würde: Geringverdiener mit einem Haushaltsnettoeinkommen unter 1.750 Euro sind mit einem Wert von 0,41 (50 Prozent negative und 21 Prozent positive Aussagen) stärker antikapitalistisch als Gutverdiener mit einem Haushaltsnettoeinkommen ab 4.000 Euro, die einen Wert von 0,63 haben (51 Prozent negative und 32 Prozent positive Aussagen). Besonders deutliche Unterschiede gibt es bei der Aussage, der Kapitalismus sei vielleicht nicht ideal, aber immer noch besser als alle anderen Wirtschaftssysteme, der nur jeder vierte Geringverdiener, aber jeder zweite Gutverdiener zustimmt (Grafik 18, Grafik 19).

Deutschland: 18 Aussagen über den Kapitalismus – Durchschnittswerte nach Einkommensgruppen

Frage: »Hier auf der Liste stehen verschiedene Aussagen zum Kapitalismus. Was davon würden Sie auch sagen?« (Listenvorlage)

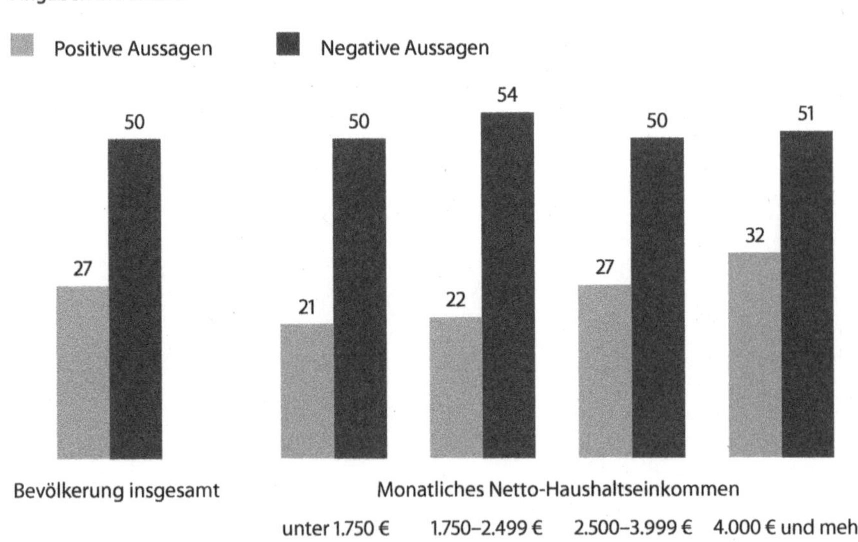

Grafik 18 – *Quelle: Allensbacher Archiv, IfD-Umfrage Nr. 12038*

Deutschland: Koeffizient auf Basis von 18 Aussagen zum Kapitalismus – Einkommensgruppen

Frage: »Hier auf der Liste stehen verschiedene Aussagen zum Kapitalismus. Was davon würden Sie auch sagen?« (Listenvorlage)

Durchschnitt der positiven Aussagen geteilt durch den Durchschnitt der negativen Aussagen

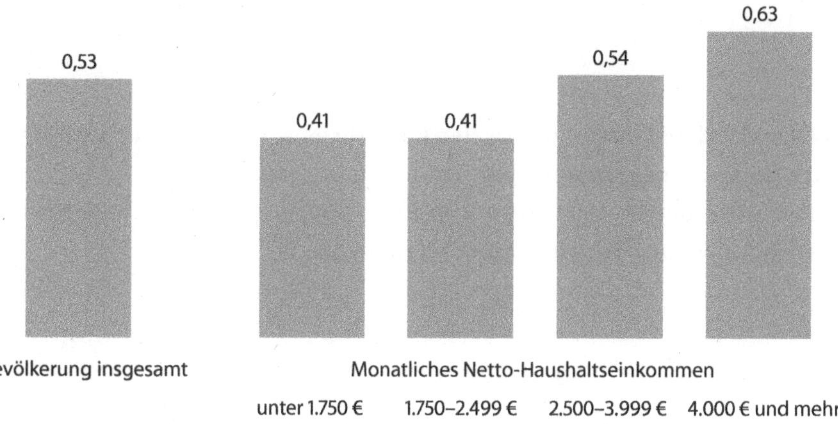

Grafik 19 – *Lesehilfe: Je kleiner die Zahl, desto ausgeprägter die antikapitalistische Einstellung*
Quelle: Allensbacher Archiv, IfD-Umfrage Nr. 12038

Und wie verhält es sich bei dieser Frage mit der Einordnung von Befragten auf dem Links-Rechts-Spektrum? Hier zeigt sich das gleiche Muster wie bei den vorangegangenen Fragen: Dezidiert linke Deutsche sind mit einem Wert von 0,19 am stärksten antikapitalistisch, gefolgt von gemäßigt Linken mit 0,38. Auch bei dieser Frage liegen Personen, die sich in der Mitte einordnen, mit 0,61 in der Nähe von dezidiert Rechten (0,67). Am geringsten antikapitalistisch sind gemäßigt Rechte mit 0,82 (Grafik 20, Grafik 21).

Deutschland: 18 Aussagen über den Kapitalismus – Durchschnittswerte nach politischer Orientierung

Frage: »Hier auf der Liste stehen verschiedene Aussagen zum Kapitalismus. Was davon würden Sie auch sagen?« (Listenvorlage)

Angaben in Prozent

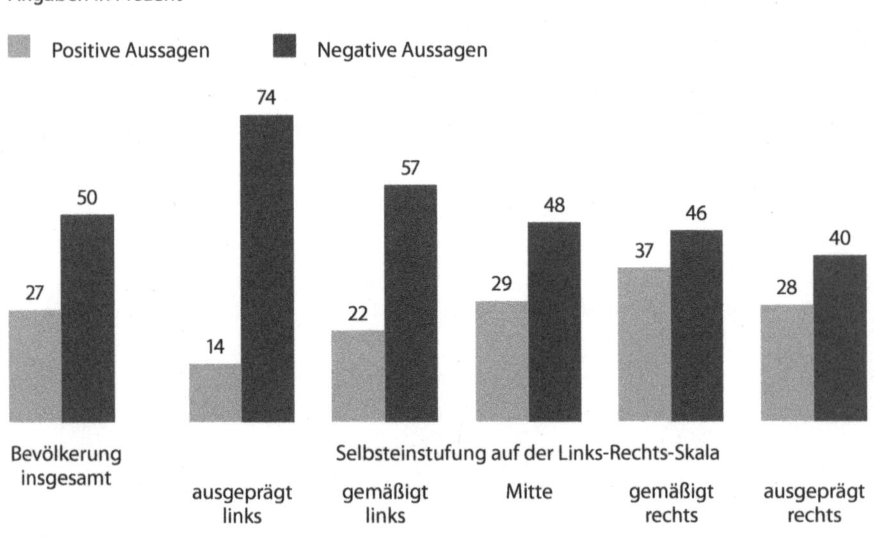

Grafik 20 – *Quelle: Allensbacher Archiv, IfD-Umfrage Nr. 12038*

Deutschland: 18 Aussagen zum Kapitalismus – Analyse nach politischer Orientierung

Frage: »Hier auf der Liste stehen verschiedene Aussagen zum Kapitalismus. Was davon würden Sie auch sagen?« (Listenvorlage)

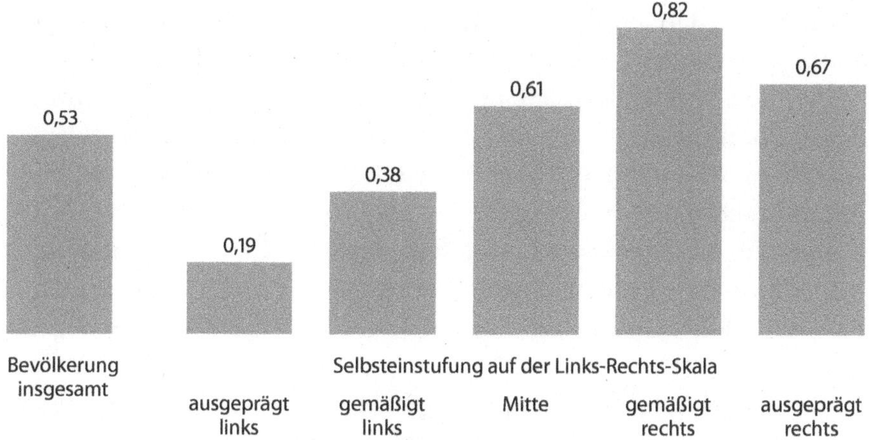

Grafik 21 – *Lesehilfe: Je kleiner die Zahl, desto ausgeprägter die antikapitalistische Einstellung*
Quelle: Allensbacher Archiv, IfD-Umfrage Nr. 12038

Parteipräferenz und Kapitalismus

Die Umfrage zeigte, dass bei Anhängern von CDU/CSU, FDP und AfD die Zustimmung zu Aussagen für wirtschaftliche Freiheit überwogen (Koeffizienten: 1,2; 1,4; 1,6), während bei Anhängern von SPD, Grünen und Linken die Zustimmung zu marktkritischen Aussagen dominierte (Koeffizienten 0,7; 0,5; 0,3).

Ähnlich verhielt es sich bei den Assoziationen zu bestimmten Begriffen, die man mit dem Kapitalismus verbindet. Hier überwogen allerdings bei Anhängern aller Parteien die negativen Assoziationen, nur mit sehr unterschiedlicher Ausprägung: Am wenigsten negativ waren die Assoziationen bei Anhängern von CDU/CSU und FDP (Koeffizienten 0,9 und 0,8), während sie bei Anhängern aller anderen Parteien – SPD, Grüne, Linke und AfD – mit jeweils 0,6 gleich negativ waren.

Bei den 18 Aussagen über den Kapitalismus war ebenfalls der Tenor bei Anhängern aller Parteien negativ, allerdings auch hier mit deutlichen Unterschieden. Am wenigsten negativ waren die Antworten bei Anhängern von FDP (0,7) sowie CDU/CSU und AfD (je 0,6). Bei der SPD lag der Wert bei 0,4 und bei Anhängern von Grünen und Linken war er mit 0,3 am negativsten.

Fasst man die Werte zu den drei Fragekomplexen zusammen und bildet den Durchschnitt, dann ergibt sich folgendes Bild: Bei den Anhängern von Union und FDP halten sich pro- und antikapitalistische Einstellungen etwa die Waage (CDU/CSU 0,96, FDP, 1,02, AfD 0,93). Bei Anhängern der SPD (0,58), der Grünen (0,47) und der Linken (0,40) dominieren eindeutig antikapitalistische Einstellungen (Grafik 22).

Deutschland: Koeffizient über die Einstellung zum Kapitalismus – Analyse nach Parteianhängerschaft

A: Durchschnitt der Aussagen zugunsten eines freiheitlichen Wirtschaftssystems durch den Durchschnitt der Aussagen zugunsten eines staatlich gesteuerten Wirtschaftssystems

B: Durchschnitt der positiven Assoziationen zum Begriff »Kapitalismus« durch den Durchschnitt der negativen Assoziationen zum Begriff »Kapitalismus«

C: Durchschnitt der positiven Aussagen über den Kapitalismus durch den Durchschnitt der negativen Aussagen über den Kapitalismus

Gesamtkoeffizient, der die Einstellung zum Kapitalismus zeigt: (A + B + C) : 3

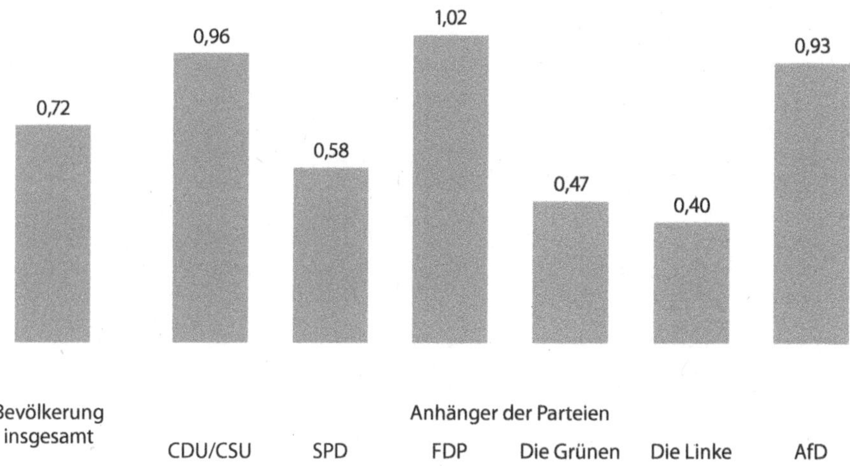

Grafik 22 – *Lesehilfe: Je kleiner die Zahl, desto ausgeprägter die antikapitalistische Einstellung*
Quelle: Allensbacher Archiv, IfD-Umfrage Nr. 12038

Geschlecht und Bildungsgrad

Frauen in Deutschland schätzen wirtschaftliche Freiheit weniger als Männer und sind eher für eine starke Rolle des Staates, als dass sie auf den Markt vertrauen (Grafik 23).

Deutschland: Koeffizient »wirtschaftliche Freiheit« – Analyse nach Geschlecht

Frage: »Hier auf der Liste steht Verschiedenes, was uns andere darüber gesagt haben, wie sie sich ein gutes Wirtschaftssystem vorstellen. Was davon würden Sie auch sagen?« (Listenvorlage)

Durchschnitt der positiven Aussagen geteilt durch den Durchschnitt der negativen Aussagen

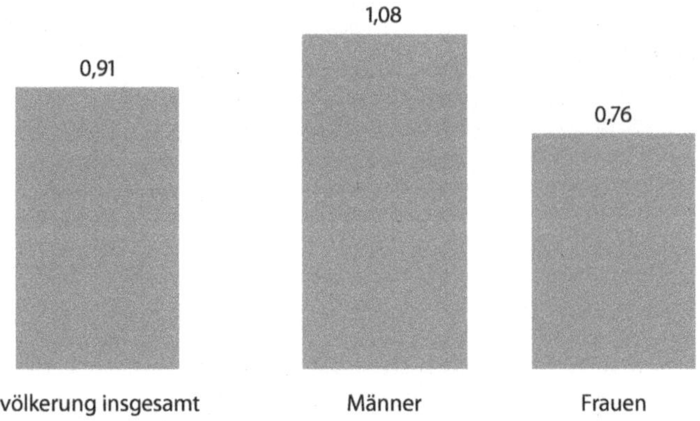

Grafik 23 – *Lesehilfe: Je kleiner die Zahl, desto ausgeprägter die antikapitalistische Einstellung*
Quelle: Allensbacher Archiv, IfD-Umfrage Nr. 12038

Analysiert man die Antworten auf den Kapitalismus-Assoziationstest sowie auf die 18 positiven und negativen Aussagen zum Kapitalismus, bestätigt sich, dass Frauen in Deutschland noch etwas deutlicher zum Antikapitalismus neigen als Männer (Grafik 24).

Gesamtkoeffizient über die Einstellung zum Kapitalismus – Analyse nach Geschlecht

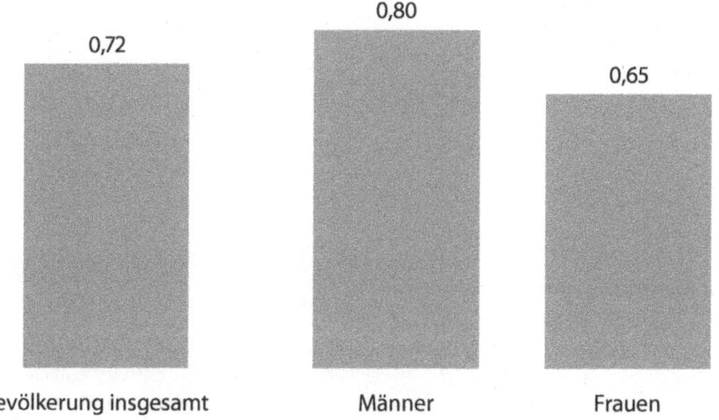

Grafik 24 – *Lesehilfe: Je kleiner die Zahl, desto ausgeprägter die antikapitalistische Einstellung*
Quelle: Allensbacher Archiv, IfD-Umfrage Nr. 12038

In Grafik 25 sehen Sie die Aussagen zum Kapitalismus, bei denen sich die Meinungen von Männern und Frauen etwas unterscheiden:

Deutschland: Aussagen über den Kapitalismus – die größten Unterschiede zwischen Männern und Frauen

Frage: »Hier auf der Liste stehen verschiedene Aussagen zum Kapitalismus. Was davon würden Sie auch sagen?« (Listenvorlage)

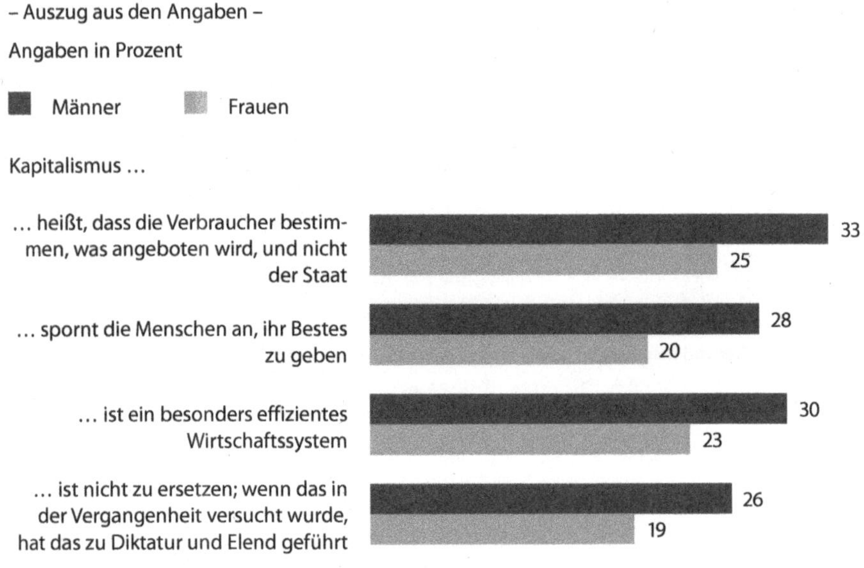

Grafik 25 – *Quelle: Allensbacher Archiv, IfD-Umfrage Nr. 12038*

Sowohl Deutsche mit Haupt- und Realabschluss als auch solche, die Abitur und studiert haben, sind eher antikapitalistisch eingestellt. Die Unterschiede sind nicht erheblich – bei besser Gebildeten ist der Antikapitalismus nur ein wenig geringer ausgeprägt als bei Deutschen mit einfacher Schulbildung (Grafik 26).

Deutschland: Gesamtkoeffizient über die Einstellung zum Kapitalismus – Analyse nach Schulbildung

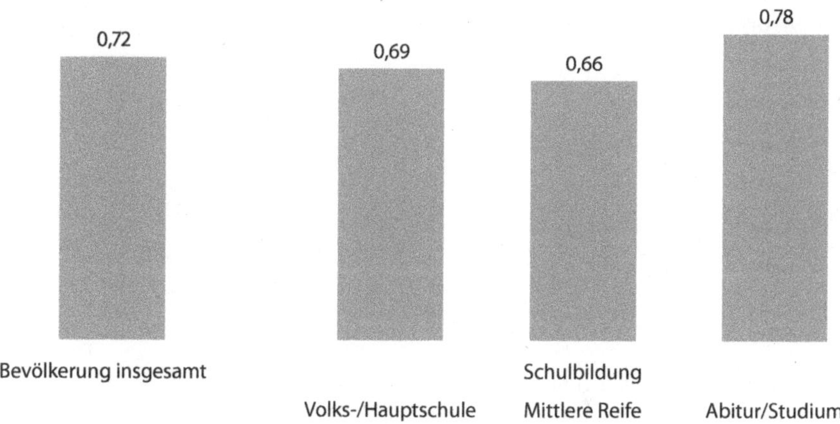

Grafik 26 – *Lesehilfe: Je kleiner die Zahl, desto ausgeprägter die antikapitalistische Einstellung*
Quelle: Allensbacher Archiv, IfD-Umfrage Nr. 12038

Wie zu erwarten, spielt das Thema »Umweltschutz und Klimawandel« für Deutsche mit höherer Bildung dabei eine wichtigere Rolle. 57 Prozent der Deutschen mit höherer Schulbildung sehen den Kapitalismus als Verursacher von Umweltzerstörung und Klimawandel – bei denen mit einfacher Schulbildung sind es 42 Prozent (Grafik 27).

Deutschland: Aussagen über den Kapitalismus – die größten Unterschiede zwischen Befragten mit einfacher und höherer Schulbildung

Frage: »Hier auf der Liste stehen verschiedene Aussagen zum Kapitalismus. Was davon würden Sie auch sagen?« (Listenvorlage)

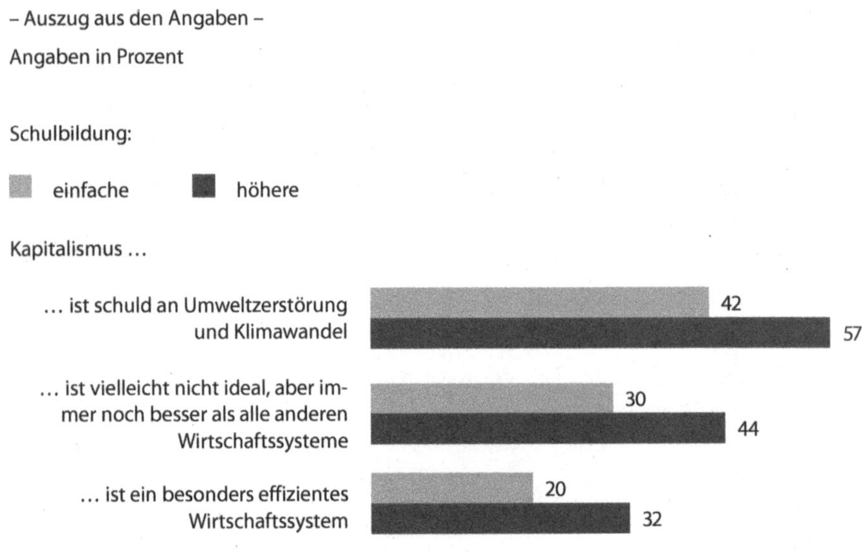

Grafik 27 – *Quelle: Allensbacher Archiv, IfD-Umfrage Nr. 12038*

Affinität zu Verschwörungstheorien

Verschwörungsgläubige sind Menschen, die dazu neigen, hinter negativen Ereignissen – wie etwa Krisen, Pandemien usw. – das planvolle Handeln mächtiger Personen oder Gruppen zu vermuten. »Eine Verschwörungserzählung«, so lautet eine Definition, »ist eine Annahme darüber, dass als mächtig wahrgenommene Einzelpersonen oder eine Gruppe von Menschen wichtige Ereignisse in der Welt beeinflussen und damit der Bevölkerung gezielt schaden, während sie diese über ihre Ziele im Dunkeln lassen.«[778]

Die Feindbilder bei rechten Verschwörungsdenkern sind Superreiche wie George Soros oder die Rothschild-Familie, die Feindbilder bei linken Verschwörungsdenkern sind Superreiche wie die amerikanischen Koch-Brüder oder anonyme »Lobbyisten«, die als Strippenzieher hinter politischen Entwicklungen gesehen werden. Oft sind die Feindbilder bei dezidiert Rechten und Linken aber auch die gleichen – wie etwa Bill Gates, der in der Corona-Krise besonders starke Feindschaft auf sich zog. In der Finanzkrise 2008 wurden »gierige Banker« und »Finanzspekulanten« als Verantwortliche identifiziert.

Die rechte Verschwörungsdenkerin Eva Hermann, ehemals Tagesschau-Sprecherin, macht für Fehlentwicklungen in der Gesellschaft »eine bestimmte Gruppe von Machtmenschen des globalen Finanzsystems« verantwortlich, »die sich die Welt aus ihrem Kapitalsammelbecken heraus untertan machen will«.[779]

Der 2016 verstorbene Soziologe Hans Jürgen Krysmanski, Professor an der Universität Münster, ist ein Beispiel für marxistisch inspiriertes Verschwörungsdenken. Er war Mitglied des Wissenschaftlichen Beirates von Attac und der Rosa Luxemburg-Stiftung, die der Partei »Die Linke« nahe steht. Im »Historisch-kritischen Wörterbuch des Marxismus« berief er sich auf andere Forscher und behauptete, grundlegend sei heute der »Gegensatz zwischen einer superreichen Geldelite und dem Rest der Welt«. Diese Superreichen verkörperten den »Globalzusammenhang, indem sie mit Hilfe von Mikronetzwerken oder ›Beziehungsmodulen‹ den ›global space of flows‹« beherrschten.[780]

Die Sozialpsychologen Roland Imhoff und Martin Bruder haben in einer groß angelegten, empirischen Untersuchung herausgefunden: »Verschwörungsmentalität kann als eine verallgemeinerte politische Einstellung verstanden werden, die sich von etablierten politischen Einstellungen wie Rechtsautoritarismus und sozialer Dominanzorientierung unterscheidet.«[781]

Verschwörungsgläubige haben starke Ressentiments gegen gesellschaftliche Gruppen, die mächtig sind oder von ihnen als mächtig wahrgenommen werden. Die Analyse der Wissenschaftler zeigte eine klare Korrelation zwischen Verschwörungsdenken und Aussagen wie:

- »Multinationale Konzerne sind schuld an den meisten Problemen der Welt.«
- »Allen auf der Welt würde es besser gehen, wenn es weniger internationale Finanzspekulanten gäbe.«
- »Firmenmanager haben vor lauter Geldgier alle moralischen Werte vergessen.«[782]

Verschwörungsdenken steht, wie man an diesen Aussagen sieht, in enger Beziehung zum Sündenbock-Denken. In einer internationalen Studie in 11 Ländern, die ich im Rahmen des Projektes »Die Gesellschaft und ihre Reichen« durchgeführt habe, zeigte sich deutlich: Personen, die stark zum Sozialneid neigen, stimmen viel häufiger als solche, die nicht zum Sozialneid neigen, der Aussage zu: »Superreiche, die immer mehr Macht wollen, sind schuld an vielen Problemen auf der Welt, z. B. an Finanzkrisen oder humanitären Krisen.«[783]

Die für dieses Buch durchgeführte Befragung zum Kapitalismus belegt: Befragte mit ausgeprägt antikapitalistischer Weltanschauung neigen stärker als Prokapitalisten zu Verschwörungstheorien. 43 Prozent der dezidierten Antikapitalisten stimmen der Aussage zu, dass die Politiker in Wahrheit gar nichts entscheiden, sondern Marionetten von mächtigen Kräften im Hintergrund sind. Von den Befragten mit einer ausgeprägt prokapitalistischen Weltanschauung sagen das nur 20 Prozent (Grafik 28). Auch die Aussage, man könne vieles in der

Politik nur dann richtig verstehen, wenn man weiß, dass ein »großer Plan dahintersteht, den jedoch die meisten Menschen nicht kennen«, wird von 41 Prozent der Deutschen mit dezidiert antikapitalistischer Einstellung geteilt, aber nur von 29 Prozent der Deutschen mit einer ausgeprägt prokapitalistischen Einstellung (Grafik 29).

Deutschland: »Politiker entscheiden gar nichts«

Frage: »Neulich sagte jemand: ›Die Politiker entscheiden in Wahrheit gar nichts. Sie sind Marionetten von mächtigen Kräften im Hintergrund.‹ Sehen Sie das auch so, oder sehen Sie das nicht so?«

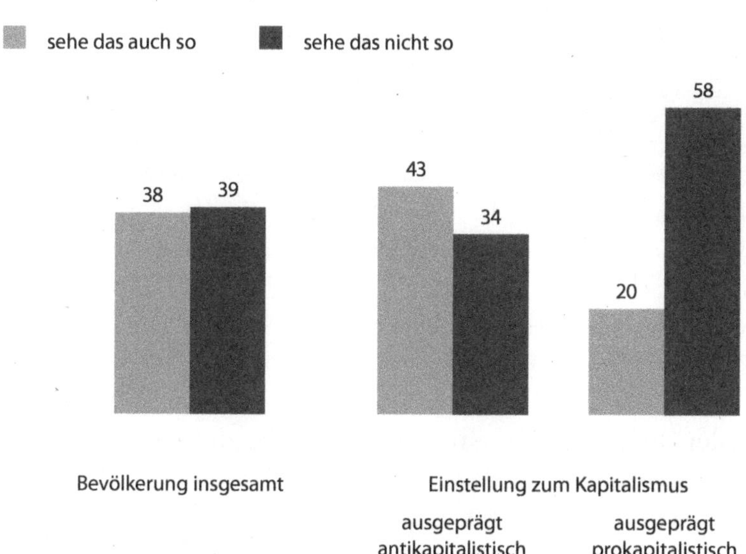

Grafik 28 – *An 100 fehlende Prozent: Unentschieden*
Quelle: Allensbacher Archiv, IfD-Umfrage Nr. 12038

Deutschland: »Ein großer Plan steckt dahinter«

Frage: »Wie stehen Sie zu der Aussage: ›Vieles in der Politik kann man nur dann richtig verstehen, wenn man weiß, dass ein größerer Plan dahintersteckt, den jedoch die meisten Menschen nicht kennen.‹ Sehen Sie das auch so, oder sehen Sie das nicht so?«

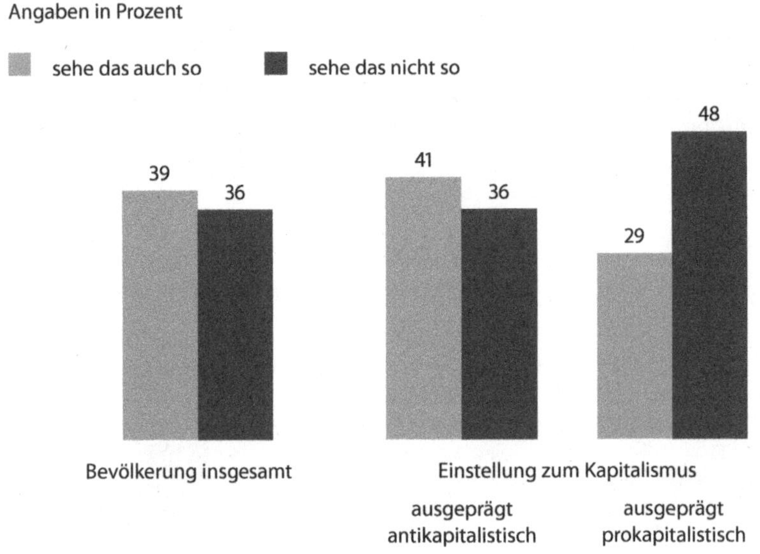

Grafik 29 – *An 100 fehlende Prozent: Unentschieden*
Quelle: Allensbacher Archiv, IfD-Umfrage Nr. 12038

86 Prozent der Deutschen, die eine starke Neigung zu Verschwörungstheorien haben, verbinden den Begriff »Kapitalismus« mit Korruption; bei den Deutschen, die Verschwörungstheorien ablehnen, sind es 73 Prozent. 71 Prozent der Verschwörungstheoretiker verbinden Kapitalismus mit »Kälte«, bei den Deutschen, die nicht zu Verschwörungsdenken neigen, sind es 51 Prozent. Und nur 27 Prozent der Verschwörungsanhänger verbinden den Begriff »Kapitalismus« mit »Freiheit«, während es bei denen, die keine Affinität zu Verschwörungserzählungen haben, immerhin 38 Prozent sind.

Deutsche mit Affinität zu Verschwörungsdenken glauben zudem stärker (75 Prozent), dass die Reichen im Kapitalismus die Politik bestimmen – von denen, die nicht an Verschwörungstheorien glauben, sagen dies 60 Prozent. 33 bzw. 50 Prozent der Verschwörungsdenker glauben, Kapitalismus führe zu Krieg bzw. Hunger und Armut – von den Deutschen, die nicht Verschwörungstheorien anhängen, sind es mit 22 bzw. 40 Prozent deutlich weniger.

Die durchschnittliche Zustimmung zu den beiden Verschwörungsaussagen betrug in Deutschland bei dezidierten Prokapitalisten 25 Prozent und bei dezidierten Antikapitalisten 42 Prozent, also 17 Prozentpunkte mehr. Dagegen lehnten 35 Prozent der dezidierten Antikapitalisten die beiden Verschwörungsthesen ab, bei den dezidierten Prokapitalisten in Deutschland betrug die Ablehnung dagegen 53 Prozent, also 18 Prozentpunkte mehr. Für Deutschland kann man also (wie übrigens für fast alle Länder) eindeutig konstatieren, dass Antikapitalisten (sehr viel stärker als Prokapitalisten) eine Affinität zum Verschwörungsdenken haben.

Zusammenfassung

Die vielen Zahlen können verwirren, deshalb wollen wir alles in ganz wenigen Zahlen zusammenfassen, in denen sich die drei Fragekomplexe (6 Aussagen zu wirtschaftlicher Freiheit, 10 Assoziationen zum Kapitalismus, 18 Aussagen zum Kapitalismus) verdichten.

Aussagen »pro Staat« fanden, wie gezeigt, bei 39 Prozent der Deutschen Zustimmung, Aussagen »pro Markt/wirtschaftliche Freiheit« bei 35 Prozent der Deutschen. Daraus ergibt sich ein Wert von 0,91. Zur Erinnerung: Jede Zahl unter 1 bedeutet, dass antikapitalistische Meinungen dominieren, über 1 würde bedeuten, dass prokapitalistische Meinungen dominieren.

Bei der Frage nach den Assoziationen zum Kapitalismus ergab sich: Der durchschnittliche Prozentsatz, mit dem negative Begriffe wie Gier, Korruption und Umweltzerstörung genannt werden, liegt bei 74 Prozent. Dagegen werden positive Begriffe wie Wohlstand, Fortschritt, Innovation und Freiheit nur von 52 Prozent genannt. Hier beträgt der Wert 0,71.

Bei den Antworten auf die 18 Aussagen zum Kapitalismus betrug die Zustimmung zu kritischen Aussagen 50 Prozent, zu positiven Aussagen 27 Prozent, woraus sich ein Wert von 0,53 ergibt.

Wir sehen, dass die Verwendung des Begriffes »Kapitalismus« viel ausmacht: Bei dem Fragekomplex, bei dem das Wort nicht gebraucht wurde, dominierten zwar auch die antikapitalistischen Meinungen, jedoch nur knapp (0,91). Nimmt man die Werte aus den beiden Fragekomplexen mit den Assoziationen und den 18 Aussagen zum Kapitalismus zusammen, dann beträgt der Wert 0,62 – ist also deutlich niedriger. Das heißt: Die Zustimmung zum Kapitalismus steigt um 47 Prozent (von 0,62 auf 0,91), wenn man dieses Wirtschaftssystem nur inhaltlich beschreibt und dabei das Wort »Kapitalismus« nicht verwendet.

Nimmt man die Zahlen zur wirtschaftlichen Freiheit und zu den beiden Kapitalismus-Fragen zusammen, so ergibt sich ein Wert von 0,72 (Grafik 30). Dieser Wert ist später auch maßgeblich zum Vergleich mit anderen Ländern.

Deutschland: Koeffizienten über die Einstellung zum Kapitalismus – Übersicht

Koeffizient A: Durchschnitt der Aussagen zugunsten eines freiheitlichen Wirtschaftssystems durch den Durchschnitt der Aussagen zugunsten eines staatlich gesteuerten Wirtschaftssystems (ohne Verwendung des Begriffes »Kapitalismus«)

Koeffizient B: Durchschnitt der positiven Assoziationen zum Begriff »Kapitalismus« durch den Durchschnitt der negativen Assoziationen zum Begriff »Kapitalismus«

Koeffizient C: Durchschnitt der positiven Aussagen über den Kapitalismus durch den Durchschnitt der negativen Aussagen über den Kapitalismus

Gesamtkoeffizient: (A + B + C) : 3

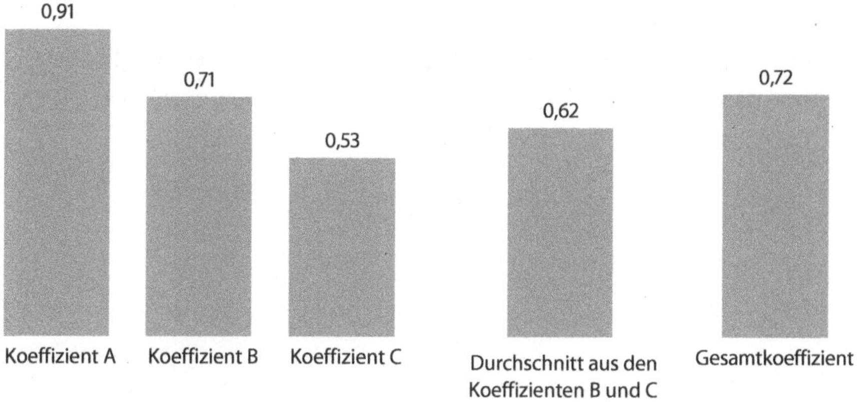

Grafik 30 – *Lesehilfe: Je kleiner die Zahl, desto ausgeprägter die antikapitalistische Einstellung*
Quelle: Allensbacher Archiv, IfD-Umfrage Nr. 12038

Bei der Frage nach der wirtschaftlichen Freiheit betrug der Wert für dezidiert Linke 0,34, für gemäßigt Linke 0,54, für Befragte, die sich in der Mitte sehen, 0,93, für gemäßigt Rechte 1,77 und für dezidiert Rechte 1,03.

Bei den Assoziationen zum Kapitalismus betrug der Wert für dezidiert Linke 0,55, für gemäßigt Linke 0,64, für Befragte, die sich in der Mitte sehen, 0,75, für gemäßigt Rechte 0,80 und für dezidiert Rechte 0,69.

Und bei den Antworten auf die 18 Fragen zeigte sich, dass dezidiert linke Deutsche mit einem Wert von 0,19 am stärksten antikapitalistisch sind, gefolgt von gemäßigt Linken mit 0,38. Auch bei dieser Frage liegen Personen, die sich in der Mitte einordnen, mit 0,61 in der Nähe von dezidiert Rechten (0,67). Am geringsten antikapitalistisch sind gemäßigt Rechte mit 0,82.

Fasst man alle drei Zahlen zusammen, dann ergibt sich folgendes Bild: Dezidiert Linke kommen auf einen Wert von 0,36, gemäßigt Linke auf einen Wert von 0,52, Befragte, die sich in der Mitte einordnen, auf einen Wert von 0,76, gemäßigt Rechte auf einen Wert von 1,13 und dezidiert Rechte auf einen Wert von 0,80 (Grafik 31).

Deutschland: Gesamtkoeffizient über die Einstellung zum Kapitalismus – Analyse nach politischer Orientierung

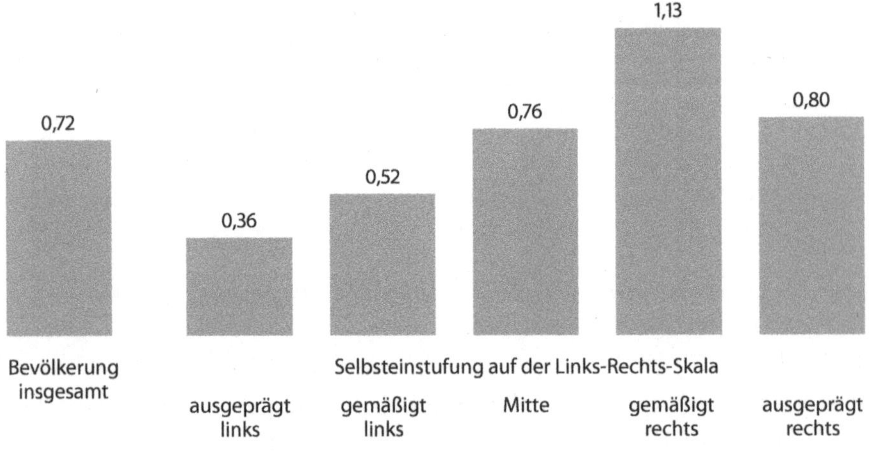

Grafik 31 – *Lesehilfe: Je kleiner die Zahl, desto ausgeprägter die antikapitalistische Einstellung*
Quelle: Allensbacher Archiv, IfD-Umfrage Nr. 12038

Die größte Zustimmung zum Kapitalismus findet sich also in Deutschland bei Befragten, die sich gemäßigt rechts einordnen. Dies ist die einzige Gruppe, in der prokapitalistische Einstellungen dominieren. Antipoden mit Blick auf die Einstellung zum Kapitalismus sind also nicht diejenigen, die sehr weit links und sehr weit rechts stehen, sondern die dezidiert Linken und die gemäßigt Linken auf der antikapitalistischen Seite und die gemäßigt Rechten auf der prokapitalistischen Seite.

Auf parteipolitischer Ebene stellt es sich wie folgt dar: Bei den Anhängern von Union, FDP und AfD halten sich pro- und antikapitalistische Einstellungen etwa die Waage, bei Anhängern der SPD, der Grünen und der Linken dominieren eindeutig antikapitalistische Einstellungen. Weniger stark sind die Unterschiede zwischen den Geschlechtern und nach Bildungsgrad. Frauen sind etwas antikapitalistischer als Männer und bei höher Gebildeten ist die antikapitalistische Einstellung etwas weniger stark ausgeprägt als bei Personen mit einfacher Schulbildung.

Eindeutig ist auch der Zusammenhang von Verschwörungsdenken und Antikapitalismus: Antikapitalisten stimmen sehr viel stärker Verschwörungsthesen zu, als dies Prokapitalisten tun. Wir werden in den nächsten Kapiteln sehen, dass dies nicht nur in Deutschland so ist, sondern in fast allen Ländern.

13. Wie Schweizer und Österreicher zum Kapitalismus stehen

In diesem Kapitel muss vieles nicht wiederholt werden, was schon im vorangegangenen Kapitel gesagt wurde. Der Grund: Für mich überraschend war, dass sich die drei deutschsprachigen Länder in der Haltung zum Kapitalismus sehr ähnlich sind. In Österreich ist der Kapitalismus-Koeffizient insgesamt sogar exakt der Gleiche wie in Deutschland: 0,72. Für die Schweiz hätte ich erwartet, dass der Kapitalismus-Koeffizient deutlich höher ist, aber dies ist nicht der Fall: Ja, er ist mit 0,83 höher als in Deutschland und Österreich, aber eben nicht so hoch, wie man vielleicht hätte erwarten können (Grafik 32).

Koeffizient über die Einstellung zum Kapitalismus in Deutschland, Österreich und der Schweiz

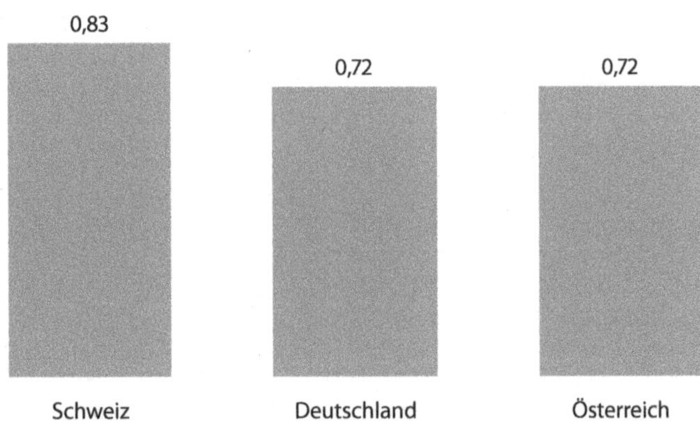

Grafik 32 – *Quelle: Allensbacher Archiv, IfD-Umfrage Nr. 12038, Ipsos MORI Umfrage Nr. 20-091774-30*

Wenn man das Wort »Kapitalismus« nicht verwendet, sondern nur inhaltlich Fragen stellt, ob der Markt oder der Staat eine größere Rolle spielen sollen, dann werden die Unterschiede ein wenig deutlicher. Der Koeffizient für die wirtschaftliche Freiheit beträgt in Österreich 0,82, in Deutschland 0,91 und in der Schweiz 1,02 (Grafik 33).

Koeffizient: Haltung zur wirtschaftlichen Freiheit in Deutschland, Österreich und der Schweiz

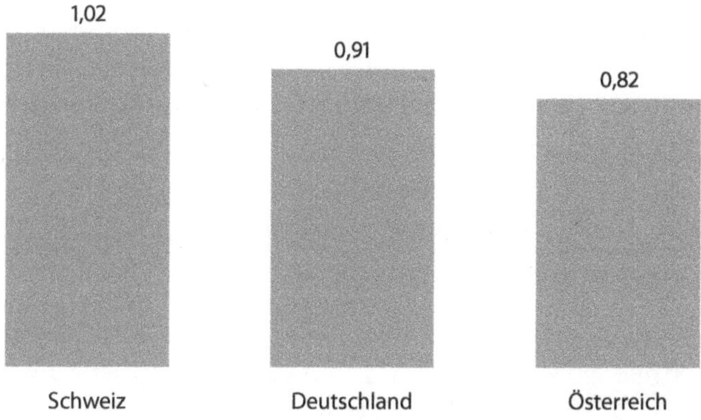

Grafik 33 – *Quelle: Allensbacher Archiv, IfD-Umfrage Nr. 12038, Ipsos MORI Umfrage Nr. 20-091774-30*

Die Schweiz ist zwar im Ranking der Heritage-Foundation auf Rang 4 deutlich besser platziert als Österreich (Rang 25) und Deutschland (Rang 29). Allerdings: Schaut man sich nicht den Rang an, sondern die Indexpunkte im Index of Economic Freedom, dann ist der Unterschied zwischen der Schweiz einerseits sowie Österreich und Deutschland andererseits gar nicht mehr so groß – insofern korrespondiert hier der objektive Befund zum Ausmaß der wirtschaftlichen Freiheit (laut Index der Heritage-Foundation) doch recht gut mit der Einstellung der Bevölkerung (laut unserer Befragung) in diesen drei Ländern (Grafik 34).

Gesamtkoeffizient über die Einstellung zum Kapitalismus und der Index of Economic Freedom im Vergleich

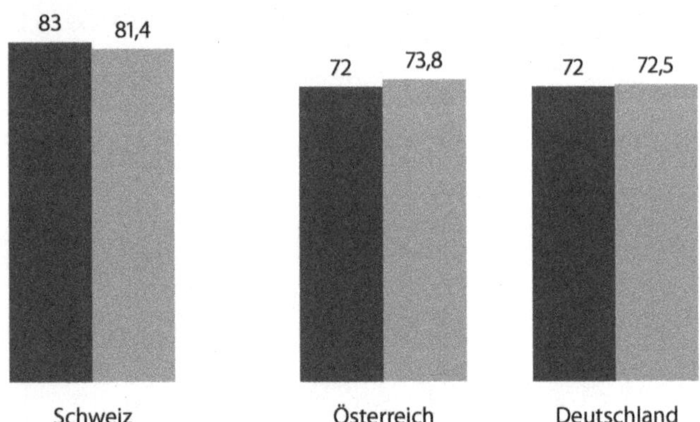

Grafik 34 – *Quelle: Allensbacher Archiv, IfD-Umfrage Nr. 12038, Ipsos MORI Umfrage Nr. 20-091774-30, Heritage Foundation*

Vergleicht man die Antworten auf die 18 Aussagen zum Kapitalismus, zeigen sich ebenfalls große Übereinstimmungen: In Deutschland sind die 8 am meisten unterstützten Aussagen zum Kapitalismus alle negativ und in Österreich und der Schweiz sind ebenfalls die ersten 9 Aussagen allesamt negativ. Erst danach folgen positive Aussagen über den Kapitalismus. Die Prozentzahlen und die Reihenfolgen der kritischen Aussagen zum Kapitalismus unterscheiden sich zwar, aber es gibt mehr Übereinstimmungen: Kritisiert wird in allen drei Ländern vor allem, dass die Reichen die Politik bestimmten, dass Kapitalismus Egoismus und Profitgier fördere, zu steigender Ungleichheit führe und zur Bildung von Monopolen. Auch Umweltverschmutzung und Klimawandel werden dem Kapitalismus angelastet.

Dagegen finden positive Aussagen zum Kapitalismus nur geringe Unterstützung: Die Aussage, dass der Kapitalismus in vielen Ländern die Lage der einfachen Leute verbessert hat, Sie erinnern sich, wurde in Deutschland von so wenigen Befragten geteilt wie keine der anderen Aussagen. In Österreich steht sie an Platz 17 von 18 Nennungen – geringer war die Zustimmung in Österreich nur noch zu der Aussage, der Kapitalismus sei ein besonders effizientes System. Auch in der Schweiz findet sich die Aussage, der Kapitalismus habe in vielen Ländern das Leben der einfachen Menschen verbessert, erst auf Rang 11 (Grafik 35–37).

Aussagen über den Kapitalismus in Deutschland

Frage: »Hier auf der Liste stehen verschiedene Aussagen zum Kapitalismus. Was davon würden Sie auch sagen?« (Listenvorlage)

Grafik 35 – *Quelle: Allensbacher Archiv, IfD-Umfrage Nr. 12038*

Aussagen über den Kapitalismus in Österreich

Frage: »Hier auf der Liste stehen verschiedene Aussagen zum Kapitalismus. Was davon würden Sie auch sagen?« (Listenvorlage)

Kapitalismus …	
… ist von den Reichen dominiert, sie bestimmen die Politik	42
… fördert Egoismus und Profitgier	41
… führt zu steigender Ungleichheit	39
… verführt Menschen zum Kauf von Produkten, die sie nicht brauchen	33
… führt zu Monopolen	31
… ist schuld an Umweltzerstörung und Klimawandel	31
… führt zu immer neuen Wirtschafts- und Finanzkrisen	27
… ist verantwortlich für Hunger und Armut	25
… führt zu Kriegen	21
… ist vielleicht nicht ideal, aber immer noch besser als alle anderen Wirtschaftssysteme	18
… sorgt für Wohlstand	18
… heißt, dass Verbraucher bestimmen, was angeboten wird, nicht der Staat	16
… bedeutet wirtschaftliche Freiheit	14
… ist nicht zu ersetzen (…)	14
… bedeutet immer auch die Gefahr des Faschismus	14
… spornt die Menschen an, ihr Bestes zu geben	13
… hat in vielen Ländern die Lage der einfachen Leute verbessert	12
… ist ein besonders effizientes Wirtschaftssystem	11

Grafik 36 – *Quelle: Ipsos MORI Umfrage Nr. 20-091774-30*

Aussagen über den Kapitalismus in der Schweiz
Frage: »Hier auf der Liste stehen verschiedene Aussagen zum Kapitalismus. Was davon würden Sie auch sagen?« (Listenvorlage)

Grafik 37 – *Quelle: Ipsos MORI Umfrage Nr. 20-091774-30*

Hat schon der vergleichsweise niedrige – und damit keineswegs prokapitalistische – Kapitalismus-Koeffizient für die Schweiz irritiert, so sind es erst recht die Antworten der Schweizer auf diese 18 Fragen zum Kapitalismus. Aus der Sicht eines Schweizers, der für den Kapitalismus eintritt, wäre ich besorgt: Änderungen der öffentlichen Meinung gehen einer Änderung der Politik und der Wirtschaftsstruktur voraus. Wenn die Schweizer Kapitalismus nicht vor allem mit wirtschaftlicher Freiheit und Effizienz verbinden, sondern mit Ungleichheit, Profitgier, Egoismus, Monopolbildung, Macht der Reichen, Umweltverschmutzung, Wirtschaftskrisen, überflüssigen Produkten – ja, sogar mit Hunger, Armut und Krieg: Was heißt das dann für die Zukunft des Kapitalismus in der Schweiz? Und wie sicher kann man sein, dass Volksentscheide in der Schweiz künftig ähnlich ausfallen wie in der Vergangenheit – und nicht ein Vehikel für antikapitalistische Populisten werden?

Zurück zum Vergleich: Wo gibt es ansonsten Unterschiede und wo Gemeinsamkeiten zwischen den drei deutschsprachigen Ländern?

Geschlecht: In allen drei Ländern sind Frauen etwas kapitalismuskritischer als Männer. Die Ähnlichkeit der Länder sieht man daran, dass die Zahlen für Deutschland und Österreich nahezu identisch sind. Auch in der Schweiz sind Frauen etwas kapitalismuskritischer als Männer (Grafik 38).

Gesamtkoeffizient über die Einstellung zum Kapitalismus in Deutschland, Österreich und der Schweiz – Männer und Frauen im Vergleich

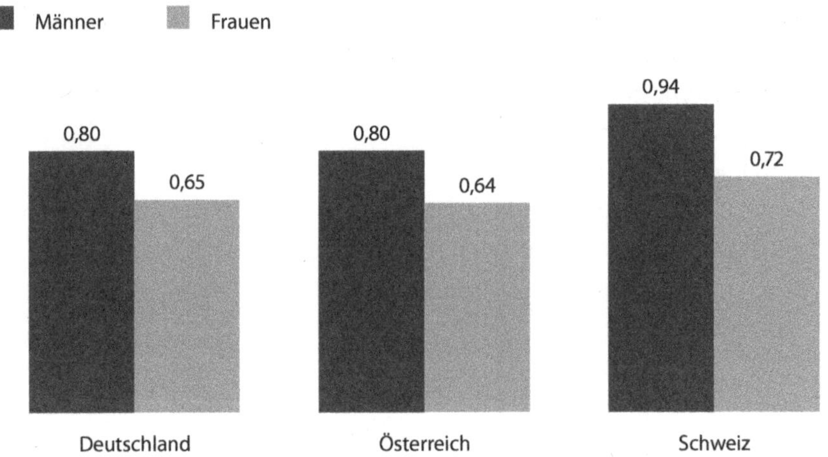

Grafik 38 – *Quelle: Allensbacher Archiv, IfD-Umfrage Nr. 12038, Ipsos MORI Umfrage Nr. 20-091774-30*

Einkommen: In allen drei Ländern sind Geringverdiener deutlich antikapitalistischer als Bestverdiener. Besonders groß sind die Unterschiede in der Schweiz, wo Geringverdiener mit einem Haushaltsnettoeinkommen bis 4.500 SFR einen Koeffizienten von 0,60 (stark antikapitalistisch) aufweisen und Bestverdiener (10.000 SFR und mehr) deutlich prokapitalistisch sind (Koeffizient 1,27). In Deutschland und Österreich sind die Unterschiede auch vorhanden, aber weniger ausgeprägt als in der Schweiz (Grafik 39).

Gesamtkoeffizient über die Einstellung zum Kapitalismus in Deutschland, Österreich und der Schweiz – Geringverdiener und Bestverdiener im Vergleich

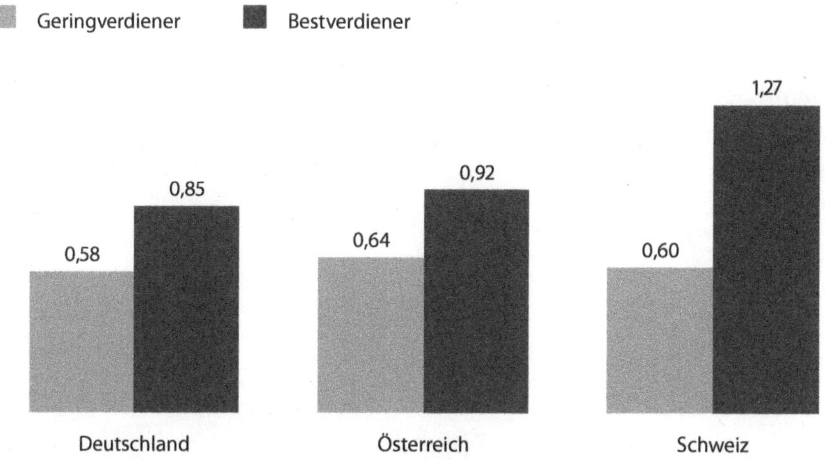

Grafik 39 – *Quelle: Allensbacher Archiv, IfD-Umfrage Nr. 12038, Ipsos MORI Umfrage Nr. 20-091774-30*

Politischer Standort: Wir haben gesehen, dass in Deutschland der Zusammenhang *nicht* gilt, »je rechter, umso prokapitalistischer«, sondern dass der Kapitalismus hier die meisten Anhänger bei den gemäßigt Rechten hat. In Österreich dagegen gibt es kaum einen Unterschied zwischen gemäßigt und dezidiert Rechten, und ganz generell sind die Unterschiede zwischen der Mitte, gemäßigt Rechten und ganz Rechten in der Haltung zum Kapitalismus in Österreich wenig ausgeprägt. In allen drei Lagern gibt es eine neutrale bis leicht antikapitalistische Gesinnung (Mitte 0,80, mäßig rechts 0,90, weit rechts 0,87). Das ist in der Schweiz ganz anders. Hier gilt: Je weiter rechts, umso eindeutiger prokapitalistisch. Die mäßig Rechten sind mit 1,22 in der Schweiz schon ganz klar prokapitalistisch, aber die dezidiert Rechten sind mit 1,38 noch etwas stärker prokapitalistisch (Grafik 40).

Gesamtkoeffizient über die Einstellung zum Kapitalismus in Deutschland, Österreich und der Schweiz – Analyse nach Orientierung auf der Links-Rechts-Skala

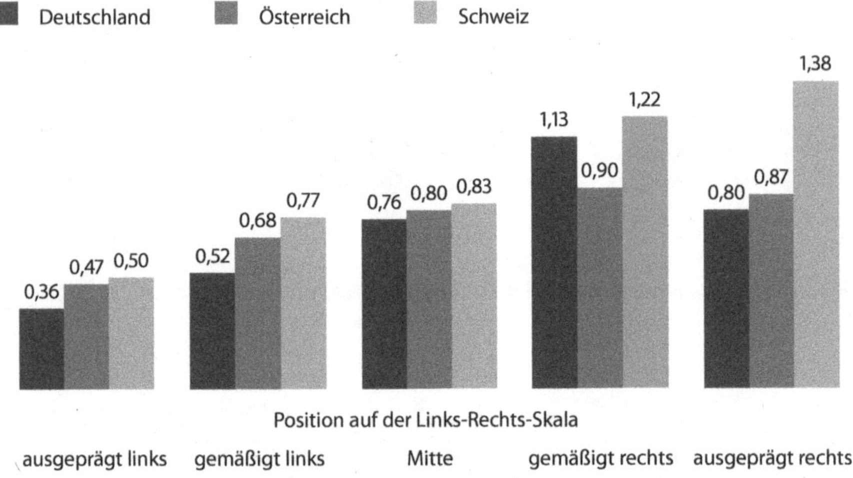

Grafik 40 – *Quelle: Allensbacher Archiv, IfD-Umfrage Nr. 12038, Ipsos MORI Umfrage Nr. 20-091774-30*

Alter: In Deutschland ist das Bild uneinheitlich: Hier sind die Jungen (unter 30 Jahren) mit 0,58 am antikapitalistischsten, aber schon die folgende Altersgruppe (30 bis 44 Jahre) ist mit 0,82 nicht mehr ganz so stark antikapitalistisch. In Österreich verläuft die Scheidelinie etwa in der Mitte der 40er-Lebensjahre: Die, die älter als 45 Jahre sind, sind etwas stärker antikapitalistisch als jene darunter. In der Schweiz dagegen spielt das Alter für die Frage, wie jemand zum Kapitalismus steht, praktisch keine Rolle (Grafik 41).

Gesamtkoeffizient über die Einstellung zum Kapitalismus in Deutschland, Österreich und der Schweiz – Altersgruppen

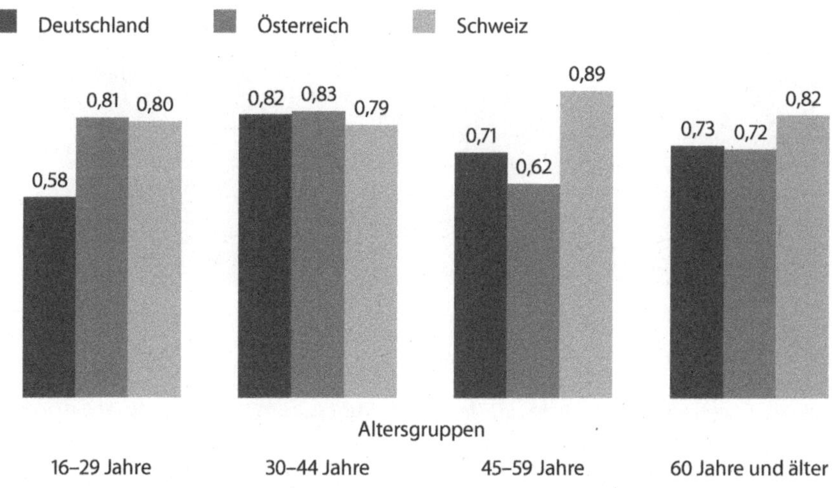

Grafik 41 – *Quelle: Allensbacher Archiv, IfD-Umfrage Nr. 12038, Ipsos MORI Umfrage Nr. 20-091774-30*

Bildung: In allen drei Ländern gilt – wie fast in allen 14 untersuchten Ländern –, dass weniger Gebildete etwas stärker antikapitalistisch sind als Personen mit höherer Bildung. In keinem der drei Länder sind die Unterschiede sehr groß, aber in der Schweiz sind sie etwas ausgeprägter als in Österreich und Deutschland (Grafik 42).

Gesamtkoeffizient über die Einstellung zum Kapitalismus in Deutschland, Österreich und der Schweiz – Analyse nach Schulbildung

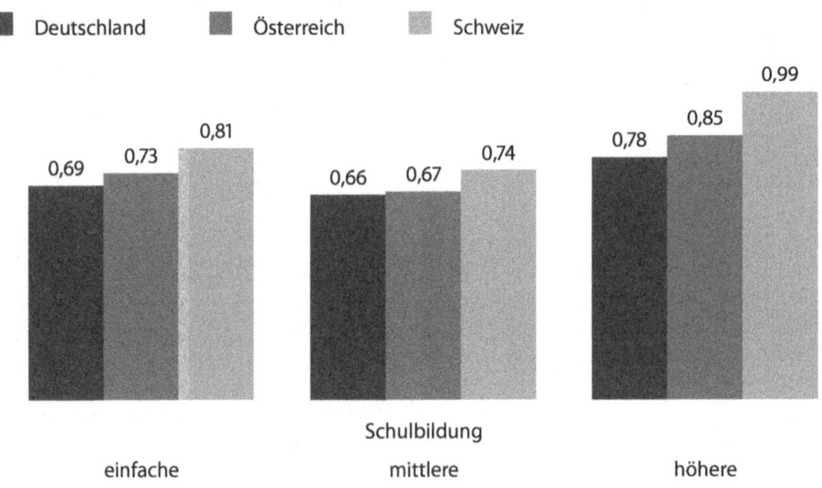

Grafik 42 – *Quelle: Allensbacher Archiv, IfD-Umfrage Nr. 12038, Ipsos MORI Umfrage Nr. 20-091774-30*

In Deutschland hatten wir gesehen, dass Antikapitalisten stärker zum Verschwörungsdenken neigen als Prokapitalisten. Das ist auch in Österreich so, wo 57 Prozent der dezidierten Antikapitalisten Verschwörungsthesen zustimmen und 20 Prozent widersprechen. Zwar stimmen auch von den ausgeprägten Prokapitalisten 54 Prozent Verschwörungsthesen zu, aber hier widersprechen 35 Prozent.

In der Schweiz ist der Zusammenhang zwischen Verschwörungsdenken und Antikapitalismus sogar noch ausgeprägter: 53 Prozent der dezidierten Antikapitalisten neigen zum Verschwörungsdenken, nur 23 Prozent von ihnen widersprechen. Dagegen neigen 34 Prozent der dezidierten Prokapitalisten in der Schweiz zum Verschwörungsdenken, aber 48 Prozent widersprechen.

Alles in allem: Die Gemeinsamkeiten zwischen den drei deutschsprachigen Ländern überwiegen, und dies wird deutlich, wenn man sie nun mit anderen Ländern in Europa, Amerika und Asien vergleicht.

14. So sehen die Menschen in Asien, Europa und den USA den Kapitalismus

In diesem Kapitel präsentiere ich die Auswertung der Befragung in 14 Ländern zum Thema Kapitalismus. Die Befragung wurde von mir in Zusammenarbeit mit dem Allensbach Institut in Deutschland konzipiert und von Ipsos MORI weltweit durchgeführt. Die Befragungen fanden im Zeitraum zwischen Juli und September 2021 in folgenden Ländern statt:

- Brasilien
- Chile
- Deutschland
- Frankreich
- Großbritannien
- Italien
- Japan
- Österreich
- Polen
- Schweden
- Schweiz
- Spanien
- Südkorea
- USA

Befragt wurden pro Land etwa 1.000 repräsentativ ausgewählte Personen, insgesamt nahmen an der Befragung 14.672 Personen teil. Das Besondere an der Befragung war nicht nur die Internationalität, sondern die Tiefe. Insgesamt gab jeder Befragte 34 Antworten zum Thema »Kapitalismus« in drei Themenkomplexen. Ziel war es, herauszufinden, wie die Menschen in verschiedenen Ländern bei Unterschieden in politischer Gesinnung, Alter, Bildung, Geschlecht und Einkommen zum Kapitalismus stehen. Zudem wurden die Fragen so gestellt, dass wir herausfinden konnten, wie viel Kapitalismuskritik dem negativen Beiklang des Wortes geschuldet ist und wie viel wirklich inhaltlich damit zusammenhängt, dass Menschen Grundprinzipien der kapitalistischen Wirtschaftsordnung ablehnen oder befürworten.

Die folgenden Darstellungen können nur beschreiben, welche Unterschiede es gibt – zwischen einzelnen Ländern, Einkommensgruppen, Altersgruppen usw. Um diese Unterschiede zu *erklären*, bedürfte es viel größerer Anstrengungen im Rahmen eines größeren Projektes. Historiker, Soziologen, Politikwissenschaftler, Ökonomen und andere Experten aus den 14 untersuchten Ländern müssten nach Erklärungen in der Geschichte, der Ökonomie und der Sozialpsychologie der Länder suchen. Zudem müssten Regressionsanalysen durchgeführt werden, um die Zusammenhänge zwischen den Variablen, die hier dargestellt werden, tiefergehend zu verstehen. Das alles würde den Rahmen dieses Überblickskapitels sprengen, aber ich hoffe, mit diesem ersten beschreibenden Überblick, in dem ich die Daten aus der Umfrage strukturiert darstelle, anderen Wissenschaftlern Anregungen zu geben, die Gründe für die Unterschiede zwischen den Ländern und innerhalb der Länder zu erforschen. Insofern ist die folgende Darstellung ein erster Schritt in der vergleichenden Forschung über die Stellung der Menschen in verschiedenen Ländern zu Themen wie wirtschaftliche Freiheit, Staatseingriffe und Kapitalismus.

14.1. *Wie wird wirtschaftliche Freiheit bewertet?*

Meine Hypothese vor Beginn der Untersuchung: Manche Menschen fühlen sich allein von dem Wort »Kapitalismus« abgestoßen, obwohl sie inhaltlich im Grunde eher prokapitalistische Ansichten teilen. Ein

Fragekomplex (»wirtschaftliche Freiheit«) in der Umfrage mied deshalb konsequent das Wort »Kapitalismus«. Es wurden den Befragten insgesamt 6 Aussagen vorgelegt, von denen 3 Aussagen wirtschaftliche Freiheit und Marktwirtschaft befürworteten und 3 für eine Beschränkung dieser Freiheit in Gestalt einer sehr viel stärkeren Rolle des Staates plädierten. Den genauen Wortlaut aller Fragen finden Sie im Anhang auf Seite 399–402.

Eine Aussage in diesem Fragekomplex »wirtschaftliche Freiheit« lautete beispielsweise: »Wir brauchen deutlich mehr staatliche Eingriffe in die Wirtschaft, da der Markt immer wieder versagt« – eine andere dagegen: »Ich bin für ein Wirtschaftssystem, in dem der Staat zwar Regeln festlegt, aber sich ansonsten möglichst zurückhält.« Für jedes Land wurde die durchschnittliche prozentuale Zustimmung zu »pro-wirtschaftliche-Freiheit«-Aussagen und die durchschnittliche Zustimmung zu »pro-Staat«-Aussagen berechnet und daraus eine Zahl ermittelt: Der Koeffizient der wirtschaftlichen Freiheit zeigt, wie die Menschen in dem betreffenden Land zur wirtschaftlichen Freiheit stehen.

Dieser Koeffizient wird Ihnen auch in diesem Kapitel immer wieder begegnen. Ein Koeffizient von genau 1,0 würde bedeuten, dass keine klare Tendenz festzustellen ist, ob die Menschen in dem Land eher marktwirtschaftlich denken oder eher eine starke Rolle des Staates in der Wirtschaft befürworten. Wir haben alle Koeffizienten, die zwischen 0,9 und 1,1 liegen, in die Gruppe der »Neutralen« eingeordnet (die Koeffizienten wurden auf eine Nachkommastelle gerundet). Zu den vier »neutralen Ländern« gehören Brasilien, die Schweiz, Großbritannien und Deutschland. Innerhalb dieser Gruppe gibt es Unterschiede: So sind die Brasilianer und die Schweizer mit einem Wert von 1,04 bzw. 1,02 etwas positiver zur wirtschaftlichen Freiheit eingestellt als die Briten (0,88).

Ein Koeffizient größer als 1,1 bedeutet, dass die Menschen klar marktwirtschaftlich orientiert sind, und ein Koeffizient kleiner als 0,9 bedeutet, dass sie stark auf staatliche Interventionen setzen. Insgesamt überwiegen in 5 Ländern ganz klar die positiven Aussagen zur wirtschaftlichen Freiheit. Spitzenreiter ist Polen mit einem Wert von 2,40, gefolgt von den USA mit 1,68. In ebenfalls insgesamt 5 Ländern setzen die Menschen eher auf staatliche Interventionen als auf wirtschaftliche Freiheit. Schlusslichter sind hierbei Frankreich und Spanien (Grafik 43).

Einstellung zur wirtschaftlichen Freiheit in 14 Ländern

Durchschnitt der Aussagen zugunsten eines freiheitlichen Wirtschaftssystems geteilt durch den Durchschnitt der Aussagen zugunsten eines staatlich gesteuerten Wirtschaftssystems (ohne Verwendung des Begriffs »Kapitalismus«)

»Neutrale« Länder

Länder, die negativ zur wirtschaftlichen Freiheit stehen

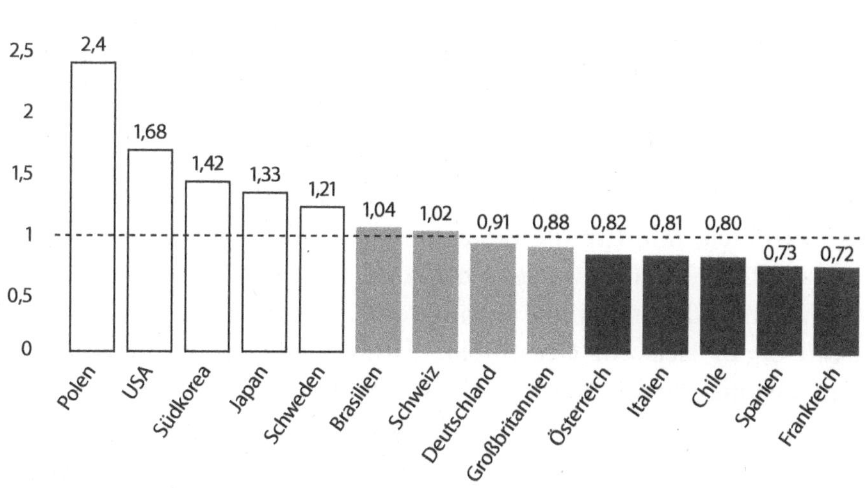

Grafik 43 – *Quelle: Allensbacher Archiv, IfD-Umfrage Nr. 12038, Ipsos MORI, Umfrage Nr. 20-091774-30*

14.2. Wie stehen die Menschen insgesamt zum Kapitalismus?

Während im Fragekomplex 1 der Begriff »Kapitalismus« bewusst kein einziges Mal verwendet wurde, wurde er in den zwei anderen Fragekomplexen explizit genannt. In Fragenkomplex 2, einem Assoziationstest, wollten wir erfahren, welche Assoziationen die Befragten mit dem Wort »Kapitalismus« verbinden: Genannt wurden 10 Begriffe, nämlich Wohlstand, Innovation, Gier, Kälte, Fortschritt, Korruption, Freiheit, Leistungsdruck, großes Warenangebot und Umweltzerstörung. Wieder wurde der durchschnittliche Prozentwert ermittelt, mit dem die Befragten positive Merkmale (Freiheit, Wohlstand) oder negative Merkmale (Umweltzerstörung, Gier) mit dem Wort »Kapitalismus« verbinden.

In einem dritten Fragekomplex wurden jedem Befragten insgesamt 18 positive und negative Aussagen über den Kapitalismus vorgelegt. Negative Aussagen lauteten zum Beispiel: »Kapitalismus ist verantwortlich für Hunger und Armut«; »Kapitalismus führt zu steigender Ungleichheit«; »Kapitalismus verführt Menschen zum Kauf von Produkten, die sie nicht brauchen«. Positive Aussagen waren zum Beispiel: »Kapitalismus hat in vielen Ländern die Lage der einfachen Leute verbessert«; »Kapitalismus ist ein besonders effizientes Wirtschaftssystem« oder »Kapitalismus heißt, dass die Verbraucher bestimmen, was angeboten wird, und nicht der Staat«. Wieder wurde, wie bei den vorangegangenen Fragen, der durchschnittliche Prozentsatz ermittelt, mit dem die Befragten positive und negative Aussagen unterstützten, und daraus ein Koeffizient entwickelt.

Fasst man die Ergebnisse aus allen drei Fragekomplexen zusammen, dann ergibt sich ein Gesamtbild darüber, wie die Befragten zum Kapitalismus stehen. Wir haben dafür die Koeffizienten aus allen drei Fragekomplexen addiert und durch drei dividiert.

Wiederum ergeben sich 3 Gruppen von Ländern: Da der Begriff »Kapitalismus« für viele Menschen einen negativen Klang hat, verschiebt sich das Bild hier etwas gegenüber dem Fragekomplex »wirtschaftliche Freiheit« – und die Gruppe der Länder, in denen eine antikapitalistische Einstellung überwiegt, wird größer.

Insgesamt überwiegen in 4 Ländern prokapitalistische Einstellungen – Polen, USA, Korea und Japan. »Neutrale« Länder sind Schweden und Brasilien. In den meisten Ländern (8) überwiegt eine antikapitalistische Einstellung. Auch hier sind Spanien und Frankreich wieder die beiden Schlusslichter. Erstaunlicherweise kommt, wenn auch nur knapp, die Schweiz in diese Kategorie (Grafik 44).

Gesamtkoeffizient über die Einstellung zum Kapitalismus in 14 Ländern

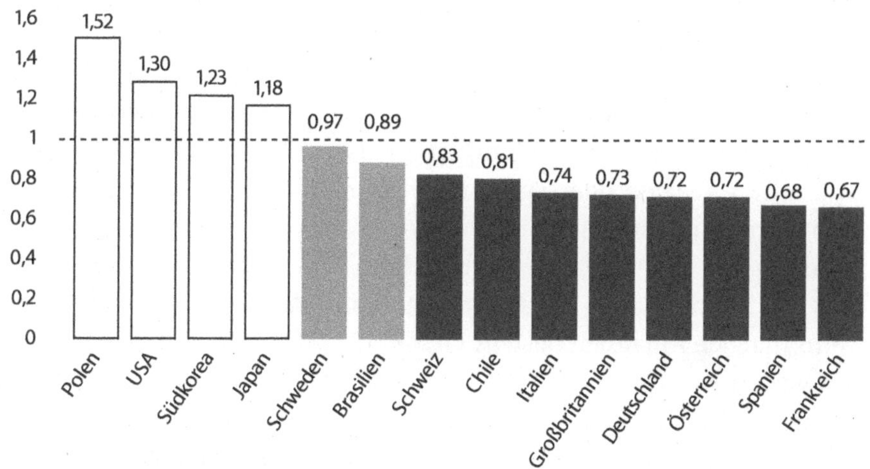

Grafik 44 – *Quelle: Allensbacher Archiv, IfD-Umfrage Nr. 12038, Ipsos MORI, Umfrage Nr. 20-091774-30*

14.3. Welchen Effekt hat die Nennung des Wortes »Kapitalismus«?

Wir sehen, dass Übereinstimmungen, aber auch Unterschiede in den Rankings und Ländergruppen existieren, die wir in den vorangegangenen Abschnitten gezeigt haben. Diese Unterschiede im Ranking »wirtschaftliche Freiheit« und im Ranking »Kapitalismus« sind vor allem damit zu erklären, dass der Begriff »Kapitalismus« in vielen Ländern eine negative Konnotation besitzt. Wie groß dieser Effekt ist, sehen wir, wenn wir die Differenz zwischen den Koeffizienten zu den beiden Fragegruppen, in denen das Wort »Kapitalismus« vorkam (Assoziationstest mit 10 Begriffen sowie Fragekomplex mit 18 Fragen) und dem Koeffizienten der 6 Fragen zur wirtschaftlichen Freiheit, in denen das Wort »Kapitalismus« nicht vorkam, bilden.

Ein Beispiel: Die Zustimmung zum Kapitalismus wächst in den USA um 51 Prozent, wenn man das Wort »Kapitalismus« bei der Formulierung der Fragestellungen weglässt. Das zeigt sich an der Differenz zwischen dem Wert für wirtschaftliche Freiheit (1,68) und dem Wert bei jenen Fragen, in denen das Wort »Kapitalismus« genannt wurde (1,11). Die Differenz beträgt hier 0,57 Punkte, was bedeutet, dass die Zustimmung zur Marktwirtschaft um 51 Prozent höher ist, wenn man sie inhaltlich beschreibt, ohne das Wort »Kapitalismus« zu verwenden.

Man sieht, dass der Effekt sehr groß sein kann – wie etwa in den USA oder Deutschland –, aber auch sehr klein, wie in Frankreich, oder sogar gar nicht vorhanden, wie in Chile. Ist der Effekt groß, wie etwa in Polen, den USA und Deutschland, dann kann man sagen, dass die Menschen tendenziell eher von dem Wort abgestoßen sind als davon, was Kapitalismus inhaltlich bedeutet. Ist der Effekt klein, wie etwa in Spanien, Frankreich oder Chile, dann heißt dies, dass es weniger das Wort ist, das die Menschen stört, sondern tatsächlich das, was es inhaltlich bedeutet (Grafik 45).

Um wie viel Prozent die Zustimmung zum Kapitalismus steigt, wenn man das Wort weglässt

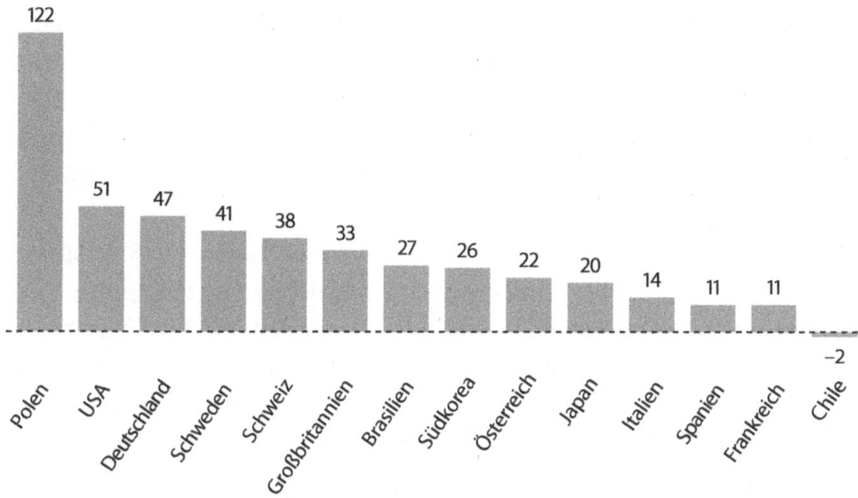

Grafik 45 – *Quelle: Allensbacher Archiv, IfD-Umfrage Nr. 12038, Ipsos MORI, Umfrage Nr. 20-091774-30*

Das bedeutet einerseits: Die Verwendung oder Nichtverwendung des Begriffs »Kapitalismus« spielt im Zusammenhang mit der Einstellung von Menschen zur Bewertung der hier abgefragten Sachverhalte eine beachtliche Rolle. Andererseits haben die Fragen zur wirtschaftlichen Freiheit jedoch verdeutlicht, dass die Ablehnung des Kapitalismus keineswegs nur dem offensichtlich unpopulären Wort geschuldet ist. Nur in 5 von 14 Ländern – in Polen, den USA, Japan, Korea und Schweden – überwiegt klar eine positive Haltung zur wirtschaftlichen Freiheit.

14.4. Welche positiven und negativen Meinungen über den Kapitalismus sind am meisten verbreitet?

Eines der wichtigsten Ziele der Befragung war es, nicht nur festzustellen, wie die Menschen in verschiedenen Ländern und soziodemographischen Gruppen zum Kapitalismus stehen – also eher kritisch oder positiv –, sondern auch herauszufinden, welche Kritikpunkte am Kapitalismus dominieren und welche positiven Punkte besonders wertgeschätzt werden.

Wir legten den Befragten in 14 Ländern eine Liste mit 18 Aussagen zum Kapitalismus vor – positiven und negativen. Im Folgenden wird dargestellt, wie oft eine der 18 Aussagen unter den Top Five war, denen die Menschen jeweils in einem Land am häufigsten zugestimmt haben.[784] Beispiel: In 10 Ländern befand sich die Aussage »Kapitalismus führt zu Monopolen« unter den 5 Aussagen mit der höchsten prozentualen Zustimmung. Im Ergebnis wird deutlich, was die Menschen ganz besonders am Kapitalismus stört – und was weniger.

In allen 14 Ländern kommt die kritische Aussage, der Kapitalismus werde von den Reichen dominiert, die die Politik bestimmen, unter die ersten 5. In der Hälfte der Länder, nämlich in den USA, in Chile, Frankreich, Schweden, Großbritannien, Polen und Österreich steht dieser Kritikpunkt sogar an erster Stelle.

Dass der Kapitalismus Ungleichheit fördert, wird in 13 von 14 Ländern unter den Top Five genannt und steht in Frankreich (mit gleich häufiger Nennung wie »Politiker bestimmen die politische Agenda«) sowie in Italien, Spanien und der Schweiz sogar auf Platz 1.

Die Kritik, der Kapitalismus fördere Egoismus und Profitgier, gelangt in 13 von 14 Ländern unter die Top Five (in Deutschland sogar an die erste Stelle).

Dagegen spielt der Vorwurf, Kapitalismus zerstöre die Umwelt und führe zum Klimawandel, nur in 3 von 14 Ländern eine wichtige Rolle, nämlich in Brasilien, wo dies 35 Prozent der Befragten sagen (Platz 5), in Chile, wo 32 Prozent zustimmen (Platz 5), und in Deutschland, wo 48 Prozent zustimmen (Platz 5) (Grafik 46).

Zahl der Länder, in denen die folgenden Aussagen unter die »Top 5« von 18 Aussagen gelangten

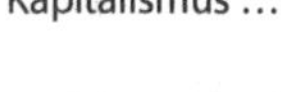

Grafik 46 – *Quelle: Allensbacher Archiv, IfD-Umfrage Nr. 12038, Ipsos MORI, Umfrage Nr. 20-091774-30*

Interessant ist, wenn man schaut, in welchen Ländern positive Aussagen über den Kapitalismus Unterstützung finden. In Japan und Korea erzielte die größte Zustimmung von den 18 Aussagen (Platz 1) die These: »Kapitalismus bedeutet wirtschaftliche Freiheit«. Dagegen gelangte diese Aussage in Deutschland nur auf Platz 10, in Brasilien, Frankreich, Spanien, Großbritannien, Italien, Österreich und der Schweiz dagegen nicht einmal unter die ersten 10 von 18 Plätzen. In den USA und Japan kam auch die Aussage, Kapitalismus sporne die Menschen an, ihr Bestes zu geben, unter die Top Five.

Die eher beschreibende Aussage, Kapitalismus bedeute wirtschaftliche Freiheit, und die eher defensive Aussage, der Kapitalismus sei vielleicht nicht ideal, aber immer noch besser als andere Wirtschaftssysteme, kamen nur auf je 3 Nennungen.

Zu denken geben sollte, dass die eigentlich unstrittige Aussage, dass der Kapitalismus in vielen Ländern die Lage der einfachen Menschen verbessert hat, in keinem einzigen Land unter die Top Five kam. Nur in 3 Ländern gelangte diese Aussage auf Platz 9 bzw. 10, in allen anderen nicht einmal unter die ersten 10. In Deutschland wurde sie sogar von so wenigen Menschen unterstützt wie keine andere der 18 Aussagen zum Kapitalismus, und in Österreich kam sie nur auf den vorletzten Platz 17. Dabei gab es in den letzten Jahrzehnten viele Beispiele – so etwa China, Korea oder Indien, aber auch Polen oder die einstige DDR –, die bestätigten, dass der Kapitalismus gerade auch die Lage einfacher Menschen verbessert hat. Bedenkt man, dass der Prozentsatz der Menschen, die in extremer Armut leben, seit Entstehung des Kapitalismus von 90 auf heute unter 10 Prozent gesunken ist, dann wird das Maß an Fehlinformationen über den Kapitalismus deutlich.

Und in keinem Land kam die Aussage, der Kapitalismus sei nicht zu ersetzen, denn wenn man das in der Vergangenheit versucht habe, habe dies stets zu Diktatur und Elend geführt, auch nur unter die Top Ten – mit der einzigen Ausnahme USA, wo der Satz immerhin Platz 10 belegte.

»Kapitalismus heißt, dass die Verbraucher bestimmen, was angeboten wird, und nicht der Staat« – dass diese Aussage nur in Polen unter die ersten 5 kam, ist sicher kein Zufall, denn in dem ehemals sozialistischen Land nehmen viele Menschen dies (anders als im Westen) nicht für selbstverständlich.

14.5. Welche Rolle spielt die politische Gesinnung?

Wir baten alle Befragten, sich auf einer Links-Rechts-Skala von 0 (sehr weit links) bis 10 (sehr weit rechts) selbst einzuordnen. Wer sich exakt in der Mitte sah, gab sich dementsprechend 5 Punkte.

Weit links: In allen Ländern gilt – nicht überraschend – der Zusammenhang, dass die Menschen, die weit links stehen (0 bis 2 auf der Skala), den Kapitalismus am stärksten ablehnen bzw. am wenigsten prokapitalistisch sind. Dennoch gibt es große Unterschiede. In Japan (0,92) und Korea (0,97), also zwei Ländern, wo die Menschen generell eher prokapitalistisch denken, sind sogar die Befragten, die sich als weit links einstufen, nicht ausgesprochen antikapitalistisch, sondern eher neutral. In Ländern, wo die Menschen insgesamt kapitalismuskritischer sind, ist die Einstellung der Befragten, die sich weit links stufen, dagegen extrem antikapitalistisch (Frankreich 0,35, Deutschland 0,36, Spanien 0,36).[785]

Gemäßigt links: Entsprechend unterschiedlich fällt die Auswertung auch für die gemäßigt Linken (3 bis 4 auf der Skala) aus. In antikapitalistischen Ländern sind auch die gemäßigt Linken scharf antikapitalistisch (Frankreich 0,51, Spanien 0,56), während in prokapitalistischen Ländern die gemäßigt Linken eher zu einer neutralen Position zum Kapitalismus neigen (Korea 0,96, Japan, 0,92, USA 0,89).

Mitte: In Ländern, in denen die Mehrheit der Bevölkerung antikapitalistisch oder neutral eingestellt ist, ist auch die Mitte tendenziell eher antikapitalistisch. Das trifft beispielsweise für Großbritannien, Deutschland, Schweden oder Frankreich zu. In den USA, Japan und Korea dagegen, wo die Bevölkerung insgesamt prokapitalistisch ist, gilt dies auch für die Mitte der Gesellschaft.

Gemäßigt und weit rechts: Menschen, die politisch rechts stehen, sehen den Kapitalismus eher positiv – dies gilt für alle Länder. Hier gibt es jedoch auch große Unterschiede: In 6 Ländern, den USA, Schweden, Chile, Südkorea, Spanien und der Schweiz, gilt der Zusammenhang: Je weiter rechts, umso stärker prokapitalistisch. Diejenigen, die sich auf der von 0 bis 10 reichenden Links-Rechts-Skala im Bereich 8 – 10 als dezidiert rechts einstufen, sind in einigen Ländern am stärksten für den Kapitalismus (USA 2,88, Schweden 2,65, Chile 2,01, Spanien 2,05, Korea 1,80). Bei den gemäßigt Rechten (die sich auf der Links-Rechts-Skala bei 6 oder 7 einstufen) in den USA, Schweden, Chile und Korea ist die Zustimmung zum Kapitalismus ebenfalls deutlich (USA 2,45, Schweden 1,78, Chile 1,46, Korea 1,43, Spanien 1,38), aber sie fällt bei den gemäßigt Rechten nicht ganz so stark aus wie bei den weit rechts Stehenden (Grafik 47).

Für die meisten (8) Länder gilt aber ein anderer Zusammenhang: In Deutschland, Frankreich, Großbritannien, Brasilien, Japan, Italien, Polen und Österreich[786] hat der Kapitalismus die höchste Zustimmung bei gemäßigt Rechten (Befragte, die sich auf der Links-Rechts-Skala bei 6 oder 7 einstufen), während bei Befragten, die noch weiter rechts (8–10) sind, die Zustimmung zum Kapitalismus wieder etwas geringer wird. Beispiel Brasilien: Bei den gemäßigt Rechten beträgt die Zustimmung zum Kapitalismus 1,58, bei den dezidiert Rechten 1,44. Beispiel Großbritannien: Bei den gemäßigt Rechten ist die Zustimmung zum Kapitalismus 1,33, bei den dezidiert Rechten 1,18. In Spanien beträgt die Zustimmung bei gemäßigt Rechten 1,19, bei dezidiert Rechten 0,97 (Grafik 48).

Länder, in denen gilt: »Je rechter, desto prokapitalistischer«
Gesamtkoeffizient über die Einstellung zum Kapitalismus

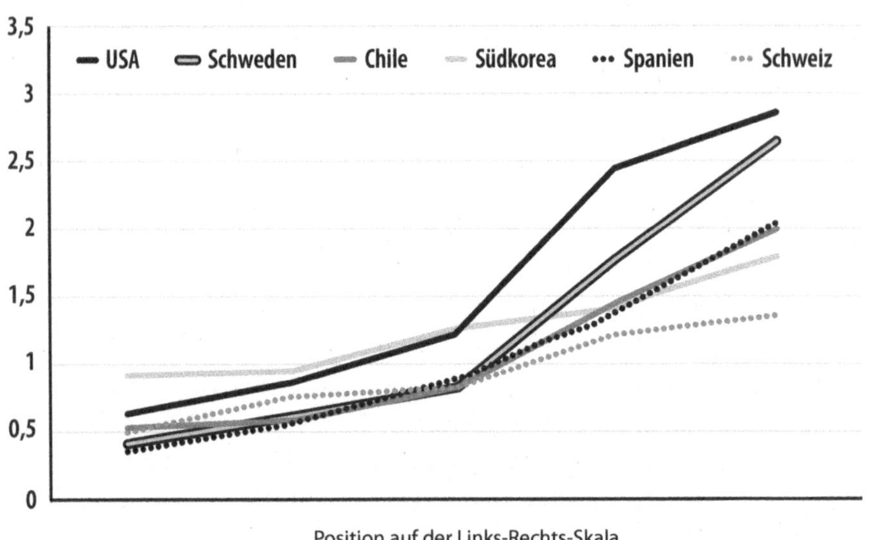

Grafik 47 – *Quelle: Ipsos MORI, Umfrage Nr. 20-091774-30*

Länder, in denen die moderat Rechten am prokapitalistischsten sind
Gesamtkoeffizient über die Einstellung zum Kapitalismus

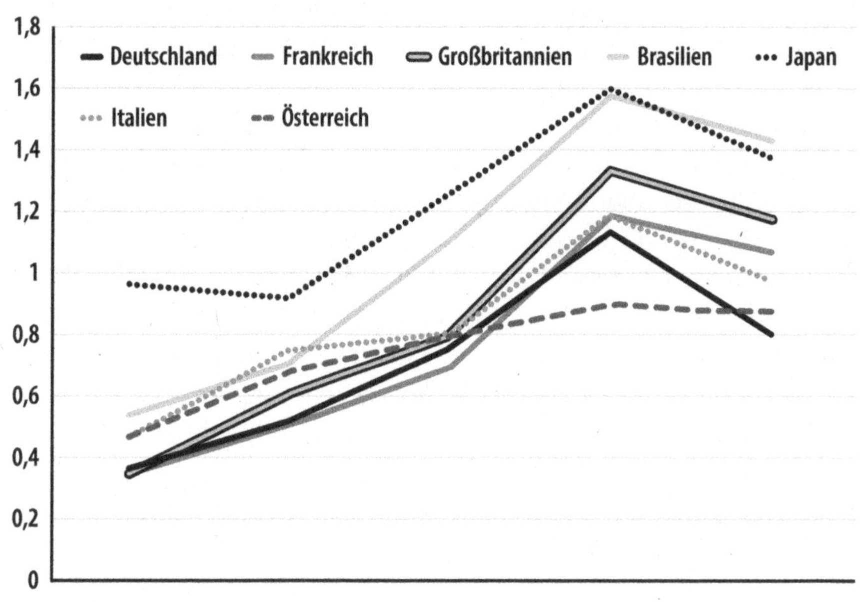

Grafik 48 – *Quelle: Allensbacher Archiv, IfD-Umfrage Nr. 12038, Ipsos MORI, Umfrage Nr. 20-091774-30*

14.6. Welche Rolle spielt das Alter?

Neigen Jüngere eher zur Kapitalismuskritik als Ältere? Oder ist es umgekehrt? Es gibt Länder, in denen das Alter kaum einen Einfluss auf die Stellung zum Kapitalismus hat. In Frankreich beispielsweise beträgt der Koeffizient für Befragte unter 30 Jahren 0,75 und für Befragte über 60 Jahren 0,71, in der Schweiz für die unter 30-Jährigen 0,80 und für die über 60-Jährigen 0,82. Auch in Großbritannien oder Italien existiert kaum ein Zusammenhang.

In anderen Ländern dagegen besteht ein klarer Zusammenhang zwischen dem Alter und der Einstellung zum Kapitalismus. Am deutlichsten ist dies in den USA. Amerikaner über 60 Jahren stehen dem Kapitalismus sehr positiv gegenüber (2,27), während bei Jüngeren die Haltung neutral bis leicht negativ ist (unter 30 Jahren: 0,90). Und anders als manchmal behauptet, liegt das keineswegs daran, dass junge Amerikaner das Wort »Kapitalismus« nicht richtig verstehen. Im Gegenteil: Noch deutlicher wird der Zusammenhang in den USA bei dem Fragekomplex, bei dem das Wort »Kapitalismus« nicht verwendet wurde: Bei über 60-Jährigen ist die Einstellung zur wirtschaftlichen Freiheit mit 3,72 außerordentlich hoch, bei den jungen Amerikanern unter 30 Jahren dagegen mit 1,13 neutral bis allenfalls leicht positiv. Auch in Brasilien, Chile und Spanien sind die Befragten umso kapitalismuskritischer, je jünger sie sind, wenngleich der Unterschied nicht so stark ist wie in den USA. In den prokapitalistischen Ländern Korea und Japan sind die Jungen eher neutral und die Älteren dezidiert prokapitalistisch.

In Polen sind die Älteren mit 1,69 noch etwas prokapitalistischer als die Jüngeren (1,55). In Schweden, Frankreich, Großbritannien und Österreich stehen die Jungen – wenngleich nur geringfügig – positiver zum Kapitalismus als Ältere. Da die Unterschiede extrem gering sind, sollte man aber (außer vielleicht für Schweden) bei diesen Ländern eher von einem Gleichstand sprechen (Grafik 49).

Unterschiede in der Haltung zum Kapitalismus nach Alter
Gesamtkoeffizient über die Einstellung zum Kapitalismus

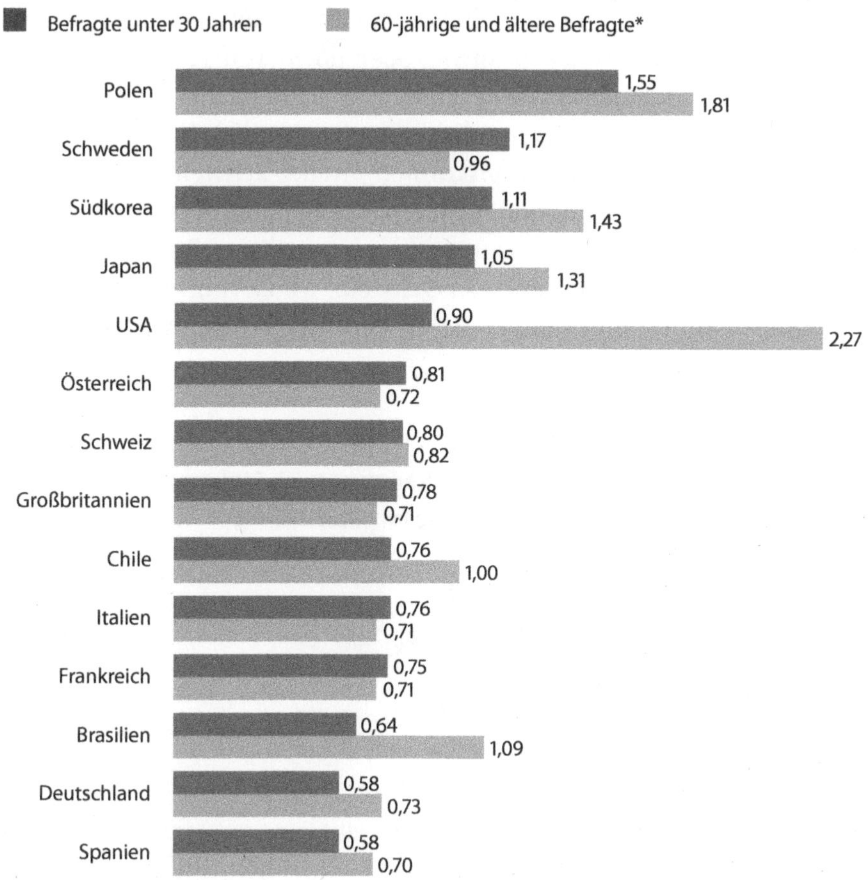

** In Polen: Befragte ab 55 Jahren*

Grafik 49 – *Quelle: Allensbacher Archiv, IfD-Umfrage Nr. 12038, Ipsos MORI, Umfrage Nr. 20-091774-30*

14.7. Welche Rolle spielt das Einkommen?

Nicht überraschen wird, dass in *allen* Ländern Geringverdiener eher antikapitalistisch bzw. bestenfalls neutral eingestellt sind und Besserverdiener vergleichsweise positiver oder doch weniger negativ zum Kapitalismus stehen. Doch es sind auch erhebliche Unterschiede zwischen den Ländern erkennbar: Es gibt Länder, in denen diese Graduierung gering ist (Großbritannien). In der Schweiz, USA, Korea, Polen, Brasilien, Italien und Spanien dagegen ist der Unterschied zwischen den Einkommensgruppen viel größer. Besonders ausgeprägt ist er in Spanien und der Schweiz, wo Geringverdiener stark antikapitalistisch und Bestverdiener deutlich prokapitalistisch sind (Grafik 50).

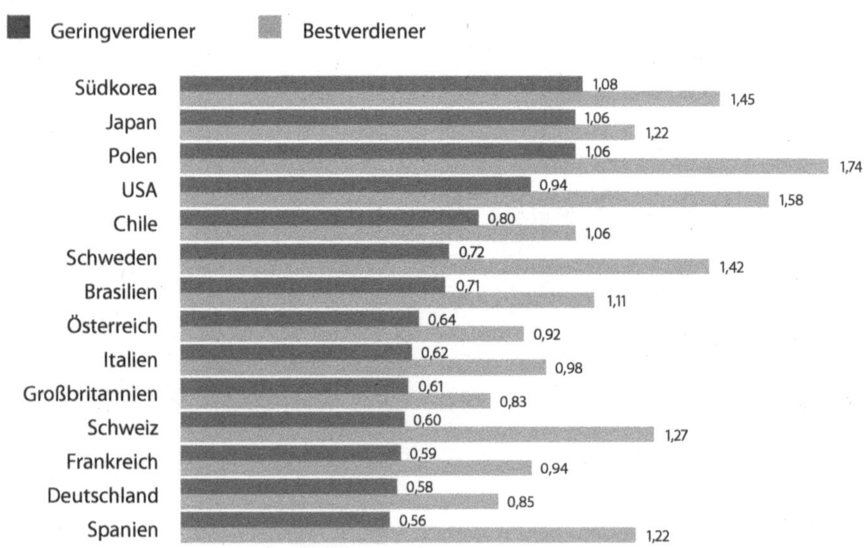

Grafik 50 – *Quelle: Allensbacher Archiv, IfD-Umfrage Nr. 12038, Ipsos MORI, Umfrage Nr. 20-091774-30*

14.8. Welche Rolle spielt das Geschlecht?

In allen Ländern (außer Korea) sind Männer kapitalismusfreundlicher oder zumindest weniger kapitalismuskritisch als Frauen. Doch es gibt Unterschiede: In manchen Ländern spielt das Geschlecht eine große Rolle für die Einstellung zum Kapitalismus. In Polen, Schweden, Brasilien, Chile und Spanien etwa sind Männer deutlich kapitalismusnäher als Frauen. In anderen Ländern sind die Unterschiede zwischen Männern und Frauen dagegen gering. In Frankreich z. B. stehen Frauen mit 0,65 dem Kapitalismus nur unwesentlich kritischer gegenüber als Männer mit 0,71. Und in Südkorea besteht hier gar kein Unterschied zwischen Männern und Frauen. Interessant erscheint, dass die Unterschiede, wenn sie oft auch nur klein sind, fast ausnahmslos in die gleiche Richtung weisen – Frauen sehen den Kapitalismus weniger positiv als Männer (Grafik 51).

Unterschiede in der Haltung zum Kapitalismus nach Geschlecht
Gesamtkoeffizient über die Einstellung zum Kapitalismus

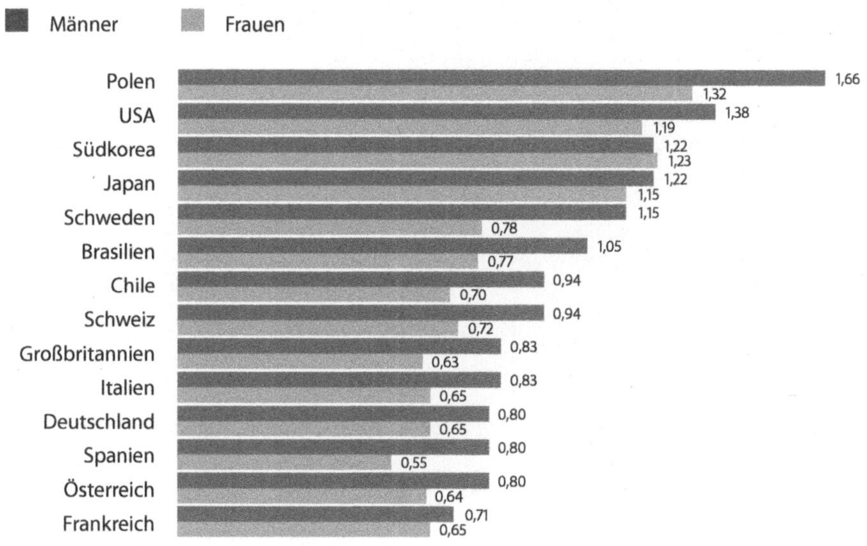

Grafik 51 – *Quelle: Allensbacher Archiv, IfD-Umfrage Nr. 12038, Ipsos MORI, Umfrage Nr. 20-091774-30*

14.9. Welche Rolle spielt die Bildung?

In 12 von 14 Ländern weisen die Unterschiede zwischen Personen mit einfacher und höherer Bildung in die gleiche Richtung: Personen mit höherer Bildung stehen dem Kapitalismus ein wenig positiver oder weniger negativ gegenüber als Personen mit einfacher Schulbildung. Das gilt für alle Länder mit Ausnahme von Korea und Polen. In einigen dieser Länder (etwa in Frankreich, Brasilien und Spanien) ist diese Tendenz etwas stärker, in anderen (Großbritannien, Schweden, Italien) sehr gering (Grafik 52).

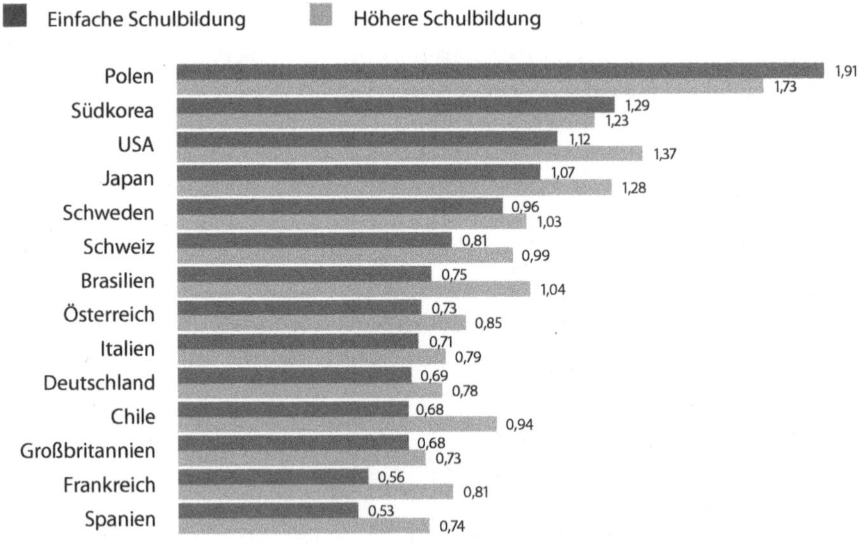

Grafik 52 – *Quelle: Allensbacher Archiv, IfD-Umfrage Nr. 12038, Ipsos MORI, Umfrage Nr. 20-091774-30*

14.10. Zusammenhang zum Verschwörungsdenken

Zu den Aussagen, die wir allen Befragten vorgelegt hatten, gehörten zwei, die charakteristisch für Personen sind, die zum Verschwörungsdenken neigen. Die erste dieser Aussagen lautete:

»›Die Politiker entscheiden in Wahrheit gar nichts. Sie sind Marionetten von mächtigen Kräften im Hintergrund.‹ Sehen Sie das auch so, oder sehen Sie das nicht so?«

Die zweite Aussage lautete:

»Vieles in der Politik kann man nur richtig verstehen, wenn man weiß, dass ein größerer Plan dahintersteht, den jedoch die meisten Menschen nicht kennen.«

Dies sind zwei typische Aussagen für Personen, die zu Verschwörungsdenken neigen. Mit den Methoden der sogenannten Faktorenanalyse hatten wir – auf Basis der Antworten zu 6 von 18 Fragen zum Kapitalismus – eine Antikapitalismus-Skala konstruiert. Der Einteilung der Befragten in »Prokapitalisten« und »Antikapitalisten« liegt die Frage zugrunde, bei der den Befragten 18 Aussagen über den Kapitalismus vorgelegt wurden mit der Bitte anzugeben, welchen dieser Aussagen sie zustimmen. Da es unnötig aufwendig wäre, alle 18 zur Auswahl gestellten Punkte bei der Klassifizierung zu berücksichtigen, wurden die Ergebnisse dieser Frage in einem ersten Schritt einer Faktorenanalyse unterzogen.

Eine Faktorenanalyse ist ein mathematisch-statistisches Verfahren, mit dem festgestellt werden kann, welche Antworten oft gemeinsam von den Befragten ausgewählt werden. Es wird also beispielsweise geprüft, wie wahrscheinlich es ist, dass jemand, der sagt, Kapitalismus führe zu steigender Ungleichheit, außerdem sagt, Kapitalismus befördere Egoismus und Profitgier. Wenn sich herausstellt, dass mehrere Aussagen besonders häufig zusammen ausgewählt werden, dann schließt man daraus, dass diese Punkte auch inhaltlich etwas gemeinsam haben, dass ihnen also ein gemeinsamer Faktor zugrunde liegt.

Im vorliegenden Fall ergab die Analyse drei Faktoren: Der erste umfasst praktisch alle Aussagen, in denen Kapitalismus mit sozialer Ungerechtigkeit in Verbindung gebracht wird. Der zweite Faktor enthält alle positiven Aussagen und der dritte die Punkte, bei denen Kapitalismus mit Gewaltherrschaft und Krieg verbunden wird.

Für die Skalenbildung wurden nun je drei positive und negative Aussagen über den Kapitalismus ausgewählt: Die zwei statistisch am engsten mit dem ersten Faktor verknüpften Aussagen, die drei am stärksten mit dem zweiten Faktor verbundenen Punkte und einer, der am stärksten mit dem (insgesamt nur aus drei Aussagen bestehenden und etwas weniger bedeutenden) dritten Faktor verknüpft ist.

Konkret wurde die Skala wie folgt berechnet:

Jeweils einen Punkt erhielten alle Befragten, die den folgenden Aussagen zustimmten:

- Kapitalismus führt zu steigender Ungleichheit
- Kapitalismus befördert Egoismus und Profitgier
- Kapitalismus bedeutet immer auch die Gefahr des Faschismus.

Außerdem erhielt jeweils einen Punkt, wer den folgenden Aussagen NICHT zustimmte:

- Kapitalismus ist vielleicht nicht ideal, aber immer noch besser als alle anderen Wirtschaftssysteme
- Kapitalismus sorgt für Wohlstand
- Kapitalismus bedeutet wirtschaftliche Freiheit.

Auf diese Weise wurde jedem Befragten ein Punktwert zwischen 0 und 6 zugeordnet. Als Antikapitalisten wurden alle Befragten mit 5 oder 6 Punkten eingestuft. Die Gruppe der Prokapitalisten umfasst alle Befragten mit keinem oder einem Punkt.

Es stellte sich heraus, dass dezidierte Antikapitalisten deutlich stärker den oben zitierten – für Verschwörungsdenker typischen – Aussagen zustimmen als dezidierte Prokapitalisten. Das trifft für alle Länder zu, nur bei den USA sind die Unterschiede gering. Für die USA kann man vermuten, dass Anhänger aus dem republikanischen Lager – insbesondere Trump-Anhänger – oftmals zugleich prokapitalistisch sind und Verschwörungsthesen zuneigen. In den anderen Ländern ist der Unterschied zwischen Pro- und Antikapitalisten sehr viel deutlicher – und bemerkenswert ist: Er geht stets in die gleiche Richtung, d.h. in keinem der 14 untersuchten Länder ist die Zustimmung zum Verschwörungsdenken bei Prokapitalisten höher als bei Antikapitalisten. Das belegt deutlich den Zusammenhang von Antikapitalismus und Verschwörungsdenken.

In einigen Ländern, so etwa in Deutschland, der Schweiz oder Schweden, neigen Prokapitalisten besonders wenig zum Verschwörungsdenken. Und in Chile, Polen, Japan und Frankreich neigen die Antikapitalisten besonders stark dazu (Grafik 53 und 54).

Grafik 53: Zustimmung und Ablehnung von Verschwörungsthesen

Koeffizient zur Neigung zu Verschwörungstheorien: Durchschnittlicher Anteil derjenigen, die den beiden Thesen

»Die Politiker entscheiden in Wahrheit gar nichts, sie sind Marionetten von mächtigen Kräften im Hintergrund.«
und
»Vieles in der Politik kann man nur richtig verstehen, wenn man weiß, dass ein größerer Plan dahintersteht, den jedoch die meisten Menschen nicht kennen.«

zustimmen, geteilt durch den durchschnittlichen Anteil derer, die den beiden Thesen ausdrücklich nicht zustimmen.

	Österreich		Polen	
	Ausgeprägte Antikapitalisten	Ausgeprägte Prokapitalisten	Ausgeprägte Antikapitalisten	Ausgeprägte Prokapitalisten
A: Durchschnittliche Zustimmung zu Verschwörungsthesen	57	54	66	48
B: Durchschnittliche Ablehnung von Verschwörungsthesen	20	35	14	25
A : B	2,9	1,5	4,7	1,9

	Italien		Spanien	
	Ausgeprägte Antikapitalisten	Ausgeprägte Prokapitalisten	Ausgeprägte Antikapitalisten	Ausgeprägte Prokapitalisten
A: Durchschnittliche Zustimmung zu Verschwörungsthesen	68	49	65	58
B: Durchschnittliche Ablehnung von Verschwörungsthesen	22	39	18	26
A : B	3,1	1,3	3,6	2,2

	Südkorea		Großbritannien	
	Ausgeprägte Antikapitalisten	Ausgeprägte Prokapitalisten	Ausgeprägte Antikapitalisten	Ausgeprägte Prokapitalisten
A: Durchschnittliche Zustimmung zu Verschwörungsthesen	62	56	58	42
B: Durchschnittliche Ablehnung von Verschwörungsthesen	22	34	21	29
A : B	2,8	1,6	2,8	1,4

	Chile		Brasilien	
	Ausgeprägte Antikapitalisten	Ausgeprägte Prokapitalisten	Ausgeprägte Antikapitalisten	Ausgeprägte Prokapitalisten
A: Durchschnittliche Zustimmung zu Verschwörungsthesen	72	58	66	58
B: Durchschnittliche Ablehnung von Verschwörungsthesen	13	24	19	30
A : B	5,5	2,4	3,5	1,9

	Schweden		Frankreich	
	Ausgeprägte Antikapitalisten	Ausgeprägte Prokapitalisten	Ausgeprägte Antikapitalisten	Ausgeprägte Prokapitalisten
A: Durchschnittliche Zustimmung zu Verschwörungsthesen	43	32	58	54
B: Durchschnittliche Ablehnung von Verschwörungsthesen	30	50	14	28
A : B	1,4	0,6	4,1	1,9

	USA		Deutschland	
	Ausgeprägte Antikapitalisten	Ausgeprägte Prokapitalisten	Ausgeprägte Antikapitalisten	Ausgeprägte Prokapitalisten
A: Durchschnittliche Zustimmung zu Verschwörungsthesen	56	57	42	25
B: Durchschnittliche Ablehnung von Verschwörungsthesen	20	25	35	53
A : B	2,8	2,3	1,2	0,5

	Japan		Schweiz	
	Ausgeprägte Antikapitalisten	Ausgeprägte Prokapitalisten	Ausgeprägte Antikapitalisten	Ausgeprägte Prokapitalisten
A: Durchschnittliche Zustimmung zu Verschwörungsthesen	68	44	53	34
B: Durchschnittliche Ablehnung von Verschwörungsthesen	13	18	23	48
A : B	5,2	2,4	2,3	0,7

Grafik 53

Antikapitalistische Einstellung und die Neigung zum Verschwörungsdenken

Koeffizient zur Neigung zu Verschwörungsdenken: Durchschnittlicher Anteil derjenigen, die den beiden Thesen:

»Die Politiker entscheiden in Wahrheit gar nichts, sie sind Marionetten von mächtigen Kräften im Hintergrund.«
und
»Vieles in der Politik kann man nur richtig verstehen, wenn man weiß, dass ein größerer Plan dahintersteht, den jedoch die meisten Menschen nicht kennen.«

zustimmen, geteilt durch den durchschnittlichen Anteil derer, die den beiden Thesen ausdrücklich nicht zustimmen.

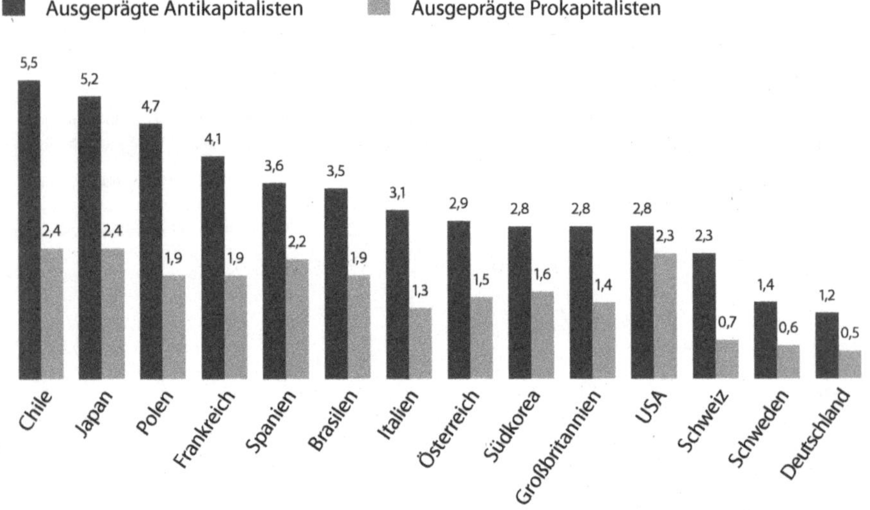

Grafik 54 – *Quelle: Allensbacher Archiv, IfD-Umfrage Nr. 12038, Ipsos MORI Umfrage Nr. 20-091774-30*

14.11. Stellung zum Kapitalismus und zu den Reichen

Für mein Forschungsprojekt »The Rich in Public Opinion« habe ich in 11 Ländern Daten darüber erhoben, wie die Bevölkerung zu Reichen steht.[787] Um die Länder zu vergleichen, wurde ein Sozialneid-Koeffizient entwickelt, der es ermöglicht, das Ausmaß des Sozialneides in einem Land zu messen. Andere Fragen zielten darauf, welche Persönlichkeitsmerkmale die Befragten reichen Menschen zuordnen – eher positive oder eher negative? In dem »Rich Sentiment Index« schließlich verdichten sich all diese Daten aus einer sehr umfangreichen Befragung (Grafik 55).

Rich Sentiment Index (RSI) in elf Ländern
RSI über 1: Die negativen Aspekte überwiegen
RSI unter 1: Die positiven Aspekte überwiegen

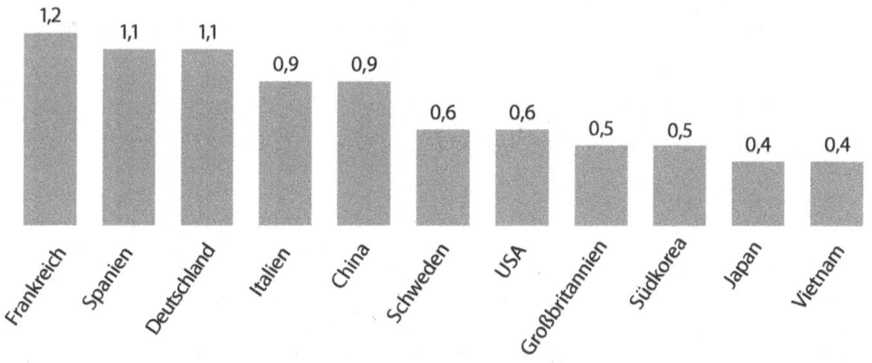

Grafik 55 – *Quelle: Allensbacher Archiv, IfD-Umfragen Nr. 11085, 8271, Ipsos MORI Umfragen Nr. 18-031911-01-02, 19-01009-29, 19-01009-47, 20-091774-05, 21-041026-01*

RSI-Werte über 1 zeigen eine eher negative Sicht auf die Reichen und Werte unter 1 eine eher positive Reichensicht in dem betreffenden Land. In insgesamt 9 Ländern wurden beide Befragungen durchgeführt – also die zu den Reichen und die zum Kapitalismus. Man sieht, dass in den Ländern, in denen die Menschen eher positiv zum Kapitalismus stehen, auch die Sicht auf die Reichen positiver ist – so etwa in den USA, in Korea oder Japan. Umkehrt ist in Ländern, wo die Menschen dem Kapitalismus kritisch gegenüberstehen, auch die Sicht auf die Reichen negativer – etwa in Deutschland, Spanien oder Frankreich.

Eine Ausnahme ist lediglich Großbritannien, wo die Menschen den Reichen positiv, aber dem Kapitalismus kritisch gegenüberstehen.

Der Zusammenhang zwischen dem Rich Sentiment Index (RSI) und dem Gesamtkoeffizienten über die Einstellung zum Kapitalismus

Zur besseren Vergleichbarkeit wurde der RSI invertiert, gleichsam gespiegelt: Die Differenz des RSI-Wertes zum Referenzwert 1 wird von diesem subtrahiert. Auf diese Weise wird ein RSI-Wert von 1,2 zu einem modifizierten RSI-Wert von 0,8, ein RSI-Wert von 0,6 wird zu einem modifizierten RSI von 1,4.

Damit entsprechen die Werte des modifizierten RSI der Logik des Gesamtkoeffizienten über die Einstellung zum Kapitalismus: Werte über 1 bedeuten, dass die positiven Aspekte des Images von Reichen bzw. des Kapitalismus überwiegen, Werte unter 1, dass die negativen überwiegen.

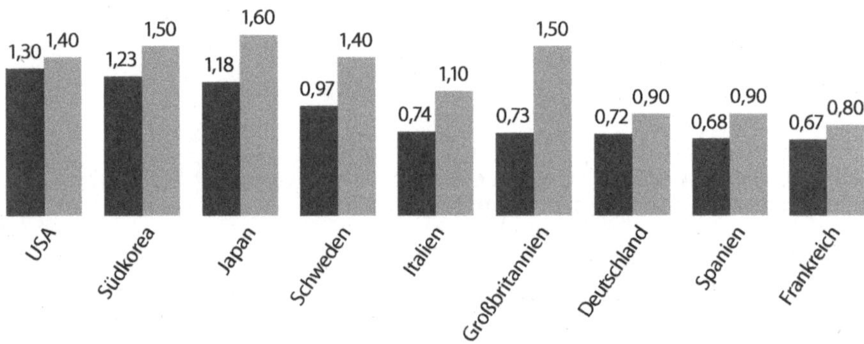

Grafik 56 – *Quelle: Allensbacher Archiv, IfD-Umfrage Nr. 11085, Ipsos MORI Umfragen Nr. 18-031911-01-02, 19-01009-29, 19-01009-47, 20-091774-05, 20-09-1774-30, 21-041026-01*

Zusammenfassung

Nur in 5 von 14 Ländern – in Polen, den USA, Japan, Korea und Schweden – überwiegt klar eine positive Haltung zur wirtschaftlichen Freiheit. Wenn man das Wort »Kapitalismus« mit einbringt, dann gilt dies sogar nur noch für 4 von 14 Ländern, nämlich für Polen, die USA, Japan und Korea. In den meisten Ländern dominiert die Kapitalismuskritik.

Was ist es genau, was die Menschen am Kapitalismus stört? Blickt man auf das Gesamtergebnis der Befragung, dann ist es – in dieser Reihenfolge – vor allem die Meinung,

- der Kapitalismus werde von den Reichen dominiert, die die Politik bestimmen;
- der Kapitalismus fördere Ungleichheit;
- der Kapitalismus fördere Egoismus und Profitgier;
- der Kapitalismus führe zu Monopolen;
- der Kapitalismus verführe die Menschen zum Kauf von Produkten, die sie gar nicht brauchen.

Nicht überraschen dürfte, dass der Kapitalismus am stärksten von politisch links stehenden Menschen kritisiert wird und mehr Zustimmung bei Befragten genießt, die sich rechts von der Mitte positionieren. Doch während in manchen Ländern die Formel gilt »je stärker rechts, desto mehr wird der Kapitalismus unterstützt«, ist es in mehr Ländern so, dass gemäßigt Rechte den Kapitalismus etwas stärker unterstützen als die dezidiert Rechten.

Das Alter hat in den meisten Ländern einen Einfluss auf die Haltung zum Kapitalismus. In den meisten Ländern sind die Jüngeren moderat kapitalismuskritischer als die Älteren. Oft ist die Diskrepanz gering. Einzige Ausnahme sind die USA, wo die Befragten unter 30 Jahren eine neutrale bis leicht negative Haltung zum Kapitalismus haben und die Personen über 60 eine ausgeprägt prokapitalistische Meinung vertreten.

Nicht überraschen wird, dass in allen Ländern Geringverdiener eher antikapitalistisch bzw. bestenfalls neutral eingestellt sind und Besserverdiener vergleichsweise positiver, prokapitalistischer oder doch weniger negativ zum Kapitalismus stehen. In einigen Ländern sind die Unterschiede jedoch sehr gering – das trifft etwa für Großbritannien zu. Stark ausgeprägt ist dieser Unterschied hingegen in Spanien, Schweden und der Schweiz.

In allen Ländern (außer Korea) sind Männer kapitalismusfreundlicher oder zumindest weniger kapitalismuskritisch als Frauen. Doch es gibt Unterschiede: In manchen Ländern spielt das Geschlecht eine große Rolle für die Einstellung zum Kapitalismus. In Polen, Brasilien, Chile, Schweden und Spanien etwa sind Männer deutlich kapitalismusnäher als Frauen. In anderen Ländern sind die Unterschiede zwischen Männern und Frauen dagegen geringer und in Südkorea stehen Männer und Frauen dem Kapitalismus gleich positiv gegenüber.

In 12 von 14 Ländern weisen die Unterschiede zwischen Personen mit einfacher und höherer Bildung in die gleiche Richtung: Personen mit höherer Bildung stehen dem Kapitalismus ein wenig wohlwollender oder weniger negativ gegenüber als Personen mit einfacher Schulbildung. Das gilt für alle Länder mit Ausnahme von Korea und Polen.

In allen Ländern konnten wir – ausnahmslos – feststellen, dass Antikapitalisten stärker zum Verschwörungsdenken neigen als Prokapitalisten. Auffällig war dabei, dass in den USA die Zustimmung von Antikapitalisten zum Verschwörungsdenken nicht sehr viel höher war als die Zustimmung von Prokapitalisten. Die Analyse belegte jedoch insgesamt eindeutig, dass es einen starken Zusammenhang zwischen antikapitalistischer Einstellung und Verschwörungsdenken gibt.

Schluss: Antikapitalismus als politische Religion

Im vorangegangenen Abschnitt haben Sie gesehen, wie groß die Kluft zwischen den Fakten über den Kapitalismus einerseits und den Meinungen der Menschen andererseits ist. Alle Fakten zeigen, dass der Kapitalismus in der Geschichte in vielen Ländern die Lage der einfachen Menschen massiv verbessert hat – in Europa und den USA in den vergangenen 200 Jahren und in Asien in den vergangenen 50 Jahren. Wir haben jedoch gesehen, dass die Aussage, der Kapitalismus habe in vielen Ländern die Lage der einfachen Menschen verbessert, bei unserer Befragung in 14 Ländern kaum Zustimmung fand. In Deutschland stimmten dem nur 15 Prozent der Befragten zu – so wenig wie keiner anderen Aussage über den Kapitalismus! Dagegen sagten dreimal so viele (45 Prozent), der Kapitalismus sei verantwortlich für Hunger und Armut in der Welt – eine These, die, wie in Kapitel 1 gezeigt, keiner Nachprüfung der Fakten standhält. Unsere Befragung zeigte zudem einen klaren Zusammenhang zwischen Verschwörungsdenken und Antikapitalismus.

Dies zeigt, dass der Antikapitalismus offenbar nicht im Bereich der Vernunft bzw. der rationalen Erkenntnis begründet ist, sondern dass es sich vor allem um eine gefühlsmäßig begründete Ablehnung handelt. Träger des Antikapitalismus sind intellektuelle Eliten. Von Lenin bis Hayek waren sich Theoretiker einig darin,[788] dass der Antikapitalismus seinen Ursprung nicht in der Arbeiterbewegung hatte, sondern bei den Intellektuellen. Die Gründe, warum die meisten Intellektuellen den Kapitalismus nicht mögen, habe ich ausführlich im 10. Kapitel meines Buches »Kapitalismus ist nicht das Problem, sondern die Lösung« analysiert.

Doch um wirklich erfolgreich zu sein, muss der Antikapitalismus der Intellektuellen auf einen sozialen Resonanzboden treffen, der die Menschen dafür empfänglich macht. In früheren Gesellschaftsformen akzeptierten die Menschen oft die Ungleichheit, weil sie sie als natur- oder gottgegeben ansahen. Charakteristisch für die bürgerliche Gesellschaft, so Marx, ist die Tatsache, dass »der Begriff der menschlichen Gleichheit bereits die Festigkeit eines Volksvorurteils besitzt«.[789] Während Gleichheit zunächst nur als Gleichheit der Menschen vor dem Gesetz und als Gleichheit in der menschlichen Würde betrachtet wurde, setzte sich in den vergangenen 200 Jahren immer mehr die Ansicht durch, jedwede Ungleichheit müsse ein Ergebnis kritikwürdiger »Strukturen« sein. Dies gilt nicht nur für den Bereich der materiellen Ungleichheit, sondern für beinahe jede Form der Ungleichheit.

Individuen und Gruppen, die sich nicht in einer vermeintlich »privilegierten« Situation befinden, führen den Widerspruch zwischen der postulierten Gleichheit und der tatsächlichen Ungleichheit auf »strukturelle« und »systemische« Ursachen zurück. Jede Ungleichheit wird zum Beleg für die Ungerechtigkeit sozialer Verhältnisse. Zunehmend werden die Begriffe »Gleichheit« und »Gerechtigkeit« als Synonyme gebraucht.

Das macht die Religion des Antikapitalismus so attraktiv. Von einer Religion spreche ich im Sinne des Begriffes der »Politischen Religion«, den zuerst der amerikanische Politikwissenschaftler Eric Voegelin 1938 in seinem gleichnamigen Buch entwickelt hat.[790] Ein Jahr später gebrauchte auch der französische Soziologe und Philosoph Raymond Aron den Ausdruck »religion politique«. In Anlehnung an Marx, der Religion als »Opium des Volkes« bezeichnet hatte,[791] sprach er vom Marxismus als einer »Religion von Intellektuellen«.[792]

Schon den Zeitgenossen von Marx drängte sich die Analogie zur Religion auf. 1868 schrieb die Londoner »Times« über die von Marx mit initiierte Erste Internationale: »Man muss bis auf die Zeiten der Entstehung des Christentums und der Verjüngung der antiken Welt durch die germanischen Völker zurückgehen, um etwas Analoges zu finden wie diese Arbeiterbewegung.« Sie strebe nichts Geringeres als die Erneuerung der Menschheit an, »wohl das umfassendste Ziel, das sich jemals außer der christlichen Kirche eine Institution gesetzt hat.«[793]

Aus Lebensberichten von Marxisten wissen wir, dass der Marxismus – bei all dem wissenschaftlichen Anspruch, den diese Theorie erhebt – eher im Bereich des Gefühlsmäßigen verankert ist. Arthur Koestler, der ehemals Kommunist war, beginnt sein berühmtes Buch »Ein Gott, der keiner war« mit den Sätzen: »Ein Glaube wird nicht durch sachliche Überlegungen erworben. Wer sich in eine Frau verliebt oder in den Schoß einer Kirche eingeht, tut dies nicht auf Grund logischer Denkvorgänge. Die Vernunft mag einen Glaubensakt begründen – aber erst, nachdem er vollzogen worden ist und der Mensch sich auf ihn verpflichtet hat.«[794] Am Anfang, so berichtet Koestler, stand bei ihm eine »starke Antipathie gegen die ostentativ Reichen«, und er habe seine persönlichen Probleme »auf die Gesellschaftsstruktur als Ganzes« projiziert.[795]

Auch das sind zwei typische Merkmale des Antikapitalismus: Sie befriedigen sowohl Neidinstinkte gegen die Reichen, die freilich nie als Neidinstinkt wahrgenommen werden,[796] und transformieren gleichzeitig im Sinne der von Psychologen als »externale Kontrollüberzeugung« beschriebenen Haltung individuelles Versagen in ein »systemisches Problem«. Der unsympathisch wirkende Neid kann so rationalisiert und umgedeutet werden zum Engagement für »soziale Gerechtigkeit«. Der Erfolg all jener, die es besser getroffen haben als ich, wird zu einer Systemschwäche umgedeutet.

Aus eigenem Versagen wird so ein Marktversagen. Der amerikanische Politikwissenschaftler Gabriel Almond befragte Anfang der 1950er-Jahre für sein Buch »The Appeals of Communism« 221 ehemalige Kommunisten aus 4 Ländern nach den Gründen ihres Parteibeitritts. Dabei stellte sich heraus, dass bei 52 Prozent vor ihrem Beitritt eine Verschlechterung ihrer ökonomischen Lage eine Rolle gespielt hatte. Unter Führungskräften traf dies sogar auf 67 Prozent zu.[797]

Aber bei den persönlichen Problemen muss es sich keineswegs um ökonomische Probleme handeln. Wie andere Autoren auch versuchte der austroamerikanische Psychoanalytiker Wilhelm Reich, der Marxismus und Psychoanalyse kombinierte, zu beweisen, dass zahlreiche psychische Probleme, unbefriedigte Sexualität, Neurosen usw. ihren letzten Grund im Kapitalismus hätten und »dass erst eine grundsätzliche Umstülpung der gesellschaftlichen Institutionen und Ideologien, die von dem Ausgang der politischen Kämpfe unseres Jahrhunderts abhängt, die Voraussetzungen einer umfassenden Neuroseprophylaxe schaffen wird«.[798]

Der marxistische Psychologe Dieter Duhm, der diesem Ansatz folgte, argumentierte in seinem Buch »Angst im Kapitalismus«, warum Angst in der kapitalistischen Gesellschaft ein allgegenwärtiges Phänomen sei: »Sie tritt in den verschiedensten Gestalten auf. Beim ›Gesunden‹ als Angst vor dem, was die anderen von ihm denken könnten, als Sprechangst, Angst vor den Vorgesetzten und Institutionen, Angst vor oder beim Geschlechtsverkehr, Angst vor der Zukunft oder vor Krankheit.« Diese Angst sei »ein unablösbarer Teil nicht nur unseres individuellen Lebens, sondern unserer Gesellschaft. Sie gehört zum Kapitalismus, nicht nur als sein Produkt, sondern als Teil seiner Konstruktion, als Baustein, ohne den alles zusammenbrechen würde.«[799] Da die neurotische Angst im Kapitalismus begründet sei, werde sie erst mit dem Kapitalismus verschwinden. In einem anderen Werk, »Warenstruktur und zerstörte Zwischenmenschlichkeit. Zur politökonomischen Begründung der psychischen Situation des Individuums im Kapitalismus«, beschwört Duhm die »mobilisierende Kraft des psychischen Appells«[800] für den Kampf gegen den Kapitalismus.

Der Kapitalismus eignet sich somit nicht nur zur Erklärung aller Übel in der äußeren Welt, sondern auch aller persönlichen Probleme und Neurosen. Die Erlösung von allen Übeln erfolgt mithin nicht erst im jenseitigen Paradies, sondern in einer Gesellschaft, in der das Privateigentum an Produktionsmitteln aufgehoben ist, so das Erlösungsversprechen der Antikapitalisten. Schon der Kampf gegen den Kapitalismus habe einen »wichtigen therapeutischen Effekt ... nämlich die psychische Entmachtung von gesellschaftlichen Autoritäten«.[801]

Politische Religionen befriedigen menschliche Sehnsüchte und Bedürfnisse, die früher von Religionen bedient wurden. Aron nannte

Doktrinen »säkulare Religionen ... die in den Herzen unserer Zeitgenossen die Stelle des entschwundenen Glaubens einnehmen und die das Heil der Menschheit in Gestalt einer neu zu schaffenden sozialen Ordnung im Diesseits in ferner Zukunft ansetzen«.[802]

In klassischen Religionen steht der Teufel für das allgemein Böse in der Welt. In der politischen Religion des Antikapitalismus wird der Kapitalismus zur Inkarnation des Bösen. Er ist für alle Übel der Gesellschaft und auch für alle persönlichen Probleme verantwortlich. Kapitalismus ist dann schuld an Hunger, Armut, Ungleichheit, Klimawandel, Umweltverschmutzung, Krieg, Entfremdung, Faschismus, Rassismus, Unterdrückung der Frau, Sklaverei, Kolonialismus, Korruption, Kriminalität, Ängsten, kulturellem Verfall, Neurosen und anderen psychischen Krankheiten. Sogar am Nichtfunktionieren sozialistischer Systeme ist der Kapitalismus schuld, weil der Wirtschaftsboykott der »US-Imperialisten« dazu führe, dass die Menschen beispielsweise in Kuba oder Venezuela trotz Sozialismus kein besseres Leben haben.

Wenn es zu wenige Waren gibt, ist der Kapitalismus schuld, aber auch, wenn es zu viele Waren gibt (»Konsumterror«). Selbst wenn ich einkaufen gehe und nicht die erwünschte Ware finde, ist der Kapitalismus schuld, trotz der immer wieder gescholtenen »Überflussgesellschaft«. Die amerikanische Bestsellerautorin Eula Biss, vielfach ausgezeichnet und gefeiert für ihre Romane, beginnt ihr Buch »Was wir haben. Über Besitz, Kapitalismus und den Wert der Dinge« (2020) mit dieser Episode: »Wir kommen gerade aus einem Möbelgeschäft zurück, wieder einmal. Was sagt es über den Kapitalismus aus, fragt John, dass wir Geld haben und es ausgeben wollen, aber nichts finden, was die Ausgabe wert ist? Wir hätten fast eine Anrichte gekauft, doch dann zog John die Schubladen heraus und merkte, dass sie nicht für die Ewigkeit gemacht waren. Wahrscheinlich gerät die Massenproduktion irgendwann an ihre Grenzen, sage ich.«[803] Später in dem Buch berichtet die Autorin über den Dialog mit ihrer Mutter, die sie fragt, ob sie den Kapitalismus für gut oder schlecht halte. »Ich sage, dass ich versucht bin, ihn für schlecht zu halten, aber nicht wirklich weiß, was er überhaupt ist.«[804]

Solche Denkmuster und Reflexe bestätigen zweierlei. Erstens: Antikapitalismus ist bei vielen Menschen gefühlsmäßig begründet. Er ist ein diffuses Gefühl des Protests gegen das Bestehende. Zweitens: Es gibt kein Übel, weder in der Gesellschaft noch in meinem eigenen Leben, das nicht dem »System« des Kapitalismus angelastet werden kann, und sei es auch nur der erfolglose Möbelkauf.

Die »Unterprivilegierten« sind stets »Opfer der Verhältnisse« und tragen niemals Schuld oder Mitschuld an der eigenen Misere, während die Reichen stets die »Täter« sind – aber diese haben niemals einen eigenen Verdienst an ihrem Reichtum, sondern dieser basiert entweder auf Glück oder Erbschaften und/oder auf Ausbeutung.

Getragen wird der Kapitalismus von einer kleinen Gruppe von Superreichen, die als die eigentlichen Drahtzieher des Weltgeschehens dargestellt werden – auf den Zusammenhang zwischen Antikapitalismus und Verschwörungsdenken habe ich in Kapitel 14 hingewiesen.

Wie in den meisten Religionen glauben die Antikapitalisten an den großen baldigen Zusammenbruch, der entweder in Form einer Wirtschaftskrise oder – heute – in der Form einer weltzerstörenden ökologischen Katastrophe kommt. Schon in den Schriften und Briefen von Marx finden wir ständig »Ankündigungen des kommenden Kollaps«.[805] Der Bielefelder Historiker Heiner Schulz hat insgesamt mehr als 3.000 Krisen- und Revolutionsprognosen in Marx' Schriften gezählt.[806] Die Vorhersagen von Antikapitalisten über das bevorstehende Ende des Kapitalismus in den 139 Jahren seit dem Tod von Karl Marx dürften in die Zehn- oder gar Hunderttausende gehen – und sie haben seit der Finanzkrise von 2008 und der Corona-Krise von 2020 wieder Konjunktur. »Mit Wortmeldungen zum kommenden Kollaps lassen sich inzwischen Ordner füllen«, konstatiert Marx-Biograf Jürgen Neffe 2017.[807] Und die Untergangsprognosen beschränken sich keineswegs nur auf eingefleischte Marxisten. Selbst »Forbes« fragte Anfang 2013: »Is Capitalism Dying?«[808]

Abgewendet werden könne die Apokalypse oder der Rückfall in die Barbarei nur durch die Überwindung des Kapitalismus, so das Versprechen der Propheten einer »neuen«, »besseren« und vor allem »gerechteren« Gesellschaft.

Ist der Antikapitalismus aber wirklich eine »Politische Religion« in dem Sinn, wie Eric Voegelin, Raymond Aron, Hans Maier und andere den Begriff definierten? Dagegen spricht, dass es keinen »Führer« der Antikapitalisten gibt, keine einheitliche Partei der Antikapitalisten und dass es sich auch nicht um eine geschlossene, einheitliche Weltanschauung handelt.

Doch darin genau liegt die Stärke des Antikapitalismus: Er kann die unterschiedlichsten Erscheinungsformen annehmen, Marxismus, Sozialismus, Ökologismus, aber auch Konservatismus, Nationalsozialismus oder Faschismus. Er ist vereinbar mit dem Christentum (die Sozialenzyklika »Laudato si« von Papst Franziskus aus dem Jahre 2015 ist eine flammende Anklage des Kapitalismus)[809], aber auch vereinbar mit dem politischen radikalen Islamismus, bei dem er vor allem die Gestalt des Antiamerikanismus annimmt. Er kann die Form des »wissenschaftlichen Sozialismus« (in Gestalt etwa des Marxismus) ebenso annehmen wie die eines gefühlsmäßig bzw. ethisch-moralisch fundierten »christlichen Sozialismus« (wie in der katholischen Soziallehre). Diese Anpassungsfähigkeit und Vereinbarkeit mit den unterschiedlichsten, ja gegensätzlichen Weltanschauungen unterscheidet den Antikapitalismus von anderen politischen Religionen und macht ihn dadurch attraktiv, mächtig und weltweit erfolgreich.

In der Wandlungsfähigkeit und Anpassungsfähigkeit an unterschiedliche Kulturen und Glaubensbekenntnisse ähnelt der Antikapitalismus seinem Antipoden, dem Kapitalismus. Der Kapitalismus ist zwar nicht mit so vielen Ideologien vereinbar wie der Antikapitalismus, aber er kann unterschiedlichste Formen annehmen, verändert sich ständig und ist mit unterschiedlichen politischen Systemen und Religionen kompatibel.

Allerdings ist der Kapitalismus im Nachteil gegenüber dem Antikapitalismus, weil er keine politische Religion ist. Walter Benjamin, einer der Philosophen aus dem Umkreis der Frankfurter Schule, hat zwar in seinem (zu Lebzeiten nicht veröffentlichten) Essay »Kapitalismus als Religion« genau dies behauptet. Aber Begründungen für diese Behauptung findet man in diesem Essay ebenso wenig wie auch nur eine annähernde Definition des Begriffes. Im ersten Satz des Essays schreibt Benjamin: »Im Kapitalismus ist eine Religion zu erblicken, d.h. der Kapitalismus dient essenziell der Befriedigung derselben Sorgen, Qualen, Unruhen, auf die ehemals die sogenannten Religionen Antworten gaben.«[810] Das ist das einzig Konkrete in seiner Abhandlung, die ansonsten in dem für die Philosophen der Frankfurter Schule so typischen Jargon des nebulösen Wortschaums geschrieben ist. In seinem Kommentar zu Benjamins Essay und dem Vorwort zu dem Band »Kapitalismus als Religion« schreibt der Soziologe Dirk Baecker, dass Benjamins Fragment »in jeder Hinsicht die Uneindeutigkeit aufweist, die für uns der einzig mögliche Spiegel unserer Gesellschaft ist«. Baecker meint: »Wenn die Dinge eindeutig werden, ist bereits etwas schiefgegangen ... Das Fragment über den Kapitalismus als Religion musste geschrieben werden, um nicht zuletzt für seinen Autor sinnfällig werden zu lassen, dass daran genau deswegen nichts stimmt, weil alles daran stimmt.«[811] Ich füge diese Deutung nicht deshalb hinzu, weil ich damit vorgeben möchte, den Sinn dieser Worte zu erfassen, sondern nur, um anschaulich zu machen, warum ich von »nebulösem Wortschaum« spreche.

Untersuchen wir den einen konkreten, fassbaren Satz, der durch das »d.h.« anzeigen soll, warum Benjamin den Kapitalismus als Religion beschreibt – obwohl er wenige Sätze später sagt, der Kapitalismus kenne »keine spezielle Dogmatik, keine Theologie«[812]. Beansprucht der Kapitalismus wirklich, die Antwort auf dieselben Fragen zu geben wie die Religionen? Nein, der Kapitalismus gibt eine Antwort darauf, wie Menschen ihre wirtschaftliche Kooperation gestalten können, um »ausreichend Güter und Dienstleistungen zu angemessenen Preisen zur Verfügung zu stellen«[813] und damit für möglichst viele ein gutes Auskommen zu ermöglichen. Würden Religionen versuchen, auf diese Frage eine Antwort zu geben, dann wären sie ökonomische Theoriegebäude. Nein, der Kapitalismus gibt den Menschen keinen Lebenssinn und beansprucht dies auch nicht. Er verspricht weder die Abschaffung von Ungleichheit noch die

Lösung aller irdischen Probleme, er ist nicht utopisch und verheißt kein Paradies, weder im Jenseits noch im Diesseits. Er ist pragmatisch und (dies gibt Benjamin sogar zu) eben gerade nicht dogmatisch. Damit befriedigt er jedoch nicht die Bedürfnisse der Menschen in einer säkularisierten Welt nach metaphysischer Sinnstiftung. Daher ist der Kapitalismus keine Religion, während sein Antipode, der Antikapitalismus, eine ist.

Nachdem ausnahmslos alle antikapitalistischen Experimente in den vergangenen 100 Jahren gescheitert sind, sollte klar sein, dass wir keine neuen brauchen. Aber mit dem zunehmenden zeitlichen Abstand zum Zusammenbruch des real existierenden Sozialismus in der Sowjetunion und Osteuropa erfährt sozialistisches Denken eine Renaissance. Selbst Karl Marx ist wieder »in«. 2013 erklärte die UNESCO das »Kommunistische Manifest« und Band 1 des »Kapital« zum Weltkulturerbe – kein Autor hat es mit einem vergleichbaren Text auf die Liste der Weltorganisation geschafft.[814] »Marx rises again« titelte im Jahr darauf die »New York Times«.[815]

Einer der angesehensten zeitgenössischen linken Philosophen, der Slowene Slavoj Žižek, plädiert in seinem 2021 erschienenen Buch »Ein Linker wagt sich aus der Deckung« unverdrossen für einen »neuen Kommunismus«. Er fordert, »die gesamte Linie antiliberaler Denker« einer »geschlossenen Gesellschaft«, angefangen mit Platon, zu rehabilitieren.[816] Es gehe um eine »Repolitisierung der Ökonomie«: »Das Wirtschaftsleben sollte von den freien Entscheidungen einer Gemeinschaft kontrolliert und reguliert werden, nicht vom blinden, chaotischen Wechselspiel der Marktkräfte, die als objektive Notwendigkeit hingenommen werden.«[817]

»Was wir heute brauchen«, so schreibt er, »ist eine Linke, die ihren Namen zu nennen wagt, keine Linke, die ihren Kern schamhaft mit einem kulturellen Feigenblatt verhüllt. Und dieser Name lautet *Kommunismus*.«[818] Er fordert die Linke auf, den sozialistischen Traum eines »gerechten« Kapitalismus aufzugeben und radikalere, »kommunistische« Maßnahmen zu ergreifen.[819] Klar formuliert er als Ziel: »Die gegnerische Klasse muss zerstört werden.«[820]

Žižek feiert »Lenins Größe«, die darin gelegen habe, dass er nach der Machtergreifung der Bolschewiki am Sozialismus festhielt, obwohl die Voraussetzungen dafür nicht gegeben waren.[821] Nach der Theorie von Marx und Lenin bedarf es bekanntlich eines Übergangsstadiums des »Sozialismus«, bis dann irgendwann das Endziel des Kommunismus erreicht wird. Žižek schlägt vor, diese Abfolge umzudrehen und direkt den Kommunismus anzustreben, der sich dann irgendwann zu einem Sozialismus weiter bzw. zurückentwickeln solle. Den »Großen Sprung nach vorne« unter Mao Ende der 50er-Jahre (bei dem 45 Millionen Chinesen umkamen, was Žižek verschweigt) solle man als »schlummernde Möglichkeit zur Kenntnis nehmen«, direkt den Kommunismus anzustreben.[822]

Der Schweizer Soziologe Jean Ziegler schreibt in einem 2018 erschienenen Buch: »Das kapitalistische System lässt sich nicht schrittweise und friedlich reformieren. Wir müssen den Oligarchen die Arme brechen, ihre Macht zerschlagen.«[823] Die Vernichtung des Kapitalismus müsse »vollkommen, radikal [sein], damit sich eine neue soziale und wirtschaftliche Weltordnung errichten lässt ... Uns beseelt die Sehnsucht nach dem ganz Anderen, nach der Utopie – das ist der Horizont, an dem wir unser Verhalten ausrichten müssen«.[824] Ziegler zitiert Karl Marx und Che Guevara, um zu zeigen, wohin die Reise gehen soll. Auf die Frage, ob er etwas darüber wisse, wie das gesellschaftliche und wirtschaftliche System aussehen solle, das den Kapitalismus ersetzen soll, antwortet er indes: »Überhaupt nichts, zumindest nichts Genaues.«[825] Sicher weiß er nur, was der Kernpunkt des Problems ist, der Ursprung des »monströsen Kapitalismus«, nämlich das Privateigentum.[826]

Anscheinend haben die Antikapitalisten ihre Träume nie ausgeträumt. Während ich dieses Buch schrieb, wurde in Peru der Anführer einer Partei, die sich ausdrücklich zum Marxismus-Leninismus bekennt, zum Staatspräsidenten gewählt. Ein neues sozialistisches Experiment beginnt. Aber nicht nur in Peru. In vielen westlichen Ländern geht die Tendenz Richtung Planwirtschaft. Man nennt die Planwirtschaft nicht mehr so, sondern spricht von ökologischer Umgestaltung der Gesellschaft, sozialer Gerechtigkeit und Kampf gegen den Klimawandel.

Der Marxismus und seine Idee von der Lösung aller Probleme durch die Beseitigung des Privateigentums wurde nach dem Scheitern des real existierenden Sozialismus für tot erklärt, aber wenige Jahrzehnte später erlebt er eine Renaissance. In den Wochen, in denen ich diese Zeilen schrieb (September 2021), fand in Berlin eine Volksabstimmung statt, in der sich eine Mehrheit von 56,4 Prozent für die Enteignung großer Immobilienunternehmen aussprach, und im österreichischen Graz gewann die Kommunistische Partei Österreichs die Wahlen.

Doch der Antikapitalismus hat viele Gesichter: Er kann das Gesicht des radikalen Ökologismus annehmen oder das Gesicht der modischen »Woke-Bewegung«, und in den Allmachtsfantasien der Zentralbanken erscheint er ebenfalls. Die Rezepte, so unterschiedlich sie auch wirken mögen, haben eine Gemeinsamkeit: den Glauben, dass der Staat es richten solle, weil Politiker und Beamte es besser wüssten als der Markt, also besser als alle privaten Akteure. Manche Gegner des Kapitalismus sprechen heute nicht mehr davon, dass der Kapitalismus abgeschafft werden müsse, sondern fordern seine »Einhegung«, »Korrektur« oder »Verbesserung«. Der Kapitalismus wird zum wilden Tier (»Raubtierkapitalismus«), das »gezähmt« werden müsse. Intellektuelle denken sich ständig neue Konzepte für eine »Verbesserung« des Wirtschaftssystems oder die Begrenzung seiner »Übel« aus. Die Intellektuellen, die glauben, ein Wirtschaftssystem am Reißbrett konzipieren zu können, unterliegen dem gleichen Irrglauben wie jene, die meinen, man könne eine Sprache künstlich konstruieren – all dies erfolgt stets unter der Überschrift der Gerechtigkeit oder Gleichheit.

Hayek bezeichnete die Idee, »dass vernunftbegabte Menschen sich zusammensetzen und überlegen, wie die Welt neu gestaltet werden kann«, als Grundübel.[827] Dieser Art des »Konstruktivismus« oder »sozialen Rationalismus« seien die Totalitarismen und »der gesamte moderne Sozialismus« entsprungen.[828] Doch die Intellektuellen sind unermüdlich, sich ständig neue Varianten des Sozialismus auszudenken.

Das jüngste Beispiel dafür ist Thomas Piketty. In seinem viel beachteten Werk »Das Kapital im 21. Jahrhundert« hatte er noch betont: »Ich gehöre zu dieser Generation, die erwachsen wurde, als sie im Radio vom Zusammenbruch der kommunistischen Diktaturen hörte, und die nicht das Geringste für diese Regime und das Sowjetsystem übrighatte oder ihnen nachtrauerte. Ich bin immun gegen die herkömmlichen und wohlfeilen antikapitalistischen Diskurse, die zuweilen dieses gewaltige historische Scheitern ignorieren und sich nicht die intellektuelle Mühe geben, diese Diskurse zu überwinden. Es liegt mir nichts daran, die Ungleichheit oder den Kapitalismus als solchen zu kritisieren ...«[829]

Das klingt auf den ersten Blick harmlos. Tatsächlich ist Piketty jedoch ein radikaler Antikapitalist und Verfechter des Sozialismus, wie sein 2019 erschienenes Buch »Kapital und Ideologie« zeigt. In typisch konstruktivistischer Manier denkt er sich ein ideales Gesellschafts- und Wirtschaftssystem aus, das er als »partizipativen Sozialismus« bezeichnet (um es vom real existierenden Sozialismus abzuheben, der schon in 24 Versuchen gescheitert ist). Er nennt sein System völlig zu Recht »Sozialismus«, denn im Kern geht es ihm darum, »das gegenwärtige System des Privateigentums zu überwinden«.[830]

Konkret soll das so aussehen: Jeder junge Erwachsene soll im Alter von 25 Jahren vom Staat einen hohen Geldbetrag geschenkt bekommen (Piketty nennt das »eine Erbschaft für alle«[831]). Finanziert werden soll das durch eine Vermögensteuer, die in der Spitze 90 Prozent für die höchsten Vermögen beträgt.[832] Auch Erbschaften werden mit bis zu 90 Prozent besteuert.[833] Den Einwand, dass manche Vermögenswerte möglicherweise gar keine laufenden Einkünfte generieren und der Erbe dann gezwungen sein könnte, die geerbten Assets zu verkaufen, lässt er nicht gelten. Im Gegenteil: Diese hätte, so Piketty, den Vorteil, »dass sie durch diese Vermögenszirkulation in die Hände potenziell dynamischerer Eigentümer kämen«.[834]

Natürlich soll es auch eine entsprechend hohe Steuer auf die laufenden Einkünfte geben, die ebenfalls in der Spitze bis zu 90 Prozent betragen soll.[835] Dieser Steuersatz wird auf sämtliche Arbeitseinkommen angewendet, aber auch auf Dividenden, Zinsen, Mieten, Gewinne usw.[836]

Um das Privateigentum abzuschaffen, will Piketty bei den Aktiengesellschaften eine Regelung einführen, die auf den ersten Blick an die deutsche Mitbestimmung mit paritätischer Besetzung des Aufsichtsrates erinnert. Diese Regelung habe jedoch, so Piketty, den Nachteil, dass bei Stimmengleichheit die Stimmen der Aktionäre den Ausschlag geben. Dieser »Nachteil« (dass also der Eigentümer eine Restkontrolle über sein Eigentum behält), soll dadurch beseitigt werden, dass die Stimmrechte eines Aktionärs nicht mehr an die Höhe seiner Kapitaleinlage gekoppelt sein sollen. »Bei Einlagen von mehr als 10 Prozent des Kapitals wäre nur ein Drittel der Einlagen oberhalb dieser Schwelle mit Stimmrechten versehen.«[837] Das Modell der Aktiengesellschaft mit der Regel »eine Aktie eine Stimme« soll geändert werden.[838]

Piketty ist klar, dass die Eigentümer ein solches Land schleunigst verlassen würden. »Die einzige Strategie der Steuervermeidung, die ein solches System den Eigentümern ... offen ließe, bestünde darin, das Land zu verlassen und die fraglichen Vermögenswerte zu veräußern.«[839] Um das zu verhindern, müsste der Staat eine »exit tax« (z. B. von 40 Prozent[840]) einführen. Faktisch handelt es sich um eine fiskalische Mauer, die Unternehmer und anderen vermögende Personen, die keine Lust haben, in Pikettys »partizipativem Sozialismus« zu leben, daran hindert, dem Land den Rücken zu kehren, weil sie dadurch ihr Vermögen bzw. einen großen Teil davon verlören. Das wichtigste Kapital eines Landes bildet jedoch das Humankapital, also das Wissen in den Köpfen der Bevölkerung. Und in einer Zeit, in der Unternehmer und Hochqualifizierte ohnehin global agieren und die Bindungen an ein Land nicht mehr so stark sind wie früher, wird man irgendwann wieder physische Mauern bauen müssen, um das Abwandern der Menschen aufzuhalten.

Pikettys Beispiel belegt: Versuche, die zunächst scheinbar harmlos mit der Absicht daherkommen, den Kapitalismus zu »verbessern«, zu »korrigieren« oder zu »reformieren«, enden immer wieder im Sozialismus und in der Unfreiheit. Der Unterschied zum traditionellen

Sozialismus besteht lediglich darin, dass das Privateigentum nicht mit einem Schlag durch Anordnung einer Partei verstaatlicht wird, sondern dass das gleiche Ziel über den Lauf einiger Jahre mit den Mitteln des Steuer- und des Gesellschaftsrechts erreicht werden soll. Der Rechtstitel des Privateigentums besagt ja nichts mehr, wenn andere darüber entscheiden, was damit geschieht. Ich habe in Kapitel 7 auch das Beispiel des britischen Ökonomen Paul Collier aufgeführt, der ebenfalls antritt, den Kapitalismus zu »reformieren« – und bei dem das Ergebnis tatsächlich ebenfalls faktisch dazu führt, den Kapitalismus abzuschaffen.

Ich dagegen meine: Der Kapitalismus muss nicht von Intellektuellen verbessert werden, er verbessert sich ständig selbst – wenn man ihn denn lässt. Deswegen führt Werner Plumpes umfangreiche Monografie über die Historie des Kapitalismus den gelungenen Untertitel »die Geschichte einer andauernden Revolution«.[841] Das Wesen des Kapitalismus ist es, dass es sich um ein lernendes System handelt. Ich habe den Gedanken entwickelt, dass es in der Realität stets nur Mischsysteme gibt und dass die Veränderungen in der relativen Stärke der beiden Komponenten Staat und Markt in einem jeweiligen System darüber entscheiden, ob sich die Lage der Menschen verbessert oder verschlechtert. Eine sinnvolle Veränderung der Gesellschaft geschieht demnach nicht in der Art, dass alles nach einem Masterplan bzw. nach irgendeiner Theorie auf den Kopf gestellt wird, sondern dass – wenn es geboten erscheint – der Staat zurückgedrängt wird, um dem Markt mehr Raum zu geben.

Die einzige Verbesserung, die ich deshalb vorzuschlagen habe: Der Staat sollte sich konsequenter aus dem gesellschaftlichen und wirtschaftlichen Geschehen heraushalten, als er es heute tut. Das heißt nicht, dass der Staat überflüssig oder unwichtig wäre. Aber es bedeutet, dass Politiker, Parteien und Beamte sich heute viel zu wichtig nehmen. Dabei können wir doch beobachten, dass der Staat in westlichen Ländern in vielen seiner Kernfunktionen versagt: Wir haben das bei der oft dilettantischen Pandemiebekämpfung gesehen. Wir sehen das in vielen westlichen Ländern in der zerfallenden Infrastruktur und einem schlechten Bildungssystem oder bei gravierenden Defiziten im

Bereich der inneren oder äußeren Sicherheit – in Deutschland etwa ist die Bundeswehr in einem erbärmlichen Zustand.

Der Staat ist oft gerade dort schwach, wo er stark sein sollte, und dort viel zu stark, wo er schwach sein sollte, also vor allem im Bereich der Wirtschaft. Politiker verbringen einen Großteil ihrer Zeit damit, neue Ideen für Umverteilung und staatliche Regulierungen zu entwickeln, und ignorieren dabei die Lösung dringlicher Probleme – so etwa einer geordneten Zuwanderungspolitik.

Lasst uns deswegen weniger Staat und mehr Kapitalismus wagen! Nicht im Sinne eines großen Wurfes, eines großen Umsturzes, sondern so, wie es Reagan und Thatcher begonnen, aber nicht fortgeführt haben – dem Markt viel mehr Freiraum geben. Mehr Markt hat den Menschen bisher immer gutgetan, ob nun in China, Vietnam, Polen, Korea oder Schweden. Dabei sollte man nicht dogmatisch sein. Die Utopie eines 100 Prozent reinen Kapitalismus ist eben auch eine Utopie – und Utopien einer vermeintlich perfekten Welt haben in der Geschichte zu viel Leid angerichtet. Mehr Marktvertrauen statt blindes Staatsvertrauen – das ist etwas, wofür es sich einzusetzen lohnt, weil es erwiesenermaßen funktioniert hat. Und weil es auch das moralischere System ist, das nicht nur Armut und Hunger reduziert, sondern vor allem den Menschen mehr Freiraum lässt, ihre eigenen Träume zu träumen. Schon deshalb ist der Kapitalismus anderen Systemen überlegen.

Wenn der Kapitalismus wirklich zu einem Ende kommen sollte, dann nicht wegen innerer Widersprüche und Systemschwächen, sondern weil die Antikapitalisten an der ideologischen Front erfolgreicher waren als die Anhänger des Marktes. Dass die Antikapitalisten oft erfolgreicher sind als die Anhänger des Marktes, hat viele Gründe. Die Menschen, die den Kapitalismus am Leben halten – Unternehmer, Arbeiter und Angestellte –, sind mit produktiver Wertschöpfung vollauf beschäftigt und haben meist wenig Zeit, sich an gesellschaftspolitischen Debatten zu beteiligen. Intellektuelle, Medien und Politiker verbringen hingegen den ganzen Tag damit. Sie haben oft eine höhere sprachliche Kompetenz – manchmal leider ihre einzige Kompetenz.

Sie müssen keine Werte schaffen, weil ihre Gehälter meistens aus Steuergeld finanziert werden.

Unternehmer sind es gewohnt, sich veränderten Rahmenbedingungen flexibel anzupassen. Diese Eigenschaft ist in einer Marktwirtschaft ungeheuer wichtig, und wer sie nicht beherrscht, bezahlt das nicht selten mit der Existenz seiner Firma. Der Opportunismus im Sinne der laufenden pragmatischen Anpassung an sich ändernde Rahmenbedingungen, der im Bereich der Wirtschaft eine Tugend sein kann, ist im Bereich der Politik indes meist ein Fluch.

Das eigentliche Problem heute sind nicht ideologisch verbohrte Antikapitalisten, sondern die Schwäche und der Opportunismus derjenigen, deren Aufgabe es sein sollte, für den Kapitalismus einzustehen und zu werben. Im besten Fall verteidigen sie den Kapitalismus halbherzig, defensiv, oft weichen sie rasch vor den Attacken der Systemgegner zurück, halten den Mund. Viele unterliegen dem Irrglauben, wenn man den Antikapitalisten inhaltlich ein Stück weit entgegenkäme, nähme man ihnen den Wind aus den Segeln oder könne sie besänftigen. Die Antikapitalisten deuten dieses Zurückweichen zu Recht als Zeichen von Schwäche, fühlen sich bestärkt, stellen neue »Forderungen« und intensivieren ihre Angriffe.

Vor zwei Jahren war ich in London zum Abendessen mit Madsen Pirie verabredet, dem Präsidenten des renommierten Adam Smith Institute. Wir sprachen auch über die Zukunft des Kapitalismus. Pirie war damals 80 Jahre alt – er kannte viele große Vordenker und Praktiker des Kapitalismus persönlich, von Friedrich August von Hayek bis Margaret Thatcher. Im Laufe des Gesprächs sagte er mir: »Vielleicht geht der Kapitalismus in manchen Ländern unter, aber es wird immer wieder Länder geben, die ihn neu entdecken und damit erfolgreich sind. Und die damit ein Signal setzen, das nicht zu übersehen sein wird.« Ich dachte an seine Worte, als ich mich näher mit Vietnam beschäftigte. Ein Land, das zwar – wie China – von einer Partei beherrscht wird, die sich kommunistisch nennt und in dem es kaum politische Freiheiten gibt, wo die Marktwirtschaft aber vermutlich mehr Anhänger hat als in vielen westlichen Ländern und das seit den 1980er-Jahren enorme Fortschritte auf dem Weg zur wirtschaftlichen Freiheit gemacht hat.

Aber ob nun in China, Europa oder den USA: Überall auf der Welt tobt der Kampf zweier Linien – der sozialistischen und der kapitalistischen Linie. Es ist der Kampf zwischen den Staatsgläubigen, die den Menschen immer neue Ketten der Regulierung anlegen, und den Kräften der Freiheit, die diese Ketten sprengen wollen.

Vor vier Jahrzehnten errang die kapitalistische Linie einige wichtige Zwischenerfolge, in China, in den USA, in Großbritannien oder auch in Schweden. Doch mit dem historischen Abstand zum Zusammenbruch des Sozialismus gewinnt die sozialistische Linie wieder an Kraft und Zustimmung, überall auf der Welt. Die Feinde der Freiheit, die von der Vergesslichkeit der Menschen profitieren, sind auf dem Vormarsch, der Kapitalismus ist in die Defensive geraten.

Dass der Kapitalismus bislang trotz aller Untergangsprognosen überlebt hat, ist keine Garantie dafür, dass er auch die nächsten Jahrzehnte oder Jahrhunderte überleben wird. Aber wenn der Kapitalismus zu einem Ende kommen sollte, dann nicht durch sich selbst, sondern weil durch staatliche Eingriffe immer größere Probleme aufgehäuft werden, die schließlich in einer großen Krise münden. Diese Krise wird den Menschen, deren Denken durch antikapitalistisches Framing bestimmt ist, dann als Krise des Kapitalismus erscheinen, und die Antikapitalisten, die die Krise durch ihr Wirken eigentlich erst erzeugt haben, werden sich bestätigt fühlen, dass ihre Prophezeiungen endlich eingetreten sind. Die durch immer neue und immer heftigere Staatseingriffe heraufbeschworene Krise und das Versagen des Staates erscheint den Menschen dann als Versagen des Marktes und Scheitern des Kapitalismus. Gerade dann wird es wichtig sein, dass sich Stimmen erheben, die erklären: Kapitalismus ist nicht das Problem, sondern die Lösung.

Weiying Zhang: Marktwirtschaft und allgemeiner Wohlstand

Vorbemerkung: Dies ist die Übersetzung eines Beitrages von meinem Freund Weiying Zhang, Professor an der National School of Development der Peking University. Er verwendet den Begriff »Marktwirtschaft« synonym zum Begriff »Kapitalismus«, der auch in China verpönt ist.

Warum braucht die Gesellschaft Wirtschaftswissenschaftler? Auf diese Frage kann es verschiedene Antworten geben. Meine Antwort lautet: Die Gesellschaft braucht vor allem deshalb Ökonomen, weil die Marktwirtschaft verteidigt werden muss. Wenn wir keine Marktwirtschaft brauchen, benötigen wir auch keine Ökonomen.

Warum muss die Marktwirtschaft verteidigt werden?

Erstens deshalb, weil die privilegierte Klasse und die Besitzstandswahrer freien Wettbewerb nicht mögen

Die Gesellschaft vor der Marktwirtschaft war eine privilegierte Gesellschaft und eine Klassengesellschaft. Der Weg eines jeden Menschen war von Geburt an vorherbestimmt. Jeder verbrachte sein Leben in seiner eigenen Klasse. Und weil dies als »Schicksal« galt, verspürte die untere Klasse keinen Neid auf die obere Klasse (Mises, 1972). Die Marktwirtschaft ist in der Geschichte der Menschheit das System mit der größten Gleichheit. Sie stellt eine Gesellschaft dar, in der es zwar Ränge, aber keine Klassen gibt. Sie bietet jedem die Möglichkeit, reich zu werden, während sie Privilegien ablehnt. In der Marktwirtschaft ist alles ständig in Bewegung: Niemand bekommt etwas umsonst und niemand ist dazu bestimmt, Armut zu erleiden. In der Marktwirtschaft kann jemand aus armen Verhältnissen reich werden und jemand, der ein großes Vermögen erbt, in Armut landen. Aus diesem Grund sind Menschen, die Privilegien genießen oder davon profitieren wollen, nicht bereit, die Herausforderungen der Marktwirtschaft anzunehmen. Unternehmen, die sich im Marktwettbewerb vorübergehend Vorteile verschafft haben, erfinden verschiedene Gründe, um ein Eingreifen des Staates in den Markt zu verlangen. Dabei versuchen sie, mithilfe des Staates einen Besitzstand zu erhalten, und nutzen Privilegien, um sich selbst zu schützen und Wettbewerber auszuschließen. So reichten beispielsweise in den 1830er-Jahren die britischen Eisenbahn- und Postkutschenunternehmen beim Parlament eine Petition ein, um ein Gesetz zur Beschränkung der aufkommenden Dampfkraftwagen zu erwirken – mit der Begründung der fehlenden Sicherheit (Taylor, 2016, S. 183-6). Mit der gleichen Begründung haben sich in jüngster Zeit Taxiunternehmen in China und einigen anderen Ländern für Gesetze zur Verhinderung von privaten Online-Vermittlungsdiensten zur Personenbeförderung eingesetzt. Einige Unternehmen, die Elektrofahrzeuge anbieten, setzten sich bei der Politik für Subventionen ein und forderten sogar Gesetze zum Verbot von Verbrennungsmotoren, weil diese Fahrzeuge die Umwelt verschmutzen – eine Beispielsliste, die sich fortsetzen lässt. Die Geschichte hat gezeigt, dass die privilegierte Klasse und die Besitzstandswahrung die größte Kraft gegen die Marktwirtschaft darstellen.

Der zweite Grund für die Verteidigung der Marktwirtschaft ist die menschliche »Ignoranz«

Ich verwende das Wort »Ignoranz« hier ohne emotionale Wertung und lediglich, um auf die Grenzen der menschlichen Erkenntnis hinzuweisen. Die Marktwirtschaft, wie ein lebender Körper, ist eine komplexe Ordnung, die sich spontan entwickelt hat und nicht künstlich geschaffen wurde. Es steht kein Schöpfer dahinter (Hayek, 1988). Aufgrund der menschlichen Unvollkommenheit ist die real existierende Marktwirtschaft immer auf die eine oder andere Weise unbefriedigend und es gibt in der Wirklichkeit keine reine Marktwirtschaft (Zitelmann, 2019, S. vi-vii). Aber Menschen haben einen Hang zum Idealismus, und Utopien üben seit jeher eine Faszination aus. Wenn Menschen die reale Marktwirtschaft mit einer idealisierten utopischen Gesellschaft vergleichen, sehen sie stets deren Probleme, nicht deren Vorteile. Hayek (1988) kritisierte den »Szientismus« oder »konstruktivistischen Rationalismus« als eine Denkweise, die von einfachen Systemen (z. B. physikalischen Phänomenen) ausgeht, wissenschaftliches Wissen als das einzige Wissen betrachtet, die Macht der Vernunft überschätzt und die den Menschen in die Irre führt, was seine Einsicht in den Markt anbelangt. Daraus ist, insbesondere unter Intellektuellen, eine marktfeindliche Mentalität entstanden. Viele westliche Denker, darunter der Physiker Albert Einstein und der Philosoph Bertrand Russell, standen bzw. stehen der Marktwirtschaft feindlich gegenüber.

Mangelnde Wirtschaftskenntnisse sind nicht der einzige Grund für die Marktfeindlichkeit. Die Mainstream-Ökonomie liefert uns keine gute Markttheorie (Zhang, 2021). Selbst Wirtschaftswissenschaftler wie der Nobelpreisträger Joseph Stiglitz können den Markt nicht wirklich verstehen und werden so zur Vorhut der Marktgegner. Wenn unangemessene Eingriffe des Staates das normale Funktionieren der Marktwirtschaft stören und zu Fehlentwicklungen führen, wird die Schuld dafür oft der Marktwirtschaft selbst zugeschrieben.

Der dritte Grund: Die Ignoranz der Menschen kann leicht von Opportunisten ausgenutzt werden

Viele Menschen sind nicht in der Lage, auftretende Probleme in der Gesellschaft rational zu betrachten. Dadurch bieten sich Gelegenheiten für diejenigen, die es verstehen zu skandalisieren. Diese Leute kritisieren die Marktwirtschaft nicht unbedingt, weil sie diese als schlecht für die Allgemeinheit erachten, sondern weil sie wissen, dass

Neid eine menschliche Eigenschaft ist. Sie beschuldigen den Markt, Einkommen ungerecht zu verteilen, stigmatisieren die Reichen und sichern sich damit die Aufmerksamkeit, den Beifall und die Unterstützung der Öffentlichkeit. Bei diesen Leuten kann es sich um sogenannte »Gelehrte« oder um machthungrige Politiker handeln. Um Wählerstimmen zu gewinnen und die populistische Karte zu spielen, versprechen linke Politiker in westlichen Ländern den Menschen das Blaue vom Himmel, machen die Unternehmer zum Sündenbock für soziale Probleme und verbreiten marktwirtschaftsfeindliche Parolen. Der Wunsch nach einem »free lunch« ist menschlich, doch die Wirtschaftswissenschaft sagt uns, dass es kein kostenloses Mittagessen auf der Welt gibt.

Das Wunder der Marktwirtschaft aus geschichtlicher Sicht

Will man über die Leistung der Marktwirtschaft für die Menschen sprechen, muss man in die Geschichte zurückblicken. Der Wirtschaftswissenschaftler Bradford DeLong von der University of California in Berkeley (USA) hat die Geschichte vom Beginn der Altsteinzeit vor 2,5 Millionen Jahren bis zum Jahr 2000 analysiert. Nach seinen Untersuchungen erreichte das Pro-Kopf-BIP in dem Zeitraum bis vor 15.000 Jahren, der 99,4 Prozent der Menschheitsgeschichte ausmachte, weltweit 90 internationale Dollar (dies ist ein Gradmesser für Wohlstand, der durch die internationale Kaufkraft im Jahr 1990 definiert wird). Dann dauerte es weitere 0,59 Prozent der Zeit, bis sich das Pro-Kopf-BIP der Welt bis 1750 auf 180 internationale Dollar verdoppelt hatte. Von 1750 bis 2000, d. h. innerhalb von 0,01 Prozent der Zeit, stieg das Pro-Kopf-BIP der Welt um das 37-Fache auf 6.600 internationale Dollar. Anders ausgedrückt: 97 Prozent des Wohlstands der Menschheit wurde in den letzten 250 Jahren geschaffen – also in 0,01 Prozent der Zeit (zitiert nach Beinhocker, 2006, S. 9–10).

Überträgt man DeLongs Daten auf eine Koordinatenkarte, wird deutlich, dass das Pro-Kopf-BIP der Welt in der Zeit von vor

2,5 Millionen Jahren bis heute in 99,99 Prozent der Zeit im Grunde als horizontale Linie verlief. In den letzten 250 Jahren gab es einen plötzlichen, fast vertikalen Anstieg. Gleich ob in Ländern wie den USA, Kanada und Australien oder in den 12 westeuropäischen Ländern wie Großbritannien, Frankreich, Deutschland – oder im aufstrebenden Japan: Überall fand das Wirtschaftswachstum in den letzten ein- oder zweihundert Jahren statt. Und Chinas Wirtschaftswachstum hat sich hauptsächlich in den letzten 40 Jahren vollzogen.

Die Zahlen allein können nicht alles erklären. Was unsere Vorfahren, d. h. das einfache chinesische Volk vor mehr als 100 Jahren und sogar die chinesischen Bauern vor 40 Jahren, konsumieren konnten, unterscheidet sich nicht wesentlich von dem, was in den Qin-, Han-, Sui- und Tang-Dynastien, und schlimmer noch, in der Song-Dynastie konsumiert werden konnte. In Europa ist es ähnlich: Schon die alten Römer konnten das genießen, was ein gewöhnlicher Engländer im Jahr 1800 konsumieren konnte. Und die Römer genossen sogar mehr davon. Doch heute können wir Dinge konsumieren, die sich die Menschen vor 100 Jahren, ja sogar vor 30 Jahren, nicht vorstellen konnten.

Durch die Verbesserung der Lebensqualität hat sich die Lebenserwartung der Menschen erheblich verlängert. Im Jahr 1820 lag die durchschnittliche Lebenserwartung weltweit bei 26 Jahren, was in etwa der Lebenserwartung im alten Rom entsprach. 2019 waren es laut Schätzung der Vereinten Nationen bereits 72,6 Jahre. Inzwischen liegt die durchschnittliche Lebenserwartung in China bei 77 Jahren. Das vielleicht größte »Manko« der Marktwirtschaft ist die zunehmende Langlebigkeit und Alterung.

Einige junge Leute ohne Geschichtswissen wissen vielleicht nicht, dass Lebensmittelgutscheine in China erst 1993 abgeschafft wurden. Vor der Abschaffung des Rationierungssystems brauchte man einen Lebensmittelgutschein, um Lebensmittel in einem Getreidespeicher zu kaufen. Zum Kauf von Speiseöl benötigte man einen Speiseölgutschein, zum Kauf von Stoff einen Stoffgutschein usw. Vor 40 Jahren betrug das Monatsgehalt eines Kaders auf Divisionsebene in China etwas über 60 Yuan. Damals kostete ein Kätti (500 Gramm) Eier mehr als 60 Cent. Das heißt: Mit dem Monatsgehalt eines Divisionskaders konnte man gerade einmal 100 Kätti Eier erstehen. Heute liegt der Monatslohn eines Babysitters in Beijing bei etwa 5.500 Yuan, womit man sich 1.000 Kätti Eier kaufen und über zwei Jahre lang 10 Eier pro Tag essen könnte. Als ich noch auf dem Land lebte, waren die Arbeitspunkte, die die Bauern für einen Tag Arbeit bekamen, 20 Cent wert, was einem halben Kätti Weißmehl entsprach. Jetzt kann in meiner Heimatstadt eine ungelernte Person ohne Ausbildung, die nur die Grund- oder Mittelschule besucht hat, in Teilzeitarbeit täglich 150 Yuan verdienen und damit fast 50 Kilogramm Weißmehl kaufen.

Wie haben die Menschen in den letzten 250 Jahren solche Wunder vollbracht und warum ist das Wirtschaftswachstum Chinas erst in den letzten 40 Jahren eingetreten? Sind die Menschen klüger und weiser als früher? Nein, natürlich nicht. Der menschliche IQ und die Weisheit haben seit der Aufzeichnung der Geschichte keine großen Fortschritte gemacht. Ganz gleich, wie klug die Chinesen heute sind – ich glaube, dass kaum jemand Konfuzius, Menzius und Laotse an Weisheit übertreffen könnte. Das Gleiche gilt für den Westen. Die menschliche Intelligenz hat sich in den letzten paar Tausend Jahren nicht wesentlich verändert.

Könnte es sein, dass es mehr Ressourcen gibt? Auch das ist nicht der Fall. Die Rohstoffe haben nicht nur nicht zugenommen. Vielmehr nehmen die natürlichen Ressourcen der Erde langsam ab. Was hat sich geändert? Ich kann nur eine einzige Antwort darauf geben: Die Menschheit hat ein neues Wirtschaftssystem entwickelt – die Marktwirtschaft. Großbritannien hat vor mehr als 200 Jahren mit der Marktwirtschaft begonnen und damit die Wirtschaft in Schwung gebracht. China wandte sich vor 40 Jahren erstmals der Marktwirtschaft zu. Und seither hat das Land einen gewaltigen Sprung gemacht.

Nach der landläufigen Überzeugung ist die Verbesserung des menschlichen Lebensstandards auf den technischen Fortschritt zurückzuführen. Die Frage ist: Was treibt den technischen Fortschritt an? Warum schreitet die Technik in manchen Systemen voran, in anderen aber nicht? Die geschichtliche Entwicklung hat gezeigt, dass nur die Marktwirtschaft in der Lage ist, den technologischen Fortschritt maßgeblich zu fördern und neue Technologien schnell zum Nutzen der Allgemeinheit zu vermarkten. Auch in der Antike gab es einige technische Erfindungen. Allerdings schufen diese Erfindungen nur selten einen Wert für die Verbraucher oder Wohlstand für die Gesellschaft, weil sie nicht unter dem Druck des Marktwettbewerbs hergestellt wurden und sich nur schwer vermarkten ließen. Was kluge Köpfe sich ausdenken, entspricht manchmal nicht den Wünschen der Konsumenten.

Marktwirtschaft ist Kooperation zwischen Fremden

Die Marktwirtschaft ist eine Kooperation zwischen Fremden. Durch Zusammenarbeit kann Wert geschaffen werden. Dies ist eines der Grundprinzipien der Wirtschaftswissenschaften. Allerdings läuft die Kooperation in der Marktwirtschaft nicht einfach wie in einer Volkskommune ab, in der alle Menschen zusammenarbeiten und die gleiche Arbeit verrichten. Stattdessen beruht die Zusammenarbeit hier auf Arbeitsteilung und Spezialisierung. Verschiedene Menschen verrichten verschiedene Dinge und tauschen diese dann untereinander aus. Durch Arbeitsteilung und Spezialisierung kann jeder seine Vorzüge maximieren, seine Talente zum besten Nutzen einbringen und den technischen Fortschritt fördern. Durch Transaktionen kann dann jeder bekommen, was er braucht. Da niemand bereit ist, einen Handel ohne eigenen Nutzen einzugehen, muss die Marktwirtschaft ein Positivsummenspiel und kein Nullsummenspiel sein.

In der traditionellen Gesellschaft beschränkt sich die Zusammenarbeit auf Bekannte und Blutsverwandte wie Brüder und Schwestern, Menschen aus dem gleichen Dorf oder aus der gleichen Kirche. Die Zusammenarbeit zwischen Fremden ist selten. Doch heute geht die menschliche Zusammenarbeit nicht nur über Blutsbande und Verwandtschaft, sondern auch über Regionen und über nationale Grenzen hinweg und ist global. In der heutigen Zeit sind uns die Hersteller von 99,9 Prozent der Waren, die wir konsumieren, unbekannt. Und ein Hersteller, der Produkte verkauft, kennt die meisten Konsumenten dieser Produkte nicht. Hayek spricht hier von der »erweiterten Ordnung« (Hayek, 1988). Es ist diese groß angelegte Zusammenarbeit zwischen Fremden, die den Wohlstand der Welt in einem ungeheuren Tempo wachsen ließ.

Doch um eine Zusammenarbeit zwischen Fremden zu erreichen, muss zunächst eine sehr wichtige Frage geklärt werden: die Frage des Vertrauens. Wenn der Käufer dem Verkäufer nicht vertraut, scheut er davor zurück, dessen Produkte zu kaufen, und die Produkte bleiben liegen. Aber in einer Marktwirtschaft gibt es nicht nur eine »unsichtbare Hand«, sondern auch ein »unsichtbares Auge« (Klein, 1997, S. 2). Fremde können deshalb zusammenarbeiten, weil wir von einem unsichtbaren Auge beobachtet werden. Jeder muss die Verantwortung für sein Handeln übernehmen. Ein großer Teil der Kritik an der Marktwirtschaft ist dem Missverständnis geschuldet, dass die Menschen nur den ersten Faktor – die »unsichtbare Hand« – beachteten und die Auswirkungen des zweiten Faktors – das »unsichtbare Auge« – übersahen. Aus Sicht der Kritiker herrscht in der Marktwirtschaft überall Betrug. Tatsächlich hat sich indes gezeigt, dass Menschen umso mehr auf ihre Vertrauenswürdigkeit achten, je weiter die Marktwirtschaft entwickelt ist. Denn um am Markt Erfolg zu haben, muss sich ein Unternehmen einen guten Ruf erarbeiten. Ein Unternehmen mit einem schlechten Ruf, dem niemand vertraut, ist dem Untergang geweiht.

Gewinn heißt, dass der Chef die Verantwortung übernimmt

Wie baut man Vertrauen auf dem Markt auf? Ich werde hier drei Begriffe in den Mittelpunkt stellen: Unternehmen, Gewinn und Unternehmer. Diese drei Konzepte sind der Schlüssel zum Verständnis der Marktwirtschaft (Zhang, 2015, S. 9–12).

In China gibt es 1,4 Milliarden Menschen. Würde jeder von ihnen seine eigenen Produkte herstellen und auf dem Markt verkaufen, wem könnte man dann noch trauen? Anders gesagt: Wenn alle Markenzeichen für Waren am Markt abgeschafft würden, was würde man dann noch vertrauensvoll kaufen können? Vielleicht traut man sich, die einfachsten Waren wie Kartoffeln, Reis und Obst zu kaufen. Aber wagt man es auch, Dinge wie Autos, Computer, Mineralwasser und Projektoren zu kaufen, die in Qualität und Funktion schwer zu unterscheiden sind? Nein! Bei 99 Prozent der Waren hätte man Bedenken. Was dann? Es gibt einen Weg. 1,4 Milliarden Menschen werden in verschiedene Gruppen eingeteilt, zum Beispiel in 30 Gruppen wie Leute aus Henan, Hebei, Shandong, Shaanxi, Beijing usw. Nach dieser Einteilung kennen wir zwar nicht jeden. Doch wir wissen: Das ist jemand aus der Gruppe Shandong, der Gruppe Kanton usw. und wir können eine gewisse Gruppenverantwortung übernehmen. Wenn uns jemand betrügt, wissen wir zumindest, ob er zur Gruppe Kanton oder zur Gruppe Shandong gehört.

Unternehmen sind eine Art sozialer Gruppierung. Jedes Unternehmen hat seinen eigenen Namen (Markenzeichen). Wurden wir belogen, können wir Klage einreichen oder ich werde von diesem Anbieter einfach nichts mehr kaufen. Wenn also die Produktion durch Unternehmen erfolgt, muss jedes Unternehmen für seine eigenen Produkte verantwortlich sein, damit wir Vertrauen aufbauen können.

Wie versetzt uns ein Unternehmen in die Lage zu vertrauen? Die Antwort hängt mit der Eigentumsverteilung und dem Gewinnsystem zusammen. Ein Beispiel: Ein Unternehmen besteht aus 10.000 Personen, von denen theoretisch jeder zum Eigentümer werden kann. Die jährlichen Einnahmen dieses Unternehmens belaufen sich auf 100 Millionen, die zu gleichen Teilen unter 10.000 Personen aufgeteilt werden. Jeder erhält 10.000 Yuan. Das klingt erst einmal fair. Aber wer übernimmt die Verantwortung, wenn etwas schiefgeht? Wenn jeder verantwortlich sein soll, führt das dazu, dass am Ende niemand verantwortlich ist und das Unternehmen keine Einnahmen zum Verteilen hat.

In der Praxis wenden die Unternehmen eine andere Form der Verantwortungszuweisung an, d. h. ein Teil trägt die Verantwortung für

Fahrlässigkeit, der andere Teil haftet generell für Fehler der Produkte. Die für die Fahrlässigkeit verantwortliche Person erhält ein vertraglich geregeltes Einkommen (Gehalt), d. h. wenn sie nicht zu spät kommt oder zu früh geht, nicht fehlt, nicht gegen die Arbeitsvorschriften verstößt, muss sie am Ende des Monats ein Monatsgehalt erhalten. Diese Person wird als Arbeitnehmer bezeichnet. Die andere Gruppe, die Arbeitgeber, streichen den Gewinn ein und tragen die Gefährdungs- oder Resthaftung.

Vereinfacht gesagt heißt das: Solange dir andere keine Fehler nachweisen können, bis du nicht verantwortlich. Das ist der Arbeitnehmer. Kannst du anderen keine Fehler nachweisen, gehen alle Fehler auf dein Konto. Das gilt für den Arbeitgeber. Der Arbeitgeber kann von den Konsumenten kein Geld mit der Begründung verlangen, er habe keinen Fehler gemacht. Und er kann auch seine Arbeitnehmer nicht verklagen, wenn er einen Verlust gemacht hat. Ein Arbeitnehmer hingegen kann bei fehlerfreiem Verhalten von seinem Arbeitgeber seinen Lohn oder Gehalt verlangen. Verweigert der Arbeitgeber die Zahlung, kann er gerichtlich gegen ihn vorgehen. Dies ist der Unterschied zwischen Arbeitgeber und Arbeitnehmer.

Der Gewinn oder das Ergebnis ist der Überschuss, der einem Unternehmen nach Abzug von Kosten wie z. B. Löhnen von seinen Einkünften bleibt. Dieses Ergebnis kann positiv oder negativ sein. Wer Gewinne macht, muss auch Risiken eingehen; es handelt sich also um einen Anreizmechanismus. Wenn ein Arbeitnehmer einen Fehler macht, wird zunächst der Chef dafür verantwortlich gemacht. Das einfachste Beispiel dafür: Sie besitzen ein Restaurant. Wenn der Koch das Geschirr nicht sauber abwäscht und Gäste mit Durchfall ins Krankenhaus müssen, tragen Sie die Verantwortung dafür. Deshalb muss der Chef seine Mitarbeiter sorgfältig überwachen und ihr Verhalten regeln, damit die Kunden die Produkte des Unternehmens vertrauensvoll kaufen können.

Darüber hinaus müssen Arbeitgeber aber nicht nur für die Fehler ihrer Mitarbeiter, sondern auch für die ihrer Lieferanten die Verantwortung übernehmen. Nehmen wir an, Sie haben einen Markencomputer gekauft, bei dem ein bestimmtes Teil, z. B. der Bildschirm, der Chip oder der Lüfter, nicht funktioniert oder der Akku explodiert. Dann wird zuerst der Computerhersteller und nicht der Teilelieferant verantwortlich sein. Ein Markenunternehmen nutzt also seine eigene Marke, um den Verbrauchern ein Versprechen zu geben. Es garantiert dabei: Wenn Sie meine Produkte kaufen, bin ich für das Problem verantwortlich. Auf diese Weise entsteht ein Markt, in dem allgemeines Vertrauen herrscht. So kann die Zusammenarbeit zwischen Fremden geordnet ablaufen und der kontinuierliche Anstieg des gesellschaftlichen Wohlstands ist gesichert.

Gewinn ist demnach ein System der Verantwortung und eine Form der Bewertung. Der Markt teilt die Rechenschaftseinheiten durch die Organisationsform des Unternehmens auf und hält nach, wer die Verantwortung für die Gewinne trägt. Auf diese Weise ist jeder für sein Handeln verantwortlich und es herrscht Vertrauen am Markt.

Die Verbraucher bestimmen, wer in der Marktwirtschaft reich wird

Warum werden manche Menschen zu gewinnorientierten Unternehmern und andere zu Lohnempfängern? Das liegt daran, dass die Menschen unterschiedliche unternehmerische Fähigkeiten besitzen. In der Marktwirtschaft kann jeder frei wählen, ob er Unternehmer oder Arbeitnehmer sein will. Es gibt keine diskriminierende Vorschrift, nach der nur Herr A Unternehmer und Herr B nur Arbeitnehmer sein kann. Der Wettbewerb hat jedoch zur Folge, dass Unternehmer nur diejenigen werden können, die über genügend unternehmerische Fähigkeiten verfügen. Unternehmertum ist im Wesentlichen die Fähigkeit, Verantwortung für andere zu übernehmen. Im Allgemeinen hängt die Gewinnhöhe von der Fähigkeit des Unternehmers ab. Doch aufgrund der vielen Unsicherheiten am Markt kann jeder Unternehmer Geld verlieren, wie fähig er auch sein mag. Auf jeden erfolgreichen Unternehmer kommen mehrere, die scheitern. Man darf nicht nur die Unternehmer sehen, die viel Geld verdient haben, und dabei jene übersehen, die alles verloren haben. Und wer neidisch auf einen erfolgreichen Unternehmer ist, kann jederzeit sein eigenes Glück versuchen. Allerdings muss er dabei bedenken, dass er bei mangelnden Fähigkeiten alles verlieren kann.

Was genau ist der Markt? Der Markt ist ein System, in dem andere und nicht man selbst das letzte Wort darüber sprechen, ob man etwas richtig oder falsch gemacht hat. Der Markt entscheidet darüber, was wertvoll und ist was nicht, und der Käufer hat das letzte Wort. Prahlerei ist daher nutzlos. Wer keinen Wert für andere schafft, kann auch keine Einkünfte erzielen. Ist bei zwei konkurrierenden Unternehmen eines im Vorteil, dann heißt dies, dass dieses Unternehmen einen größeren Mehrwert (d.h. die Differenz zwischen Wert und Preis) für die Verbraucher zu schaffen vermochte. Beim Wettbewerb zwischen Unternehmen geht es immer darum, einen Mehrwert für die Verbraucher zu schaffen.

Oft hört man, dass Unternehmer das Geld der Verbraucher einstreichen und die Verbraucher von den Unternehmern ausgebeutet werden. Doch das ist falsch. Wenn es in einem Wettbewerbsmarkt keine Privilegien gibt, können die Gewinne nur aus dem von den Unternehmern für die Verbraucher geschaffenen Wert herrühren. Und kein Konsument ist bereit, 10,01 Yuan für etwas zu zahlen, das nur 10 Yuan wert ist. Tatsächlich ist das Geld, das ein Unternehmer verdient, nur ein kleiner, ja oft sogar winziger Teil des von ihm geschaffenen Wohlstands und der größte Teil davon geht an die Konsumenten. Ganz gleich, wie reich Bill Gates ist: Sein Reichtum ist nur ein Tropfen auf dem heißen Stein im Vergleich zu dem Wert, den Microsoft für die Menschheit geschaffen hat.

In einer Marktwirtschaft ist das Geld, das ein Unternehmer verdient, im Durchschnitt proportional zu der Anzahl der von ihm bedienten Kunden. Ein Unternehmer, der nur wenigen Menschen Produkte und Dienstleistungen anbietet, kann nicht viel verdienen. Viel Geld verdienen können nur Unternehmer, die den Massenmarkt bedienen (Mises, 1972, Kapitel 1). Daher werden die Reichen (Unternehmer) in der Marktwirtschaft von den Konsumenten gewählt, die mit ihrem Geld abstimmen. Jeder von uns ist Konsument. Wenn wir neidisch darauf sind, dass ein bestimmter Unternehmer zu viel Geld verdient, können wir nur uns selbst dafür verantwortlich machen, denn wir sind es ja schließlich, die seine Produkte gekauft und ihn damit reich gemacht haben. Wenn die meisten Verbraucher die von Tencent angebotenen Produkte nicht mehr verwenden und auf die Nutzung von WeChat, QQ und Online-Spielen verzichten, wird Ma Huateng nicht mehr reich sein. Aber wir alle sind nicht zu diesem Verzicht bereit – und zwar nicht aus Dummheit oder Gutmütigkeit, sondern weil uns diese Produkte einen größeren Nutzen bringen und wir denken, dass sie das Geld wert sind. Es ist paradox: Auf der einen Seite kauft man bereitwillig seine Produkte, auf der anderen Seite ist man sauer auf ihn, weil er Geld macht.

Die einfachen Menschen sind die größten Nutznießer der Marktwirtschaft

Wer profitiert am meisten von der Marktwirtschaft? Sind es die Reichen? Nein! Die größten Nutznießer der Marktwirtschaft sind die einfachen Menschen. Nehmen wir ein einfaches Beispiel dafür: Thomas Edison hat die Glühbirne erfunden, die das Leben aller erleichterte. Aber der Wert der Glühbirne ist für die Reichen viel geringer als für die Armen, denn die Reichen konnten es sich auch leisten, viele Kerzen anzuzünden, die Armen jedoch nicht. Ein anderes Beispiel: Jetzt, wo es das Fernsehen gibt, stehen die Lieder und Theaterstücke der Künstler allen offen, während früher nur einige wenige reiche Leute und der Adel in den Palästen in den Genuss von Live-Aufführungen kamen. Das Gleiche gilt für Autos. Früher konnten sich die Reichen eine Limousine leisten, während die Armen zu Fuß gehen mussten. Heute können sich auch die einfachen Leute ein Auto als Transportmittel leisten. Der Unterschied zwischen dem Fahren eines Audi und eines Xiali ist viel geringer als der Unterschied zwischen der Fahrt in einer

Limousine und dem Zufußgehen. Das trifft für alle neuen Produkte und neuen Technologien zu. Vom Fastfood zum Mitnehmen hat der Normalbürger den größten Nutzen, während er mit dem öffentlichen WeChat-Konto selbst zum Medienmacher wird. Auch wenn einige neue Produkte anfangs nur von den Reichen genutzt werden und als Luxusgüter gelten, so werden sie bei sinkenden Kosten schnell zu einem Muss für die meisten Menschen – und das ist auch das Ziel der Unternehmer, die diese Produkte entwickeln. Die Reichen bezahlen lediglich die Kosten der Forschung und Entwicklung neuer Produkte für den Normalbürger (Hayek, 2011, S. 917–98). Die größten Nutznießer der Marktwirtschaft sind also die einfachen Leute und nicht die privilegierte Klasse. Zumindest im Hinblick auf den Konsum hat die Marktwirtschaft die Menschen gleicher gemacht.

Warum können sich die Verbraucher die von Unternehmern hergestellten Produkte leisten? Weil die Unternehmer mit der Bereitstellung von Verbraucherprodukten im Gütermarkt den Verbrauchern gleichzeitig Möglichkeiten bieten, auf dem Faktormarkt Einkünfte zu erzielen. In einer Marktwirtschaft beziehen die meisten Menschen den Großteil ihres Einkommens aus Lohn. Lohn entsteht durch Arbeit und ohne Arbeit gibt es keinen Lohn. Wer hat die Arbeitsplätze geschaffen? Die Unternehmer! Arbeitsmöglichkeiten in einer Gesellschaft sind keine natürliche Gegebenheit, sondern werden von Unternehmern geschaffen. Ohne Unternehmer gäbe es für die meisten Menschen keine Arbeitsmöglichkeiten und damit auch kein Einkommen. Auch ist die mögliche Lohnhöhe eines Arbeitnehmers stark von der Fähigkeit der Unternehmer abhängig. Denn die Produktivität der Arbeitnehmer ist an die Fähigkeit der Unternehmer gebunden. Arbeitnehmer erzielen bei einem sehr fähigen Unternehmer eine größere Wertschöpfung als bei einem, der weniger fähig ist. Je größer die Zahl der Unternehmer in einer Gesellschaft und je besser ihre Fähigkeiten, desto höher sind also die Löhne der Arbeitnehmer.

Damit behaupte ich natürlich nicht, dass die Arbeitnehmer von den Unternehmern ernährt werden. In einer Marktwirtschaft trägt jeder für sich selbst Sorge. Aber allgemein gesehen werden die

Beschäftigungsmöglichkeiten für Arbeitnehmer tatsächlich von Unternehmern geschaffen. Nehmen wir das Beispiel Chinas: In der Zeit der Planwirtschaft machte die städtische Bevölkerung in China weniger als 20 Prozent der Gesamtbevölkerung aus. Selbst bei einer so geringen Urbanisierung konnten viele der in den Städten Geborenen dort keine Beschäftigungsmöglichkeiten finden. So war die Regierung gezwungen, 20 Millionen »gebildete Jugendliche« aufs Land zu schicken. Nach Beginn der Reform und der Öffnung Chinas wurden Hunderte Millionen Landbewohner zur Arbeit in die Städte gelockt und einige Unternehmen hatten mitunter Probleme bei der Anwerbung von Arbeitskräften. Analysen belegen, dass die Zahl der Beschäftigten und die Durchschnittslöhne umso höher sind, je mehr Unternehmer in einer Region tätig sind. Am besten lassen sich also die Einkommen der Arbeitnehmer erhöhen, wenn der Markt für Unternehmer freier und kompetitiver wird, und nicht umgekehrt. Eine Abschaffung des Unternehmertums würde für die große Mehrheit der Chinesen eine Rückkehr in die absolute Armut bedeuten.

Der Markt sorgt für gerechtere Einkommensverteilung

Es ist verständlich, dass viele Menschen über Armut und ungleiche Einkommensverteilung in der Gesellschaft besorgt sind. Einige führen dies auf marktorientierte Reformen zurück und andere glauben sogar, dass eine Marktwirtschaft unweigerlich die Kluft zwischen Arm und Reich vergrößern wird. Doch dem ist nicht so.

In der vormarktwirtschaftlichen Gesellschaft lebte die große Mehrheit der Menschen im Osten wie im Westen unterhalb der Existenzgrenze. Hungersnöte waren an der Tagesordnung. Die Marktwirtschaft ist der einzig wirksame Weg zur Lösung des Armutsproblems. Je freier die Wirtschaft agieren kann, desto geringer ist die Zahl der armen Menschen. Eine Studie der Weltbank hat belegt, dass in den Entwicklungsländern die Rate extremer Armut in den am wenigsten freien Ländern bei 41,5 Prozent lag, jedoch nur bei 2,7 Prozent unter den freiesten Volkswirtschaften (zitiert nach Zitelmann, 2019, S. 129). China ist dafür ein sehr überzeugendes Beispiel. Laut Weltbank ist die Armutsquote in China von 88 Prozent im Jahr 1981 auf 0,7 Prozent im Jahr 2015 gesunken, gemessen an dem Anteil der Menschen, die mit umgerechnet 1,90 US-Dollar oder weniger pro Tag (Kaufkraftparität von 2011) auskommen müssen. 40 Jahre nach der Reform und Öffnung wurde das Problem der absoluten Armut in der chinesischen Gesellschaft im Wesentlichen gelöst.

Die Marktwirtschaft kann das Armutsproblem wirksamer lösen, da sie auch einfachen Menschen die Möglichkeit bietet, ein Vermögen zu verdienen. In einer Nichtmarktwirtschaft stehen solche Möglichkeiten nur einigen wenigen privilegierten Gruppen zur Verfügung. Die urbanen Selbstständigen in China in den 1980er-Jahren kamen alle aus den unteren sozialen Schichten. Privilegierte Menschen konnten in der Armee dienen oder beim Staat oder in staatlichen Unternehmen arbeiten, aber was blieb denen ohne Privilegien und Beziehungen? Sie mussten ihre eigenen Unternehmen gründen! Sie sammelten Lumpen ein, stellten Straßenstände auf und verkauften Melonenkerne, Tee und Kleidung. So wurden sie wohlhabend. Das ist in einer Planwirtschaft unmöglich. Übrigens sind Müllentsorgung und Umweltschutz in China zu einem großen Teil den Lumpensammlern zu verdanken. Ihnen gebührt große Anerkennung!

Es ist unbestreitbar, dass Staat und Wohltätigkeitsorganisationen einen Beitrag zur Lösung des Armutsproblems leisten können. Aber es muss uns klar sein, dass das Geld für die Armutsbekämpfung zwar vom Staat oder von Wohltätigkeitsorganisationen kommt, letztlich jedoch von Unternehmern erwirtschaftet wird. Was der Staat und die Wohltätigkeitsorganisationen tun können, besteht darin, Wohlstand von einer Gruppe von Menschen auf eine andere Gruppe umzuverteilen. Man kann nichts aus dem Nichts erschaffen. Der Staat und Wohltätigkeitsorganisationen können nur deshalb Geld zur Armutsbekämpfung einsetzen, weil Unternehmer Wohlstand schaffen. So ist es nicht verwunderlich, dass internationale Hilfsgelder immer von Ländern mit Marktwirtschaft in Länder ohne Marktwirtschaft fließen und nicht umgekehrt. In ähnlicher Weise fließen auch Chinas inländische Mittel zur Armutsbekämpfung von Regionen mit einem hohen Marktöffnungsgrad in Regionen mit einem niedrigen Marktöffnungsgrad. Ohne Unternehmer, die sich für die Schaffung von Wohlstand einsetzen, ist der Staat außerstande, Gelder umzuverteilen – das sollte man nicht vergessen.

Bei der Diskussion über die Schere zwischen Arm und Reich wird oft die vertikale Mobilität zwischen Arm und Reich außer Acht gelassen. Eines der wichtigsten Merkmale einer Marktwirtschaft ist tatsächlich, dass sich Reiche und Arme in einem fluiden Verhältnis zueinander befinden. Schumpeter verglich den Club der Reichen in einer Marktwirtschaft mit einem Luxushotel, das immer voll belegt ist, wobei sich aber die Namen der Gäste ständig ändern (Schumpeter, 1980 (1934), S. 156). In ähnlicher Weise ist die sogenannte »untere Einkommensklasse« wie ein unterirdisches Hotel immer überfüllt. Es ziehen jedoch von Zeit zu Zeit einige Leute aus und neue Leute ein, wobei die neuen Bewohner früher Prominente aus Luxushotels gewesen sein können.

Von den 100 reichsten Personen in China, die 2010 auf der Hurun-Liste standen, sind 10 Jahre später nur noch 30 auf dieser Liste zu finden. Von den obersten 20 des Jahres 2010 befinden sich nach 10 Jahren nur noch 3 Personen in diesem Rang, während 6 Personen es nicht einmal mehr auf die Liste der 100 Personen geschafft haben. Eine Studie der Professoren Khor und Pencavel von der Stanford University ergab, dass 50,4 Prozent der Chinesen, die 1990 in der untersten Einkommensgruppe von einem Fünftel der Bevölkerung Chinas waren, 1995 den Sprung aus dieser Gruppe geschafft hatten und 2,1 Prozent von ihnen sogar in die höchste Einkommensgruppe aufgestiegen waren. Dagegen gehörten von dem einen Fünftel der reichsten Bevölkerungsgruppe 1995 nur noch 43,9 Prozent zur höchsten Einkommensgruppe, wovon fast 5 Prozent in die niedrigste Einkommensgruppe abgestiegen waren (Khor und Pencavel, 2006). Dies zeigt, dass die Reformen und die Öffnung die vertikale Mobilität der chinesischen Gesellschaft stark verbessert haben. Die meisten der chinesischen Unternehmer, die heute auf der Liste der Reichen stehen, waren vor Jahrzehnten oder sogar vor mehr als einem Jahrzehnt arme Schlucker. Solange China an den marktorientierten Reformen festhält, ist es absehbar, dass viele von ihnen in wenigen Jahren nicht mehr auf der Liste stehen werden.

Ich habe eine statistische Analyse durchgeführt, die ein anderes Bild zeigt, als man gemeinhin glaubt – selbst, wenn man die vertikale Mobilität außer Acht lässt und nur den Gini-Koeffizienten zur Messung der Einkommensunterschiede heranzieht. Am Beispiel des Jahres 2001 zeigt sich, dass unter den 30 Provinzen, Gemeinden und autonomen Regionen in China die Regionen mit dem geringsten Einkommensgefälle im Durchschnitt die sind, die die beste Marktdurchdringung, die wenigsten staatlichen Wirtschaftssektoren und die niedrigste Steuerquote aufweisen (Zhang, 2015, Kapitel 13).

Welche Folgerung können wir aus diesen Analysen ziehen? Wenn sich der Staat weniger in das Wirtschaftsgeschehen einmischt, haben die Menschen mehr Freiheit, sich unternehmerisch zu betätigen, wobei ein harter Wettbewerbskampf herrscht und die Gewinne aus der Geschäftstätigkeit vergleichsweise niedrig sind. Gibt es in einer Region indes nur wenige privilegierte und gut vernetzte Menschen, die sich geschäftlich betätigen können, oder wagen nur die Kühnsten den Sprung in die geschäftliche Selbstständigkeit, sind die Gewinne aus der Geschäftstätigkeit viel höher. So gibt es in der Provinz Zhejiang beispielsweise mehr geschäftlich tätige und wohlhabende Menschen, aber die Rentabilität ist sehr gering. Hingegen sind in Gegenden wie dem Nordosten Chinas die meisten Menschen nicht geschäftlich tätig, doch einige wenige, die den Schritt wagen, können sehr viel Geld verdienen. Warum? Weil das Marktumfeld dort nicht gut ist. Wir sehen also, dass die Einkommensunterschiede umso geringer sind, je offener der Markt ist und je weniger der Staat eingreift.

Darüber hinaus spiegelt sich die Gleichheit nicht nur im Einkommen wider, sondern auch in anderen Aspekten wie Freiheit, Rechte und Wahlmöglichkeiten. Welche Freiheiten hatten die einfachen Menschen in der Vergangenheit? Ich selbst komme vom Land und zu meiner Zeit wurden dort die Wassermelonen und Äpfel, die auf dem privaten Land der Bauern erzeugt wurden, zwar auf dem Markt verkauft. Doch das wurde als kriminelle Spekulation angesehen und die Bauern wurden angeprangert oder sogar ins Gefängnis geworfen. Ihnen wurde nicht einmal das Grundrecht des Menschseins zugestanden. Damals konnten sich die Bauern das ganze Jahr weder Fleisch leisten noch Nudeln kaufen. Doch wenn die Gemeindekader ins Dorf kamen, waren alle beflissen, diese mit Weißmehl und Fleisch zu bewirten. Und warum? Nur wenn die Eltern eine Beziehung zur Obrigkeit hatten, konnten die Kinder darauf hoffen, Soldat zu werden und für öffentliche Aufgaben rekrutiert zu werden, auch wenn die Hoffnung sehr gering war. Deshalb glaube ich nicht, dass die Reform und die Öffnung die chinesische Gesellschaft ungleicher gemacht haben, sondern vielmehr gleicher und gerechter.

Hüte dich vor Neid im Gewand der Gerechtigkeit

In seinem Buch *The Birth of Plenty* (auf Deutsch: »Die Geburt des Überflusses«) beschäftigte sich der amerikanische Wissenschaftler William Bernstein (2004) mit dem Aufstieg des modernen Westens aus der Sicht der wirtschaftlichen, militärischen und historischen Systeme. Er zeigte auf, dass es vier Voraussetzungen für das Entstehen der modernen Gesellschaft und Wirtschaft gibt: Die erste ist das System der Eigentumsrechte, die zweite die Wissenschaft und die Rationalität. Die dritte ist der Kapitalmarkt und die vierte die Senkung der Transportkosten. Es lohnt sich, darüber nachzudenken.

In den vergangenen 40 Jahren der Reform und Öffnung hat sich das Pro-Kopf-BIP in China alle 10 Jahre verdoppelt, während sich die Lebensqualität für alle deutlich verbessert hat. Das ist eine bemerkenswerte Leistung. Dass China dies gelungen ist, hat viel mit der Reform des Eigentumsrechtssystems zu tun, auch wenn hier noch weiterer Verbesserungsbedarf besteht. So betrug beispielsweise die ursprüngliche Vertragslaufzeit für die Bodennutzung für Landwirte ein Jahr.

Damit waren die Landwirte zwar motiviert zu produzieren, aber nicht zu Investitionen bereit. Der Staat verlängerte die Vertragslaufzeit auf 5 Jahre. 5 Jahre sind zwar besser als ein Jahr, aber niemand hatte einen Anreiz, Wasserschutzprojekte zu starten. Dann wurde die Vertragsdauer auf 10 Jahre verlängert – immer noch nicht lang genug, denn niemand wollte Bäume pflanzen. Schließlich wurde die Laufzeit auf 30 Jahre angehoben. Heute funktioniert das nicht mehr. Bei einem Verbot der Landveräußerung wird eine große Zahl von Landwirten nicht in der Lage sein, in die Städte zu ziehen.

Der chinesische Kapitalmarkt ist aus dem Nichts entstanden und entwickelt sich ständig weiter. Auch wenn staatliche Unternehmen und staatliche Banken bei einer Notierung im In- und Ausland vielleicht kurzfristig nicht viel verändern können, so gehen sie langfristig doch in die richtige Richtung. Der Ausbau des Straßennetzes hat die Transportkosten erheblich gesenkt und eine sehr wichtige Rolle für Chinas Wirtschaftswachstum gespielt. Natürlich gibt es heute immer noch viele Probleme in der chinesischen Gesellschaft und für deren Lösung sind weitere Reformen erforderlich.

Unsere Errungenschaften sind weitgehend mit dem Wandel der Ideen verbunden. Als in den 1980er-Jahren Selbstständige und Prämiensysteme aufkamen, litt China an der sogenannten »Rote-Augen-Krankheit«. Manche konnten nicht einmal den Grundsatz der »Verteilung entsprechend der Arbeit« akzeptieren. Bei Ablehnung dieses Grundsatzes kann sich die Wirtschaft nicht entwickeln und alle werden in Armut leben. Dank der Bemühungen von Wirtschaftswissenschaftlern und anderen Sozialwissenschaftlern hat sich die »Verteilung entsprechend der Arbeit« allmählich durchgesetzt. Damit werden Menschen für die Arbeit begeistert. Später fand auch die Idee der Beteiligung von Kapital und anderen Produktionsfaktoren an der Einkommensverteilung Akzeptanz und auch unternehmerische Gewinne wurden anerkannt. Auf diese Weise hat sich der Unternehmergeist des chinesischen Volkes entfaltet, China ist zu einem Land des Unternehmertums geworden und das Leben aller hat sich verbessert.

Bedauerlicherweise scheinen wir, was die Ideen angeht, Rückschritte zu machen. Die »Rote-Augen-Krankheit« ist eine Form von Neid, der in der menschlichen Natur verwurzelt ist. Neid bedeutet: Solange man sieht, dass andere besser sind als man selbst – z. B. ein höheres Einkommen haben, schöner, klüger oder stärker sind als man selbst, ihre Kinder auf eine gute Schule gehen usw. –, hegt man Groll und empfindet die Gesellschaft als ungerecht. Menschen, die neidisch sind, interessiert es nicht in erster Linie, wie viel sie selbst bekommen. Sie sind lieber ärmer als sehen zu müssen, dass andere reicher sind als sie selbst. Entsprechend freuen sie sich, wenn Reiche bankrott gehen und Prominente sich lächerlich machen. Die Basis des Neids ist der Nullsummenglaube, d. h. die Überzeugung, dass Reichtum eine feste Summe ist (Rubin, 2003: Zitelmann, 2020, Kapitel 5). Ein Gewinn für den einen bedeutet demnach zwangsläufig einen Verlust für den anderen und Menschen werden nur reich, weil andere arm werden. Daher sind Menschen, die dem Nullsummenglauben anhängen, auch Anhänger des Klassenkampfes.

Ein Fortschritt in der Gesellschaft ist erst dann möglich, wenn es gelingt, die »Rote-Augen-Krankheit« und den Neid wirksam einzudämmen (Schoeck, 1966, Kapitel 5). »Rote-Augen-Krankheit« und Neid sind negative Begriffe. In der Bibel ist Neid eine der sieben Todsünden. Handeln aus Neid heraus ist gesellschaftlich nicht legitimiert. So wird in der Öffentlichkeit stets versucht, den eigenen Neid zu verbergen oder zu leugnen. Leider trägt der »Neid« dank des Eifers einiger westlicher Linker nun das Gewand der »gerechten Verteilung« und der »sozialen Gerechtigkeit« und hat damit moralische Legitimität erlangt. Es ist leicht, Neid in der Öffentlichkeit zu schüren. Doch diese Politik führt zu einer Verlagerung der Aufmerksamkeit von der *Schaffung* von Reichtum zur *Verteilung* von Reichtum. Das schadet jedoch gerade jenen, die die Hoffnung hegten, durch eigene Anstrengungen reich zu werden, also genau denjenigen, denen die Befürworter dieser Politik angeblich helfen wollen.

Das bringt uns zurück zu der Frage, die am Beginn dieses Beitrages stand: Warum braucht die Gesellschaft Wirtschaftswissenschaftler? Die Marktwirtschaft muss verteidigt werden, weil sie fragil und anfällig ist. Die Planwirtschaft wurde von einer kleinen Anzahl von Intellektuellen entworfen und dann der Gesellschaft von oben nach unten mit Macht aufgezwungen. Deshalb wird es immer einige mächtige Leute geben, die die Planwirtschaft verteidigen. Bei der Marktwirtschaft ist das anders. Sie wurde weder von Intellektuellen noch von anderen Menschen entworfen, sondern hat sich spontan von unten entwickelt. Das bedeutet auch, dass die Marktwirtschaft wie ein Waisenkind ist, das gefahrlos von jedermann geschlagen und stigmatisiert werden kann. Menschen, die im planwirtschaftlichen System leben und die Planwirtschaft kritisieren, gehen unweigerlich politische und sogar rechtliche Risiken ein. Doch die Marktwirtschaft kann kritisiert werden – egal, in welchem System man lebt. Tatsächlich sind unzählige Menschen ins Gefängnis gekommen und haben sogar mit ihrem Leben bezahlt, weil sie die Planwirtschaft kritisiert haben. Doch noch nie ist jemand in Schwierigkeiten geraten, weil er die Marktwirtschaft kritisiert hat. Auch in dieser Hinsicht ist die Marktwirtschaft eine echte Wohltat, die wir wertschätzen sollten.

Allerdings hat die Marktwirtschaft ein Problem: Wenn man in den Genuss ihrer Vorteile kommt, bemerkt man vielleicht nur ihre Mängel; wenn man nicht in den Genuss ihrer Vorteile kommt, hat sie keine Möglichkeit, diese unter Beweis zu stellen. Jeder in China kennt den Sketch »Krückenverkauf« des Komikers Zhao Benshan. Obwohl Fan Wei ein gesundes Bein hat, versucht Zhao Benshan in diesem Sketch ihn immer wieder vom Gegenteil zu überzeugen. Am Ende ist Fan Wei selbst davon überzeugt, ein krankes Bein zu haben, und kann es kaum erwarten, Zhao Benshan die Krücken abzukaufen. Doch das Problem ist in Wirklichkeit nicht das Bein von Fan Wei, sondern sein Kopf. Heute verkaufen viele Menschen »Krücken«. Was genau sind ihre »Krücken«? Argumente gegen die Marktwirtschaft! Viele der sogenannten Misserfolge der Marktwirtschaft sind in Wirklichkeit von »unlauteren Händlern« erfunden worden.

Mit meinen Ausführungen möchte ich ein besseres Verständnis von Marktwirtschaft vermitteln und unseren Glauben an die Marktwirtschaft stärken. Was bereitet die größte Sorge in Bezug auf Chinas Zukunft? Es sind nicht Energie- oder Umweltfragen. Natürlich sind diese sehr wichtig, aber nicht der wichtigste Punkt, denn der vom Marktwettbewerb beflügelte technologische Fortschritt wird mit Sicherheit eine Antwort auf diese Probleme geben. Wir sollten nicht so pessimistisch sein wie Malthus vor 200 Jahren oder der Club of Rome vor 50 Jahren. Die künftige Entwicklung Chinas hängt von unseren Überzeugungen ab – davon, was wir glauben und was wir nicht glauben. Wie ich an anderer Stelle dargelegt habe, ist der wirtschaftliche Erfolg Chinas in den letzten 40 Jahren auf die Marktreform und den Aufstieg des Unternehmertums zurückzuführen (Zhang, 2019). Und Chinas künftiges Wachstum hängt von innovativen Unternehmern ab (Zhang, 2017). Wenn wir unser Vertrauen in die Marktwirtschaft stärken und durch marktorientierte Reformen weiterhin ein unternehmerfreundliches institutionelles Umfeld fördern, wird sich China hin zu allgemeinem Wohlstand bewegen. Doch wenn wir unser Vertrauen in den Markt verlieren und immer stärker staatlich eingreifen, kann der Weg nur zur allgemeinen Armut führen. Vergessen Sie nicht, dass die ursprüngliche Absicht der damaligen Planwirtschaft darin bestand, den Armen zu helfen. Doch sie führte dazu, dass noch mehr Menschen verarmten und die Verelendung schlimmer wurde als zuvor. Die Marktwirtschaft ist die einzige Brücke zum allgemeinen Wohlstand, während die Planwirtschaft den sonnigen Weg in die allgemeine Armut darstellt.

Literatur

Beinhocker, William Oliver. (2006). The Origin of Wealth: Evolution, Complexity and Radical Remaking of Economics. Boston: Harvard Business School Press.

Bernstein, W. J., & Gardner, G. (2004). The birth of plenty (Vol. 165). New York, NY: McGraw-Hill.

Hayek, F. A. (2011(1960). The Constitution of Liberty. Edited by Ronald Hamowy. Chicago: University of Chicago Press.

Hayek, F. A. (1988). The Fatal Conceit: The Errors of Socialism. Edited by W. W. Bartley III. London: Routledge.

Klein, Daniel B. (1997). Reputation: Studies in the Voluntary Elicitation of Good Conduct. Ann Arbor: The University of Michigan Press.

Khor, Niny & Pencavel, John (2006). Income mobility of individuals in China and the United States. Economics of Transition, 14(3), 417–458.

Mises, Ludwig von. (1972). The Anti-Capitalistic Mentality. Indianapolis: Liberty Fund.

Rubin, Paul. (2003). »Folk Economics.« Southern Journal of Economics 70 (1): 157–71.

Schoeck, Helmut. (1966). Envy: A Theory of Social Behavior. Indianapolis: Liberty Fund.

Schumpeter, Joseph A. (1980 (1934)). The Theory of Economic Development. London: Oxford University Press.

Taylor, Mark Zachary. (2016).The Politics of Innovation. New York: Oxford University Press.

Zhang, Weiying. (2015). The Logic of the Market: An Insider's View of Chinese Economic Reform. Washington DC: Cato Institute Press.

Zhang, Weiying. (2017). China's future growth depends on innovation entrepreneurs. Journal of Chinese Economic and Business Studies, 15(1), 19–40.

Zhang, Weiying. (2019). »The China model view is factually false.« Journal of Chinese Economic and Business Studies 17(3), 287–311.

Zhang, Weiying. (2021). »A paradigmatic change is needed for understanding the real market. « China Economic Review 66: 101602.

Zitelmann, Rainer. (2019). The Power of Capitalism. New York: LID Publishing Limited.

Zitelmann, Rainer. (2019). The Rich in Public Opinion: What We Think When We Think about Wealth. Washington DC: Cato Institute Press.

Der Fragebogen

INSTITUT FÜR DEMOSKOPIE ALLENSBACH

Dr. Dr. Zitelmann: Kapitalismus
HB-Beteiligung 12037/E3
Juli 2021

INTERVIEWER: Fragen wörtlich vorlesen. Bitte die Buchstaben oder Zahlen neben zutreffenden Antworten einkreisen. Wenn keine Antworten vorgegeben sind, auf den punktierten Linien Antworten im Wortlaut eintragen. Alle Ergebnisse dieser Umfrage dienen dazu, die Meinung der Bevölkerung zu erforschen und besser bekanntzumachen.

1. INTERVIEWER überreicht **graue** Liste 1 !

"Hier auf der Liste steht Verschiedenes, was uns andere darüber gesagt haben, wie sie sich ein gutes Wirtschaftssystem vorstellen. Was davon würden auch Sie sagen?" (Alles Genannte einkreisen!)

/ 1 / 2 / 3 / 4 / 5 / 6 /

NICHTS DAVON 0

2. t "Wenn Sie jetzt einmal an das Wort 'Kapitalismus' denken - es kann einem ja dazu alles Mögliche einfallen. Darf ich Ihnen mal einiges vorlesen? Sie sagen mir dann bitte, ob Sie bei 'Kapitalismus' daran denken."(Jeweils Zutreffendes einkreisen!)

a)	"Denken Sie bei 'Kapitalismus' zum Beispiel an Wohlstand?"	JA 1	NEIN 2	UNENTSCHIEDEN 3
b)	"Und an Innovation?"	JA 4	NEIN 5	UNENTSCHIEDEN 6
c)	"An Gier?"	JA 7	NEIN 8	UNENTSCHIEDEN 9
d)	"Kälte?"	JA 1	NEIN 2	UNENTSCHIEDEN 3
e)	"An Fortschritt?"	JA 4	NEIN 5	UNENTSCHIEDEN 6
f)	"An Korruption?"	JA 7	NEIN 8	UNENTSCHIEDEN 9
g)	"Freiheit?"	JA 1	NEIN 2	UNENTSCHIEDEN 3
h)	"Leistungsdruck?"	JA 4	NEIN 5	UNENTSCHIEDEN 6
i)	"Großes Warenangebot?"	JA 7	NEIN 8	UNENTSCHIEDEN 9
k)	"Umweltzerstörung?"	JA 1	NEIN 2	UNENTSCHIEDEN 3

3. INTERVIEWER überreicht **gelbe** Liste 2 !

"Hier auf der Liste stehen verschiedene Aussagen zum Kapitalismus. Was davon würden auch Sie sagen?" (Alles Genannte einkreisen!)

/ 1 / 2 / 3 / 4 / 5 / 6 / 7 / 8 / 9 / 10 /
/ 11 / 12 / 13 / 14 / 15 / 16 / 17 / 18 /

NICHTS DAVON 0

4. T INTERVIEWER überreicht **weißes** Bildblatt 3 !

"Parteien werden ja manchmal danach eingeteilt, ob sie links, in der Mitte oder rechts stehen. Ich habe hier ein Blatt, auf dem ein Bandmaß aufgezeichnet ist. Wie würden Sie Ihren eigenen politischen Standort beschreiben, wo auf diesem Bandmaß würden Sie sich selbst einstufen?"

BEI: .... cm
KEINE ANGABE .... Y

5. "Wenn jemand sagt: 'Die Politiker entscheiden in Wahrheit gar nichts. Sie sind Marionetten von mächtigen Kräften im Hintergrund.' Sehen Sie das auch so, oder sehen Sie das nicht so?"

SEHE DAS AUCH SO 1
SEHE DAS NICHT SO 2
UNENTSCHIEDEN 3

6. "Und wie stehen Sie zu der Aussage: 'Vieles in der Politik kann man nur dann richtig verstehen, wenn man weiß, dass ein größerer Plan dahintersteht, den jedoch die meisten Menschen nicht kennen.' Sehen Sie das auch so, oder sehen Sie das nicht so?"

SEHE DAS AUCH SO 1
SEHE DAS NICHT SO 2
UNENTSCHIEDEN 3

LISTE 1

(1) Ich bin für ein Wirtschaftssystem, in dem der Staat zwar Regeln festlegt, aber sich ansonsten möglichst zurückhält

(2) Der Staat sollte bei Mieten und Lebensmitteln Preisvorgaben machen und Mindest- und Höchstlöhne festsetzen; sonst wird es unsozial

(3) Ich finde, private Unternehmen sollten alleine entscheiden, welche Produkte sie herstellen und welche Preise sie dafür verlangen; der Staat sollte sich da nicht einmischen

(4) Wir brauchen deutlich mehr staatliche Eingriffe in die Wirtschaft, da der Markt immer wieder versagt

(5) Ich finde, in einem guten Wirtschaftssystem sollte der Staat nur in bestimmten Bereichen Eigentum besitzen, der Großteil des Eigentums sollte in privater Hand sein

(6) Soziale Gerechtigkeit ist in einem Wirtschaftssystem wichtiger als wirtschaftliche Freiheit

Zu Frage 3 12037/E3

LISTE 2

Kapitalismus –

(1) sorgt für Wohlstand

(2) ist verantwortlich für Hunger und Armut

(3) ist ein besonders effizientes Wirtschaftssystem

(4) führt zu steigender Ungleichheit

(5) heißt, dass die Verbraucher bestimmen, was angeboten wird, und nicht der Staat

(6) ist schuld an Umweltzerstörung und Klimawandel

(7) bedeutet wirtschaftliche Freiheit

(8) führt zu immer neuen Wirtschafts- und Finanzkrisen

(9) hat in vielen Ländern die Lage der einfachen Leute verbessert

(10) ist von Reichen dominiert, sie bestimmen die Politik

(11) spornt die Menschen an, ihr Bestes zu geben

(12) führt zu Monopolen, also dass einzelne Unternehmen wie Amazon oder Google den ganzen Markt beherrschen

(13) befördert Egoismus und Profitgier

(14) ist vielleicht nicht ideal, aber immer noch besser als alle anderen Wirtschaftssysteme

(15) führt zu Kriegen

(16) ist nicht zu ersetzen; wenn das in der Vergangenheit versucht wurde, hat das zu Diktatur und Elend geführt

(17) verführt Menschen zum Kauf von Produkten, die sie nicht brauchen

(18) bedeutet immer auch die Gefahr des Faschismus

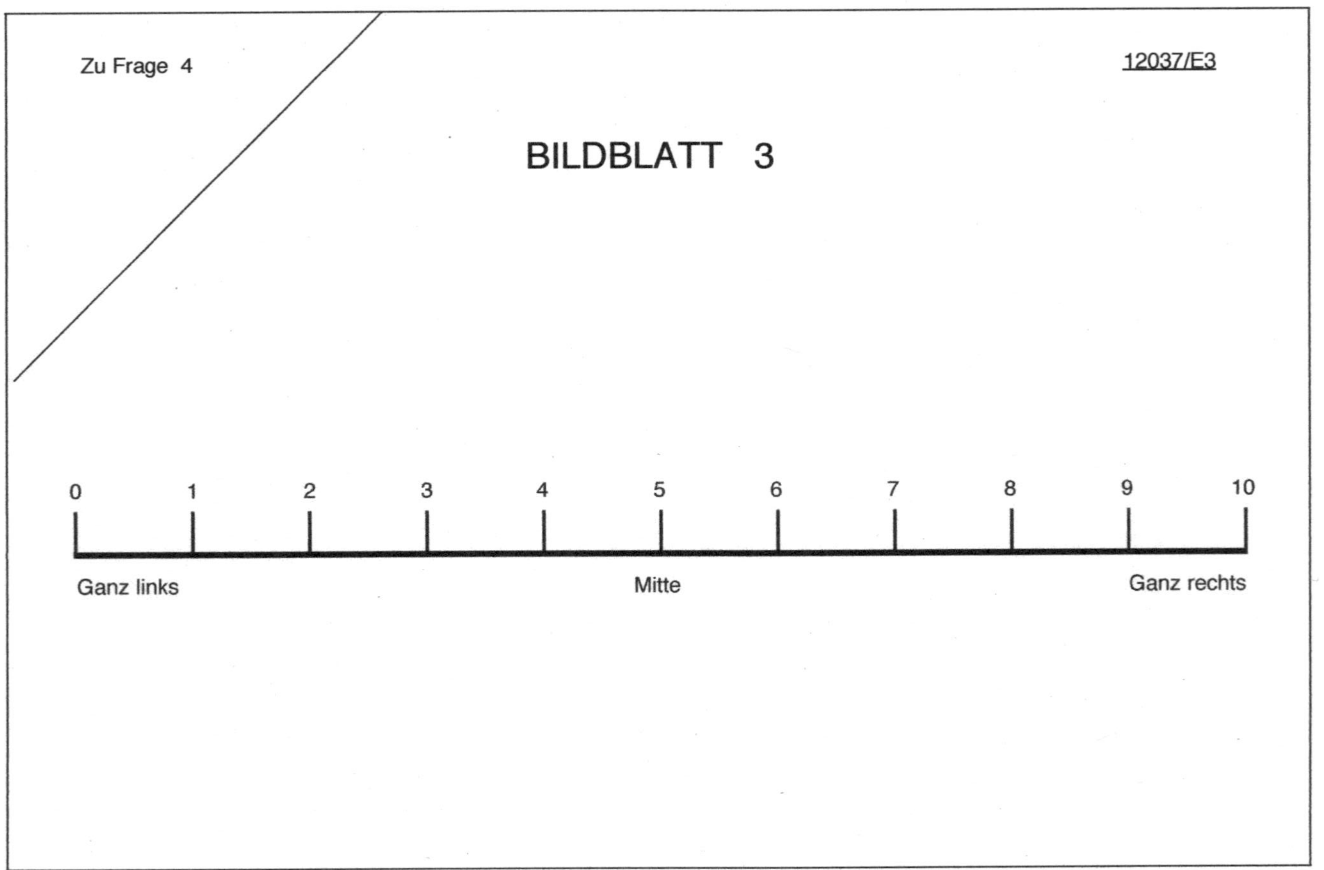
Zu Frage 4
12037/E3
BILDBLATT 3
0
1
2
3
4
5
6
7
8
9
10
Ganz links
Mitte
Ganz rechts

Der Autor

Rainer Zitelmann wurde 1957 in Frankfurt am Main geboren. Er studierte von 1978 bis 1983 in Darmstadt Geschichte und Politikwissenschaft und schloss sein Studium »mit Auszeichnung« ab. 1986 promovierte er bei Prof. Dr. Dr. h. c. K. O. Frhr. von Aretin mit einer Arbeit über »Hitler. Selbstverständnis eines Revolutionärs« zum Dr. phil. Die Studie, die mit summa cum laude bewertet wurde, fand weltweit Beachtung und Anerkennung (historiker-zitelmann.de).

Von 1987 bis 1992 arbeitete Zitelmann am Zentralinstitut für sozialwissenschaftliche Forschung der Freien Universität Berlin. Danach war er Cheflektor des Ullstein-Propyläen-Verlages, damals die drittgrößte Buchverlagsgruppe Deutschlands, und leitete bis zum Jahr 2000 verschiedene Ressorts der Tageszeitung *Die Welt*. Im Jahr 2000 machte er sich selbstständig und gründete das PR-Unternehmen Dr. ZitelmannPB. GmbH (heute: PB3C), das seitdem Marktführer für die Positionierungsberatung von Immobilienunternehmen in Deutschland ist. Im Jahr 2016 verkaufte er das Unternehmen.

2016 promovierte er ein zweites Mal – diesmal in Soziologie zum Dr. rer. pol. – bei dem Reichtumsforscher Prof. Dr. Wolfgang Lauterbach an der Universität Potsdam. Diese zweite Dissertation erschien unter dem Titel »Psychologie der Superreichen« und wurde auch in den USA, China, Südkorea und Vietnam veröffentlicht.

Zitelmann hat bislang 29 Bücher geschrieben und herausgegeben, die weltweit in über 30 Sprachen erfolgreich sind. Er ist ein gefragter Vortragsredner in Asien, den USA, Lateinamerika und Europa. In den vergangenen Jahren schrieb er Artikel oder gab Interviews in Medien wie *Wall Street Journal, Times, Newsweek, Forbes, Le Monde, L'Express, Corriere della Sera, Il Giornale, Frankfurter Allgemeine Zeitung, Die Welt, Der Spiegel, Focus, Neue Züricher Zeitung, Daily Telegraph, City*

AM und zahlreichen Medien in Lateinamerika und Asien. Regelmäßig publiziert er Fachaufsätze, meist in der britischen Fachzeitschrift *Economic Affairs*.

Den Lesern dieses Buches seien vor allem seine Bücher »Kapitalismus ist nicht das Problem, sondern die Lösung« und »Weltreise eines Kapitalisten« sowie die von ihm produzierten Filme »Life Behind the Berlin Wall« und »Poland. From Socialism to Prosperity« empfohlen.

Detaillierte Informationen über den Lebensweg von Rainer Zitelmann finden Sie in seiner Autobiografie »Wenn du nicht mehr brennst, starte neu!« und auf rainer-zitelmann.de. Kurse von Rainer Zitelmann zum Thema Finanzen finden Sie unter zitelmann-freiheit.de.

Anmerkungen

1 Der chinesische Ökonom Weiying Zhang hebt, in Anlehnung an die Tradition der österreichischen Schule und besonders von Schumpeter, die Rolle des Unternehmertums hervor. Vgl. Weiying Zhang, Ideas for China's Future, und Weiying Zhang, A paradigmatic change.

2 Vgl. Kepplinger, Risikofallen, S. 62 f.

3 Fink/Kappner, https://de.irefeurope.org/Diskussionsbeitrage/Artikel/article/Globale-Armut-Positive-Entwicklung-negative-Einschatzung

4 Nach Berechnungen der Weltbank gelten Menschen mit weniger als 1,90 PPP-US-Dollar verfügbarem Kapital am Tag als absolut arm. Personen, die unter diese Schwelle fallen, können lebenswichtige Artikel des täglichen Bedarfs (auch und insbesondere Lebensmittel) nicht im ausreichenden Umfang bezahlen. Die Einheit »PPP-US-Dollar« berücksichtigt die unterschiedliche Kaufkraft in den gemessenen Ländern (PPP = Purchasing Power Parity = Kaufkraftparität).

5 Vgl. Pinker, S. 118, Rosling, S. 69 und Fink/Kappner https://de.irefeurope.org/Diskussionsbeitrage/Artikel/article/Globale-Armut-Positive-Entwicklung-negative-Einschatzung sowie: https://www.worldbank.org/en/publication/poverty-and-shared-prosperity

6 https://blogs.worldbank.org/opendata/updated-estimates-impact-covid-19-global-poverty-looking-back-2020-and-outlook-2021

7 Kinderarbeit: Alarmierende Entwicklung laut UN-Studie, in: FAZ vom 10. Juni 2021. https://www.faz.net/aktuell/wirtschaft/kinderarbeit-alarmierende-entwicklung-laut-un-studie-17380670.html

8 Norberg, Fortschritt, S. 20.

9 Wagenknecht, S. 58.

10 Engels, Lage der arbeitenden Klasse, MEW 2, S. 238.

11 Engels, Lage der arbeitenden Klasse, MEW 2, S. 238 f.

12 Braudel, S. 68.

13 Braudel, S. 71.

14 Plumpe, Das kalte Herz, S. 149 f.

15 Braudel, S. 71

16 Braudel, S. 74.

17 Braudel, S. 75.

18 Braudel, S. 132

19 Braudel, S. 134.

20 Zitiert nach Braudel, S. 135.

21 Deaton, S. 126.

22 McCloskey, Garden, S.41.

23 Norberg, Fortschritt, S. 30.

24 Zitiert nach Braudel, S. 89.

25 Braudel, S. 90.
26 Braudel, S. 302.
27 Zitiert nach Braudel, S. 535.
28 Maddison, S. 70.
29 Maddison, S. 70.
30 Maddison, S. 70.
31 Zitiert nach Lee, S. 80.
32 Dikötter, Maos großer Hunger, S. 415.
33 Chang/Halliday, S. 573.
34 Deaton, S. 64.
35 Lee, S. 159.
36 Zhang, The China Model, S. 18 f.
37 Zhang, The China Model, S. 9 f.
38 Zhang, The China Model, S. 10.
39 Zhang, The China Model, S. 11 f.
40 Zhang, The China Model, S. 13.
41 Zhang, The China Model, S. 14.
42 Zhang, Ideas for China's Future, S. 229.
43 Zhang, The Logic, S. 158.
44 DiLorenzo, S. 95 f.
45 Wemheuer, S. 17 f., 59.
46 Wemheuer, S. 17.
47 Wemheuer, S. 235.
48 https://www.bpb.de/nachschlagen/zahlen-und-fakten/globalisierung/52693/unteernaehrung
49 Norberg, Fortschritt, S. 43.
50 Miller/Kim/Roberts, Index of Economic Freedom 2021, S. 22.
51 Oxford Poverty & Human Development Initiative, Global MPI 2021. https://ophi.org.uk/multidimensional-poverty-index/global-mpi-2020/
52 Miller/Kim/Roberts, Index of Economic Freedom 2021, S. 25.
53 Vgl. Zitelmann, Kapitalismus, Kapitel 2.
54 Moyo, S. 12.
55 Moyo, S. 87.
56 Moyo, S. 108.
57 Norberg, Kapitalistisches Manifest, S. 191.
58 Unicef: Kinderarbeit weltweit: Die 7 wichtigsten Fragen und Antworten https://www.unicef.de/informieren/aktuelles/blog/kinderarbeit-fragen-und-antworten/166982
59 Morus, Utopia, S. 45.
60 Andreae, zitiert nach Zitelmann, Träume vom neuen Menschen, S. 30.
61 Sachweh, S. 45
62 Sachweh, S. 235.
63 Sachweh, S. 68.
64 »Innovation« sollte hier nicht mit »Erfindung« verwechselt werden. Innovationen sind kreative Neuerungen, für die konkrete Nachfrage besteht. Erfindungen können

»kreativ« und »großartig« sein, ohne jedoch wirtschaftlichen Erfolg zu haben, weil Verbraucher sie zum Zeitpunkt ihres Auftretens nicht attraktiv finden oder weil der Erfinder sie nicht gut vermarktet.

65 Schumpeter, Unternehmerfunktion und Arbeiterinteresse, S. 229. Hervorhebungen im Original.
66 Zitiert nach Jungbluth, Oetkers, S. 62.
67 Zitelmann, Die Gesellschaft, S. 164 f.
68 Zitelmann, Die Gesellschaft, S. 164 f.
69 Cowen, S. 54 f.
70 Cowen, S. 55.
71 Sowell, S. 50 f. Hervorhebung im Original.
72 Watkins/Brook, Equal is unfair, S. 10.
73 Marx, Kritik des Gothaer Programms, S. 22.
74 Marx, Kritik des Gothaer Programms, S. 18.
75 Marx, Kritik des Gothaer Programms, S. 22.
76 Kelley/Evans, S. 7.
77 Kelley/Evans, S. 3.
78 Kelley/Evans, S. 15. Hervorhebung im Original.
79 Kelley/Evans, S. 14.
80 Foster, S. 166. Hervorhebung im Original.
81 Sullivan, zitiert nach Foster, S. 184.
82 Neuhäuser, S. 107, Anmerkung 1.
83 Neuhäuser, S. 32.
84 Scheidel, S. 291.
85 Neuhäuser, S. 145.
86 Neuhäuser, S. 146.
87 Neuhäuser, S. 147.
88 Neuhäuser, S. 147.
89 Deaton, S. 110.
90 Deaton, S. 115.
91 Deaton, S. 116.
92 Deaton, S. 122.
93 Lindert/Williamson, S. 198.
94 http://www.sozialpolitik-aktuell.de/files/sozialpolitik-aktuell/_Politikfelder/Finanzierung/Datensammlung/PDF-Dateien/abbII1a.pdf
95 Piketty, Das Kapital, S. 32.
96 Vgl. die Beiträge in dem Buch von Delsol u. a.
97 Vgl. Palmer, S. XV.
98 Ponciano, https://www.forbes.com/sites/jonathanponciano/2020/09/08/self-made-score/?sh=6a41b14d41e4
99 Edwards/Bourne, S. 10.
100 Arnott/Bernstein/Wu, S. 2.
101 Piketty, Kapital, S. 584.
102 Pinker, S. 140.

103 Delsol, S. 8.
104 Alle Zahlen nach: Edwards/Bourne, Exploring Wealth Inequality, S. 3.
105 Edwards/Bourne, S. 5.
106 Sowell, S. 44 ff.
107 Sowell, S. 45.
108 Knight/McCreddie, S. 49, 51.
109 Knight/McCreddie, S. 55.
110 Knight/McCreddie, S. 46.
111 Scheidel, S. 510.
112 Scheidel, S. 514.
113 Scheidel, S. 520 f.
114 Niemietz, Mythos vom Globalisierungsverlierer, S. 155.
115 Edwards/Bourne, S. 16 f.
116 Pinker, S. 154 f.
117 Watkins/Brook, Equal is unfair, S. 40.
118 Tillessen, S. 46.
119 Tillessen, S. 47.
120 Tillessen, S. 56.
121 Tillessen, S. 30.
122 6. Armuts- und Reichtumsbericht der Deutschen Bundesregierung (2021), Kurzfassung, S. XVI. https://www.armuts-und-reichtumsbericht.de/SharedDocs/Downloads/Berichte/entwurf-sechster-armuts-reichttumsbericht-kurzfassung.pdf?__blob=publicationFile&v=2
123 https://schoolinreviews.com/pisa-results-published-in-dec-2019-which-countries-score-the-highest-and-why/
124 https://de.statista.com/statistik/daten/studie/981700/umfrage/top-20-der-besten-laender-zur-unternehmensgruendung-nach-dem-best-countries-ranking/
125 Scheidel, S. 21.
126 Scheidel, S. 37.
127 Zitelmann, Zur Argumentationsstrategie (1977), S. 28.
128 Klein, S. 79.
129 Klein, S. 110.
130 Klein, S. 16.
131 Klein, S. 16 f.
132 Klein, S. 17.
133 Klein, S. 20.
134 Klein, S. 121.
135 Klein, S. 34.
136 Klein, S. 55.
137 Klein, S. 55.
138 Klein, S. 84.
139 Klein, S. 116.
140 Klein, S. 118.
141 Klein, S. 119.

142 Klein, S. 119.
143 Klein, S. 119.
144 Klein, S. 117.
145 Klein, S. 33.
146 Klein, S. 76.
147 Wendling, Emerson et al, EPI, 2020 S. 1.
148 Wendling, Emerson et al, EPI, 2020 S. 10.
149 Weede, Wirtschaftliche Freiheit, S. 448.
150 Miller/Kim/Roberts, Index of Economic Freedom 2021, S. 26.
151 Méndez.
152 Méndez.
153 Wendling, Emerson et al, EPI, 2020, S. 44.
154 Mavragani/Nikolaou/Tsagarakis, S. 8.
155 Antweiler/Copeland/Taylor, S. 41.
156 Mavragani/Nikolaou/Tsagarakis, S. 1.
157 Zhores A. Medvedev, Enviromental Destruction of the Soviet Union, The Ecologist, 20, 1, Jan/Feb, 1990, S. 24.
158 Feshbach, Friendly, Jr., S. 1.
159 Higginbotham, S. 33.
160 Higginbotham, S. 42.
161 Higginbotham, S. 43.
162 Higginbotham, S. 42.
163 Higginbotham, S. 328.
164 Higginbotham, S. 329.
165 Higginbotham, S. 69.
166 Higginbotham, S. 103.
167 Higginbotham, S. 391.
168 Higginbotham, S. 390.
169 Higginbotham, S. 394.
170 Higginbotham, S. 561.
171 Beleites, S. 152.
172 Pinker, S. 187.
173 Zitelmann, Kapitalismus, Kapitel 1.
174 Dikötter, Maos großer Hunger, S. 100.
175 Dikötter, Maos großer Hunger, S. 104.
176 Chang/Halliday, S. 566.
177 Pinker, S. 187.
178 Fink/Kurz, Umweltdesaster DDR. https://www.insm-oekonomenblog.de/22661-bitteres-aus-bitterfeld-das-umweltdesaster-der-ddr-und-seine-lehren/
179 Bericht der Bundesstiftung zur Aufarbeitung der DDR-Vergangenheit. https://deutsche-einheit-1990.de/ministerien/muner/verschmutzung/#:~:text=Insgesamt%20sind%20viele%20Fl%C3%BCsse%20und,Siedlungsabf%C3%A4lle%20auf%20%E2%80%9Ewil-den%E2%80%9C%20M%C3%BClldeponien

180 Bericht der Bundesstiftung zur Aufarbeitung der DDR-Vergangenheit. https://deutsche-einheit-1990.de/ministerien/muner/verschmutzung/#:~:text=Insgesamt%20sind%20viele%20Fl%C3%BCsse%20und,Siedlungsabf%C3%A4lle%20auf%20%E2%80%9Ewil-den%E2%80%9C%20M%C3%BClldeponien
181 Beleites, S. 162.
182 Beleites, S. 163.
183 Beleites, S. 42 f.
184 Knabe, Klimakiller DDR.
185 Fink/Kurz, Umweltdesaster DDR. https://www.insm-oekonomenblog.de/22661-bitteres-aus-bitterfeld-das-umweltdesaster-der-ddr-und-seine-lehren/
186 Fink/Kurz, Umweltdesaster DDR. https://www.insm-oekonomenblog.de/22661-bitteres-aus-bitterfeld-das-umweltdesaster-der-ddr-und-seine-lehren/
187 Fink/Kurz, Umweltdesaster DDR. https://www.insm-oekonomenblog.de/22661-bitteres-aus-bitterfeld-das-umweltdesaster-der-ddr-und-seine-lehren/
188 Fink/Kurz, Umweltdesaster DDR. https://www.insm-oekonomenblog.de/22661-bitteres-aus-bitterfeld-das-umweltdesaster-der-ddr-und-seine-lehren/
189 Knabe, Klimakiller DDR.
190 Knabe, Klimakiller DDR.
191 Knabe, Klimakiller DDR.
192 Williams, Environmentalists are dead wrong.
193 Follett, 7 Eviro Predictions.
194 McAfee, S. 74.
195 McAfee, S. 97 ff.
196 Kreutzer/Land, Dematerialisierung.
197 Hayek, Knechtschaft, S. 58 f.
198 Wallstreet Journal, World's Dumbest Energy Policy, https://www.wsj.com/articles/worlds-dumbest-energy-policy-11548807424
199 Gates, 111. Todesfälle pro Terrawattstunde. Die hier angegebenen Zahlen umfassen den ganzen Prozess der Energiegewinnung, vom Abbau über die Umwandlung in Strom bis hin zu Umweltproblemen, die dabei verursacht werden, zum Beispiel Luftverschmutzung.
200 Graw, S. 184 f.
201 Gates, S. 108.
202 Ruprecht/Lüdecke, S. 58. Als gesichert gilt die Zahl 15.895 Tote plus 2.539 Vermisste, vgl. Graw/Grüne, S. 180.
203 Shellenberger, S. 152 ff.
204 Rupprecht/Lüdecke, S. 46 ff., S. 126.
205 Kerry Emanuel, zitiert nach Shellenberger, S. 155.
206 Shellenberger, S. 164 ff.
207 Weimer, Sogar Bill Gates ...
208 Gates, S. 112.
209 Neubauer, Ökofimmel.
210 Polleit, Antikapitalist, S. 48.
211 Polleit, Antikapitalist, S. 48.
212 Polleit, Antikapitalist, S. 49. Im Original hervorgehoben.

213 Polleit, Antikapitalist, S. 49 ff.
214 Marx, Kapital, Band 1, S. 790 f.
215 Marx, Grundrisse, S. 634.
216 Marx, Grundrisse, S. 634.
217 Marx, Grundrisse, S. 635.
218 Rosdolsky, S. 449.
219 Zitelmann, Left-Wing, Intellectuals, https://www.forbes.com/sites/rainerzitelmann/2020/03/30/left-wing-intellectuals-are-thrilled-corona-and-dreams-of-the-end-of-capitalism/?sh=130c65d57420
220 Davies, The last global crisis.
221 Schumpeter, Theorie, S. 417.
222 Schumpeter, Theorie, S. 419.
223 Schumpeter, Theorie, S. 423 f.
224 Schumpeter, Theorie, S. 425.
225 Schumpeter, Theorie, S. 417.
226 Schumpeter, Kapitalismus, S. 136.
227 Schumpeter, Kapitalismus, S. 137 f. Hervorhebung im Original.
228 Schumpeter, Kapitalismus, S. 139.
229 Schumpeter, zitiert in Hagemann, S. 444.
230 Sombart, Der moderne, III.2., S. 585.
231 Sombart, Der moderne, III.2., S. 586.
232 Schumpeter, zitiert in Hagemann, S. 444. Hagemann schreibt allerdings, unter dem Eindruck der Weltwirtschaftskrise habe Schumpeter die These teilweise relativiert.
233 DiLorenzo, S. 156 ff.
234 DiLorenzo, S. 181.
235 DiLorenzo, S. 183.
236 Voegeli, S. 64.
237 White, zitiert nach Tempelman, S. 5.
238 Krugman, zitiert nach Ravier/Lewin, S. 57.
239 Greenspan, S. 233. Greenspans These ist abwegig. Die Eigenheimeigentümerquote (Homeownership Ratio) ist kein Wohlstandsindikator, wie Greenspan damals und viele Politiker bis zum heutigen Tag glauben oder behaupten. Die Homeownership Ratio ist in armen Ländern fast durchweg deutlich höher als in reichen Ländern. Die reiche Schweiz hat mit 41 % eine der weltweit niedrigsten Homeownership-Quoten gegenüber beispielsweise 88 % für Nepal und 96% für Rumänien.
240 Norberg, Fiasco, S. 30.
241 Woods, Meltdown, S. 15.
242 Noberg, Fiasco, S. 33.
243 Noberg, Fiasco, S. 41.
244 Noberg, Fiasco, S. 42.
245 Brook/Watkins, S. 53.
246 Brook/Watkins, S. 54 f.
247 Norberg, Fiasco, S. 132.
248 Collier/Kay, S. 62 ff.

249 Collier, Kay, S. 127.
250 Bookstaber, S. 409.
251 Zitelmann, Kapitalismus, S. 193.
252 Baader, Geldsozialismus, S. 94.
253 Man denke dabei beispielsweise an die zwei Ölkrisen in den 1970er-Jahren, die durch die damals mächtige OPEC (die arabischen ölexportierenden Länder) ausgelöst wurden. Der Ölpreis stieg durch diese politischen Maßnahmen inflationsbereinigt um etwa 1.000 Prozent innerhalb von weniger als zehn Jahren und löste in vielen Ländern, auch Entwicklungsländern, schwere Rezessionen aus, einschließlich einer starken Erhöhung der Arbeitslosigkeit und der Inflation.
254 Ziegler, S. 45.
255 Ziegler, S. 56.
256 Ziegler, S. 119.
257 Ziegler, S. 97 f.
258 Krugman, Oligarchy, The New York Times, 3.11.2011.
259 Stiglitz, S. 19.
260 Chomsky, S. 162.
261 Walter/Marg, S. 19.
262 Walter/Marg, S. 129.
263 Walter/Marg, S. 130.
264 Walter/Marg, S. 130.
265 Boldt, Top-Manager Reitzle, https://www.welt.de/wirtschaft/article229695277/Corona-Politik-Wolfgang-Reitzle-uebt-scharfe-Kritik-an-Bundesregierung.html
266 Knabe, Ruinen, https://www.tichyseinblick.de/daili-es-sentials/auferstanden-in-ruinen/
267 Jung, Das Luxus-Problem, https://www.spiegel.de/wirtschaft/das-luxus-problem-a-c49a0302-0002-0001-0000-000124838623
268 Jung, Das Luxus-Problem, https://www.spiegel.de/wirtschaft/das-luxus-problem-a-c49a0302-0002-0001-0000-000124838623
269 Luksic, Gelenkte Automobilwirtschaft, https://www.blog-bpoe.com/2021/04/02/luksic/
270 Handelsblatt, Kraftwerksbetreiber erhalten mehr als vier Milliarden Euro Entschädigung, 16. Januar 2020.
https://www.handelsblatt.com/unternehmen/energie/energiepolitik-kohleausstieg-kraftwerksbetreiber-erhalten-mehr-als-vier-milliarden-euro-entschaedigung/25439458 html?ticket=ST-1605757-pYp0nx0LiO99SqvAhs3Y-ap4
271 Bojanowski/Wetzel, https://www.welt.de/wirtschaft/article230760047/Greenpeace-WWF-BUND-Die-unterschaetzte-Macht-der-gruenen-Lobby.html
272 Page/Gilens, Democracy, S. 100.
273 Page/Gilens, Democracy, S. 101.
274 Page/Gilens, Democracy, S. 104.
275 Edwards/Bourne, S. 22.
276 https://www.n-tv.de/politik/Wahlkampf-kostet-Bloomberg-eine-Milliarde-article21727861.html

277 Elaine Kamarck, If money can't buy you votes, https://www.brookings.edu/blog/fixgov/2020/03/05/if-money-cant-buy-you-votes-what-can-it-buy-lessons-from-michael-bloombergs-2020-run/
278 Edwards/Bourne, S. 25.
279 Page/Gilens, Democracy, S. 98.
280 Page/Gilens, Democracy, S. 96.
281 Smith, The Power of Money.
282 Smith, The Power of Money.
283 Bartels, S. 98, Tabelle S. 100.
284 Page/Bartels/Seawright, Democracy and the Policy Preferences, https://faculty.wcas.northwestern.edu/~jnd260/cab/CAB2012%20-%20Page1.pdf
285 Page/Bartels/Seawright, Democracy and the Policy Preferences, S. 53. Zugegebenermaßen ist es schwierig, Studien über die wirklich Reichen zu machen. Ich selbst habe eine Studie zu vermögenden Deutschen gemacht, von denen alle 45 ein Vermögen über 10 Millionen Euro hatten – die meisten hatten zwischen 30 Mio. und 1 Mrd. Euro. Aber ich habe meine Studie nicht als quantitative, sondern als qualitative Studie angelegt. Vgl. Zitelmann, Psychologie der Superreichen.
286 Page/Bartels/Seawright, S. 68.
287 Page/Bartels/Seawright, S. 54.
288 York, Does Rising, o.S.
289 York, Does Rising, o.S.
290 Edwards/Bourne, Exploring Wealth Inequality, S. 24.
291 Gilens, Affluence, S. 57, 53.
292 Gilens, Affluence, S. 121.
293 Gilens, Affluence, S. 117.
294 Niskanen/Moore, o. S.
295 Niskanen/Moore, o. S.
296 Stiglitz, S. 124.
297 Gilens, Affluence, S. 238.
298 Frankfurter Allgemeine Zeitung, Doppelt so viele Unternehmer, https://www.faz.net/aktuell/wirtschaft/deutlich-mehr-unternehmer-im-bundestag-15225816.html
299 Page/Gilens, S. 106.
300 Page/Gilens, S. 106.
301 Transparency International, Corruption Perceptions Index 2020, https://www.transparency.org/en/cpi/2020/index/nzl, https://www.transparency.org/en/cpi/2020/index/rus; https://infographics.economist.com/2016/Cronyism_index/
302 Meltzer, S. 13.
303 Corruption Perceptions Index CPI 2020; https://www.transparency.org/en/cpi/2020/index/nzl und Miller, Terry, Kim, Anthony B.; Roberts, James M., 2021 Index of Economic Freedom.
304 Corruption Perceptions Index CPI 2020; https://www.transparency.org/en/cpi/2020/index/nzl und Miller, Terry, Kim, Anthony B.; Roberts, James M., 2021 Index of Economic Freedom.
305 Mises, Gemeinwirtschaft, S. 354.
306 Mises, Gemeinwirtschaft, S. 362.

307 Lenin, Der Imperialismus, S. 22.
308 Lenin, Der Imperialismus, S. 37.
309 Smith, Wohlstand, S. 67.
310 McKenzie/Lee, S. 5.
311 Lenin, Der Imperialismus, S. 22.
312 Lenin, Der Imperialismus, S. 31.
313 Lenin, Der Imperialismus, S. 32.
314 Lenin, Der Imperialismus, S. 33.
315 Plumpe, Das kalte Herz, S. 233.
316 Plumpe, Das kalte Herz, S. 626.
317 Schumpeter, Kapitalismus, S. 162.
318 Schumpeter, Kapitalismus, S. 163.
319 Schumpeter, Kapitalismus, S. 163.
320 Schumpeter, Kapitalismus, S. 164.
321 Schumpeter, Kapitalismus, S. 167.
322 McKenzie/Lee, S. 23. Hervorhebung im Original.
323 McKenzie/Lee, S. xxi. Hervorhebung im Original.
324 McKenzie/Lee, S. xx.
325 McKenzie/Lee, S. xix.
326 Schumpeter, Kapitalismus, S. 138. Hervorhebung im Original.
327 Marx, Das Kapital Bd. 3, MEW 25, S. 657.
328 McKenzie/Lee, S. 222. Hervorhebung im Original.
329 Pettinger, Advantages and disadvantages of monopolies.
330 McKenzie/Lee, S. 51 f.
331 Petit, S. 121 ff.
332 Cowen, S. 102 f.
333 Petit, S. 130 f.
334 Petit, S. 116.
335 Petit, S. 53 ff.
336 Stone, Bezos.
337 Petit, S. 257.
338 Auer/Petit, S.112.
339 Auer/Petit, S.117.
340 Auer/Petit, S.119.
341 Auer/Petit, S.119.
342 Friedman, Kapitalismus, S. 152.
343 Cowen, S. 84.
344 Bourne, Is This Time Different? https://www.cato.org/sites/cato.org/files/2019-09/Is%20This%20Time%20Different%3F.pdf
345 Bourne, Is This Time Different? S. 7.
346 Bourne, Is This Time Different? S. 8.
347 Bourne, Is This Time Different? S. 9.
348 Bourne, Is This Time Different?, S. 15.

349 Heuer, Die Einfalt der Vervielfältiger.
350 https://de.statista.com/statistik/daten/studie/181577/umfrage/marktanteile-der-hersteller-von-druckern-weltweit-seit-2009/
351 Bourne, Is This Time Different? S. 9.
352 Liebowitz/Margolis, S. 267.
353 Michael Gassmann, https://www.welt.de/wirtschaft/plus225775833/D2C-Trend-Amazon-muss-um-sein-Monopol-fuerchten.html
354 Friedman, Kapitalismus, S. 159.
355 Cowen, S. 84.
356 Zitiert nach Meissner, S. 23.
357 Zitiert nach Meissner, S. 24.
358 Zitiert nach Meissner, S. 31.
359 Zitiert nach Meissner, S. 91.
360 Meissner, S. 49.
361 DiLorenzo, S. 153.
362 Rhonheimer, S. 101.
363 Kirzner, Competition and Entrepreneurship, S. 22 f.
364 Rand, Amerikas verfolgte Minderheit, S. 63. Hervorhebung im Original.
365 Rand, Amerikas verfolgte Minderheit, S. 65. Hervorhebung im Original.
366 Rand, Amerikas verfolgte Minderheit, S. 68.
367 Zhang, Ideas for China's future, S. 54.
368 Zhang, Ideas for China's future, S. 55.
369 Erhard, S. 174 ff., weitere Belege bei Rhonheimer S. 91 ff.
370 DiLorenzo, S. 154. Hervorhebung im Original.
371 Cowen, S. 89.
372 Cowen, S. 95.
373 Cowen, S. 115.
374 Simon, S. 33.
375 Die Nettoumsatzrendite ist der Gewinn vor Steuern dividiert durch den Umsatz (Umsatz exklusive Mehrwertsteuer).
376 Simon, S. 34 f.
377 Simon, S. 9.
378 Simon, S. 107.
379 Simon, S. 106.
380 Simon, S. 106.
381 Simon, S. 7.
382 Collier/Kay, S. 36.
383 Collier/Kay, S. 44.
384 Collier, Sozialer Kapitalismus, S. 133. Hervorhebung im Original.
385 Collier, Sozialer Kapitalismus, 134.
386 Collier, Sozialer Kapitalismus, S. 135.
387 Collier, Sozialer Kapitalismis, S. 136.
388 Rand, Die Tugend des Egoismus, S. 6. Hervorhebung im Original.
389 Backhaus, S. 11.

390 Hitler, Rede vom 13. November 1930, zitiert nach: Zitelmann, Hitler, S. 301.
391 Arendt, S. 100.
392 Arendt, S. 100.
393 Smith, S. 21.
394 Mises, Gemeinschaft, S. 366. Hervorhebung im Original.
395 Zitelmann, Die Gesellschaft, S. 94–98, 179–182.
396 https://www.bafin.de/SharedDocs/Veroeffentlichungen/DE/Meldung/2019/meldung_190218_Allg_Vfg_Wirecard_Verbot_Leerverkaufspositionen.html
397 Deutsche Welle 13. Februar 2018, Skandal um Oxfam weitet sich aus, https://www.dw.com/de/skandal-um-oxfam-weitet-sich-aus/a-42569596
398 Sowell, S. 67 f. Hervorhebung im Original.
399 Simon, S. 85.
400 Zum Folgenden: Zitelmann, Psychologie der Superreichen, Kapitel 12, S. 242 – 252.
401 Vgl. dazu auch Courtois u. a. Das Schwarzbuch des Kommunismus.
402 Plumpe, Das kalte Herz, S. 640.
403 Zitelmann, Ich will, 2021.
404 Charles/Ritz, S. 127.
405 Sloterdijk, S. 76.
406 Sloterdijk, S. 76.
407 Schwarzenegger, zitiert nach Andrews, 63 f.
408 Schwarzenegger, zitiert nach Lommel, S. 25.
409 Papst Franziskus, Enzyklika Laudato si, zitiert nach Rhonheimer, Politik für den Menschen, S. 228.
410 Papst Franziskus, Enzyklika Laudato si, zitiert nach Rhonheimer, Politik für den Menschen, S. 229.
411 Ziegler, S. 60 f.
412 Ziegler, S. 62.
413 Ziegler, S. 64.
414 Scruton, S. 82.
415 Marcuse, S. 31 f.
416 Marcuse, S. 44.
417 Zitiert nach Hecken, S. 127.
418 Pasolini, Freibeuterschriften, zitiert nach Schoeck, Ungleichheit, S. 166.
419 Plumpe, Das kalte Herz, S. 78.
420 Plumpe, Das kalte Herz, S. 79.
421 Plumpe, Das kalte Herz, S. 213 f.
422 Plumpe, Das kalte Herz, S. 214.
423 Carey, S. 117.
424 Carey, S. 118.
425 Carey, S. 131.
426 Carey, S. 132
427 Briesen, S. 12 ff.
428 König, S. 272.
429 Korn, zitiert nach Hecken, S. 37.

430 Korn, zitiert nach Hecken, S. 50.
431 Korn, zitiert nach Hecken, S. 49.
432 Lundberg, S. 80 f.
433 Lundberg, S. 78.
434 Galbraith, S. 27.
435 Lawson.
436 Lawson.
437 Hecken, S. 215.
438 Bourdieu/Wacquant, zit. nach Hartmann, Elitesoziologie, S. 89.
439 Bourdieu, S. 800 ff.
440 Ludwig Erhard, zitiert nach Hecken, S. 113.
441 Tillessen, S. 43.
442 Tillessen, S. 30.
443 Tillessen, S. 56.
444 Tillessen, S. 57.
445 Tillessen, S. 40.
446 Tillessen, S. 40.
447 Tillessen, S. 25.
448 Tillessen, S. 34.
449 Tillessen, S. 34.
450 Tillessen, S. 36.
451 Tillessen, S. 61.
452 Tillessen, S. 61.
453 Tillessen, S. 65.
454 Tillessen, S. 70.
455 Tillessen, S. 86.
456 Tillessen, S. 186.
457 Tillessen, S. 187.
458 Tillessen, S. 183.
459 Hecken, S. 148.
460 Hecken, S. 221.
461 Trentmann, S. 15.
462 Trentmann, S. 20.
463 Schoeck, Neid, S. 241 f.
464 Trentmann, S. 913.
465 https://www.focus.de/politik/deutschland/doppelmoral-beim-fliegen-liste-zeigt-beim-reisen-sind-die-gruenen-politiker-die-schlimmsten-umweltsuender_id_11016930.html
466 Trentmann, S. 916 f.
467 Trentmann, S. 924.
468 Ziegler, S. 62. Hervorhebung im Original.
469 Ziegler, S. 63. Hervorhebung im Original.
470 Ziegler, S. 64.
471 Chomsky, S. 148. Hervorhebung im Original.

472 Chomsky, S. 149. Hervorhebungen im Original.
473 Heller, S. 18.
474 Kürschner, S. 5.
475 Heller, S. 12.
476 Samland, S. 13–18.
477 Howard Schultz, zitiert nach Ries/Ries, S. 155.
478 Shapiro/Hitsch/Tuchmann, S. 3.
479 Koch, Wirkt Werbung überhaupt nicht?
480 Schoeck, Ungleichheit, S. 176.
481 Vgl. Prakash. https://www.umweltbundesamt.de/publikationen/einfluss-der-nutzungsdauer-von-produkten-auf-ihre-1
482 AfD-Programm Punkt 10.11.2.
483 König, Wegwerfgesellschaft, S. 119.
484 König, Wegwerfgesellschaft, S. 118 f.
485 Snow, Ford, S. 299.
486 König, Wegwerfgesellschaft, S. 119.
487 Zitiert nach König, Wegwerfgesellschaft, S. 121.
488 Easterlin, Does ecnonomic growth ...; Zur Darstellung der Forschung und zur Kontroverse um Easterlin, vgl. Weimann/Knabe/Schöb, S. 17 ff.
489 Vgl. Kahneman/Deaton, High income improves ...
490 Killingsworth. https://www.pnas.org/content/118/4/e2016976118
491 Pinker, S. 204.
492 Pinker, S. 205.
493 Rosling, S. 142.
494 Gartzke, Capitalist Peace, S. 168, Fn. 10 mit zahlreichen Literaturhinweisen.
495 Weede, Frieden durch Kapitalismus, S. 67.
496 Weede, Frieden durch Kapitalismus, S. 68.
497 Gartzke, Capitalist Peace, S. 180.
498 Gartzke, Capitalist Peace, S. 180.
499 Gartzke/Hewitt, S. 129.
500 Gartzke/Hewitt, S. 138.
501 Cobden, S. 46.
502 Gartzke, Capitalist Peace, S. 170.
503 Weede, The Expansion, S. 821. Hervorhebung im Original.
504 Vgl. Schneider/Gleditsch, S. 3 ff., die vier Hauptargumente unterscheiden.
505 Weede, The Expansion, S. 824.
506 Weede, The Expansion, S. 823.
507 Weede, The Capitalist Peace and the Rise of China, S. 159.
508 Jäger/Beckmann, S. 9–146.
509 Zitiert nach Ferguson, Der falsche Krieg, S. 66.
510 Lenin, Imperialismus, S. 12 f.
511 Plumpe, Logik des modernen Krieges, S. 327.
512 Plumpe, Logik des modernen Krieges, S. 328.

513 Plumpe, Logik des modernen Krieges, S. 332. Hervorhebung im Original.
514 Plumpe, Logik des modernen Krieges, S. 343.
515 Ferguson, Der falsche Krieg, S. 67.
516 Steed, zitiert nach Ferguson, Der falsche Krieg, S. 67.
517 Ferguson, Der falsche Krieg, S. 67.
518 Ferguson, Der falsche Krieg, S. 385.
519 Gartzke, The Capitalist Peace, S. 171.
520 Stand 2015, abgerufen am 25.05.2021 unter http://commons.ch/deutsch/wp-content/uploads/Top-15-L%C3%A4nder-nach-Gesamtwert-aller-ihrer-Rohstoffvorkommen.pdf
521 Stand 2019, abgerufen am 25.05.2021 unter https://data.worldbank.org/
522 Stand 2019, abgerufen am 25.05.2021 unter https://data.worldbank.org/
523 Abgerufen am 25.05.2021 unter https://www.tradinghours.com/markets/sgx
524 Abgerufen am 25.05.2021 unter https://www.tradinghours.com/markets/moex
525 Miller/Kim/Roberts, Heritage Index of Economic Freedom 2021.
526 Stand 2019, abgerufen am 25.05.2021 unter https://data.worldbank.org/
527 Stand 2019, abgerufen am 25.05.2021 unter https://data.worldbank.org/
528 Collier, Die unterste Milliarde, S. 58 ff.
529 Vgl. Zitelmann, Die Bedeutung des Lebensraums.
530 Vgl. Bucharin, S. 94, Luxemburg, S. 430.
531 Zitiert nach Zitelmann, Hitler, S. 385.
532 Zitiert nach Zitelmann, Hitler, S. 387 f.
533 Hitler am 11.9.1941, in: Jochmann, Monologe, S. 56.
534 Hitler am 5. 7. 1942, in: Picker, Tischgespräche, S. 419.
535 Vgl. Zitelmann, Hitler, S. 530 f.
536 Zitiert nach Zitelmann, Hitler, S. 311.
537 Piketty, Kapital, S. 668.
538 Piketty, Kapital, S. 670.
539 Piketty, Kapital, S. 671.
540 Piketty, Kapital, S. 672.
541 Piketty, Kapital, S. 672.
542 Piketty, Kapital, S. 678.
543 Piektty, Kapital, S. 682; Scheidel, S. 195.
544 Piketty, Kapital, S. 682 f.
545 Banken, S. 390.
546 Scheidel, S. 178.
547 Scheidel, S. 152.
548 Scheidel, S. 152.
549 Scheidel, S. 157.
550 Scheidel, S. 158.
551 Scheidel, S. 16.
552 Scheidel, S. 175.
553 Scheidel, S. 177.
554 Scheidel, S. 201.

555 Scheidel, S. 214.
556 Bierling, S. 107.
557 https://www.amazon.de/Spiegel-Nr-2003-13-01-2003-Blut/dp/B00RI3V8QC
558 https://de.wikipedia.org/wiki/Fahrenheit_9/11
559 Bierling, S. 108.
560 Bierling, S. 109.
561 Bierling, S. 110.
562 Bierling, S. 109.
563 Bierling, S. 110.
564 Mueller, S. 180.
565 Mueller, S. 172.
566 Mueller, S. 172.
567 Plumpe, Das kalte Herz, S. 171.
568 Plumpe, Das kalte Herz, S. 171.
569 Horkheimer, Die Juden und Europa, S. 308 f.
570 Dimitroff, Bericht auf dem VII. Weltkongress der Komintern.
571 Hitler, zitiert nach Zitelmann, Hitler, S. 346. (Mit »Coupon abschneiden« ist gemeint, Zinszahlungen von Staats- und Unternehmensanleihen zu vereinnahmen. Damals war dafür die Vorlage eines Papier-Coupons, der von der Anleiheurkunde abgeschnitten wurde, bei einer Bank erforderlich.)
572 Hitler, 7.8.1920, zitiert nach Zitelmann, Hitler, S. 320.
573 Hitler, 25.8. 1920, zitiert nach Zitelmann, Hitler, S. 321.
574 Turner, Großunternehmer, S. 87.
575 Turner, Großunternehmer, S. 157.
576 Turner, Großunternehmer, S. 157.
577 Turner, Großunternehmer, S. 166.
578 Pollock, S. 113.
579 Reusch war langjähriger Vorstandschef der Gutehoffnungshütte, einem damals bedeutenden Montanunternehmen mit Sitz im Ruhrgebiet.
580 Turner, Großunternehmer, S. 122.
581 Turner, Großunternehmer, S. 233.
582 Zitelmann, Hitler, S. 439–441.
583 Turner, Großunternehmer, S. 235.
584 Turner, Faschismus und Kapitalismus, S. 60–86.
585 Turner, Faschismus und Kapitalismus, S. 22.
586 Turner, Faschismus und Kapitalismus, S. 25. Hervorhebung im Original.
587 Falter, Mitglieder, S. 74.
588 Falter, Mitglieder, S. 29.
589 Turner, Großunternehmer, S. 147.
590 Turner, Großunternehmer, S. 309.
591 Turner, Faschismus und Kapitalismus, S. 19 f.
592 Turner, Großunternehmer, S. 310.

593 Franz von Papen war 1933 als Reichskanzler der unmittelbare Vorgänger von Hitler in diesem Amt. Papen war bis 1932 Mitglied des »Zentrums«, einer katholisch geprägten Partei, und unmittelbar danach parteilos.
594 Turner, Großunternehmer, S. 410.
595 Falter, S. 81.
596 Falter, S. 76.
597 Falter, S. 187.
598 Aly, S. 15.
599 Zitiert nach Aly, S. 15.
600 Aly, S. 28 f.
601 Aly, S. 68.
602 Aly, S. 66 ff.
603 Aly, S. 37, 80 ff. Die Hauszinssteuer war eine Steuer auf die Bruttomiete, nicht auf den Gewinn aus Vermietung.
604 Aly, S. 81.
605 Aly, S. 78.
606 Aly, S. 37.
607 Banken, S. 347 ff.
608 Banken, S. 424.
609 Banken, S. 439.
610 Banken, S. 426.
611 Hitler, zitiert nach Zitelmann, Hitler, S. 332.
612 Hitler, 14.9.1936, zitiert nach Zitelmann, Hitler, S. 212.
613 Vgl. Zitelmann, Hitler, S. 335.
614 Pollock, S. 112.
615 Pollock, S. 115.
616 Pollock, S. 124.
617 Barkai, S. 10 f.
618 Petzina, 159 ff.
619 Aly, S. 380.
620 Aly, S. 366.
621 Aly, S. 360.
622 Götz, S. 56.
623 Schmiechen-Ackermann, S. 36.
624 Vgl. die Zitate im vorl. Buch, Kapitel 8.
625 Hitler, 26.8. 1942, in: Jochmann, S. 366.
626 Hitler, 22.7.1942, in: Picker, S. 452.
627 Hitler am 24.3.1942, in: Picker, S. 138 f.
628 Vgl. Zitelmann, Hitler, S. 342.
629 Zitiert nach Zitelmann, Hitler, S. 324 f.
630 Hayek, Verfassung, S. 69.
631 Hayek, Verfassung, S. 74.
632 Schroeder, The Dismal Fate.
633 Henri Barbusse, zitiert nach Koenen, Farbe rot, S. 993.

634 George Bernard Shaw, zitiert nach Ryklin, S. 75.
635 Alfred Kerr, zitiert nach Ryklin, S. 74.
636 Ryklin, S. 139.
637 Easton, Labour's manifesto.
638 Lenin, Wie soll man den Wettbewerb organisieren? LW 26, S. 409.
639 Lenin, Wie soll man den Wettbewerb organisieren? LW 26, S. 413. Hervorhebung im Original.
640 Baberowski, Verbrannte Erde, S. 55 f.
641 Baberowski, Verbrannte Erde, S. 52.
642 Baberowski, Verbrannte Erde, S. 51 f.
643 Wemheuer, S. 45.
644 Lenin, Über die Hungersnot, LW 27, S. 385.
645 Koenen, S. 805.
646 Koenen, S. 805.
647 Zitiert nach Courtoius, S. 20.
648 Zitiert nach Koenen, S. 807.
649 Zitiert nach Werth, S. 120.
650 Zitiert nach Werth, S. 121.
651 Zitiert nach Werth, S. 117 f.
652 Zitiert nach Baberowski, Der Rote Terror, S. 38.
653 Wemheuer, S. 45.
654 Koenen, S. 813.
655 Werth, S. 130.
656 Koenen, S. 814.
657 Lenin, Die NÖP und die Aufgaben der Ausschüsse, in: Lenin Werke, Bd. 33, S. 43.
658 Lenin, Die NÖP und die Aufgaben der Ausschüsse, in: Lenin Werke, Bd. 33, S. 44.
659 Lenin, Die NÖP und die Aufgaben der Ausschüsse, in: Lenin Werke, Bd. 33, S. 44 f.
660 Baberowski, Verbrannte Erde, S. 88.
661 Altrichter, S. 53 f.
662 Werth, S. 140, Wemheuer, S. 59.
663 Altrichter, S. 54.
664 Stalin, VII. erweitertes Plenum des EEKI, in: Stalin Werke Bd. 9, S. 32.
665 Baberowski, Verbrannte Erde, S. 99.
666 Baberowski, Verbrannte Erde, S. 96.
667 Geschichte der KPdSU (B), S. 380. Hervorhebung im Original.
668 Stalin, Fragen des Leninismus, zitiert nach Geschichte der KPdSU (B), S. 381.
669 Stalin, Politischer Rechenschaftsbericht an den XVI, Parteitag, Stalin Werke, Bd. 12, S. 253.
670 Stalin, Politischer Rechenschaftsbericht an den XVI, Parteitag, Stalin Werke, Bd. 12, S. 293.
671 Baberowski, Verbrannte Erde, S. 180.
672 Wemheuer, S. 67.
673 Wemheuer, S. 69.
674 Werth, S. 181.

675 Geschichte der KPdSU (B), S. 383. Hervorhebung im Original.
676 Geschichte der KPdSU (B), S. 384.
677 Duranty, zitiert nach Hollander, From Benito ..., S. 124.
678 Waldo Frank, zitiert nach Niemietz, Sozialismus, S. 81.
679 Altrichter, S. 84.
680 Werth, S. 165, 175.
681 Werth, S. 227.
682 Werth, S. 229.
683 Werth, S. 237.
684 Baberowski, Der Rote Terror, S. 116.
685 Baberowski, Verbrannte Erde, S. 122 f.
686 Stalin, Politischer Rechenschaftsbericht an den XVI, Parteitag, Stalin Werke, Bd. 12, S. 268.
687 Altrichter, S. 88.
688 Dikötter, Kulturrevolution, S. 4.
689 Dikötter, Kulturrevolution, S. 4.
690 Dikötter, Kulturrevolution, S. 9.
691 Dikötter, Kulturrevolution, S. 18 f.
692 Dikötter, Kulturrevolution, S. 22.
693 Dikötter, Kulturrevolution, S. 24.
694 Dikötter, Kulturrevolution, S. IX.
695 Dikötter, Kulturrevolution, S. 63 f.
696 Dikötter, Kulturrevolution, S. 75 f.
697 Dikötter, Kulturrevolution, S. 77.
698 Dikötter, Kulturrevolution, S. 78.
699 Dikötter, Kulturrevolution, S. 80 f.
700 Dikötter, Kulturrevolution, S. 89, 94.
701 Dikötter, Kulturrevolution, S. 95.
702 Chang/Halliday, S. 431.
703 Chang/Halliday, S. 433.
704 Chang/Halliday, S. 434.
705 Chang/Halliday, S. 435.
706 Chang/Halliday, S. 436.
707 Dikötter, Kulturrevolution, S. 102.
708 Dikötter, Kulturrevolution, S. 98.
709 Mao, Worte des Vorsitzenden, S. 14.
710 Dikötter, Kulturrevolution, S. 122.
711 Dikötter, Kulturrevolution, S. 168.
712 Dikötter, Kulturrevolution, S. 179.
713 Dikötter, Kulturrevolution, S. 181.
714 Dikötter, Kulturrevolution, S. 181 f.
715 Dikötter, Kulturrevolution, S. 294.
716 Dikötter, Kulturrevolution, S. 289.

717 Dikötter, Kulturrevolution, S. 234.
718 Dikötter, Kulturrevolution, S. 293.
719 Dikötter, Kulturrevolution, S. 301.
720 Zhang, Ideas for China's future, S. 142.
721 Zhang, Ideas for China's future, S. 143.
722 Zhang, Ideas for China's future, S. 144.
723 Simone des Beauvoir, zitiert nach Niemietz, Sozialismus, S. 109.
724 Jean-Paul Sartre, zitiert nach Niemietz, Sozialismus, S. 114.
725 Vgl. Sobanet.
726 Zu den Opferzahlen; Bultmann, 160 f.
727 Bultmann, S. 95.
728 Bultmann, S. 72.
729 Bultmann, S. 72 ff.
730 Bultmann, S. 88.
731 Zitiert nach Bultmann, S. 93.
732 Bultmann, S. 92.
733 Bultmann, S. 138.
734 Bultmann, S. 138.
735 Bultmann, S. 97.
736 Bultmann, S. 99.
737 Margolin, Kambodscha, S. 650.
738 Margolin, Kambodscha, S. 663.
739 Margolin, Kambodscha, S. 695.
740 Zitiert nach Bultmann, S. 137.
741 Zitiert nach Bultmann, S. 120.
742 Bultmann, S. 121.
743 Bultmann, S. 148.
744 Bultmann, S. 141.
745 Bultmann, S. 8.
746 Bultmann, S. 144.
747 Bultmann, S. 126.
748 Stuart-Fox, zitiert nach Bultmann, S. 111.
749 Margolin, Kambodscha, S. 693.
750 Margolin, Kambodscha, S. 683.
751 Vgl. mehrere Zitate von Chomsky in: Hollander, From Benito, S. 201.
752 Žižek, zitiert nach Gray, The Violent Visions, https://www.nybooks.com/articles/2012/07/12/violent-visions-slavoj-zizek/
753 Žižek, zitiert nach Hollander, From Benito, S. 29.
754 Hollander, From Benito, S. 30.
755 Zitiert nach Gallegos, S. 80.
756 Zitiert nach Clark, S. 60.
757 Erklärung des ZK der KPD, 11. Juni 1945, in: Berthold/Diehl, S. 196.
758 Engels, Anti-Dühring, in: MEW Bd. 20, S. 262. Hervorhebung im Original.

759 Engels, Materialien zum »Anti-Dühring«, in: MEW Bd. 20, S. 620.
760 Lenin, Staat und Revolution, LW 25, S. 469.
761 Marx, Kritik des Gothaer Programms, MEW 19, S. 28. Hervorhebung im Original.
762 Lenin, Staat und Revolution, LW 25, S. 477 f. Hervorhebung im Original.
763 Programm der KPdSU, Oktober 1961, S. 59.
764 Programm der KPdSU, Oktober 1961, S. 62.
765 Programm der KPdSU, Oktober 1961, S. 86. Hervorhebung im Original.
766 Programm der KPdSU, Oktober 1961, S. 90.
767 Programm der KPdSU, Oktober 1961, S. 88.
768 Programm der KPdSU, Oktober 1961, S. 89.
769 Marx, Kritik des Gothaer Programms, MEW 19, S. 21.
770 https://de.statista.com/themen/5811/kalter-krieg/#dossierSummary__chapter2
771 https://www.jec.senate.gov/reports/97th%20Congress/Consumption%20in%20the%20USSR%20-%20An%20International%20Comparison%20(1058).pdf
772 Aslund, Russia's Crony Capitalism.
773 Im Jahr 2020.
774 Marx, Kritik der Politischen Ökonomie, S. 14 f.
775 Niemietz, Sozialismus, S. 64.
776 Niemietz, Sozialismus, S. 65.
777 Edelmann Trust Barometer 2020.
778 Nocun/Lamberty, S. 18.
779 Zitiert nach Butter, S. 10.
780 Zitiert nach Krysmanski, S. 30.
781 Imhoff/Bruder.
782 Imhoff/Bruder.
783 Zitelmann, Die Gesellschaft und ihre Reichen.
784 Dieser Vergleich des Rankings, also wie oft eine Aussage unter die Top 5 gelangte bzw. ob es die häufigste, zweithäufigste usw. Aussage war, ist aussagekräftiger, als es ein Vergleich der Prozentsätze in den einzelnen Ländern wäre. Beispielsweise in Großbritannien ist oft der Prozentsatz der Befragten, die keine Angabe machen bzw. »none of these« angeben, sehr hoch (bei dieser Frage: 27 Prozent), in einigen Ländern (Frankreich, Schweden, Japan) liegt er bei 11 bis 14 Prozent, dagegen in Deutschland nur bei 2 Prozent oder in Korea bei 5 Prozent. Das macht den Vergleich der *Prozentsätze*, mit denen die Befragten den Aussagen zustimmen, teilweise problematisch.
785 Ein Ausreißer ist Polen, wo die weit links Stehenden mit 1,30 und die mäßig Linken mit einem sehr hohen Wert von 1,91 prokapitalistisch sind. Wir vermuteten zunächst, dass dies ein Fehler in den Daten ist, was sich jedoch bei Nachprüfung nicht bestätigte. Dennoch erscheinen diese Werte nicht plausibel.
786 Zu Polen siehe Fußnote 785.
787 Ausführlicher: Zitelmann, Attitudes to wealth in seven countries: The Social Envy Coefficient and the Rich Sentiment Index; https://onlinelibrary.wiley.com/doi/10.1111/ecaf.12468
788 Hayek, Intellectuals, S. 9; Lenin, Was tun?, S. 385 ff.
789 Marx, Kapital, Bd. 1, MEW 23, S. 74.
790 Voegelin, Die Politischen Religionen.

791 Marx, Zur Kritik der Hegelschen Rechtsphilosophie, in MEW Bd. 1, S. 378.
792 Aron, Opium für Intellektuelle, S. 334.
793 Times, zitiert nach Neffe, Marx, S. 521.
794 Koestler, S. 9.
795 Koestler, S. 11 f.
796 Sogar Koestler bestritt, dass bei seiner Ablehnung der Reichen Neid eine Rolle gespielt habe.
797 Zitiert nach Ryklin, S. 71, Fußnote 40.
798 Reich, S. 11.
799 Duhm, Angst im Kapitalismus, S. 8.
800 Duhm, Warenstruktur, S. 19.
801 Duhm, Angst, S. 151.
802 Aron, Chronique de guerre, zitiert nach Seitschek, S. 155.
803 Biss, S. 13.
804 Biss, S. 48.
805 Neffe, Marx, S. 354.
806 Vgl. Neffe, Marx, S. 354.
807 Neffe, S. 464.
808 Forbes, 7.1.2013. https://www.forbes.com/sites/igorgreenwald/2013/01/07/is-capitalism-dying/?sh=4fe3cc432820
809 Zur Kritik: Rhonheimer, Politik für den Menschen, S. 225 ff.
810 Benjamin, S. 15.
811 Baecker, S. 9.
812 Benjamin, S. 15.
813 Plumpe, Das kalte Herz, S. 640.
814 Neffe, Marx, S. 19.
815 Douthat, Marx rises again, New York Times, 19.4.2014.
816 Žižek, S. 310.
817 Žižek, S. 311 f.
818 Žižek, S. 14.
819 Žižek, S. 23.
820 Žižek, S. 20.
821 Žižek, S. 13 f.
822 Žižek, S. 22.
823 Žižek, S. 121.
824 Ziegler, S. 116.
825 Ziegler, S. 126.
826 Ziegler, S. 36.
827 Hayek, Verfassung, S. 70.
828 Hayek, Arten des Rationalismus, S. 75.
829 Piketty, Das Kapital, S. 52.
830 Piketty, Kapital und Ideologie, S. 1214.
831 Piketty, Kapital und Ideologie, S. 1207.

832 Piketty, Kapital und Ideologie, S. 1206.
833 Piketty, Kapital und Ideologie, S. 1209.
834 Piketty, Kapital und Ideologie, S. 1200, Fußnote 1.
835 Piketty, Kapital und Ideologie, S. 1206.
836 Piketty, Kapital und Ideologie, S. 1213.
837 Piketty, Kapital und Ideologie, S. 1195.
838 Piketty, Kapital und Ideologie, S. 1197.
839 Piketty, Kapital und Ideologie, S. 1221.
840 Piketty, Kapital und Ideologie, S. 1217. In milderer Form existiert in Deutschland und in vielen anderen westlichen Ländern bereits jetzt eine Wegzugsbesteuerung (engl. Exit Tax). In Deutschland ist sie primär in § 6 Außensteuergesetz/AStG geregelt.
841 Plumpe, Das kalte Herz.

Literaturverzeichnis

Altrichter, Helmut, Kleine Geschichte der Sowjetunion 1917–1991, Verlag C.H. Beck, 3. Auflage, München 2007.

Aly, Götz, Hitlers Volksstaat. Raub, Rassenkrieg und nationaler Sozialismus, Fischer Taschenbuch Verlag, 3. Auflage, Frankfurt/Main 2015.

Andrews, Nigel, Arnold Schwarzenegger. Mythos und Wahrheit eines amerikanischen Traums, St. Andrä-Wörden 1997.

Antweiler, Werner; Copeland, Brian R.; Taylor, M. Scott, Is Free Trade Good for the Environment?, Working Paper 6707, National Bureau of Economic Research, Cambridge, August 1998. https://www.jstor.org/stable/2677817

Arendt, Hannah, Über die Revolution, 4. Auflage, Piper Verlag, München 1974.

Arnott, Robert; Bernstein, William; Wu, Lillian, The Rich get Poorer: The Myth of Dynastic Wealth, Cato Journal, Vol. 35, No. 3, Fall 2015.

Aron, Raymond, Opium für Intellektuelle, Kiepenheuer & Witsch, Berlin 1957.

Aslund, Anders, Russia's Crony Capitalism. The Path from Market Economy to Kleptocracy, Yale University Press, New Haven and London 2019.

Auer, Dirk; Petit, Nicolas, Two Systems of Belief About Monopoly: The Press vs. Antitrust, in: Cato Journal Vol. 39, No. 1 (Winter 2019), 99-132. https://www.cato.org/sites/cato.org/files/serials/files/cato-journal/2019/2/cj-v39n1-7.pdf

Ausubel, Jesse H., The Return of Nature. How Technology Liberates the Environment, in: The Breakthrough Journal, May 12, 2015. https://thebreakthrough.org/journal/issue-5/the-return-of-nature

Baader, Roland, Geld, Gold und Gottspieler. Am Vorabend der nächsten Wirtschaftskrise, Resch Verlag, Gräfelfing 2004.

Baader, Roland, Geldsozialismus. Die wirklichen Ursachen der neuen globalen Depression, Resch Verlag, Gräfelfing 2010.

Baberowski, Jörg, Der rote Terror. Die Geschichte des Stalinismus, Fischer Taschenbuch, 3. Auflage, Frankfurt/Main 2014.

Baberowski, Jörg, Verbrannte Erde. Stalins Herrschaft der Gewalt, C.H. Beck Verlag, 3. Auflage, München 2012.

Backhaus, Julien, Ego. Gewinner sind gute Egoisten, FinanzBuch Verlag, München 2020.

Baecker, Dirk (Hrsg.), Kapitalismus als Religion. Mit Beiträgen von Dirk Baecker, Walter Benjamin u. a., Kulturverlag Kadmos, Berlin 2018.

Banken, Ralf, Hitlers Steuerstaat. Die Steuerpolitik im Dritten Reich, De Gruyter, Berlin, Boston 2018.

Barkai, Avraham, Das Wirtschaftssystem des Nationalsozialismus. Der historische Hintergrund 1933–1936, Köln 1977.

Bartels, Larry M., Unequal Democracy. The Political Economy of the New Gilded Age, Second Edition, Russel Sage Foundation New York, Princeton University Press, Princeton and Oxford 2016.

Beleites, Michael, Dicke Luft: Zwischen Ruß und Revolte. Die unabhängige Umweltbewegung in der DDR, Evangelische Verlagsanstalt, Leipzig 2016.

Benjamin, Walter, Kapitalismus als Religion, in: Baecker, Dirk (Hrsg.), Kapitalismus als Religion. Mit Beiträgen von Dirk Baecker, Walter Benjamin u. a., Kulturverlag Kadmos, Berlin 2018, S. 15–18.

Berthold, Lothar; Diehl, Ernst (Hrsg.), Revolutionäre deutsche Parteiprogramme. Vom Kommunistischen Manifest zum Programm des Sozialismus, Karl Dietz Verlag Berlin 1967.

Bhagwati, Jagdish, Verteidigung der Globalisierung. Mit einem Vorwort von Joschka Fischer, Pantheon Verlag, München 2008.

Bierling, Stephan, Geschichte des Irakkrieges. Der Sturz Saddams und Amerikas Albtraum im Mittleren Osten, Verlag C.H. Beck, München 2010.

Biss, Eula, Was wir haben. Über Besitz, Kapitalismus und den Wert der Dinge, Carl Hanser Verlag, München 2021.

Bojanowski, Axel; Wetzel, Daniel, Umweltorganisationen: Die unterschätzte Macht der grünen Lobby, Welt online, 30. April 2021. https://www.welt.de/wirtschaft/article230760047/Greenpeace-WWF-BUND-Die-unterschaetzte-Macht-der-gruenen-Lobby.html

Boldt, Klaus, Top-Manager Reitzle wirft Bundesregierung bei Corona-Politik Versagen vor, Die Welt 3.4.2021. https://www.welt.de/wirtschaft/article229695277/Corona-Politik-Wolfgang-Reitzle-uebt-scharfe-Kritik-an-Bundesregierung.html

Bookstaber, Richard, Teufelskreis der Finanzmärkte. Märkte, Hedgefonds und die Risiken von Finanzinnovationen, Börsenmedien Verlag, Kulmbach 2008.

Bourdieu, Pierre, Die feinen Unterschiede. Kritik der gesellschaftlichen Urteilskraft, Suhrkamp Taschenbuch Wissenschaft, 24. Auflage, Frankfurt/Main 2014.

Bourne, Ryan, Is This Time Different? Schumpeter, the Tech Giants, and Monopoly Fatalism, in: Cato Institute, Policy Analysis, June 17, 2019, No. 872.

Bourne, Ryan, Has Wealth Inequality Eroded U.S. Democracy? Cato Blog October 24, 2019. https://www.cato.org/blog/has-wealth-inequality-eroded-us-democracy

Braudel, Fernand, Sozialgeschichte des 15.–18. Jahrhunderts. Der Alltag, Kindler Verlag, München 1985.

Brecht, Bertolt, Alfabet (1934), in: ders., Gesammelte Werke, Bd. 9, Gedichte 2 (1933–1941), Edition Suhrkamp, Frankfurt 1967.

Bremer, Stuart A., Dangerous Dyads. Conditions Affecting the Likelihood of Interstate War 1816–1965, in: Journal of Conflict Resolution, Vol 36, No. 2, June 1992, 309–341. https://www.jstor.org/stable/174478

Briesen, Detlef, Warenhaus, Massenkonsum und Sozialmoral. Zur Geschichte der Konsumkritik im 20. Jahrhundert, Campus Verlag, Frankfurt/Main 2001.

Brink, Tobias ten, Chinas Kapitalismus. Entstehung, Verlauf, Paradoxien, Campus Verlag, Frankfurt, New York 2013.

Brook, Yaron; Watkins, Don, Free Market Revolution. How Ayn Rand's Ideas Can End Big Government, Ayn Rand Institute, Palgrave Macmillan, Santa Ana 2012.

Brzoska, Michael, Ökonomische Kriegstheorien, in: Jäger, Thomas; Beckmann, Rasmus (Hrsg.), Handbuch Kriegstheorien, VS Verlag für Sozialwissenschaften, Springer Fachmedien, Wiesbaden 2011, S. 105–122.

Bucharin, Nikolai, Imperialismus und Weltwirtschaft, Wien, Berlin 1929.

Bultmann, Daniel, Kambodscha unter den Roten Khmer. Die Erschaffung des perfekten Sozialisten, Schöningh Verlag, Paderborn 2017.

Bundesregierung der Bundesrepublik Deutschland, Lebenslagen in Deutschland. Der Sechste Armuts- und Reichtumsbericht der Bundesregierung, Kurzfassung, Mai 2021.

Bundesstiftung Aufarbeitung, Bericht 1990, https://deutsche-einheit-1990.de/ministerien/muner/verschmutzung/.

Butler, Eamon, Wie wir wurden, was wir sind. Eine Einführung in den klassischen Liberalismus, Edition Prometheus, FinanzBuch Verlag, München 2017.

Butter, Michael, »Nichts ist, wie es scheint«. Über Verschwörungstheorien, Suhrkamp Verlag, Berlin 2021.

Campanella, Tommaso, Sonnenstaat, in: Heinisch, Klaus J., Der utopische Staat. Morus, Utopia – Campanella, Sonnenstaat – Bacon, Neu-Atlantis, Rowohlt, Reinbek bei Hamburg 1960.

Carey, John, Hass auf die Massen. Intellektuelle 1880–1939, Steidl Verlag, Göttingen 1996.

Chang, Jung; Halliday, Jon, Mao. Das Leben eines Mannes, das Schicksal eines Volkes, 4. Auflage, Karl Blessing Verlag, München 2005.

Charles, Ray; Ritz, David, Ray, Die Autobiografie. Aktualisierte Auflage, Wilhelm Heyne Verlag, München 2005.

Chiwitt, Ulrich, Kapitalismus. Eine Liebeserklärung. Warum die Marktwirtschaft uns allen nützt, Wiley Verlag, Weinheim 2012.

Chomsky, Noam, Requiem für den amerikanischen Traum. Die 10 Prinzipien der Konzentration von Reichtum und Macht, Verlag Antje Kunstmann, München 2017.

Clark, A.C., The Revolutionary Has No Clothes. Hugo Chávez's Bolivarian Farce, Encounter Books, New York, London 2009.

Claxton, Guy, Knowing without Knowing Why, in: The Psychologist, May 1998, S. 217–220.

Coase, Ronald; Wang, Ning, How China Became Capitalist, New York 2012.

Cobden, Richard, Über die vollständige und sofortige Abschaffung der Getreidezölle, in: Schäffler, Frank; Schneider, Clemens; Hartjen, Florian A.; Urbansky, Björn, Freihandel für eine gerechtere Welt. Mehr TTIP, Fracking und Chlorhühnchen – ein Plädoyer für eine gemeinsame Welt, Edition Prometheus, FinanzBuch Verlag München 2018, S. 41–47.

Collier, Paul, Die unterste Milliarde. Warum die ärmsten Länder scheitern und was man dagegen tun kann, C.H. Beck Verlag, München 2008.

Collier, Paul, Sozialer Kapitalismus. Mein Manifest gegen den Zerfall unserer Gesellschaft, Siedler Verlag, München 2019.

Collier, Paul; Kay, John, Das Ende der Gier. Wie der Individualismus unsere Gesellschaft zerreißt und warum die Politik wieder dem Zusammenhalt dienen muss, Siedler Verlag, München 2020.

Consumption in the USSR: An International Comparison. A Study prepared for the use of the Joint Committee Congress of the United States, 17. August 1981, U.S. Government Printing Office, Washington 1981. https://www.jec.senate.gov/reports/97th%20Congress/Consumption%20in%20the%20USSR%20-%20An%20International%20Comparison%20(1058).pdf

Courtois, Stéphane; Werth, Nicolas; Panné, Jean-Louis; Paczkowski, Andrzej; Bartosek, Karel; Margolin, Jean-Louis, Das Schwarzbuch des Kommunismus. Unterdrückung, Verbrechen und Terror, Piper Verlag, München und Zürich 1997.

Cowen, Tyler, Big Business. A Love Letter to an American Anti-Hero, St. Martin's Press, New York 2019.

Davies, William, The Last Global Crisis didn't Change the World. But This one Could, The Guardian, 24. März 2020. https://www.theguardian.

com/commentisfree/2020/mar/24/coronavirus-crisis-change-world-financial-global-capitalism

Deaton, Angus, Der große Aufbruch. Von Armut und Wohlstand der Nationen, Klett Cotta, Stuttgart 2017.

Delsol, Jean-Philippe u. a. (Hrsg.), Anti-Piketty. Capital for the 21st Century, Cato Institute, Washington 2017.

Delsol, Jean-Philippe, The Great Process of Equalization of Conditions, in: Delsol, Jean-Philippe u. a. (Hrsg.), Anti-Piketty. Capital for the 21st Century, Cato Institute, Washington 2017, S. 5–17.

Dikötter, Frank, Maos großer Hunger. Massenmord und Menschenexperiment in China (1958–1962), Klett Cotta, Stuttgart 2014.

Dikötter, Frank, Mao und seine verlorenen Kinder. Chinas Kulturrevolution, Theiss Verlag, Wissenschaftliche Buchgesellschaft, Darmstadt 2017.

DiLorenzo, Thomas J., How Capitalism Saved America. The Untold History of Our Country, from the Pilgrims to the Present, Crown Forum, New York 2004.

Dimitroff, Georgi, Die Offensive des Faschismus und die Aufgaben der Kommunistischen Internationale, VII. Weltkongress der Kommunistischen Internationale. Bericht, erstattet am 2. August 1935 zum 2. Punkt der Tagesordnung des Kongresses: Die Offensive des Faschismus und die Aufgaben der Kommunistischen Internationale im Kampf für die Einheit der Arbeiterklasse gegen Faschismus. https://www.marxists.org/deutsch/referenz/dimitroff/1935/bericht/ch1.htm

Douthat, Ross, Marx rises again, The New York Times, 19.4.2014.

Duhm, Dieter, Angst im Kapitalismus. Zweiter Versuch der gesellschaftlichen Begründung zwischenmenschlicher Angst in der kapitalistischen Warengesellschaft, Verlag Kübler KG, 11. Auflage, Lampertheim, 1975.

Duhm, Dieter, Warenstruktur und zerstörte Zwischenmenschlichkeit. Zur politökonomischen Begründung der psychischen Situation des Individuums im Kapitalismus, Verlag Rolf Horst, Köln 1975.

Easterlin, Richard A., Does economic growth improve the human lot? Some empirical evidence, in: David, Paul A.; Reder, Melvin W. (ed.), Nations and households in economic growth, Palo Alto, CA: Stanford University Press, 1974, S. 90–125.

Easterly, William, Wir retten die Welt zu Tode. Für ein professionelles Management im Kampf gegen die Armut, Campus Verlag, Frankfurt/New York 2006.

Easton, George, Labour's manifesto is more Keynesian than Marxist, in: The New Statesman, June 2015.

Edelman, Edelman Trust Barometer 2020, Capitalism Under Fire.

Edwards, Chris; Bourne, Ryan, Exploring Wealth Inequality, in: Cato Institute Policy Analysis, November 5, 2019, No 881 https://www.cato.org/sites/cato.org/files/2020-01/pa-881-updated-2.pdf

Engels, Friedrich, Die Lage der arbeitenden Klasse in England, in: Karl Marx/Friedrich Engels, Werke, Band 2, Karl Dietz Verlag Berlin 1972, S. 225–506.

Engels, Friedrich, Herrn Eugen Dührings Umwälzung der Wissenschaft, in: Karl Marx/Friedrich Engels, Werke, Band 20, Karl Dietz Verlag, Berlin 1962, S. 5–306.

Engels, Friedrich, Materialien zum »Anti-Dühring«, in: Karl Marx/Friedrich Engels, Werke, Band 20, Karl Dietz Verlag Berlin 1962, S. 573–620.

Erhard, Ludwig, Wohlstand für alle, 8. Auflage, Econ Verlag, Düsseldorf 1964.

Falter, Jürgen W., Hitlers Parteigenossen. Die Mitglieder der NSDAP 1919–1945, Campus Verlag Frankfurt/Main, New York 2020.

Ferguson, Niall, Der Westen und der Rest der Welt. Eine Geschichte vom Wettstreit der Kulturen, Propyläen Verlag, Berlin 2011.

Ferguson, Niall, Der falsche Krieg. Der Erste Weltkrieg und das 20. Jahrhundert, 3. Auflage, Deutsche Verlags-Anstalt, München 2018.

Fernández Méndez, Daniel, The Real Relationship Between Capitalism and the Environment, in: Mises Institute, 1/12/2018. https://mises.org/wire/real-relationship-between-capitalism-and-environment

Feshbach, Murray, Ecological Disaster. Cleaning up the Hidden Legacy of the Soviet Regime, Twentieth Century Fund 1995.

Feshbach, Murry; Friendly Jr. Alfred, Ecocide in the USSR. Health and Nature Under Siege, Basic Books, New York 1992.

Fetscher, Iring, Von Marx zur Sowjetideologie, Darstellung, Kritik und Dokumentation des sowjetischen, jugoslawischen und chinesischen Marxismus, Verlag Moritz Diesterweg, Frankfurt/Main, Berlin, München, 17. Auflage, 1972.

Fink, Alexander; Kappner, Kalle, Globale Armut: Positive Entwicklung, negative Einschätzung, in: de.irefeuropa.org. https://de.irefeurope.org/Diskussionsbeitrage/Artikel/article/Globale-Armut-Positive-Entwicklung-negative-Einschatzung

Fink, Alexander; Mengden, Alexander; Kurz, Fabian, Umweltdesaster DDR: Bitteres aus Bitterfeld, IREF, 16. August 2019 https://de.irefeurope.org/Diskussionsbeitrage/Artikel/article/Umweltdesaster-DDR-Bitteres-aus-Bitterfeld

Fleckenstein, William A.; Sheehan, Frederick, Greenspan's Bubbles, The Age of Ignorance at the Federal Reserve, McGraw-Hill Education Ltd, New York u. a. 2008.

Follett, Andrew, 7 Enviro Predictions From Earth Day 1970 That Were Just Dead Wrong, 22. April 2016. https://dailycaller.com/2016/04/22/7-enviro-predictions-from-earth-day-1970-that-were-just-dead-wrong/

Foster, George M. The Anatomy of Envy: A Study in Symbolic Behavior, The University of Chicago Press Journals, Vol. 13, No. 2, April 1972: 165-202.

Frambach, Hans; Koubek, Norbert; Kurz, Heinz D.; Pfriem, Reinhard, Schöpferische Zerstörung und der Wandel des Unternehmertums. Zur Aktualität von Joseph A. Schumpeter, Metropolis Verlag, Marburg 2019.

Frankfurter Allgemeine Zeitung, Doppelt so viele Unternehmer im neuen Bundestag, 30. September 2017. https://www.faz.net/aktuell/wirtschaft/deutlich-mehr-unternehmer-im-bundestag-15225816.html

Friedman, Milton, Kapitalismus und Freiheit, Piper Taschenbuch, München/Zürich 2004.

Galbraith, John Kenneth, Gesellschaft im Überfluss, Droemer Knaur, München und Zürich 1970.

Gallegos, Raúl, Crude Nation. How Oil Riches Ruined Venezuela, Lincoln 2016.

Gallo, Carmine, Was wir von Steve Jobs lernen können. Verrückt querdenken – Strategien für den eigenen Erfolg, Redline Verlag, München 2011.

Gare, Arran, The Environmental Record of the Soviet Union, Capitalism Nature Socialism, 13:3, 52–72. https://www.tandfonline.com/doi/abs/10.1080/10455750208565489

Gartzke, Erik; Hewitt, Joseph, International Crises and the Capitalist Peace, International Interactions, 36:2, 115-145. 18 May 2010. https://www.tandfonline.com/doi/full/10.1080/03050621003784846

Gartzke, Erik, The Capitalist Peace, in: American Journal of Political Science, Vol. 51, No. 1, January 2007, S. 166–191. https://www.jstor.org/stable/4122913

Gassmann, Michael, Ewige Allmacht? Plötzlich wankt Amazons Monopol, in: Die Welt, 6. Februar 2021, https://www.welt.de/wirtschaft/plus225775833/D2C-Trend-Amazon-muss-um-sein-Monopol-fuerchten.html

Gates, Bill, Wie wir die Klimakatastrophe verhindern. Welche Lösungen es gibt und welche Fortschritte nötig sind, Piper Verlag, München 2021.

Gazeley, Ian; Newell, Andrew, The End of Destitution, Discussion Paper No. 4295, July 2009, Institute for the Study of Labor (IZA) Bonn. https://www.econstor.eu/bitstream/10419/35951/1/60942548X.pdf

Gilder, George, Reichtum und Armut, Severin und Siedler, Berlin 1981.

Gilens, Martin, Affluence & Influence. Economic Inequality and Political Power in America, Russell Sage Foundation New York, Princeton University Press, Princeton and Oxford 2012.

Görgens, Hartmut, Irrtum und Wahrheit über die Reallohnentwicklung seit 1990. Gegen den Mythos einer jahrzehntelangen Reallohnstagnation, Metropolis Verlag, Marburg 2018.

Götz, Norbert, Die nationalsozialistische Volksgemeinschaft im synchronen und diachronen Vergleich, in: Schmiechen-Ackermann,

Detlef (Hrsg.), »Volksgemeinschaft«: Mythos, wirkungsmächtige soziale Verheißung oder soziale Realität im »Dritten Reich«? Zwischenbilanz einer kontroversen Debatte, Ferdinand Schöningh Verlag, Paderborn u. a. 2012, S. 55–68.

Graw, Ansgar, Die Grünen an der Macht. Eine kritische Bilanz. FinanzBuch Verlag, München 2020.

Gray, John, The Violent Visions of Slavoj Žižek, in: New York Review of Books, July 12, 2012, 23. https://www.nybooks.com/articles/2012/07/12/violent-visions-slavoj-zizek/

Greenspan, Alan, The Age of Turbulence. Adventures in a New World, Penguin Books, New York 2007.

Habermann, Gerd, Der Wohlfahrtsstaat. Die Geschichte eines Irrwegs, Propyläen Verlag, Frankfurt, Berlin 1994.

Hagemann, Harald, Schumpeter und die Weltwirtschaftskrise: Die Vorzüge schlechter Zeiten oder eine pathologische Depression? In: Frambach, Hans; Koubek, Norbert; Kurz, Heinz D.; Pfriem, Reinhard, Schöpferische Zerstörung und der Wandel des Unternehmertums. Zur Aktualität von Joseph A. Schumpeter, Metropolis Verlag, Marburg 2019, S. 433–454.

Handelsblatt, Kraftwerksbetreiber erhalten mehr als vier Milliarden Euro Entschädigung, 16. Januar 2020.
https://www.handelsblatt.com/unternehmen/energie/energiepolitik-kohleausstieg-kraftwerksbetreiber-erhalten-mehr-als-vier-milliarden-euro-entschaedigung/25439458.html?ticket=ST-7772652-UYAscofVvp3i9xxUbQW3-ap1

Hartmann, Michael, Elitesoziologie. Eine Einführung, Campus Verlag, Frankfurt/Main 2008.

Hayek, Friedrich August von, Die Verfassung der Freiheit, 3. Auflage, J.C.B. Mohr (Paul Siebeck), Tübingen 1991.

Hayek, Friedrich August von, Der Weg zur Knechtschaft, Olzog Verlag, München 1994.

Hayek, Friedrich August von, Arten des Rationalismus (1964), in: Hayek, Friedrich August von, Wissenschaftstheorie und Wissen. Aufsätze zur

Erkenntnis- und Wissenschaftslehre. Hrsg. von Viktor Vanberg, Mohr Siebeck, Tübingen 2007.

Hayek, Friedrich August von, The Intellectuals and Socialism (1949), Reprint, o. O.

Hecken, Thomas, Das Versagen der Intellektuellen. Eine Verteidigung des Konsums gegen seine deutschen Verächter, transcript Verlag, Bielefeld 2010.

Heinisch, Klaus J. (Hrsg.), Der utopische Staat. Morus, Utopia – Campanella, Sonnenstaat – Bacon, Neu-Atlantis, Rowohlt Verlag, Hamburg 1993.

Heller, Eva, Wie Werbung wirkt: Theorien und Tatsachen, Fischer Taschenbuch Verlag, Frankfurt am Main 1996.

Heuer, Steffan, Die Einfalt der Vervielfältiger, brand eins, Heft 2/2001. https://www.brandeins.de/magazine/brand-eins-wirtschaftsmagazin/2001/organisation/die-einfalt-der-vervielfaeltiger

Higginbotham, Adam, Mitternacht in Tschernobyl. Die geheime Geschichte der größten Atomkatastrophe aller Zeiten, S. Fischer Verlag, Frankfurt/Main 2019.

Hoffmann, Christian; Bessard, Pierre (Hrsg.), Das Ende der Armut. Chancen einer globalen Marktwirtschaft, Liberales Institut, Zürich 2012.

Hollander, Paul, From Benito Mussolini to Hugo Chávez. Intellectuals and a Century of Political Hero Worship, Cambridge 2016.

Horkheimer, Max, u. a., Wirtschaft, Recht und Staat im Nationalsozialismus. Analysen des Instituts für Sozialforschung 1939–1942. H. Dubiel und A. Söllner (Hrsg.), Europäische Verlagsanstalt, Frankfurt am Main 1981.

Horkheimer, Max, Die Juden und Europa. In: Gesammelte Schriften, Band 4, Fischer Verlag, Frankfurt am Main 1988.

Horwitz, Steven, Inequality, Mobility, and being poor in America, in: Social Philosophy & Policy Foundation (2015), 70-91. https://papers.ssrn.com/sol3/papers.cfm?abstract_id=2559403

Imhoff, Roland; Bruder, Martin, Speaking (Un-)Truth to Power: Conspiracy Mentality as A Generalised Political Attitude, in: European Journal of Personality, January 2014.

Isaacson, Walter, Steve Jobs. Die autorisierte Biografie des Apple-Gründers, C. Bertelsmann Verlag, München 2011.

Jäger, Thomas; Beckmann, Rasmus (Hrsg.), Handbuch Kriegstheorien, VS Verlag für Sozialwissenschaften, Springer Fachmedien, Wiesbaden 2011.

Jochmann, Werner (Hrsg.), Adolf Hitler. Monologe im Führerhauptquartier 1941–1944. Die Aufzeichnungen Heinrich Heims, Albrecht Knaus Verlag, Hamburg 1980.

Johnson, Paul, Intellectuals. From Marx and Tolstoy to Sartre and Chomsky, Harper Collins, New York 2007.

Jung, Alexander, Das Luxus-Problem, Der Spiegel 6/2014. https://www.spiegel.de/wirtschaft/das-luxus-problem-a-c49a0302-0002-0001-0000-000124838623

Jungbluth, Rüdiger, Die Oetkers. Geschäfte und Geheimnisse der bekanntesten Wirtschaftsdynastie Deutschlands, Bastei Lübbe Verlag, Frankfurt/New York 2004.

Kahan, Alan S., Mind vs. Money. The War Between Intellectuals and Capitalism, New Brunswick, London 2010.

Kahneman, Daniel; Deaton, Angus, High income improves evaluation of life but not emotional well-being, Proceedings of the National Academy of Sciences 107 (2010), 16489–16493.

Kamarck, Elaine, If money can't buy you votes, what can it buy? Lessons from Michael Bloomberg's 2020 run, Brookings, March 5, 2020. https://www.brookings.edu/blog/fixgov/2020/03/05/if-money-cant-buy-you-votes-what-can-it-buy-lessons-from-michael-bloombergs-2020-run/

Kelley, Jonathan; Evans M.D.R., Societal inequality and individual subjective well-being: Results from 68 societies and over 200.000 individuals, 1981-2008, in: Social Science Research 62 (2016), 1-23. https://pubmed.ncbi.nlm.nih.gov/28126092/

Kepplinger, Hans Mathias, Risikofallen und wie man sie vermeidet, Herbert von Halem Verlag, Köln 2021.

Killingsworth, Matthew, A., Experienced well-being rises with income, even above $75,000 per year, in: PNAS January 26, 2021 118 (4) e2016976118; https://doi.org/10.1073/pnas.2016976118

Kirzner, Israel M., Competition and Entrepreneurship, The University of Chicago Press, Chicago/London 1973.

Knabe, Hubertus, Klimakiller DDR, 19. 9. 2019. https://hubertus-knabe.de/klimakiller-ddr/

Knabe, Hubertus, Auferstanden in Ruinen, in: Tichys Einblick, 24. Juni 2019. https://www.tichyseinblick.de/daili-es-sentials/auferstanden-in-ruinen/

Knight, Damien; McCreddie, Harry, Understanding the »facts« about top pay, in: Shackleton, J.R. (ed.), Top Dogs & Fat Cats. The Debate on High Pay, Institute of Economic Affairs, London 2019, S. 40–56.

Koch, Thomas, Wirkt Werbung überhaupt nicht? Oder nur falsch? In: Wirtschaftswoche, 2. März 2021. https://www.wiwo.de/unternehmen/dienstleister/werbesprech-wirkt-werbung-ueberhaupt-nicht-oder-nur-falsch/26962092.html

Koenen, Gerd, Die Farbe Rot. Ursprünge und Geschichte des Kommunismus, C.H. Beck Verlag, München 2017.

König, Wolfgang, Kleine Geschichte der Konsumgesellschaft. Konsum als Lebensform der Moderne, Franz Steiner Verlag, Stuttgart 2008.

König, Wolfgang, Geschichte der Wegwerfgesellschaft. Die Kehrseite des Konsums, Franz Steiner Verlag, Stuttgart 2019.

Koestler, Arthur, Ein Gott, der keiner war. Deutscher Taschenbuch Verlag, München 1962.

KPdSU, Programm und Status der Kommunistischen Partei der Sowjetunion. Angenommen auf dem XXII. Parteitag der KPdSU, 17. bis 31. Oktober 1961, Karl Dietz Verlag Berlin 1961.

Krais, Beate; Gebauer, Gunter, Habitus, 6. Auflage, transcript Verlag, Bielefeld 2014.

Kreutzer, Ralf T.; Land, Karl-Heinz, Dematerialisierung. Die Neuverteilung der Welt in Zeiten des digitalen Darwinismus, Future Vision Press, Köln 2015.

Krugman, Paul, Oligarchy, American Style, in: The New York Times, 3. November 2011. https://www.nytimes.com/2011/11/04/opinion/oligarchy-american-style.html

Krysmanski, Hans-Jürgen, 0,1 Prozent. Das Imperium der Milliardäre, Westend Verlag, Frankfurt am Main 2012.

Kürschner, Jens, Unterschwellige Werbung als Priming-Instrument. Eine Untersuchung, Grin Verlag, Books on Demand, Norderstedt 2012.

Lawson, Neal, Do we want to shop or to be free? We'd better choose fast, in: The Guardian, 2. August 2009.

Lee, Felix, Macht und Moderne. Chinas großer Reformer Deng Xiaoping. Die Biografie, Rotbuch Verlag, Berlin 2014.

Lenin, Wladimir Iljitsch, Der Imperialismus als höchstes Stadium des Kapitalismus (1917), Manifest Verlag, Berlin 2019.

Lenin, Wladimir Iljitsch, Die NÖP und die Aufgaben der Ausschüsse für politisch-kulturelle Aufklärung, in: Lenin Werke Bd. 33, Karl Dietz Verlag Berlin 1977, S. 42–46.

Lenin, Wladimir Iljitsch, Staat und Revolution. Die Lehre des Marxismus vom Staat und die Aufgaben des Proletariats in der Revolution, in: Lenin Werke Bd. 25, Karl Dietz Verlag Berlin 1960, S. 393–507.

Lenin, Wladimir Iljitsch, Über die Hungersnot (Brief an die Petrograder Arbeiter), in: Lenin Werke Bd. 27, Karl Dietz Verlag Berlin 1960, S. 385–393.

Lenin, Wladimir Iljitsch, Wie soll man den Wettbewerb organisieren? in: Lenin Werke Bd. 26, Karl Dietz Verlag Berlin 1970, S. 402–414.

Liebowitz, Stan J.; Margolis, Stephen E., Winners, Losers & Microsoft. Competition and Antitrust in High Technology, The Independent Institute, Oakland 1999.

Lindert, Peter H.; Williamson, Jeffrey G., English Workers' Living Standards During the Industrial Revolution: A New Look, in: Mokyr, Joel (Ed.), The Economics of the Industrial Revolution, Routledge, New York 2011, S. 177–205.

Löw, Konrad, Warum fasziniert der Kommunismus? Eine systematische Untersuchung, KG Saur, München u.a. 1985.

Lommel, Cookie, Schwarzenegger. A Man with a Plan, Heyne Verlag, München/Zürich 2004.

Lorenz, Robert, »Mehr Unternehmergeist«. Unternehmer und ihr Blick auf Politik, in: Walter, Franz; Marg, Stine (Hrsg.), Sprachlose Elite? Wie Unternehmer Politik und Gesellschaft sehen, BP-Gesellschaftsstudie, Rowohlt Verlag, Reinbek bei Hamburg 2015, S. 102–133.

Luksic, Oliver, Gelenkte Automobilwirtschaft, bpö Blog Politische Ökonomie, 2. April 2021. https://www.blog-bpoe.com/2021/04/02/luksic/

Lundberg, Ferdinand, Die Reichen und die Superreichen. Macht und Allmacht des Geldes, Hoffmann und Campe, Hamburg 1971.

Luxemburg, Rosa, Gesammelte Werke, Bd. 5: Ökonomische Schriften, Berlin 1975.

Maas, Rüdiger, Was hat Bill Gates mit Corona zu tun? Ein Buch über die Entstehung von Verschwörungstheorien und den Umgang mit ihnen, BoD, 2020.

Maddison, Angus, Contours of the World Economy 1-2030 AD, Essays in Macro-Economic History, Oxford University Press, New York 2007.

Maier, Hans, Politische Religionen. Die totalitären Regime und das Christentum, Herder Verlag, Freiburg/Basel/Wien 1995.

Maier, Hans (Hrsg.), Totalitarismus und Politische Religionen. Band III: Deutungsgeschichte und Theorie, Schöningh Verlag, Paderborn 2003.

Mao Zedong, Worte des Vorsitzenden Mao Zedong, Verlag für fremdsprachige Literatur, Peking 1972.

Marcuse, Herbert, Der eindimensionale Mensch. Studien zur Ideologie der fortgeschrittenen Industriegesellschaft. Hrsg. von Peter-Erwin Jansen, Klampen Verlag, Springe 2014.

Margolin, Jean-Louis, China: Ein langer Marsch in die Nacht, in: Werth, Nicolas, Ein Staat gegen sein Volk. Gewalt, Unterdrückung und Terror in der Sowjetunion, in: Courtois, Stéphane; Werth, Nicolas; Panné, Jean-Louis; Paczkowski, Andrzej; Bartosek, Karel; Margolin, Jean-Louis, Das Schwarzbuch des Kommunismus. Unterdrückung, Verbrechen und Terror, Piper Verlag, München/Zürich 1997, S. 511–608.

Margolin, Jean-Louis, Kambodscha: Im Land der unfassbaren Verbrechen, in: Werth, Nicolas, Ein Staat gegen sein Volk. Gewalt, Unterdrückung und Terror in der Sowjetunion, in: Courtois, Stéphane; Werth, Nicolas; Panné, Jean-Louis; Paczkowski, Andrzej; Bartosek, Karel; Margolin, Jean-Louis, Das Schwarzbuch des Kommunismus. Unterdrückung, Verbrechen und Terror, Piper Verlag, München/Zürich 1997, S. 643-710.

Marx, Karl, Das Kapital. Kritik der Politischen Ökonomie. Erster Band. Buch I: Der Produktionsprozess des Kapitals, Karl Marx, Friedrich Engels, Werke, Band 23, Karl Dietz Verlag Berlin 1972.

Marx, Karl, Das Kapital. Kritik der Politischen Ökonomie. Dritter Band. Buch III: Der Gesamtprozess der kapitalistischen Produktion. Herausgegeben von Friedrich Engels, Karl Marx, Friedrich Engels, Werke, Band 25, Karl Dietz Verlag Berlin 1979.

Marx, Karl, Grundrisse der Kritik der Politischen Ökonomie. [Rohentwurf] 1857–1958, Anhang 1950–1859, Karl Dietz Verlag Berlin 1974.

Marx, Karl, Kritik des Gothaer Programms, in: Karl Marx, Friedrich Engels, Werke, Band 19, Karl Dietz Verlag Berlin 1973, S. 15–32.

Marx, Karl, Zur Kritik der Hegelschen Rechtsphilosophie, in: Karl Marx, Friedrich Engels, Werke, Bd. 1., Karl Dietz Verlag Berlin 1958, S. 378.

Marx, Karl, Zur Kritik der Politischen Ökonomie. Erstes Heft, Karl Dietz Verlag Berlin 1972.

Mavragani, Amaryllis; Nikolaou, Ioannis E.; Tsagarakis, Konstantino P., Open Economy, Institutional Quality, and Enviromental Performance: A Macroeconomic Approach, in: Sustainability 2016, 8, 601, 1–13.

McAfee, Andrew, Mehr aus weniger. Die überraschende Geschichte, wie wir mit weniger Ressourcen zu mehr Wachstum und Wohlstand gekommen sind und wie wir jetzt unseren Planeten retten, Deutsche Verlags-Anstalt, München 2020.

McCloskey, Deirdre Nansen; Carden, Art, Leave Me Alone and I'll Make You Rich. How the Bourgeois Deal Enriched the World, The University of Chicago Press, Chicago and London 2020.

McKenzie, Richard B.; Lee, Dwight R., In Defense of Monopoly. How Market Power Fosters Creative Production, The University of Michigan Press, Michigan 2008.

Medvedev, Zhores A., Environmental Destruction of the Soviet Union, The Ecologist, 20, 1, Jan/Feb, 1990.

Meissner, Gerd, SAP – die heimliche Software-Macht. Wie ein mittelständisches Unternehmen den Weltmarkt erobert, Hamburg 1997.

Meltzer, Allan H., Why Capitalism? Oxford University Press, New York 2012.

Miller, Terry, Kim, Anthony B.; Roberts, James M., 2021 Index of Economic Freedom, The Heritage Foundation, Washington 2021.

Mises, Ludwig von, Der freie Markt und seine Feinde. Pseudowissenschaft, Sozialismus und Inflation, mises.at, 2016.

Mises, Ludwig von, Die Gemeinwirtschaft. Untersuchungen über den Sozialismus, Verlag Gustav Fischer, Jena 1932.

Mousseau, Michael, Coming to Terms with the Capitalist Peace, in: International Interactions, 36: 185-213 (2010). https://www.tandfonline.com/doi/abs/10.1080/03050621003785074?journalCode=gini20

Moretti, Franco, Der Bourgeois. Eine Schlüsselfigur der Moderne, Suhrkamp Verlag, Berlin 2014.

Morus, Thomas, Utopia, in: Heinisch, Klaus J., Der utopische Staat. Morus, Utopia – Campanella, Sonnenstaat – Bacon, Neu-Atlantis, Rowohlt, Reinbek bei Hamburg 1960.

Moyo, Dambisa, Dead Aid. Warum Entwicklungshilfe nicht funktioniert und was Afrika besser machen kann, Haffmans & Tolkemitt, Berlin 2012.

Mueller, John, Capitalism, Peace, and the Historical Movement of Ideas, in: International Interactions, 36: 169-184 (2010).

Neffe, Jürgen, Marx. Der Unvollendete, C. Bertelsmann, 3. Auflage, München 2017.

Neubacher, Alexander, Ökofimmel. Wie wir versuchen, die Welt zu retten – und was wir damit anrichten, Deutsche Verlags-Anstalt, München 2012.

Neuhäuser, Christian, Reichtum als moralisches Problem, Suhrkamp Verlag, Berlin 2018.

Niemietz, Kristian, Der Mythos vom Globalisierungsverlierer. Armut im Westen, in: Hoffmann, Christian; Bessard, Pierre (Hrsg.), Das Ende der Armut. Chancen einer globalen Marktwirtschaft, Liberales Institut, Zürich 2012, S. 141–159.

Niemietz, Kristian, Redefining the Poverty Debate. Why a War on Markets is No Substitute for a War on Poverty, London 2012.

Niemietz, Kristian, Sozialismus. Die gescheiterte Idee, die niemals stirbt. Edition Prometheus, FinanzBuch Verlag, München 2021.

Niskanen, William A.; Moore, Stephen, Supply-Side Tax Cuts and the Truth about the Reagan Economic Record, Cato Policy Analysis, 22. Oktober 1996.

Nocun, Katharina; Lamberty, Pia, Fake Facts. Wie Verschwörungstheorien unser Denken bestimmen, Bastei Lübbe, Köln 2020.

Norberg, Johan, Das kapitalistische Manifest. Warum allein die globalisierte Marktwirtschaft den Wohlstand der Menschheit sichert, Eichborn Verlag, Frankfurt 2003.

Norberg, Johan, Financial Fiasco. How America's Infatuation with Homeownership and Easy Money Created the Economic Crisis, Cato Institute, Washington 2009.

Norberg, Johan, Fortschritt. Ein Motivationsbuch für Weltverbesserer, Edition Prometheus, FinanzBuch Verlag, München 2020.

Ogilvy, David, Geständnisse eines Werbemannes, Econ Verlag, München 1991.

Oxford Poverty & Human Development Initiative, Global MPI 2021.

Page, Benjamin I.; Gilens, Martin, Democracy in America? What Has Gone Wrong and What We Can Do About It, The University of Chicago Press, Chicago and London 2017.

Page, Benjamin I.; Bartels, Larry M.; Seawright, Jason, Democracy and the Policy Preferences of Wealthy Americans, Cambridge University Press, Perspectives on Politics, March 2013, Vol. 11, No. 1. https://www.cambridge.org/core/journals/perspectives-on-politics/article/abs/democracy-and-the-policy-preferences-of-wealthy-americans/B783EEF6785FEE093198ABED8D2C3D61

Palmer, Tom G., Foreward, in: Delsol, Jean-Philippe u.a. (Hrsg.), Anti-Piketty. Capital for the 21st Century, Cato Institute, Washington 2017, S. xi–xvi.

Peterson, Troubled Lands. The Legacy of Soviet Environmental Destruction, Routledge Taylor & Francis Group, London and New York 1993.

Petit, Nicolas, Big Tech and The Digital Economy. The Moligopoly Scenario, Oxford University Press, Oxford 2020.

Pettinger, Tejvan, Advantages and disadvantages of monopolies, Economics Help, 4. Oktober 2020. https://www.economicshelp.org/blog/265/economics/are-monopolies-always-bad/

Petzina, D., Autarkiepolitik im Dritten Reich. Der nationalsozialistische Vierjahresplan, Stuttgart 1968.

Philipps, Kevin, Die amerikanische Geldaristokratie. Eine politische Geschichte des Reichtums in den USA, Campus Verlag, Frankfurt am Main, New York 2003.

Picker, Henry (Hrsg.), Hitlers Tischgespräche im Führerhauptquartier, VMA Verlag, Wiesbaden 1983.

Piketty, Thomas, Das Kapital im 21. Jahrhundert, C. H. Beck Verlag, München 2014.

Piketty, Thomas, Kapital und Ideologie, C. H. Beck Verlag, München 2020.

Piketty, Thomas, Ökonomie der Ungleichheit. Eine Einführung, C.H. Beck Verlag München 2016.

Pinker, Steven, Aufklärung jetzt. Für Vernunft, Wissenschaft, Humanismus. Eine Verteidigung, S. Fischer, Frankfurt am Main 2018.

Plumpe, Werner, Das kalte Herz. Kapitalismus: Die Geschichte einer andauernden Revolution, Rowohlt Verlag, Berlin 2019.

Plumpe, Werner, Die Logik des modernen Krieges und die Unternehmen: Überlegungen zum Ersten Weltkrieg, in: Jahrbuch für Wirtschaftsgeschichte 2015; 56 (2), 325–357.

Polleit, Thorsten, Der Antikapitalist. Ein Weltverbesserer, der keiner ist, FinanzBuch Verlag, München 2020.

Pollock, Friedrich, Ist der Nationalsozialismus eine neue Ordnung? In: Horkheimer, Max u. a., Wirtschaft, Recht und Staat im Nationalsozialismus. Analysen des Instituts für Sozialforschung 1939–1942. Hrsg. von H. Dubiel und A. Söllner, Europäische Verlagsanstalt, Frankfurt 1981, S. 111–128.

Ponciano, Jonathan, The Forbes 400 Self-Made Score: From Silver Spooners To Bootstrappers, Forbes.com, 8. September 2020. https://www.forbes.com/sites/jonathanponciano/2020/09/08/self-made-score/?sh=6a41b14d41e4

Prakash, Siddharth; Dehoust, Günther; Gsell, Martin; Schleicher, Tobias; Stamminger, Rainer, Einfluss der Nutzungsdauer von Produkten auf ihre Umweltwirkung: Schaffung einer Informationsgrundlage und Entwicklung von Strategien gegen »Obsoleszenz«, Umweltbundesamt, Dessau-Roßlau 2016. https://www.umweltbundesamt.de/publikationen/einfluss-der-nutzungsdauer-von-produkten-auf-ihre-1

Rand, Ayn, Amerikas verfolgte Minderheit (1962), in: Kapitalismus. Das unbekannte Ideal. Mit weiteren Beiträgen von Nathaniel Branden, Alan Greenspan und Robert Hessen, TvR Medienverlag, Jena 2017, S. 52–74.

Rand, Ayn, Die Tugend des Egoismus. Die neue Auffassung des Eigennutzes. Mit weiteren Beiträgen von Nathaniel Branden, TvR Medienverlag, Jena 2017.

Rand, Ayn, Für den neuen Intellektuellen. Eine Streitschrift gegen die pseudointellektuellen Verführer in den Medien und den Universitäten, mises.at, 2016.

Rand, Ayn, Kapitalismus. Das unbekannte Ideal. Mit weiteren Beiträgen von Nathaniel Branden, Alan Greenspan und Robert Hessen, TvR Medienverlag, Jena 2017.

Ravier, Adrian; Lewin, Peter, The Subprime Crisis, in: Quarterly Journal of Austrian Economics, Vol. 15, No. 1 (2012), S. 45–74.

Reich, Wilhelm, Charakteranalyse. Technik und Grundlagen für Studierende und praktizierende Analytiker, Plopp-Versand, Bremen 1971.

Rhonheimer, Martin, Ludwig Erhards Konzept der sozialen Marktwirtschaft und seine wettbewerbstheoretischen Grundlagen, Zeitschrift für Marktwirtschaft und Ethik 5 (2), 2017, S. 83–106.

Rhonheimer, Martin, Politik für den Menschen braucht weder »christlich« noch »sozial« zu sein, in: Rausch, Bettina; Varga, Simon, Christlich-soziale Signaturen. Grundlagen einer politischen Debatte, edition noir, Wien 2020, S. 215–246.

Ries, Al; Ries, Laura, PR ist die bessere Werbung, Redline Verlag, München 2002.

Rosdolsky, Roman, Zur Entstehungsgeschichte des Marxschen »Kapital«. Der Rohentwurf des Kapital 1857–1858, Band 2, Europäische Verlagsanstalt, Frankfurt am Main 1968.

Rosling, Hans; mit Anna Rosling und Ola Rosling, Factfulness. Wie wir lernen, die Welt so zu sehen, wie sie wirklich ist, Ullstein Verlag, Berlin 2019.

Ruprecht, Götz; Lüdecke, Horst-Joachim, Kernenergie. Der Weg in die Zukunft, TvR Medienverlag, Jena 2018.

Ryklin, Michail, Kommunismus als Religion. Die Intellektuellen und die Oktoberrevolution, Verlag der Weltreligionen im Insel Verlag, Frankfurt am Main/Leipzig 2008.

Sachweh, Patrick. Deutungsmuster sozialer Ungleichheit. Wahrnehmung und Legitimation gesellschaftlicher Privilegierung und Benachteiligung. Zugleich Dissertation Universität Bremen 2009, Campus Verlag, Frankfurt am Main, New York 2009.

Samland, Bernd M., Übersetzt du noch oder verstehst du schon? Werbe-Englisch für Anfänger, Herder Verlag, Freiburg i. Br. u. a. 2011.

Schäffler, Frank; Schneider, Clemens; Hartjen, Florian A.; Urbansky, Björn, Freihandel für eine gerechtere Welt. Mehr TTIP, Fracking und Chlorhühnchen – ein Plädoyer für eine gemeinsame Welt, Edition Prometheus, FinanzBuch Verlag, München 2018.

Scheidel, Walter, Nach dem Krieg sind alle gleich. Eine Geschichte der Ungleichheit, Wissenschaftliche Buchgesellschaft, Darmstadt 2018.

Schmiechen-Ackermann, Detlef (Hrsg.), »Volksgemeinschaft«: Mythos, wirkungsmächtige soziale Verheißung oder soziale Realität im »Dritten Reich«? Zwischenbilanz einer kontroversen Debatte, Ferdinand Schöningh Verlag, Paderborn u. a. 2012.

Schneider, Gerald; Gleditsch, Nils Petter (ed.), Assessing the Capitalist Peace, Routledge, London, New York 2015.

Schoeck, Helmut, Das Recht auf Ungleichheit, 3. erweiterte Auflage, Ullstein Verlag, Frankfurt am Main, Berlin 1990.

Schoeck, Helmut, Der Neid. Eine Theorie der Gesellschaft, Verlag Karl Alber, Freiburg, München 1966.

Schroeder, Gertrude, The Dismal Fate of Soviet-Type Economies: Mises was Right, in: Cato Journal, Vol. 11, No. 1 (1991), S. 13–25.

Schumpeter, Joseph, Kapitalismus, Sozialismus und Demokratie, UTB Verlag, München 1972.

Schumpeter, Joseph, Theorie der wirtschaftlichen Entwicklung, Nachdruck der 1. Auflage von 1912, Berlin 2006.

Schumpeter, Joseph, Unternehmerfunktion und Arbeiterinteresse, in: Schumpeter, Joseph, Schriften zur Ökonomie und Soziologie. Hrsg. von Lisa Herzog und Axel Honneth, Suhrkamp Verlag, Berlin 2016, S. 222–240.

Scruton, Roger, Narren, Schwindler, Unruhestifter. Linke Denker des 20. Jahrhunderts, FinanzBuch Verlag, München 2021.

Seitschek, Hans Otto, Die Deutung des Totalitarismus als Religion, in: Maier, Hans (Hrsg.), Totalitarismus und Politische Religionen. Band III: Deutungsgeschichte und Theorie, Schöningh Verlag, Paderborn 2003, S. 129–178.

Shackleton, J.R. (ed.), Top Dogs & Fat Cats. The Debate on High Pay, Institute of Economic Affairs, London 2019.

Shapiro, Bradley T.; Hitsch, Günter J.; Tuchmann, Anna E., TV Advertising Effectiveness and Profitability: Generalizable Results from 288 Brands, in: Econometrica. Journal of the Econometric Society, Vol. 89, Issue 4, Juli 2021, S. 1855–1879.

Shellenberger, Apocalypse Never. Why Environmental Alarmism Hurts Us All, Harper Collins, New York 2020.

Simon, Hermann, Am Gewinn ist noch keine Firma kaputtgegangen, Campus Verlag, Frankfurt am Main, New York 2020.

Sloterdijk, Peter, Du musst dein Leben ändern: Über Anthropotechnik, Suhrkamp Verlag, Berlin 2012.

Smith, Adam, Wohlstand der Nationen (1776), Anaconda Verlag, München 2009.

Smith, Bradley, A. The Power of Money is Overrated, in: The New York Times, 29. 2. 2016. https://www.nytimes.com/roomfordebate/

2016/02/25/does-money-really-matter-in-politics/the-power-of-politcal-money-is-overrated

Snow, Richard, I Invented the Modern Age. The Rise of Henry Ford, Scribner, Reprint Edition, New York u. a. 2013.

Sobanet, Andrew, Generation Stalin. French Writers, the Fatherland, and the Cult of Personality, Indiana University Press, Bloomington, Indiana, 2018.

Sombart, Der moderne Kapitalismus. Band III. Das Wirtschaftsleben im Zeitalter des Hochkapitalismus, Zweiter Halbband, Duncker & Humblot, Berlin 1969.

Sowell, Thomas, Intellectuals and Society. Revised and Enlarged Edition, Basic Books, New York 2011.

Stalin, Josef W., Politischer Rechenschaftsbericht an den XVI. Parteitag der KPdSU (B), 27. Juni 1930, in: Stalin Werke, Band 12, Berlin 1950, S. 207–326.

Stalin, Josef W., Rede auf dem VII. erweiterten Plenum des EKKI, in: Stalin Werke, Band. 9, Berlin 1950, S. 1–132.

Stiglitz, Joseph, Reich und Arm. Die wachsende Ungleichheit in unserer Gesellschaft, Pantheon Verlag, München 2017.

Stone, Brad, Amazon Unbound. Jeff Bezos and the Invention of a Global Empire, Simon & Schuster, New York 2021.

Sundie, Jill M.; Gelb, Betsy D.; Bush, Darren, Economic Reality Versus Consumer Perceptions of Monopoly, in: Journal of Public Policy & Marketing, Vol 27 (2), Fall 2008, 178–181. https://journals.sagepub.com/doi/abs/10.1509/jppm.27.2.178

The Economist, Our crony-capitalism index: Planet Plutocrat, in: The Economist, March 15th 2014.

Tempelman, Jerry H., Austrian Business Cycle Theory and the Global Financial Crisis: Confessions of a Mainstream Economist, in: Quarterly Journal of Austrian Economics, Vol. 13, No. 1 (2010), S. 3–15.

Tillessen, Carl, Konsum. Warum wir kaufen, was wir nicht brauchen, Harper Collins, Hamburg 2020.

Transparency International, Corruption Perceptions Index 2020. https://www.transparency.org/en/cpi/2020/index/nzl

Trentmann, Frank, Herrschaft der Dinge. Die Geschichte des Konsums vom 15. Jahrhundert bis heute, Deutsche Verlags-Anstalt, München 2018.

Tucker, Jeffrey, The Market Loves You. Why You Should Love It Back, American Institute for Economic Research, 2019.

Turner Jr., Henry Ashby, Faschismus und Kapitalismus in Deutschland. Studien zum Verhältnis zwischen Nationalsozialismus und Wirtschaft, Vandenhoeck & Ruprecht, Göttingen 1980.

Turner Jr., Henry Ashby, Die Großunternehmer und der Aufstieg Hitlers, Siedler Verlag, Berlin 1985.

Unicef, Kinderarbeit: Die 7 wichtigsten Fragen und Antworten, https://www.unicef.de/informieren/aktuelles/blog/kinderarbeit-fragen-und-antworten/166982

Voegeli, William, Amerikas Abschied vom Kapitalismus, Ambition Verlag, Berlin, o. J

Voegelin, Eric, Die Politischen Religionen, Wilhelm Fink Verlag, München 1993.

Wagenknecht, Sahra, Die Selbstgerechten: Mein Gegenprogramm – für Gemeinsinn und Zusammenhalt, Campus Verlag, Frankfurt am Main 2021.

Wallstreet Journal, World's Dumbest Energy Policy. After giving up nuclear power Germany now wants to abandon coal, Wallstreet Journal, 29. Januar 2019. https://www.wsj.com/articles/worlds-dumbest-energy-policy-11548807424

Walter, Franz; Marg, Stine (Hrsg.), Sprachlose Elite? Wie Unternehmer Politik und Gesellschaft sehen, BP-Gesellschaftsstudie, Rowohlt Verlag, Reinbek bei Hamburg 2015.

Watkins, Don; Brook, Yaron, Equal is Unfair. America's Misguided Fight Against Income Inequality, St. Martin's Press, New York 2016.

Weede, Erich, Wirtschaftliche Freiheit. Hintergrundbedingungen, Auswirkungen und Gefährdungen, in: Wirtschaftspolitische Blätter 3–4/ 2014, S. 443–455.

Weede, Erich, Frieden durch Kapitalismus. Eine Ergänzung und Alternative zum demokratischen Frieden, in: Internationale Politik IP, Juli 2005, S. 65–73.

Weede, Erich, The Expansion of Economic Freedom and the Capitalist Peace, in: Thompson, William R. (ed.), Oxford Encyclopedia for Empirical International Relations Theory (2018), https://www.pollux-fid.de/r/cr-10.1093/acrefore/9780190228637.013.276, S. 820–836.

Weede, Erich, The Capitalist Peace and the Rise of China: Establishing Global Harmony by Economic Interdependence, in: Schneider, Gerald; Gleditsch, Nils Petter (ed.), Assessing the Capitalist Peace, Routledge, London, New York 2015, S. 158–165.

Weimann, Joachim; Knabe, Andreas; Schön, Ronnie, Geld macht doch glücklich. Wo die ökonomische Glücksforschung irrt, Schäffer Poeschel Verlag, Stuttgart 2012.

Weimer, Wolfram, Sogar Bill Gates setzt darauf: Warum Kernenergie wieder angesagt ist, Focus.de, 23. Juli 2021. https://www.focus.de/finanzen/nur-in-deutschland-gibt-es-kein-comeback-verblueffend-die-kernenergie-erlebt-ein-globales-comeback_id_13519732.html

Wemheuer, Felix, Der große Hunger. Hungersnöte unter Stalin und Mao, Rotbuch Verlag, Berlin 2012.

Wendling, Z.A.; Emerson, J.W.; de Sherbinin, A., Esty, D.C., et al, Environmental Performance Index 2020. Global metrics for the environment: Ranking country performance on sustainability issues, New Haven, CT, Yale Center for Environmental Law & Policy, Yale University.

Werth, Nicolas, Ein Staat gegen sein Volk. Gewalt, Unterdrückung und Terror in der Sowjetunion, in: Courtois, Stéphane; Werth, Nicolas; Panné, Jean-Louis; Paczkowski, Andrzej; Bartosek, Karel; Margolin, Jean-Louis, Das Schwarzbuch des Kommunismus. Unterdrückung, Verbrechen und Terror, Piper Verlag, München und Zürich 1997, S. 51–298.

Wilkinson, David, Bad Monopolies vs Good Monopolies, Mar 25, 2019. in: Nonparibus.com, https://nonparibus.com/when-monopolies-make-sense-bfa762ac1465

Williams, Walter E., Environmentalists Are Dead Wrong, 26. April 2017. https://www.creators.com/read/walter-williams/04/17/environmentalists-are-dead-wrong

Woods jr., Thomas E., Meltdown. A Free-Market Look at Why the Stock Market Collapsed, the Economy Tanked, and Government Bailouts Will Make Things Worse, Washington 2009.

York, John, Report Poverty and Inequality. Does Rising Income Inequality Threaten Democracy? The Heritage Foundation, June 30, 2017, https://www.heritage.org/poverty-and-inequality/report/does-rising-income-inequality-threaten-democracy

Zentralkomitee der KPdSU (B), Geschichte der Kommunistischen Partei der Sowjetunion (Bolschewiki), Kurzer Lehrgang, Karl Dietz Verlag Berlin 1954.

Zhang, Weiying, A paradigmatic change is needed for understanding the real market, in: China Economic Review 66 (2021) 101602. https://www.researchgate.net/publication/349085342_A_paradigmatic_change_is_needed_for_understanding_the_real_market

Zhang, Weiying, Ideas for China's Future, Palgrave Macmillan, Singapur 2020.

Zhang, Weiying, The China model view is factually false, in: Journal of Chinese Economic and Business Studies 2019. https://www.tandfonline.com/doi/abs/10.1080/14765284.2019.1663696

Zhang, Weiying, The Logic of the Market. An Insider's View of Chinese Economic Reform, Cato, Washington 2015.

Ziegler, Jean, Was ist so schlimm am Kapitalismus? Antworten auf die Fragen meiner Enkelin, C. Bertelsmann, München 2018.

Zitelmann, Rainer, Die Gesellschaft und ihre Reichen. Vorurteile über eine beneidete Minderheit, FinanzBuch Verlag, München 2019.

Zitelmann, Rainer, Hitler. Selbstverständnis eines Revolutionärs, 5. erweiterte Auflage, Lau Verlag, Reinbek 2017.

Zitelmann, Rainer, Kapitalismus ist nicht das Problem, sondern die Lösung. Eine Zeitreise durch fünf Kontinente, 5. Auflage, FinanzBuch Verlag, München 2021.

Zitelmann, Rainer, Left-Wing Intellectuals Are Thrilled: Corona And Dreams Of the End of Capitalism, Forbes.com, 30. März 2020, https://www.forbes.com/sites/rainerzitelmann/2020/03/30/left-wing-intellectuals-are-thrilled-corona-and-dreams-of-the-end-of-capitalism/?sh=130c65d57420

Zitelmann, Rainer, Psychologie der Superreichen. Das verborgene Wissen der Vermögenselite, FinanzBuch Verlag, München 2017.

Zitelmann, Rainer, Träume vom neuen Menschen, in: Saage, Richard (Hrsg.), Hat die politische Utopie eine Zukunft?, Wissenschaftliche Buchgesellschaft, Darmstadt 1992, S. 27–33.

Zitelmann, Rainer, Zur Argumentationsstrategie linker Umweltpolitik, in: 3 Aufsätze von einem Insider, der keine Lust mehr an dem Verein hat, o.0 1977. https://www.rainer-zitelmann.de/jahr-1977/

Zitelmann, Rainer, Zur Begründung des »Lebensraum«-Motivs in Hitlers Weltanschauung, in: Zitelmann, Rainer, Hitler. Selbstverständnis eines Revolutionärs, 5. erweiterte Auflage, Lau Verlag, Reinbek 2017, S. 557–576.

Zitelmann, Rainer, Ich will. Was wir von erfolgreichen Menschen mit Behinderung lernen können, FinanzBuch Verlag, München 2021.

Žižek, Slavoj, Ein Linker wagt sich aus der Deckung. Für einen neuen Kommunismus, Ullstein Verlag, Berlin 2021.

Personenregister